Wirtschaftslehre
für Bankkaufleute

von
Bernd Andreas
Heinz-Peter Ehebrecht
Peter Gregersen
Hans-Peter Hrdina
Christopherus Kapogiannatos
Marie-Luise Rückin

Koordination
Hannelore Grill
Hans Perczynski

2000

Verlag Gehlen · Bad Homburg vor der Höhe

Gehlenbuch 00350

... weil aus Papier mit bis zu 50 % Altpapieranteil,
Rest aus chlorfrei gebleichten/TCF Primärfasern.

Verlag Gehlen GmbH & Co. KG
Daimlerstraße 12 · 61352 Bad Homburg vor der Höhe
Internet: http://www.gehlen.de
E-Mail: Info@gehlen.de

Dieses Werk folgt der reformierten Rechtschreibung und Zeichensetzung.
Ausnahmen bilden Texte, bei denen künstlerische, philologische oder lizenzrechtliche
Gründe einer Änderung entgegenstehen.

Abbildungen: Bundesbildstelle, Bonn (Seite 11); Deutscher Instituts-Verlag, Köln;
Globus-Infografik, Hamburg; Harald Fischer, Cartoon-Caricature-Contor, München (Seite 30);
Luis Murschetz, Cartoon-Caricature-Contor, München (Seite 129); Erich Schmidt Verlag, Berlin

Zeichnungen: Digital Grafik, Bad Homburg vor der Höhe

Umschlaggestaltung: Ulrich Dietzel, Frankfurt am Main

ISBN 3-441-**00350**-0

© Verlag Gehlen · Bad Homburg vor der Höhe
Satz: Jesse Konzept & Text GmbH · Hannover
Herstellung: CW Niemeyer · Hameln

Vorwort

Markt- und Kundenorientierung fordern von Bankkaufleuten eine umfassende Berufskompetenz, die gleichermaßen Fachkompetenz, Methodenkompetenz und Sozialkompetenz ist und flexibles Eingehen auf wechselnde Anforderungen ermöglicht. Kenntnisse und Fertigkeiten sollen so vermittelt werden, dass Auszubildende zur Ausübung einer qualifizierten beruflichen Tätigkeit befähigt werden, die insbesondere selbstständiges Planen, selbstständiges Durchführen und selbstständiges Kontrollieren einschließt.

Das vorliegende Buch soll diese Zielsetzungen unterstützen. Die Autoren versuchen gleichermaßen Fachkompetenz und Methodenkompetenz zu fördern und Anregungen zu kommunikativ orientierten Lernprozessen zu geben. Das Buch beruht auf dem Rahmenlehrplan für den Ausbildungsberuf Bankkaufmann/Bankkauffrau (Beschluss der Ständigen Konferenz der Kultusminister vom 17. Oktober 1997) und den darin vorgesehenen Lernfeldern.

Die **Besonderheiten des Buches** sind:

- In einem Eingangskapitel werden **Methoden** für die Arbeit mit diesem Buch und für das selbstständige Arbeiten in der Aus- und Weiterbildung dargestellt.
- Die Hauptkapitel der Lernfelder beginnen mit einem **Problem oder** einem **Sachverhalt**, zu dem **Fragen und Aufträge** formuliert sind. Diese „Handlungsaufträge" fordern auf, vorhandenes Wissen anzuwenden, neues Wissen zu erwerben und Lösungsvorschläge zu erarbeiten. Sie stehen in enger Verbindung zu den Informationen in der anschließenden Hauptspalte.
- Die **Hauptspalte** mit ihren **Informationen** wird ergänzt durch eine breite **Randspalte**. Zwischen **beiden Spalten** besteht eine enge Wechselbeziehung. Die Randspalte ergänzt die Hauptspalte durch Beispiele, Erläuterungen und Definitionen. Sie enthält vor allem aber Fragen, Aufträge und Bearbeitungshinweise zum Text in der Hauptspalte, die durch einen vorangestellten Pfeil (▶) gekennzeichnet sind.
- **Lerntipps** in der Randspalte weisen auf Lern- und Arbeitsmethoden hin, die für die Lösung bestimmter Aufträge vorgeschlagen werden.
- Das **Strukturwissen** am Ende der Hauptkapitel bietet Zusammenfassungen und Übersichten. Es kann als Lerngerüst und für Wiederholungen genutzt werden.
- **Aufgaben** bieten Möglichkeiten zur Anwendung, Erprobung und Vertiefung erworbener Kenntnisse und Methoden.

Das Buch kann und soll den Unterricht nicht ersetzen. Es kann aber Freiräume für Projekte und Fallstudien schaffen, indem es die notwendigen Grundinformationen und Arbeitsmethoden zur Verfügung stellt.

Die einzelnen Lernfelder sind von verschiedenen Fachautoren aus Schule, Aus- und Weiterbildung und Bankpraxis bearbeitet worden. Dies sichert Praxisbezug und Aktualität.

Hannelore Grill und Hans Perczynski
(Koordinatoren)

4

Inhaltsverzeichnis

**Modelle für Markt-
entscheidungen
nutzen**

Einflüsse der Wirtschaftspolitik beurteilen

Methoden für die Arbeit mit diesem Buch

▶ Stellen Sie ein „Junior Bank Paket für Schüler und Auszubildende" zusammen.

BEISPIEL FÜR DIE DURCHFÜHRUNG:

Sammelphase:
Problembeschreibung:
Bankprodukte, die Schüler und Auszubildende interessieren und benötigen
Ideen: Sparkarte, Sparkonto, Chipkarte, Internet-Zugang, Guthabenverzinsung, höhere Zinsen, Diskorabatte, Gratis-depot, automatischer Taschen-geldeinzug vom Konto der Eltern, kostenloses Juniorkonto, All-in-One-Account, Investmentclub etc.

Auswertungsphase:
• *Sortieren/Zuordnen:*
  → *Kontogebundene Produkte (Kombinierte Leistungen):*
     Sparkonto, Juniorkonto, Taschengeldeinzug...
  → *Ungebundene Produkte (Einzelleistungen)*
     Reiseschecks, Geldkarte, Diskorabatte...
• *Auswerten:*
  Zusammenstellung des Pakets

1. Brainstorming

Brainstorming ist eine Methode zum Finden vieler kreativer Ideen für die Lösung eines Problems. Die Teilnehmer sammeln Ideen, die ihnen zum Thema einfallen, um daraus neue Denkanstöße zu gewinnen. Ein Brainstorming besteht aus zwei Phasen:

1. Phase = Ideensammlung (Sammeln von Ideen zur Problemlösung),

2. Phase = Ideenauswertung (Analyse und Beurteilung der gefunde-nen Ideen für die Lösung des Problems).

▶ **So funktioniert es:**

Sammelphase
1. **Definieren Sie das Problem.**
2. **Sammeln Sie** möglichst viele, auch außergewöhnliche, **Ideen.** (Spontaneität geht dabei vor Qualität.)
3. **Halten Sie die Ideen** stichwortartig **fest.**
4. **Vermeiden Sie** in dieser Phase jegliche **Kritik.** Jede Idee ist willkommen.
5. **Planen Sie** nach der Ideensammlung **eine kurze Pause** ein.

Auswertungsphase
6. **Ordnen Sie** die gefundenen **Ideen.**
7. **Analysieren und bewerten Sie die Ideen** im Hinblick auf das zu lösende Problem.

▶ **Das ist zu bedenken:**

Das Brainstorming kann über eine **Kartenabfrage** durchgeführt werden. Für die Auswertungsphase kann die **Punktabfrage** eingesetzt werden.

2. Debatte

Die Debatte ist eine Methode zur Meinungs- und Entscheidungsfindung durch das „geregelte Aufeinandertreffen unterschiedlicher Meinungen". Die Debatte ist ein Meinungsaustausch in Pro- und Contra-Situationen nach feststehenden Regeln.

▶ Führen Sie eine Pro- und Contra-Debatte über das Streikrecht.

▶ **So funktioniert es:**

1. **Legen Sie das Thema fest.**
2. Bilden Sie eine **Pro-** und eine **Contra-Gruppe.**
3. Legen Sie eine **Rednerliste** fest.
4. Vereinbaren Sie eine **maximale Redezeit** pro Redner.
5. Losen Sie aus, welche Gruppe mit der Debatte beginnt.
6. Tragen Sie Ihre **Meinung eindeutig** und **begründet** vor.
7. Setzen Sie sich mit den **Meinungen der Gegenseite argumentativ** auseinander.
8. **Vermeiden Sie persönliche Angriffe.**
9. Stellen Sie am Ende der Debatte fest, ob Gruppenmitglieder ihre **Meinung geändert** haben.

▶ Führen Sie **vor** und **nach** der Debatte eine Abstimmung durch.

▶ **Das ist zu bedenken:**

Es empfiehlt sich, einen „**Moderator**" zu wählen, der auf die **Einhaltung der Debattenregeln** achtet.

▶ Beschreiben Sie den Ablauf eines Arbeitsgerichtsverfahrens.

LERNTIPP:

Besuchen Sie das Arbeitsgericht und nehmen Sie an einer Arbeitsgerichtssitzung teil.

3. Erkundung

Erkundung ist eine Methode zur Beschaffung, zur Bestätigung oder zur Klärung von Informationen durch den Besuch von Unternehmen, Behörden, Gerichten und anderen Institutionen.

▶ **So funktioniert es:**

1. **Formulieren Sie das Ziel** Ihres Besuchs.
2. **Notieren Sie Themen und Fragen**, über die Sie informiert werden möchten.
3. **Führen Sie ein Vorbereitungsgespräch.**
4. Treffen Sie präzise **organisatorische Verabredungen** (Uhrzeit, Wegbeschreibung ...).
5. **Informieren Sie alle Teilnehmer** rechtzeitig über die getroffenen organisatorischen Verabredungen.
6. **Fertigen Sie ein Protokoll** Ihres Besuchs **an**.
7. **Werten Sie** Ihren Besuch **aus**:
   – Welche Informationen haben Sie erhalten?
   – Haben Sie Antworten zu Ihren Fragen erhalten?
   – Wie können Sie die Informationen für Ihre weitere Arbeit nutzen?

▶ **Das ist zu bedenken:**

Nutzen Sie bei Vereinbarungen von Besichtigungen **Kontakte** von Ausbildern, Lehrern, Eltern und Bekannten. Im Rahmen von Erkundungen werden weitere Methoden eingesetzt, z. B. **Interview** und **Protokollführung**.

BEISPIEL:

An die Mitschüler der Klasse Bank 1

Besuch des Arbeitsgerichts

Liebe Mitschüler,
mit dem Pressesprecher des Arbeitsgerichts, Herrn Dr. Winkelmann,
haben wir folgendes Programm verabredet:

	9:00 Uhr	Kündigungsschutzklage des Arbeiters N.
ca.	10:00 Uhr	Pause
		Kantine des Arbeitsgerichts: Frühstück auf eigene Kosten
	11:00 Uhr	Gespräch mit Herrn Dr. Winkelmann
		Fragen zum Prozess und zu anderen abeitsrechtlichen Problemen
	12:15 Uhr	Ende

Wir treffen uns am 1. März um 8:45 Uhr am Haupteingang des Arbeitsgerichts in der Streesemannstr. 47, 24937 Flensburg.

Seid bitte pünktlich und bereitet euch auf das Gespräch mit Herrn Dr. Winkelmann vor, sodass mindestens 5 Fragen gestellt werden können.

Grüße
Nicole & Janine

4. Gruppenarbeit/Partnerarbeit

Gruppenarbeit ist eine Methode, Problemlösungen durch organisierte und zielgerichtete Zusammenarbeit von mehreren Personen zu erarbeiten. Bei einer Partnerarbeit besteht die Gruppe nur aus zwei Personen (Partnern).

▶ **So funktioniert es:**

1. **Klären Sie,** welche **Arbeitsaufgaben** zu erledigen sind.
2. In welchem **zeitlichen Rahmen** soll das geschehen?
3. **Vereinbaren Sie** das **Arbeitsverfahren.**
4. **Bestimmen Sie** einen oder zwei **Gruppensprecher.**
5. **Halten Sie Ihre Arbeitsergebnisse schriftlich** fest.
6. **Halten Sie** am Ende der Sitzung **fest, wer was bis wann erledigen muss.**
7. **Präsentieren Sie** die **Arbeitsergebnisse.**

▶ **Das ist zu bedenken:**

Fühlen Sie sich für Ihre Gruppe **verantwortlich,** und verstecken Sie sich nicht hinter anderen! Sprechen Sie auftretende Konflikte an, und versuchen Sie sie zu lösen!

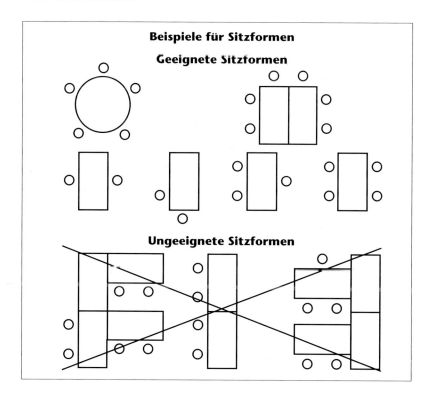

Beispiele für Sitzformen

Geeignete Sitzformen

Ungeeignete Sitzformen

▶ Ein Unternehmen möchte seine Geschäftspolitik in der Öffentlichkeit wirksamer darstellen.
Welche Maßnahmen der Kommunikationspolitik sind in diesem Fall besonders geeignet?

LERNTIPP:

Erarbeiten Sie mögliche Maßnahmen und ihre Einsatzmöglichkeiten in Gruppenarbeit.

LERNTIPP:

Legen Sie im Protokoll fest, welche Aufgaben die einzelnen Gruppenmitglieder für die nächsten Gruppentreffen erledigen müssen.

LERNTIPP:

Wählen Sie die Sitzordnung bei einer Gruppensitzung stets so, dass alle Gruppenmitglieder sich ansehen können.

▶ Welche Maßnahmen hat Ihre Schule getroffen, um die Sicherheit in den Unterrichtsräumen zu gewährleisten?

LERNTIPP:

Führen Sie ein Interview mit dem Sicherheitsbeauftragten Ihrer Berufsschule.

---

5. Interview

Das Interview ist eine Methode zur Informationsbeschaffung durch Befragung von Sachkundigen.

▶ **So funktioniert es:**

1. **Beschaffen Sie sich Vorinformationen** über den Interviewpartner, über das Thema des Interviews und die jeweilige Institution (z. B. durch Geschäftsberichte, Zeitungsartikel, Werkzeitschrift u. a.).
2. **Halten Sie** alle **Fragen schriftlich fest.**
3. **Legen Sie fest,** in welcher **Reihenfolge Sie** die **Fragen stellen** wollen.
4. **Nehmen Sie das Interview** mit einem Kassettenrecorder oder einem Diktiergerät **auf!** Bitten Sie den Interviewpartner vorher um seine Einwilligung.
5. **Werten Sie das Interview** anschließend möglichst **sofort aus.**

▶ **Das ist zu bedenken:**

Gestalten Sie Ihr Interview **abwechslungsreich** und verwenden Sie **unterschiedliche Fragetypen.** Wenn das Interview veröffentlicht werden soll, muss dem Interviewpartner zuvor die Mitschrift des Interviews mit der Bitte um Durchsicht und **Autorisierung** (Zustimmung zur Weiterverwendung) zugeleitet werden.

BEISPIEL:

Die Praxis eilt der Verordnung voraus

Jürgen Backhaus* im Gespräch mit Carsten Michael vom BANK MAGAZIN

In welchen Punkten ist die neue Ausbildungsordnung für Bankkaufleute der alten überlegen?
Sie ist insbesondere in ihrem Anspruch der bisherigen Verordnung überlegen. Im Vordergrund der neuen Ausbildungsordnung stehen zwei Zielsetzungen: einmal eine strikte Kundenorientierung und zum anderen das wichtige Leitwort „Handlungskompetenz". Handlungskompetenz heißt, wir wollen Nachwuchskräfte haben, die in der Lage und bereit sind, ihre Arbeitsprozesse selbstständig zu planen, durchzuführen und anschließend zu kontrollieren.

Was vermissen Sie an der neuen Ausbildungsordnung? Wir als Kreditwirtschaft vermissen nichts direkt, sondern wir meinen, dass die neue Ausbildung hier und da noch überladen ist. …

Wie beurteilen Sie die Neufassung des KMK-Rahmenlehrplans für die Berufsschule? … Die neue Lernfeldkonzeption ist ein integrativer und pädagogisch sehr anspruchsvoller Ansatz. Ob er funktionieren wird, wissen wir derzeit noch nicht. Wir haben da – wie mir auch viele Praktiker bestätigt haben – so unsere Bedenken. … Hinzu kommt eine gewisse Schwäche des gesamten Abstimmungsverfahrens. Es war leider nur sehr bedingt möglich, die Ausbildungsordnung für die Betriebe einerseits und den Rahmenlehrplan für die Berufsschule andererseits zeitlich und inhaltlich miteinander abzustimmen.

Wie lange wird die neue Ausbildungsordnung ihren Zweck erfüllen können? Ich gehe davon aus, dass die neue Ausbildungsordnung bis zum Jahre 2005 eine wichtige Grundlage ist, …

---

* Dr. Jürgen Backhaus, Deutsche Sparkassenakademie, Abteilungsleiter beim Deutschen Sparkassen- und Giroverband e.V.

Quelle: Bank Magazin 2/98, S. 18f.

6. Kartenabfrage

Die Kartenabfrage ist eine Methode zur Erfassung offener Fragen, zur Problemerkennung sowie zur Strukturierung und Veranschaulichung von Ergebnissen. Die Teilnehmer halten ihre Aussagen stichwortartig auf Karten fest, die an Pinnwänden befestigt und beliebig umgesteckt werden können.

▶ **So funktioniert es:**

1. **Notieren Sie die Leitfrage** an der Pinnwand, auf einem Flipchart oder an der Tafel.
2. **Schreiben Sie Ihre Antworten auf die ausgeteilten Karten** (höchstens 5 Wörter)! Bitte arbeiten Sie mit DRUCKBUCHSTABEN.
3. Notieren Sie **nur eine Aussage auf eine Karte.**
4. Die **Karten werden vorgelesen und** an der Pinnwand **befestigt.**
5. Anschließend werden die Karten unter gemeinsamen **Oberbegriffen** („Clustern") **zusammengefasst.**
6. Diskutieren Sie, welche Konsequenzen für die weitere Arbeit zu ziehen sind.

▶ **Das ist zu bedenken:**

Ergeben sich sehr viele unterschiedliche Ansätze, bietet sich die **Punktabfrage** an, um die **Aussagen nach Prioritäten** einzustufen.

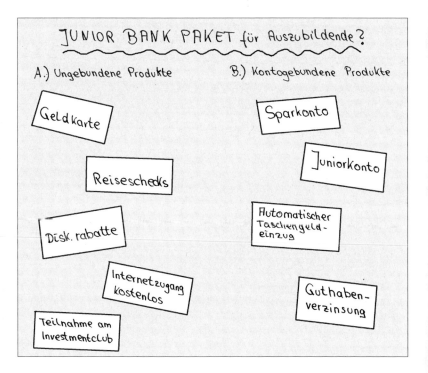

▶ Führen Sie ein Brainstorming zum Thema „Junior Bank Paket für Schüler und Auszubildende" durch.

LERNTIPP:

Nutzen Sie die Kartenabfrage.

BEISPIEL FÜR DIE DURCHFÜHRUNG:

Das Brainstorming zum Thema „Junior Bank Paket für Schüler und Auszubildende" kann mit einer Kartenabfrage durchgeführt werden. Jeder Teilnehmer erhält mehrere Karten und trägt darauf seine Vorschläge ein, z. B.:

INTERNET-ZUGANG

Die Karten werden eingesammelt und an die Pinnwand geheftet. Sie können auch von den Teilnehmern selbst angeheftet werden. Doppelnennungen werden übereinander geheftet. In der Auswertungsphase werden die Vorschläge diskutiert, die Karten neu geordnet, umgesteckt und geclustert.

▶ Erstellen Sie ein Mind-Map zu den Einsatzmöglichkeiten dieser Methode.

7. Mind-Map

Ein Mind-Map ist eine Methode, mit der sowohl Ideen entwickelt als auch Ergebnisse strukturiert festgehalten werden können. Ausgehend von einem Begriff, einem Sachverhalt oder einem Problem werden Teilaspekte und Teilprobleme zugeordnet und dargestellt.

▶ So funktioniert es:

1. Legen Sie ein Blatt DIN A 4 oder DIN A 3 quer.
2. **Schreiben Sie das Thema in die Mitte** des Blattes und kreisen Sie es ein.
3. **Richten Sie „Äste" ein** und notieren Sie darüber Ihre Ideen oder Ergebnisse in DRUCKBUCHSTABEN.
4. Richten Sie nach Bedarf **weitere „Äste" und „Zweige"** ein.
5. **Verwenden Sie** unterschiedliche **Farben.**
   Scheuen Sie sich nicht, **Zeichen und Symbole** zu nutzen. Die Übersichtlichkeit des Mind-Maps wird darunter nicht leiden.

▶ Das ist zu bedenken:

Das Mind-Map kann jederzeit ergänzt werden. Sollte Ihr erster Versuch misslingen, probieren Sie es ein zweites Mal.

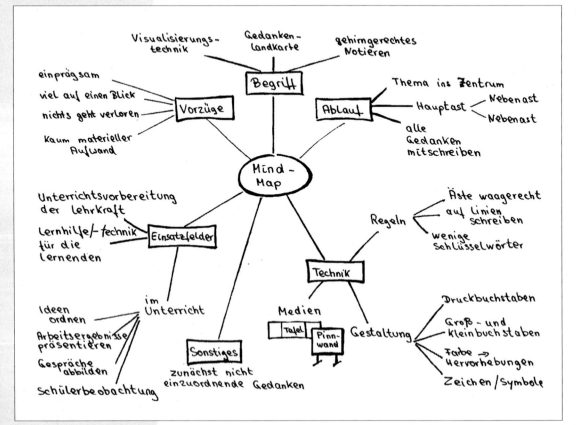

8. Protokoll

Wer führt heute Protokoll?

Ein Protokoll ist eine schriftliche Aufzeichnung über Beobachtungen, mündliche Informationen, Gesprächsverläufe, Absprachen und Beschlüsse. Es kann als Gedächtnisstütze, als Arbeitsunterlage, als Entscheidungsgrundlage und als Beweis bei nachträglich auftretenden Unstimmigkeiten dienen.

▶ **So funktioniert es:**

1. **Notieren Sie Anlass, Datum und Zeit,** bei Besprechungen und Konferenzen auch die **Tagesordnung und die Teilnehmer.**
2. **Klären Sie mit den Anwesenden, ob ein Verlaufs- oder Ergebnisprotokoll** verfasst werden soll.
   Ein **Verlaufsprotokoll** orientiert sich an der Reihenfolge des Geschehens und wird ausführlich formuliert. Das **Ergebnisprotokoll** beschränkt sich auf Ergebnisse bzw. Beschlüsse.
3. **Notieren Sie das Gesagte bzw. die Ergebnisse** der Veranstaltung **in Stichworten.**
   Anträge und Beschlüsse müssen **mit dem genauen Wortlaut** aufgenommen werden.
5. **Lassen Sie** stets **einen breiten Rand** für Ergänzungen.
6. **Fragen Sie bei Unklarheiten nach.**
7. **Schreiben Sie das endgültige Protokoll möglichst zeitnah** zur Veranstaltung.

▶ **Das ist zu bedenken:**

Besprechungen, Sitzungen, Konferenzen, Gruppenarbeiten, Interviews und Unterrichtsstunden sollten grundsätzlich protokolliert werden. Was nicht protokollarisch festgehalten wird, ist nicht kontrollierbar, kann schnell vergessen sein und anderen nicht zugänglich gemacht werden. Protokolle müssen jedem Teilnehmer übergeben werden oder für jeden zugänglich sein. Sie sollten stets genehmigt werden.

▶ Protokollieren Sie die Gruppensitzung zum Thema „Kommunikationspolitik".

 BEISPIEL:

Protokoll Gruppensitzung 17. August

Thema: Kommunikationspolitik der Unternehmen

Besprechungspunkte:
1. *Gruppensprecher: Thorsten*
2. *Definition des Begriffes Kommunikationspolitik: Informieren der Öffentlichkeit über das Unternehmen, seine Produkte und seine Dienstleistungen*
3. *Bereiche:*
   – Öffentlichkeitsarbeit
   – Werbung (Produktwerbung, Imagewerbung)
   – Verkaufsförderung
4. *Arbeitsverteilung:*
   – Koordination: Thorsten
   – Ausarbeitung Werbung: Christiane + Rolf
   – Ausarbeitung Öffentlichkeitsarbeit: Simone + Petra
   – Ausarbeitung Verkaufsförderung: Thorsten + Frank
   – Folien: Simone
5. *Termine:*
   – Rohmanuskripte: 22. August
   – nächste Sitzung: 24. August
   – Endfassungen: 26. August
   – Folien: 29. August
   – Präsentation: 30. August
Datum: 18. August

▶ Welche Produkte gehören in das „Junior Bank Paket für Schüler und Auszubildende"? Ermitteln Sie die Priorität der Produkte mit Hilfe der Punktabfrage.

 **ERLÄUTERUNG:**

Die Punktabfrage gibt Entscheidungshilfen für die Reihenfolge der Bearbeitung, für die Bedeutung der einzelnen Themen oder für das Interesse am jeweiligen Thema. Sie ersetzt nicht die Entscheidung.

 **BEISPIEL FÜR DIE DURCHFÜHRUNG:**

Die Ergebnisse aus dem Brainstorming „Junior Bank Paket für Schüler und Auszubildende" können kontrovers diskutiert werden. Um die Präferenzen der Arbeitsgruppe zu ermitteln, wird eine Punktabfrage zur folgenden Produktliste gemacht:

Junior Bank Paket

Produkt	Punkte	Rang
Geldkarte	● ● ●	6
Karte für Auszugsdrucker	●	7
All-in-One-Account	● ● ● ● ● ● ●	1
Internet-Zugang	● ● ● ● ● ●	2
Taschengeldeinzug	● ● ● ●	5
Integriertes Sparkonto	● ● ● ● ●	3
Guthabenverzinsung	● ● ● ● ●	4
Sparbrief		8

┌───┐
│ # 9. Punktabfrage
│
│ Mit einer Punktabfrage kann eine Gruppe Prioriäten oder Rangfolgen unter mehreren Themen oder Vorschlägen erkennen. Die Teilnehmer erhalten Klebepunkte, die sie auf die in einer Liste (Themenspeicher) erfassten Themen verteilen.
└───┘

▶ **So funktioniert es:**

1. **Definieren Sie** eine **Themenstellung.**
2. **Richten Sie** einen **Themenspeicher** ein.
3. **Verteilen Sie Klebepunkte** einzeln oder gehäuft auf die Themen.
   Die Zahl der Punkte, die an die Teilnehmer verteilt werden, ist abhängig von der Anzahl der Unterthemen.
   Vorschlag: Zahl der Unterthemen dividiert durch 2.
4. **Stellen Sie fest, wie viele** Punkte die Themen erhalten haben.
5. **Legen Sie die Rangordnung** fest.
6. **Entscheiden Sie** in der Gruppe, **wie** sie die Themen behandeln wollen.

▶ **Das ist zu bedenken:**

Voraussetzung für eine Punktabfrage ist eine größere Zahl von Themen, z. B. das Ergebnis einer Kartenabfrage, eine Themenliste oder eine Ideensammlung.
Versuchen Sie, Ihre Punkte **unbeeinflusst** von den anderen Teilnehmern zu verteilen.

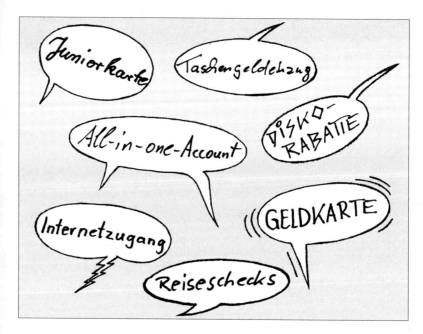

10. Rollenspiel

Das Rollenspiel ist eine Methode, vorhandene Verhaltensweisen zu überprüfen und neue Verhaltensweisen zu erproben. Rollenspiele dienen der Verbesserung der Handlungskompetenz durch eigenes Erfahren und durch Rückmeldungen (Feedback) von Beobachtern. Ein Rollenspiel hat grundsätzlich drei Phasen:
1. Phase = Vorbereitung
2. Phase = Spiel
3. Phase = Auswertung

▶ **So funktioniert es:**

Vorbereitungsphase
1. **Legen Sie das Thema fest.**
2. **Klären Sie die Rollen.** Vergewissern Sie sich, ob jedem Mitspieler seine Rolle klar ist.
3. **Legen Sie Beobachtungskriterien fest** und verteilen Sie die Beobachtungsaufträge.

Spielphase
4. **Identifizieren Sie sich** mit Ihrer Rolle.
5. Führen Sie das Rollenspiel **ohne Unterbrechung** durch.

Auswertungsphase
6. **Verlassen Sie** Ihre **Rollen.**
7. **Werten Sie das Rollenspiel gründlich aus.** Beispiele für Auswertungsthemen sind:
   – Wie haben sich die Rollenspieler **gefühlt?**
   – Wurde die **Rollenverteilung** eingehalten?
   – Welche **Verhaltensweisen** und **Meinungen** der Rollenspieler haben Ihnen gefallen oder missfallen?
   – Wurde **sachlich** argumentiert?
   – Wie haben die Rollenspieler **Sprache, Mimik, Gestik** eingesetzt?
   – Sind Ihnen **eigene Haltungen oder Meinungen bewusst** geworden?
   – Welche **Lösungen** standen zur Entscheidungsfindung?
   – Welche **Qualität** hatte die Entscheidungsfindung?
   – Welche **Konsequenzen** ergeben sich **für das künftige Verhalten** der Rollenspieler?

▶ **Das ist zu bedenken:**

Beim Rollenspiel geht es **nicht darum, welche Lösung** letztlich herauskommt, **sondern wie diese Lösung** angestrebt wird. Daher ist die **Auswertung** des Rollenspiels **genauso wichtig wie das Rollenspiel** selbst.

▶ Führen Sie ein Beratungsgespräch mit einem Kunden, der ein Konto eröffnen möchte.

BEISPIEL FÜR DIE DURCHFÜHRUNG:

VORBEREITUNGSPHASE:
1. Thema: Kontoeröffnung
2. Rollen: Kunde, Bankmitarbeiter. Die Aktionen des Kunden werden über eine Rollenkarte gesteuert.

ROLLENKARTE KUNDE

Sie möchten ein Konto eröffnen, das sowohl dem Zahlungsverkehr als auch der Geldanlage dient. Sie sind selbstständiger Kaufmann und haben etwa 120 Zahlungsvorgänge im Monat. Sie möchten die Bank wechseln, weil Ihre bisherige Filiale verlegt wird. Sie sind kosten- und ertragsbewusst.

3. Beobachtungsaufträge:
– Gesprächsführung
– Blickkontakt
– Fragestellung
– Antwortverhalten
– Mimik und Gestik
– Argumentation
– Sachliche Richtigkeit

SPIELPHASE:
Keine Eingriffe von außen

AUSWERTUNGSPHASE:
1. Abfrage der Beobachtungsaufträge
2. Feedback
3. Erarbeitung von Vorschlägen

▶ Für ein Schüler-Börsen-spiel sollen bis zum Ende der nächsten Woche möglichst viele Teilnehmergruppen geworben und über den Ablauf informiert werden. Erarbeiten Sie geeignete Vorschläge. Nutzen sie dabei die 6-3-5-Methode.

ERLÄUTERUNG:

Die 6-3-5-Methode kann auch mit weniger Teilnehmern durchgeführt werden.

---

11. 6-3-5-Methode

Die 6-3-5-Methode ist – wie das Brainstorming – eine Methode zum Sammeln vieler kreativer Ideen zur Lösung eines Problems. Der Name dieser Methode leitet sich daraus ab, dass jeder von 6 Teilnehmern 3 Problemlösungsvorschläge in 5 Minuten entwickelt und diese Lösungsvorschläge von den anderen Teilnehmern weiterentwickelt werden.

▶ **So funktioniert es:**

1. **Analysieren Sie das** zu bearbeitende **Problem**.
2. **Einigen Sie sich auf eine Problemstellung.**
3. **Übertragen Sie die Problemstellung** auf Ihren 6-3-5-Bogen.
4. **Entwickeln Sie** innerhalb von 5 Minuten 3 **Ideen** und tragen Sie diese Ideen nebeneinander in die oberste Tabellenzeile.
5. Geben Sie das Blatt an Ihre rechte Nachbarin bzw. Ihren rechten Nachbarn weiter.
6. Sie erhalten gleichzeitig ein Blatt von links. Lesen Sie die Ideen und entwickeln Sie diese weiter.
7. Nach dem sechsten Durchgang erhalten Sie Ihren eigenen Bogen zurück. Lesen Sie die Stellungnahmen und Weiterentwicklungen.
8. Falls Sie einzelne Aussagen nicht verstehen, stellen Sie Verständnisfragen.
9. **Diskutieren Sie die Lösungsansätze** und einigen Sie sich auf die 5 erfolgversprechendsten.
10. **Präsentieren Sie Ihre Ergebnisse.**

▶ **Das ist zu bedenken:**

Die **Zeitvorgaben** von 5 Minuten je Bearbeitungsphase sollten eingehalten werden. Beachten Sie auch die Beschreibung des Brainstorming.

BEISPIEL:

Thema/ Problemstellung	Werbung für ein Schüler - Börsenspiel					
Teilnehmer	① Bernd	② Nadine	③ Eva	④ Sigrid	⑤ Tom	⑥ Sven
Lösungs-vorschlag 1	Anzeige Schülerzeitung	erscheint zu spät	Flyer	Disco 20:00 Uhr Werbung	Presse-erklärung der Bank	Kundenberater spricht Jugend-liche in der Bank an
Lösungs-vorschlag 2	schwarzes Brett	Info-stand in der Schalterhalle	Besuch der Börse	Offener Kanal	—	Preis: 5 NOKIA Aktien
Lösungs-vorschlag 3	Klassenlehrer anschreiben	attraktive Preise	1000,-	Regionale Tageszeitung	Sportplatz	Verlosung eines Aus-bildungs-platzes

12. Szenario-Methode

Die Szenario-Methode dient dem Entwurf von Zukunftsbildern. Mit ihrer Hilfe sollen mögliche Entwicklungen in Wirtschaft, Politik und Gesellschaft vorausgedacht werden, um bereits heute mögliche Lösungsansätze zu entwickeln.

▶ **So funktioniert es:**

1. **Definieren Sie das Problem.**
2. **Fertigen Sie** eine **Problembeschreibung** an.
3. **Legen Sie die Einflussfaktoren fest,** die die Probleme der Zukunft beeinflussen.
4. **Bilden Sie Arbeitsgruppen** und **diskutieren Sie Ihre Zukunftseinschätzungen.**
5. **Entscheiden Sie sich** in Ihrer Gruppe **für ein positives oder ein negatives Zukunftsbild. Entwickeln Sie ein Extremszenario.**
6. **Halten Sie Ihr Szenario schriftlich fest.** Konzentrieren Sie sich dabei auf die wichtigsten Einflussfaktoren.
7. **Präsentieren Sie Ihr Szenario** möglichst kreativ.
8. **Entwickeln Sie Strategien und Maßnahmen** zur Problemlösung:
   – Wie kann eine **gewünschte Entwicklung verstärkt** werden?
   – Wie kann eine **unerwünschte Entwicklung verhindert** werden?

▶ **Das ist zu bedenken:**

Ausgangslage für ein Szenario ist immer die **Gegenwart.** Sie ist fortzuschreiben. Im Anschluss an die Entwicklung von Extremszenarien kann ein **Trendszenario als realistischer Mittelweg** diskutiert werden.

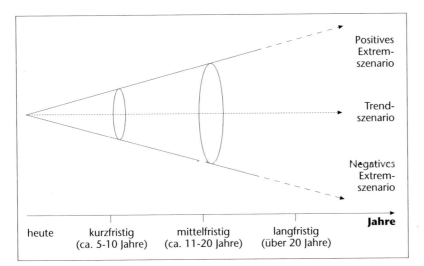

▶ Wie wird der Arbeitstag von Auszubildenden in Kreditinstituten im Jahr 2022 aussehen?

LERNTIPP:

Verwenden Sie die Szenario-Methode.

LERNTIPP:

Orientieren Sie sich bei der Problembeschreibung an den folgenden Leitfragen:
– Welche Erscheinungen sind zu beobachten?
– Wer ist betroffen?
– Welche Sachverhalte und Zusammenhänge sind bekannt?
– Durch welche Sachverhalte und Ereignisse wird das Problem ausgelöst?

▶ Vergleichen Sie die Chancen und Risiken verschiedener Geldanlagen.

LERNTIPP:

Benutzen Sie eine Tabelle.

ERLÄUTERUNG:

Strukturmuster sind z.B. Gliederungen, Strukturbäume, Tabellen, Flussdiagramme und Netzstrukturen.

– Strukturbäume ordnen Informationen ausgehend von Oberbegriffen in Teilaspekte oder ordnen Teilaspekte bestimmten Oberbegriffen zu.

– Flussdiagramme sind für die Strukturierung von Abläufen und Abhängigkeiten geeignet.

– Tabellen ordnen Begriffe, Sachverhalte und Zahlen einander zu.

– Netzstrukturen können komplexe Informationen veranschaulichen, die nicht hierarchisch geordnet sind.

---

13. Strukturieren

Strukturieren ist eine Methode des Ordnens von Informationen durch logisches Gliedern. Ziel des Strukturierens ist es, das Wesentliche herauszuarbeiten, um sich Übersicht zu verschaffen. Strukturierte Informationen erleichtern das Lernen und das Behalten.

▶ So funktioniert es:

1. **Markieren Sie** in Texten **Oberbegriffe und Schlüsselwörter** oder notieren Sie Hinweise am Rand.
2. **Fassen Sie** die wichtigsten Informationen eines Textes **mit eigenen Worten zusammen.**
3. **Notieren Sie** im Unterricht, in Seminaren und bei Vorträgen **die wichtigsten Aspekte.**
4. **Übertragen Sie wichtige Informationen** in Listen, Übersichten und Zusammenstellungen.
5. **Verwenden Sie Muster (Strukturen),** die Ihnen **geläufig** sind und die Ihrem Lerntyp entsprechen.

▶ Das ist zu bedenken:

Verwenden Sie für Ihre Aufzeichnungen möglichst stets das gleiche Papier-Format (DIN A 3, DIN A 4 oder DIN A 5). Beachten Sie auch die Beschreibungen zum Protokoll und zum Mind-Map.

BEISPIEL: *Strukturbaum*

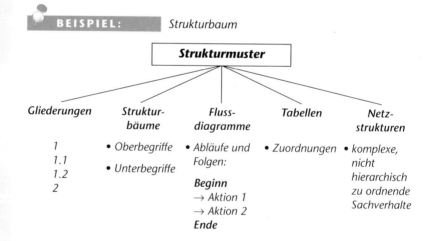

BEISPIEL: *Flussdiagramm*

Zinssenkung → erhöhte Kreditnachfrage → erhöhte Investitionen → erhöhte Nachfrage nach Arbeitskräften → höhere Beschäftigung → höhere Einkommen → höhere Nachfrage nach Kosumgütern

1 Merkmale der Rechtsordnung

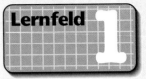

Privates und betriebliches Handeln am rechtlichen Bezugsrahmen ausrichten

---

Der Fischotter im Fieler Moor

Das Fieler Moor ist in Schleswig-Holstein ein wichtiger Lebensraum für den vom Aussterben bedrohten Fischotter. Das Oberverwaltungsgericht Schleswig hat aus diesem Grund dieses Gebiet als besonders schutzwürdig eingeordnet. Nach Auffassung des Gerichts berechtigt die Schutzwürdigkeit, Einschränkungen der Jagdaktivitäten und der landwirtschaftlichen Nutzung zu erlassen. Die Nutzungsbeschränkungen für Fischer und Landwirte stellen zumutbare Eingriffe in die Eigentumsrechte der Einzelnen dar, zumal das Umweltministerium auch vorgesehen hat, mit den Betroffenen Verträge zur Gewässernutzung abzuschließen.

Damit bestätigten die Richter die Ausweisung des Naturschutzgebietes durch das Kieler Umweltministerium auf der Grundlage von Rechtsverordnungen nach dem Landesnaturschutzgesetz Schleswig-Holsteins. Eine Revision des Urteils wurde nicht zugelassen, da keine Zweifel mehr an der Schutzwürdigkeit des Gebietes und dem rechtmäßigen Vorgehen des Ministeriums bestehen.

Handlungsaufträge

1 Beschreiben Sie die Interessen des Staates, der Jäger und der Landwirte.

2 Weshalb hat der Staat in diesem Fall durch eine Rechtsverordnung eingegriffen?

3 Erläutern Sie, warum sich das Oberverwaltungsgericht und nicht das Amtsgericht mit diesem Fall beschäftigen musste.

4 Welche Artikel des Grundgesetzes können die Betroffenen für ihre Sichtweisen anführen?

5 Leiten Sie aus dem Fall Fieler Moor die Aufgaben der Rechtsordnung ab.

1.1 Rechtsquellen und Rechtsnormen

Das Zusammenleben der Menschen untereinander bedarf bestimmter **Regeln**.

Regeln des sozialen und wirtschaftlichen Zusammenlebens können aus **moralischen** Überzeugungen entstehen oder durch **freiwillige Vereinbarungen** der Mitglieder der Gesellschaft geprägt werden.

Regeln werden dann zum Recht, wenn sie für alle verbindlich erklärt werden. Das Recht hat die **Aufgabe, das Zusammenleben der Menschen durch verbindliche Regeln zu ordnen.** Die Gesamtheit aller Regeln ist die **Rechtsordnung**.

▶ Geben Sie Beispiele aus Ihrem Umfeld an, bei denen Ihr Verhalten auf freiwilligen Regeln basiert.

▶ Unterscheiden Sie zwischen Moral und Recht am Beispiel der gesetzlichen Regelungen zum Schwangerschaftsabbruch (§ 218 StGB).

Die **Rechtsordnung** wird vom Staat gesetzt. Der Staat kann sie mit **Machtmitteln** durchsetzen. Der Staat hat **hoheitliche Gewalt**.

1.1.1 Rechtsquellen

Die Rechtsordnung beruht auf den **Rechtsquellen**

- **geschriebenes Recht**

- **Gewohnheitsrecht.**

Eine arbeitsteilig organisierte Gesellschaft braucht einheitliche rechtliche Grundlagen. **Geschriebenes Recht** macht jedem deutlich, welche Rechte und Pflichten er mit seinen Willenserklärungen eingeht. Die Rechtssicherheit wird dadurch gerade in Streitfällen erhöht. Geschriebenes Recht schützt den Einzelnen vor Machtmissbrauch durch andere oder durch den Staat.

Gewohnheitsrecht umfasst alle Rechte, die aus **ständiger Übung und Rechtsüberzeugung** entstanden sind. Die Rechtsüberzeugung wird im Streitfall durch Gerichte bestätigt.

Nationales Recht	Internationales Recht
Alle nationalen Rechtsnormen lassen sich zurückführen auf die im Grundgesetz (GG) festgelegten Regeln und Prinzipien. Das Grundgesetz ist die **Verfassung** der Bundesrepublik Deutschland. Es legt den Rechtsstaatscharakter des Landes fest (Art. 1 Abs. 3 GG; Art. 20 Abs. 3 GG; Art. 79 Abs. 3 GG). Es gilt das Subsidiaritätsprinzip.[1]	Internationale Rechtsnormen haben laut Art. 25 GG Vorrang vor dem nationalen Recht und erzeugen Rechte und Pflichten für Bürger und Institutionen der Bundesrepublik (z. B. EU-Recht als Folge der Vereinbarungen im Rahmen internationaler Verträge). Auch hier gilt das Subsidiaritätsprinzip.[1]

1.1.2 Rechtsnormen in der Bundesrepublik Deutschland

- Das **Grundgesetz (GG)** als Verfassung des Bundesstaates und der Länder ist die Grundlage für weitere Rechtsnormen des geschriebenen Rechts.

- **Gesetze** werden von den gesetzgebenden Körperschaften (den Parlamenten) beschlossen. Die Gesetzgebung ist Sache der Länder, soweit nicht der Bund Gesetzgebungsbefugnis hat.

- **Satzungen** sind Rechtsnormen, die von Selbstverwaltungskörperschaften (Gemeinden, Gemeindeverbänden, Industrie- und Handelskammern usw.), aber auch von Gesellschaften (Aktiengesellschaften,

---

---

1 Das Prinzip der Subsidiarität zeigt sich in der Aufteilung der staatlichen Aufgaben auf die Gebietskörperschaften Bund, Länder und Gemeinden (Föderalismus). Subsidiarität heißt, dass Angelegenheiten, die sinnvoll vor Ort erledigt werden können, auch dort erledigt werden.

GmbHs, Genossenschaften) aufgestellt werden. Sie unterliegen der Gestaltungsfreiheit der jeweiligen Institution. Der Staat gibt den rechtlichen Rahmen vor.

- **Rechtsverordnungen** werden von der Bundesregierung und den Landesregierungen, aber auch von Gemeinden und Landkreisen beschlossen. Sie sind an Gesetze gebunden und dürfen nur **aufgrund gesetzlicher Ermächtigung** festgelegt werden. Sie regeln Einzelfragen.

- **Erlasse** sind interne Handlungsanweisungen von Ministerien an ihre nachgeordneten Stellen, um ein einheitliches Verwaltungshandeln zu gewährleisten.

- **Europäische Rechtsnormen** sind Bestandteil des internationalen Rechts: Das Nebeneinander von europäischen und innerstaatlichen Rechtsnormen birgt die Gefahr in sich, dass Zuständigkeitsstreitigkeiten auftreten. Hinzu kommt, dass nur die Mitgliedsstaaten selbst innerhalb ihres Staatsgebietes auch für die Umsetzung des europäischen Rechts verantwortlich sind. Es werden nationale Rechtssetzungsbefugnisse auf die Gemeinschaft übertragen, sodass Gemeinschaftsrecht entsteht, das von europäischen Organen gestaltet und umgesetzt wird.

Die **Organe der Europäischen Union (EU)** (Ministerrat, Kommission, Europäisches Parlament) setzen Recht, das vom Europäischen Gerichtshof auf seine Übereinstimmung mit den europäischen Normen überprüft wird. Die Umsetzung des Gemeinschaftsrechts erfolgt in den Mitgliedstaaten und bedarf der Einbindung des Gemeinschaftsrechts in die nationale Rechtsordnung. Der **Europäische Gerichtshof** ist die höchste und einzige richterliche Gewalt im Rahmen des Gemeinschaftsrechts.

■ Europäische Verordnungen

Europäische Verordnungen gelten für alle Mitgliedstaaten **unmittelbar** und verdrängen nationale Rechtsnormen. Die Gemeinschaftsbürger erhalten unmittelbar Rechte und Pflichten. Europäische Verordnungen sind vergleichbar mit nationalen Gesetzen.

■ Europäische Richtlinien

Europäische Richtlinien weisen die Mitgliedstaaten an, bestimmte Maßnahmen zu ergreifen. Das Ziel und der Zeitraum der Umsetzung werden vorgegeben. Die Staaten **müssen** neues nationales Recht schaffen oder das nationale Recht anpassen. Richtlinien wirken nicht unmittelbar für den Gemeinschaftsbürger. Sie ermöglichen die Berücksichtigung nationaler Besonderheiten. Sie dienen der Rechtsharmonisierung in den Mitgliedstaaten.

▶ Klären Sie, ob es in Ihrem Ausbildungsbetrieb eine Satzung gibt und was sie gegebenenfalls regelt.

▶ In einigen Bundesländern werden Zeugnisnoten durch Verordnungen geregelt. Welcher Zensurenerlass gilt für Sie?

LERNTIPP:

Fragen Sie Ihren Lehrer bzw. Ihre Lehrerin oder wenden Sie sich direkt an das Kultusministerium Ihres Bundeslandes.

BEISPIELE:

Festlegung von Garantiepreisen für landwirtschaftliche Produkte

Quoten für die Stahlerzeugung der einzelnen Mitgliedstaaten

BEISPIELE:

Umsetzung der EU-Bilanzrichtlinie in Rechtsnormen des HGB

EU-Verpackungsrichtlinie als Grundlage für die nationale Verpackungsverordnung eines Mitgliedstaates

1.2 Der Rechtsstaatscharakter der Bundesrepublik Deutschland

Den einzelnen **Gebietskörperschaften** (Bund, Länder, Gemeinden) werden Aufgaben und finanzielle Mittel durch das Grundgesetz zugewiesen. Sie haben zur Erfüllung ihrer Aufgaben **hoheitliche** Gewalt und unterliegen im Rahmen ihrer Tätigkeit dem **Rechtsstaatsprinzip.**

Der Rechtsstaatscharakter der Bundesrepublik Deutschland schlägt sich in folgenden Prinzipien nieder:

ERLÄUTERUNG:

Vom Bundestag beschlossene Gesetze können auf Antrag vom Bundesverfassungsgericht auf deren Verfassungsmäßigkeit geprüft werden.

- **Prinzip der Gewaltenteilung:**
  Die Legislative (Parlamente) setzt die Normen, die Exekutive (Regierungen) führt sie aus, die Judikative (Gerichte) überwacht die Rechtmäßigkeit.

- **Prinzip der Gesetzmäßigkeit der Verwaltung**:
  Die Exekutive darf selbst nicht gegen geltendes Recht verstoßen. Ihr Handeln muss auf der Basis geltender Rechtsnormen erfolgen.

- **Prinzip des Gerichtsschutzes:**
  Der Rechtsweg muss auch gegen Maßnahmen des Staates gewährleistet sein.

■ Gerichte und deren Aufgaben

Den Bürgern und den staatlichen Organen in der Bundesrepublik Deutschland steht für alle denkbaren Konfliktfälle der Rechtsweg offen. Rechtsstreitigkeiten, z.B. aus Kauf-, Miet- und Arbeitsverträgen, können genauso vor Gericht entschieden werden wie Folgen staatlicher Aktivitäten im Rahmen von Baugenehmigungen, Steuer- und Rentenbescheiden. Schon dieser kleine Überblick macht deutlich, dass Rechtsstreitigkeiten sehr vielfältige Ursachen haben können und dass häufig sehr spezialisierte Kenntnisse nötig sind, um Urteile fällen zu können. Der Vielschichtigkeit der Rechtsfälle trägt die Vielzahl der Spezialgerichte Rechnung.

Die Übersicht auf Seite 27 verdeutlicht das Mehr-Instanzen-System des Aufbaus der Gerichte und deren hierarchische Struktur.

Da die Verfassung die Grundlage für alle Rechtsnormen der gesellschaftlichen Ordnung ist, entscheiden das Bundesverfassungsgericht bzw. die Verfassungsgerichte der Länder über alle grundsätzlichen Rechtsstreitigkeiten, die Verfassungsrang haben.

Alle anderen Gerichte haben mit spezialisierten Themenfeldern zu tun. Dabei können an der Rechtsfindung verschiedene Instanzen beteiligt sein, da gegen Urteile der unteren Instanzen Berufung oder Revision eingelegt werden kann.

Die Berufung ist das Rechtsmittel gegen Urteile der ersten Instanz. Der gesamte Prozess wird von der zweiten Instanz neu geprüft und gewürdigt. Die Revision zielt auf eine rechtliche Überprüfung eines Urteils und stellt fest, ob die Gesetze richtig angewendet wurden.

Im Einzelfall kann der Gerichtsweg bis zu den Bundesgerichten bzw. bis zum Bundesverfassungsgericht durchlaufen werden.

Im Rahmen der europäischen Einigung hat die Bundesrepublik Deutschland einen Teil ihrer Souveränitätsrechte und damit ihrer Rechtssetzungsbefugnisse auf die europäischen Gremien übertragen. Auch hier gilt das Rechtsstaatsprinzip, sodass der Europäische Gerichtshof über alle Rechtsstreitigkeiten abschließend befinden muss, die ihm zugewiesen werden.

■ Übersicht über den Aufbau des Gerichtswesens

> **EUROPÄISCHER GERICHTSHOF**
> Der Europäische Gerichtshof ist Schiedsrichter in Streitfällen zwischen Mitgliedstaaten und gegenüber den Organen der EU. Darüber hinaus ist er prüfende Instanz für die Rechtmäßigkeit der europäischen Rechtsnormen.

> **BUNDESVERFASSUNGSGERICHT**
> Es entscheidet alle Streitigkeiten, die verfassungsrechtliche Bedeutung haben, und kann von allen Bürgern und staatlichen Organen angerufen werden.
> Auf Länderebene gibt es zum Teil Staats- oder Verfassungsgerichtshöfe, die Streitigkeiten entscheiden, die die Länderverfassungen berühren.

Bundes-gerichtshof	Bundes-arbeitsgericht	Bundes-verwaltungs-gericht	Bundes-sozialgericht	Bundes-finanzhof
ist zuständig für Zivil- und Strafsachen.	ist zuständig für arbeitsrechtliche Streitigkeiten.	ist zuständig für Auseinandersetzungen der Staatsorgane untereinander und für Klagen gegen die Rechtmäßigkeit von Verwaltungsakten.	ist zuständig für Streitigkeiten aus dem Bereich der Sozialversicherung.	ist zuständig für Streitigkeiten aus Steuerfragen.
Oberlandes-gericht	Landesarbeits-gericht	Ober-verwaltungs-gericht	Landessozial-gericht	
Landgericht	Arbeitsgericht	Verwaltungs-gericht	Sozialgericht	Finanzgericht
Amtsgericht				

ordentliche Gerichtsbarkeit	besondere Gerichtsbarkeit	staatliche Gerichtsbarkeit

Die ordentliche Gerichtsbarkeit ist zuständig für privatrechtliche Rechtsstreitigkeiten, für Strafsachen und für Angelegenheiten der freiwilligen Gerichtsbarkeit.

BEISPIELE:

Das Bundesverwaltungsgericht stoppt in einer Eilentscheidung den Bau der Ostsee-Autobahn aufgrund einer Klage des Bundes für Naturschutz und Umwelt. Die Richter bemängeln, dass möglicherweise bei der Planung die europäischen Naturschutzrichtlinien nicht hinreichend beachtet wurden.

Die Fördebank klagt vor dem Landgericht Flensburg auf Zahlung eines fällig gestellten Kredits, da der Schuldner seine Kreditraten nicht geleistet hat.

Die EU-Kommission droht der Bundesrepublik Deutschland mit einer Untätigkeitsklage vor dem Europäischen Gerichtshof, wenn nicht alle Binnenmarktrichtlinien ins nationale Recht umgesetzt werden.

Ein Arbeitnehmer klagt gegen seine Entlassung vor dem Arbeitsgericht.

Ein Steuerzahler ist mit seinem Steuerbescheid nicht einverstanden, da nach seiner Meinung die Einkommensteuer-Durchführungsverordnung falsch ausgelegt worden ist.

In der Auseinandersetzung um die Verteilung der Steuergelder zwischen Bund und Ländern erwägen einzelne Länder den Gang zum Verfassungsgericht.

Ein Angestellter beantragt seine Erwerbsunfähigkeitsrente. Die Bundesversicherungsanstalt lehnt das Gesuch ab. Daraufhin klagt der Arbeitnehmer vor dem Sozialgericht.

Strukturwissen

- **Aufgabe des Rechts** ist es, das Zusammenleben der Menschen durch verbindliche Regeln zu ordnen und Verstöße gegen die Normen gegebenenfalls mit staatlichen Sanktionen zu bestrafen.
- **Rechtsordnung** ist die Gesamtheit aller Rechtsnormen in einem Staat.
- **Rechtsnormen** sind durch den Staat gesetzte und vom Staat überwachte Regeln des menschlichen Zusammenlebens. Sie sind grundsätzlich für alle Bürger verbindlich.
- **Rechtsnormen** sind Bestandteil
  - des **öffentlichen Rechts** (Prinzip der Über- und Unterordnung), z. B. Strafrecht und Steuerrecht, oder
  - des **privaten Rechts** (Prinzip der Gleichordnung), z. B. Vertragsrecht und Gesellschaftsrecht.

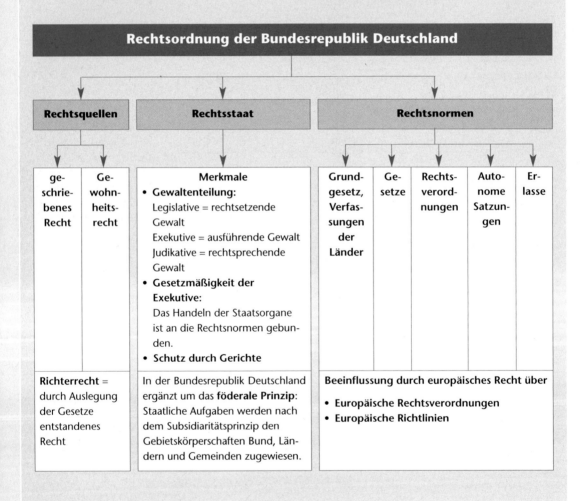

Rechtsordnung der Bundesrepublik Deutschland

Rechtsquellen		Rechtsstaat	Rechtsnormen				
ge-schrie-benes Recht	Ge-wohn-heits-recht	**Merkmale** • **Gewaltenteilung:** Legislative = rechtsetzende Gewalt Exekutive = ausführende Gewalt Judikative = rechtsprechende Gewalt • **Gesetzmäßigkeit der Exekutive:** Das Handeln der Staatsorgane ist an die Rechtsnormen gebunden. • **Schutz durch Gerichte**	Grund-gesetz, Verfas-sungen der Länder	Ge-setze	Rechts-verord-nungen	Auto-nome Satzun-gen	Er-lasse
Richterrecht = durch Auslegung der Gesetze entstandenes Recht		In der Bundesrepublik Deutschland ergänzt um das **föderale Prinzip:** Staatliche Aufgaben werden nach dem Subsidiaritätsprinzip den Gebietskörperschaften Bund, Ländern und Gemeinden zugewiesen.	**Beeinflussung durch europäisches Recht über** • **Europäische Rechtsverordnungen** • **Europäische Richtlinien**				

Aufgaben

 Verdeutlichen Sie das Prinzip der Gewaltenteilung am Beispiel des Fieler Moores.

 Begründen Sie die Notwendigkeit, ökonomische Grundsätze in der Rechtsordnung zu berücksichtigen.

 These: *„Die Eingriffe des Staates ins Wirtschaftsgeschehen (z. B. Sozialgesetzgebung) behindern die Aktivitäten der Wirtschaftssubjekte. Ohne diese Eingriffe würde es zu einer enormen Steigerung des Wohlstands kommen."*

a) Belegen Sie den in der These aufgeführten Gedanken durch möglichst aktuelle Beispiele.

b) Halten Sie mögliche Gegenargumente stichwortartig fest.

c) Kommen Sie zu einer abschließenden Bewertung dieser These.

 Paragraph 25 des Berufsbildungsgesetzes fordert berufliche Ausbildungsordnungen für alle Ausbildungsberufe. Dazu gehört ein Ausbildungsberufsbild, in dem Fertigkeiten und Kenntnisse, die Gegenstand der Berufsausbildung sind, auf dem Verordnungswege festgelegt werden. Um eine Parallelität der Ausbildung zu sichern, werden für den Berufsschulunterricht Rahmenlehrpläne erlassen.

a) Unterscheiden Sie die genannten Rechtsquellen bzw. Rechtsnormen.

b) Brauchen wir eine bundeseinheitliche Ausbildungsordnung, oder sollte jedes Unternehmen selbst entscheiden, wie sein Nachwuchs ausgebildet wird?

c) Wer kann die Ausbildungsordnungen in Deutschland verändern?

d) Weshalb wurde die Ausbildungsordnung Ihres Berufes in den vergangenen Jahren geändert?

e) Wie wird Ihrer Meinung nach die Ausbildungsordnung Ihres Berufes im Jahre 2010 aussehen?
Nutzen Sie hierfür die Methode des Brainstorming.

f) Präsentieren Sie Ihre Vision.

 Erläutern Sie anhand eines Falles aus dem wirtschaftlichen Bereich (z.B. Tarifvertrag, 630-DM-Verträge) die Notwendigkeit, bestehende Rechtsgrundlagen zu ändern.

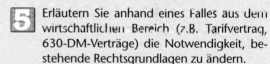 Auf vielen Baustellen in Deutschland sind nur wenige deutsche Arbeiter beschäftigt, dafür aber viele Portugiesen, deren Arbeitskraft billiger ist. Sie wiederum werden in ihrem Land von Algeriern verdrängt.

a) Sollte der Gesetzgeber auf diese Entwicklung reagieren? Begründen Sie Ihre Entscheidung.

b) Klären Sie die Rechtsgrundlagen für die Beschäftigung von Bürgern anderer EU-Mitgliedstaaten in Deutschland.

2 Rechtssubjekte

Taschengeldautomat für Kids?

Handlungsaufträge

1 Analysieren Sie die Karikatur.

2 Formulieren Sie einen Titel.

3 Dürfen Kinder und Jugendliche am Automaten Geld abheben? Klären Sie den rechtlichen Sachverhalt.

4 Das Kind erhält von seiner Mutter die eurocheque-Karte einschließlich der Geheimnummer und soll 200 DM vom Konto abheben.
Welcher rechtliche Unterschied besteht zum Auftrag 3?

5 Rechtssubjekte entscheiden durch Rechtsgeschäfte über Rechtsobjekte.
Erklären Sie diese Begriffe und beziehen Sie diese auf die Karikatur.

2.1 Natürliche und juristische Personen

Wirtschaftssubjekte treffen ökonomische Entscheidungen, indem sie z.B. Güter kaufen oder verkaufen, Arbeitskraft anbieten oder nachfragen, Geld anlegen oder Investitionen finanzieren, Immobilien mieten oder vermieten. Sie sind aufeinander angewiesen, um ihre **wirtschaftlichen Ziele** der Einkommenserzielung oder der Einkommensverwendung verwirklichen zu können.

In unserer Gesellschaft wird es den Wirtschaftssubjekten freigestellt, welche Wirtschaftsziele und -pläne sie verfolgen und mit welchen Mitteln sie diese umsetzen. Den Wirtschaftssubjekten wird **Planungsautonomie** eingeräumt. Sie haben ökonomische Freiheitsrechte, die sie durch rechtliches Handeln nutzen.

Ein Autokäufer entscheidet sich für ein bestimmtes Modell einer bestimmten Marke mit einer genau festgelegten Ausstattung und vereinbart mit einem von ihm ausgewählten Händler den Kaufpreis und den Liefertermin. Händler und Autokäufer verfolgen wirtschaftliche Interessen und setzen diese über ihr rechtliches Handeln um, indem sie einen Kaufvertrag abschließen. Sie gehen rechtliche Verpflichtungen ein und erwerben Rechte. Sie handeln als **Rechtssubjekte.** Der Käufer erwirbt das Eigentum an dem Auto und hat den Preis zu zahlen. Der Händler überträgt Eigentum und hat ein Recht auf die Geldleistung.

Wenn rechtliches Handeln erforderlich ist, um u.a. auch ökonomische Ziele zu verwirklichen, so muss in der Rechtsordnung festgelegt werden, wer rechtlich handeln kann.

Dabei ist es wichtig, dass Rechtssubjekte, die rechtliche Entscheidungen treffen, sich über die **Folgen** ihrer Rechtshandlungen im Klaren sind.

Es erhebt sich die Frage, ob **jeder** unabhängig von seinem Alter und seinen geistigen Fähigkeiten dazu in der Lage ist.

Erkennt man ein **Schutzbedürfnis** für bestimmte Personengruppen, so ist es erforderlich, in der Rechtsordnung festzulegen, **wer** in **welchem Umfang welche** Rechtshandlungen vornehmen kann.

Geht man davon aus, dass Rechtssubjekte gemeinsam bestimmte Ziele verfolgen wollen, so muss auch festgelegt werden, ob **Zusammenschlüsse** von **Rechtssubjekten** den Charakter eigenständiger Rechtsgebilde haben sollen. Auch dies definiert die Rechtsordnung, indem sie festlegt, dass juristische Personen als eigenständige Rechtsgebilde am Rechtsleben teilnehmen können. Aus Gründen der Rechtsklarheit wird genau festgelegt, welche juristischen Personen es gibt. Hierbei gilt das Ausschließlichkeitsprinzip, d. h. andere als die im Gesetz genannten juristischen Personen gibt es nicht.

BEISPIELE:

Verschiedene Einkommensarten:
– Löhne, Gehälter
– Mieten, Pachten
– Zinsen
– Gewinne

▶ § 1 BGB: Die Rechtsfähigkeit des Menschen beginnt mit der Vollendung der Geburt.

▶ Welche Gründe gibt es dafür, dass das BGB mit der Definition der Rechtsfähigkeit beginnt?

ERLÄUTERUNG:

Rechtssubjekte treffen rechtlich relevante Entscheidungen, die eine Rechtslage begründen, verändern oder aufheben.

 vgl. Überblick auf Seite 32

▶ Nennen Sie juristische Personen aus Ihrer näheren Umgebung.

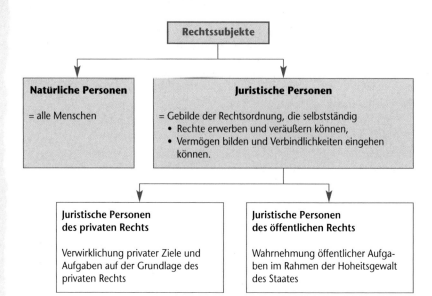

Rechtssubjekte

Natürliche Personen

= alle Menschen

Juristische Personen

= Gebilde der Rechtsordnung, die selbstständig
• Rechte erwerben und veräußern können,
• Vermögen bilden und Verbindlichkeiten eingehen können.

Juristische Personen des privaten Rechts

Verwirklichung privater Ziele und Aufgaben auf der Grundlage des privaten Rechts

Juristische Personen des öffentlichen Rechts

Wahrnehmung öffentlicher Aufgaben im Rahmen der Hoheitsgewalt des Staates

Beispiele

• *Eingetragene Vereine*
• *Gesellschaften mit beschränkter Haftung*
• *Aktiengesellschaften*
• *Genossenschaften*
• *Stiftungen des privaten Rechts*

Beispiele

• *Gebietskörperschaften wie die Bundesrepublik Deutschland, das Land Sachsen*
• *Selbstverwaltungskörperschaften wie die Gemeinde Auerbach, das Amt Schofflund*
• *Personalkörperschaften wie die Industrie- und Handelskammern und die Handwerkskammern*
• *Anstalten wie Krankenhäuser und die meisten Sparkassen*
• *Stiftungen des öffentlichen Rechts*

▶ Unterscheiden Sie am Beispiel
– der Mainbank AG,
– des Gesangvereins „Liedgut e. V.",
– des Landes Berlin (z. B. Einsatz von Polizei bei Demonstrationen)
die Ziele und Aufgaben juristischer Personen.

2.2 Rechtsfähigkeit und Geschäftsfähigkeit der natürlichen Personen

▶ Warum ist für eine Erbschaft die Rechtsfähigkeit hinreichend, während für das Buchen einer Urlaubsreise Geschäftsfähigkeit gefordert wird?

Rechtssubjekte nehmen durch ihre Rechtshandlungen am Rechtsverkehr teil, indem sie ihren Willen durch Erklärungen kundgeben. Die Rechtsordnung bestimmt, wer **rechtswirksame Willenserklärungen** abgeben darf und wer nicht. Gesetze legen fest, wer **geschäftsfähig** ist.

Geschäftsfähigkeit berechtigt zur **aktiven** Teilnahme am Rechtsleben, während Rechtsfähigkeit die Fähigkeit zum **passiven** Erwerb von Rechten und Pflichten beschreibt.

Natürliche Personen werden als Rechtssubjekte eingestuft und sind
• rechtsfähig von Geburt an und damit Träger von Rechten und Pflichten,
• je nach Alter entweder geschäftsunfähig, beschränkt geschäftsfähig oder voll geschäftsfähig.

Einteilung der Geschäftsfähigkeit		
geschäftsunfähig	beschränkt geschäftsfähig	voll geschäftsfähig
0-7 Jahre	7-18 Jahre	ab 18 Jahre
Kein selbstständiges rechtliches Handeln möglich. Abgegebene Willenserklärungen sind nichtig, d. h. von vornherein ungültig.	Eingeschränktes rechtliches Handeln möglich. Abgegebene Willenserklärungen sind nur gültig, wenn die gesetzlichen Vertreter vorher, nachher oder stillschweigend zustimmen. Die Willenserklärungen sind bis zur Zustimmung schwebend unwirksam.	Volle rechtliche Handlungsfähigkeit. Abgegebene Willenserklärungen sind voll rechtsgültig.
Es handeln gesetzliche Vertreter.	Sonderfälle: Abgegebene Willenserklärungen sind voll rechtsgültig in den folgenden Fällen • § 110 BGB • § 107 BGB • § 112 BGB • § 113 BGB • § 1 Ehegesetz	

ERLÄUTERUNG:

Rechtsgeschäfte mit besonderer Tragweite für beschränkt Geschäftsfähige bedürfen der Zustimmung der gesetzlichen Vertreter **und** des Vormundschaftsgerichtes (z.B. Kreditaufnahme).

LERNTIPP:

Schlagen Sie die genannten Paragraphen im Gesetz nach.

Personen binden sich durch ihre Willenserklärungen. Sie gehen Verpflichtungen ein und erwerben Rechte. Es gilt das Prinzip: **„Jeder hat das einzuhalten, was er verspricht"**.

Natürliche Personen werden an diesen Grundsatz der selbstverantwortlichen Teilhabe am Rechtsleben Schritt für Schritt herangeführt, da die Rechtsordnung Minderjährigen nicht zutraut , dass sie in allen Fällen die Folgen ihres Handelns abschätzen können.

Gesetzliche Vertreter übernehmen das rechtliche Handeln für geschäftsunfähige Personen bzw. bestätigen oder verwerfen die Willenserklärungen von beschränkt Geschäftsfähigen.

Gesetzliche Vertreter für Minderjährige sind die Eltern gemeinsam oder ein Elternteil bzw. ein Vormund, der im Sonderfall vom Vormundschaftsgericht eingesetzt wird. Den Eltern bzw. dem Vormund steht das Sorgerecht zu. Es umfasst die Personensorge und die Vermögenssorge.

Willenserklärungen der gesetzlichen Vertreter werden im **Namen** des Minderjährigen ausgesprochen, d.h. die **Rechtsfolgen** trägt der Minderjährige. Er wird belastet oder begünstigt.

BEISPIELE:

– Vermögenssorge: Kauf von Wertpapieren aus dem Vermögen des Minderjährigen
– Personensorge: Bestimmung des Aufenthalts des Minderjährigen

▶ Begründen Sie, warum die Eltern nicht nach Belieben über das Vermögen ihrer minderjährigen Kinder verfügen dürfen.

▶ Ein 45-jähriger Ange-
stellter verspielt sein
monatliches Einkom-
men in Spielhallen.
Seine Ehefrau sieht die
Existenz der Familie
gefährdet.
Kann sie sich auf das
Betreuungsgesetz
beziehen?

Die Rechtsordnung geht davon aus, dass volljährige natürliche Personen im Rahmen ihrer Rechtshandlungen in der Lage sind, die Folgen ihres rechtlichen Handelns einschätzen zu können. Sie sind für ihre Willenser-klärungen voll verantwortlich.

Es gibt allerdings auch Personengruppen, die trotz ihrer Volljährigkeit den **Schutz des Gesetzes** benötigen. Das sind Personen, die psychisch krank, drogen- und/oder alkoholabhängig sind, an Spiel- oder Verschwendungs-sucht leiden, geistig und/oder körperlich behindert sind oder zum Pflege-fall werden.
Diesen Personen versucht man zu helfen, indem ihnen auf der Grundlage des Betreuungsgesetzes ein Betreuer zur Seite gestellt werden kann:

• Betreuung erfolgt auf Antrag des zu Betreuenden oder von Amts we-gen.

• Betreute Personen sind voll geschäftsfähig, es sei denn, dass für Teil-bereiche der Rechtshandlungen auf Beschluss des Vormundschafts-gerichts ein Einwilligungsvorbehalt festgelegt wird. Der Einwilligungs-vorbehalt ist nur möglich zur Abwehr einer erheblichen Gefahr für Person und Vermögen des Betreuten. Für diese Rechtshandlungen sind die betroffenen Personen beschränkt geschäftsfähig.

2.3 Das rechtliche Handeln juristischer Personen

▶ Wer darf im Namen
Ihrer Gemeinde rechts-
verbindliche Willens-
erklärungen abgeben?

Die Rechtsordnung rechnet die **juristischen Personen** zu den Rechts-subjekten. Folglich sind sie **rechts- und geschäftsfähig.** Juristische Perso-nen haben Mitglieder bzw. Gesellschafter und/oder verfügen über Vermögenswerte. Sie treten nach außen als rechtlich selbstständig in Er-scheinung.

Juristische Personen entstehen in der Regel dadurch, dass natürliche Per-sonen sich zur Verwirklichung gemeinsamer Ziele zusammenschließen. In vielen Fällen werden Beiträge erhoben oder Kapital zur Verfügung ge-stellt, um die Finanzierung der erforderlichen Ausgaben zu ermöglichen.

So organisiert ein Verein Sportveranstaltungen, eine AG stellt Mitarbeiter ein, eine Gemeinde erteilt einem Bauunternehmer den Auftrag zum Bau einer Sporthalle und nimmt zur Finanzierung einen Kredit bei der Spar-kasse auf.

Juristische Personen beteiligen sich am Rechtsleben. Sie gehen **Verpflich-tungen** ein und **erwerben Rechte**, indem natürliche Personen im Namen und für Rechnung der juristischen Person Willenserklärungen abgeben.

Die Rechtsordnung schreibt vor, dass Willenserklärungen über **Organe** juristischer Personen geäußert werden. Es gibt für **jede** juristische Person Organe mit unterschiedlichen Aufgaben. Die Tabelle auf Seite 35 zeigt am Beispiel ausgewählter juristischer Personen, wie das Prinzip der Organbil-dung umgesetzt wird.

Übersicht über Organe ausgewählter juristischer Personen			
	Gesellschafter-organ: • Wahl des Vertre-tungsorgans bzw. des Kon-trollorgans • Festlegung bzw. Veränderungen von Satzungen • Verwendung der Überschüsse	**Kontrollorgan:** • Wahl des Ver-tretungsorgans • Kontrolle der Geschäfts-führung • Festlegung der Grundlinien der Geschäfts-politik	**Geschäftsfüh-rungs-/Vertre-tungsorgan:** • Umsetzung der Geschäftspolitik • Vertretung der juristischen Person
Vereine	Gesellschafter-versammlung	–	Vorstand
Aktienge-sellschaften	Haupt-versammlung	Aufsichtsrat	Vorstand
Gesellschaf-ten mit beschränkter Haftung	Gesellschafter-versammlung	Aufsichtsrat	Geschäftsführer
Genossen-schaften	General-versammlung	Aufsichtsrat	Vorstand
Anstalten (z.B. kommunale Sparkassen)		Verwaltungsrat	Vorstand

Die Übersicht verdeutlicht die Aufgaben der einzelnen Organe.

Gesellschafter bzw. Mitglieder juristischer Personen sind an der unmittel-baren Geschäftsführung und Vertretung nicht beteiligt. Diese Aufgabe ist laut Gesetz dem jeweiligen Geschäftsführungs- und Vertretungsorgan übertragen. Dieses Organ übernimmt die **gesetzliche Vertretung** oder **or-ganschaftliche Vertretung**.

Personenhandelsgesellschaften zählen nicht zu den juristischen Perso-nen. Es handelt sich um quasi-juristische Personen, die unter ihrer **Firma** am Rechtsleben teilnehmen.

Zu den Personenhandelsgesellschaften gehören die **Offene Handelsge-sellschaft (OHG)** und die **Kommanditgesellschaft (KG)**. Während bei der Offenen Handelsgesellschaft alle Gesellschafter als **Vollhafter** mit ihrem Betriebs- und Privatvermögen zur Haftung für Schulden der Gesell-schaft herangezogen werden können, gilt dies bei der Kommanditgesell-schaft nur für die **Komplementäre**. Komplementäre sind Vollhafter, während die **Kommanditisten** als Teilhafter nur mit ihrer Kapitaleinlage haften. Beide Gesellschaften werden von ihren Vollhaftern vertreten.

ERLÄUTERUNG:

Gesellschafter sind Mitglieder oder Eigentümer. Eigentümer stellen den juristi-schen Personen Kapital zur Verfügung, das verloren gehen kann.

Geschäftsführung ist nach innen gerichtet und umfasst u.a. die Weisungsbefugnis im Rahmen der innerbetrieblichen Organisationsstrukturen.

Vertretung ist das Recht, die juristische Person durch Willens-erklärungen gegenüber Dritten zu verpflichten oder Rechte für die juristische Person zu erwer-ben. Vertretung ist nach außen gerichtet.

► Nehmen Sie Stellung zu der Aussage: „ Die Organ-bildung entmachtet die Eigentümer von Gesellschaften".

► Bemühen Sie sich um die Teilnahme an einer Haupt-versammlung einer AG.

ERLÄUTERUNG:

Firma ist der Name eines Kauf-manns, unter dem er sein Gewerbe betreibt. Kaufleute sind laut § 1 HGB alle Gewer-betreibenden, die nach Art und Umfang einen in kauf-männischer Weise eingerichte-ten Geschäftsbetrieb benöti-gen. Kleingewerbetreibende können sich nach § 2 HGB eintragen lassen.

2.4 Vollmachten

Sowohl im Privatleben als auch insbesondere im Geschäftsleben kann es sinnvoll sein, dass sich natürliche und juristische Personen für bestimmte Rechtsgeschäfte von anderen vertreten lassen.

Hierzu erteilen sie **Vollmachten** an andere. Dies erleichtert die Abwicklung von Rechtshandlungen, bedingt aber eine Vertrauensbasis zwischen den Beteiligten, da der Bevollmächtigte den Vollmachtgeber aus seinen Erklärungen verpflichtet.

Vollmachten werden durch Vereinbarungen auf der Grundlage eines Rechtsgeschäftes zwischen Vollmachtgeber und Bevollmächtigten in ihrem Umfang präzisiert. Im Gegensatz zur gesetzlichen Vertretung ist die Vollmacht eine rechtsgeschäftliche, durch Vertrag geregelte Vertretung.

Vollmachten ermächtigen den Bevollmächtigten zur Vornahme von Rechtshandlungen zulasten oder zugunsten desjenigen, der die Vollmacht erteilt hat. Sie sollten in ihrem Umfang klar abgegrenzt sein, um Missverständnisse und Kompetenzüberschreitungen zu vermeiden.

Im Wirtschaftsleben werden Handlungsvollmachten erteilt, deren Umfang
• in Arbeitsverträgen verankert ist
• und in Gesetzen beschrieben wird.

Die Vollmacht ist eine rechtsgeschäftliche Vertretung.

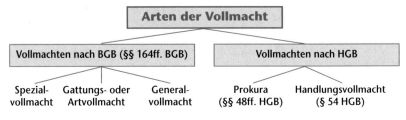

Die **Spezialvollmacht** bezieht sich auf ein bestimmtes einzelnes Rechtsgeschäft, die **Gattungs- oder Artvollmacht** auf bestimmte Arten von Rechtsgeschäften. Die **Generalvollmacht** berechtigt den Bevollmächtigten zum Abschluss aller Rechtsgeschäfte im Namen des Vollmachtgebers, sofern dies nicht aus der Natur der Sache ausgeschlossen ist, z. B. Testament, Eheschließung.

Die **Prokura** ermächtigt zu allen Arten von gerichtlichen und außergerichtlichen Geschäften und Rechtshandlungen, die der Betrieb irgendeines Handelsgewerbes mit sich bringt (§ 49 Abs. 1 HGB). Zur Veräußerung und Belastung von Grundstücken muss der Prokurist allerdings besonders ermächtigt werden.

Die **Handlungsvollmacht** berechtigt zur Vornahme aller oder bestimmter Geschäfte und Rechtshandlungen, die der Betrieb eines bestimmten Handelsgewerbes gewöhnlich mit sich bringt (§ 54 Abs. 1 HGB). Zur Veräußerung und Belastung von Grundstücken, zur Eingehung von Wechselverbindlichkeiten, zur Aufnahme von Darlehen und zur Prozessführung ist der Handlungsbevollmächtigte nur ermächtigt, wenn ihm diese Befugnis besonders erteilt ist.

Strukturwissen

- **Rechtsfähigkeit** verleiht den Rechtssubjekten die Fähigkeit, Rechte und Pflichten zu erwerben, ohne dass es eigener Willenserklärungen bedarf.

- **Geschäftsfähigkeit** verleiht den Rechtssubjekten das Recht, eigene Willenserklärungen abzugeben und dadurch eine Rechtslage zu verändern.

- Rechtlich bedeutsame **Willenserklärungen** sind Erklärungen, deren Abgabe für die Rechtssubjekte rechtliche Folgen auslöst. Sie sind rechtlich **verbindlich**.

- Rechtssubjekte nehmen durch Willenserklärungen am **Rechtsverkehr** teil.

- **Vertreter** geben Willenserklärungen für andere ab und binden diese durch ihre Willenserklärungen („Handeln in fremdem Namen").

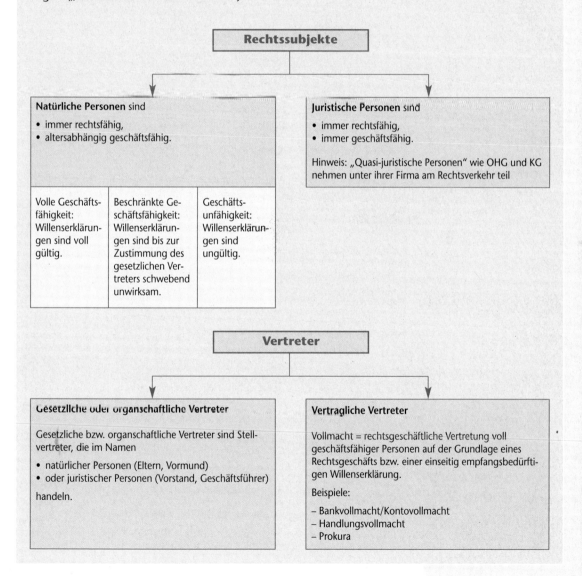

Rechtssubjekte

Natürliche Personen sind
- immer rechtsfähig,
- altersabhängig geschäftsfähig.

Juristische Personen sind
- immer rechtsfähig,
- immer geschäftsfähig.

Hinweis: „Quasi-juristische Personen" wie OHG und KG nehmen unter ihrer Firma am Rechtsverkehr teil

Volle Geschäftsfähigkeit: Willenserklärungen sind voll gültig.	Beschränkte Geschäftsfähigkeit: Willenserklärungen sind bis zur Zustimmung des gesetzlichen Vertreters schwebend unwirksam.	Geschäftsunfähigkeit: Willenserklärungen sind ungültig.

Vertreter

Gesetzliche oder organschaftliche Vertreter

Gesetzliche bzw. organschaftliche Vertreter sind Stellvertreter, die im Namen
- natürlicher Personen (Eltern, Vormund)
- oder juristischer Personen (Vorstand, Geschäftsführer)

handeln.

Vertragliche Vertreter

Vollmacht = rechtsgeschäftliche Vertretung voll geschäftsfähiger Personen auf der Grundlage eines Rechtsgeschäfts bzw. einer einseitig empfangsbedürftigen Willenserklärung.

Beispiele:

– Bankvollmacht/Kontovollmacht
– Handlungsvollmacht
– Prokura

3 Rechtsobjekte

Eigentümer oder Besitzer?

Auszug aus dem Sachenrecht des BGB

§ 854 Erwerb des Besitzes
(1) Der Besitz einer Sache wird durch die Erlangung der tatsächlichen Gewalt über die Sache erworben.

§ 868 Mittelbarer Besitz
Besitzt jemand eine Sache als ....., Pfandgläubiger, Pächter, Mieter, Verwahrer ...., vermöge dessen er einem anderen gegenüber auf Zeit zum Besitze berechtigt oder verpflichtet ist, so ist auch der andere Besitzer (mittelbarer Besitzer).

§ 903 Befugnisse des Eigentümers
(1) Der Eigentümer einer Sache kann, soweit nicht das Gesetz oder Rechte Dritter entgegenstehen, mit der Sache nach Belieben verfahren und andere von jeder Einwirkung ausschließen.

§ 929 Einigung und Übergabe
(1) Zur Übertragung des Eigentums an einer beweglichen Sache ist es erforderlich, daß der Eigentümer die Sache dem Erwerber übergibt und beide darüber einig sind, daß das Eigentum übergehen soll. (2) Ist der Erwerber im Besitze der Sache, so genügt die Einigung über den Übergang des Eigentums.

Handlungsaufträge

1. Unterscheiden Sie die Begriffe Besitz und Eigentum.

2. Wie können Sie Eigentum an einem Auto erwerben?

3. Ein unverheiratetes Paar kauft gemeinsam ein neues Auto. Wer ist Eigentümer?

4. Sie wollen von einer Privatperson ein gebrauchtes Auto kaufen und stellen dabei fest, dass der Name des Verkäufers nicht mit dem Namen im Kfz-Brief übereinstimmt.
   Würden Sie das Auto kaufen?
   Begründen Sie Ihre Entscheidung.

5. Ein Auszubildender finanziert sein Auto über einen Bankkredit. Die Bank verlangt zur Sicherheit den Kfz-Brief.
   a) Klären Sie, wer in diesem Fall Eigentümer und wer Besitzer ist.
   b) Die Bank verlangt außerdem den Abschluss einer Vollkaskoversicherung. Wie kann sie sicherstellen, dass sie im Schadenfall den Versicherungsbetrag ausgezahlt bekommt?

6. Begründen Sie am Beispiel eines Automietvertrages den Unterschied zwischen Eigentum und Besitz und verdeutlichen Sie, dass es sich dabei um dingliche Rechte handelt.

3.1 Gegenstände des Rechtsverkehrs: Sachen und Rechte

Natürliche und juristische Personen nehmen durch ihre Willenserklärungen am Rechtsleben teil und organisieren ihre ökonomischen Austauschprozesse, indem sie z. B. Sachgüter und Dienstleistungen kaufen oder verkaufen, Wohnungen und Gebäude mieten oder vermieten, Immobilien pachten oder verpachten, Kredite aufnehmen oder vergeben.

Die **Rechtssubjekte** können durch ihre Willenserklärungen **Rechtsansprüche** an **Rechtsobjekten** erwerben oder auf sie verzichten.

▶ Welche Bedeutung hat dieses Zeichen? ©

Rechtsobjekte sind Gegenstände des Rechtsverkehrs.

Rechtsobjekte

Sachen	Rechte
Sachen sind **materielle Güter**, die z. B. als Waren für Konsumzwecke verwendet oder als Anlagen im Rahmen der Produktion eingesetzt werden. Sachen sind **beweglich**, d.h. sie können transportiert werden, oder **unbeweglich** wie Immobilien. Bewegliche Sachen sind dann **vertretbare** Sachen, wenn sie in gleicher Art und Ausstattung neu geliefert werden können. Sie werden als **unvertretbare** Sachen eingestuft, wenn sie in ihrer Art und Ausstattung einmalig sind.	Rechte sind notwendig um z. B. **Verfügungsrechte** über Sachen zu erlangen, können aber auch unabhängig von Sachen Rechtsansprüche verkörpern. Das Eigentumsrecht an einem Pkw ist ein **dingliches** Recht, da lediglich der Eigentümer das Auto veräußern darf. Ein Arbeitnehmer hat einen Rechtsanspruch auf Zahlung seines Gehaltes, da der Arbeitgeber ihm im Arbeitsvertrag die Entgeltzahlung zugesagt und der Arbeitnehmer somit einen schuldrechtlichen Anspruch, ein **Forderungsrecht**, hat.

▶ Klären Sie, ob Sie diese Seite des Buches kopieren dürfen.

Forderungsrechte stellen schuldrechtliche Ansprüche auf der Grundlage von verpflichtenden Willenserklärungen dar, wie z.B.

- aus einem Kredit,
- zur Sicherung von Rechten.

Der Kreditnehmer hat einen Anspruch auf Bereitstellung der Geldsumme, der Kreditgeber kann verlangen, dass der Kredit bedient wird, d. h. Tilgung und Zinsen vereinbarungsgemäß geleistet werden. Darüber hinaus könnte der Kredit im Bedarfsfall durch weitere Sicherheiten abgesichert werden. So haftet z.B. ein Bürge zusätzlich gegenüber dem Kreditgeber, wenn der Kreditnehmer seine Verpflichtungen nicht erfüllt.

ERLÄUTERUNG

Der Bürge haftet neben dem Kreditnehmer. Es entsteht ein selbstständiges Forderungsrecht, das zusätzlich zum schuldrechtlichen Anspruch aus dem Kreditvertrag vereinbart wird.

Im Einigungsvertrag zwischen der Bundesrepublik Deutschland und der damaligen DDR ist das Prinzip Rückgabe von Eigentum vor Entschädigung enthalten.

BEISPIELE:

Nutzung des Eigentums an einem Grundstück:
- *Errichtung eines Eigenheims*
- *Verpachtung an einen Landwirt*
- *Eintragung einer Grundschuld zugunsten eines Kreditgebers*

ERLÄUTERUNG:

Pfand: Der Gläubiger erhält ein eingeschränktes Besitzrecht (Verwahrrecht, aber kein Nutzungsrecht). Der Schuldner (Pfandgeber) bleibt Eigentümer der Sache, räumt aber dem Pfandgläubiger ein Verwertungsrecht für den Fall ein, dass er seinen Verpflichtungen nicht nachkommt.

Sicherungsübereignung: Der Schuldner bleibt Besitzer, verzichtet aber auf die rechtliche Verfügungsgewalt, indem er das Eigentum für Sicherungszwecke auf den Gläubiger überträgt.

Hypothek und Grundschuld: Hypothek und Grundschuld räumen dem Gläubiger ein Zwangsverwertungsrecht an der Immobilie ein, wenn der Eigentümer seinen schuldrechtlichen Verpflichtungen aus einem Kredit nicht nachkommt.

3.2 Verfügungsrechte des Eigentümers

Die Rechtsordnung weist dem **Eigentumsrecht** eine dominierende Rolle zu. Dies begründet sich in der Tatsache, dass den Bürgern Freiheitsrechte zustehen, die sich auch im ökonomischen Bereich niederschlagen. Eigentum bedeutet, dass Personen Vermögenswerte erwerben können, die zur Verwirklichung wirtschaftlicher Ziele dienen können.

Eigentum stellt ein **Herrschaftsrecht** über Vermögenswerte dar. Der Eigentümer hat das Recht seine Vermögenswerte selbst zu nutzen, einem anderen die Nutzung zu überlassen, zu verkaufen oder zu verschenken. Das Eigentumsrecht ist allerdings nicht schrankenlos, sondern sozialgebunden, z. B. ist für den Bau eines Hauses auf einem Grundstück eine Baugenehmigung erforderlich.

Eigentum verkörpert die **rechtliche Verfügungsgewalt** über eine Sache, da der Eigentümer
- gegen jeden, der eine ihm gehörende Sache zu Unrecht in Besitz hat, einen Herausgabeanspruch geltend machen kann,
- durch seine Willenserklärungen die Rechtslage an der Sache verändern kann.

Der Eigentümer kann seine Rechte aus dem Eigentum ganz oder teilweise übertragen. Er kann
- **die Sache verkaufen oder verschenken**,
- **Besitzrechte** vergeben,
- **Sicherungsrechte** einräumen.

Beim Verkauf einer Sache schließen Eigentümer (Verkäufer) und Käufer einen Kaufvertrag. Er verpflichtet den Verkäufer, die verkaufte Sache zu übergeben und Eigentum zu verschaffen, und den Käufer, den vereinbarten Kaufpreis zu zahlen und die gekaufte Sache abzunehmen. Bei einer Schenkung einigen sich Eigentümer (Schenker) und Beschenkter, dass das Eigentum an der Sache unentgeltlich an den Beschenkten übertragen wird.

Besitz ist die **tatsächliche Verfügungsgewalt** über eine Sache. Besitz kann erworben werden
- durch Übertragung des Besitzes, z. B. durch Mietvertrag,
- durch einseitige Besitzergreifung, z. B. durch Fund einer herrenlosen Sache oder durch Diebstahl einer Sache.

Sicherungsrechte können eingeräumt werden, wenn der Eigentümer einer Sache einen Kredit benötigt. In diesem Fall werden Rechte an Vermögenswerten an den Kreditgeber übertragen, die er verwerten kann, wenn der Kreditnehmer seinen Verpflichtungen zur Zinszahlung oder zur Kreditrückzahlung nicht nachkommt. Sicherungsrechte sind z. B.
- an beweglichen Sachen: Pfandrechte und Sicherungsübereignungen,
- an unbeweglichen Sachen (Immobilien): Grundschulden und Hypotheken.

Strukturwissen

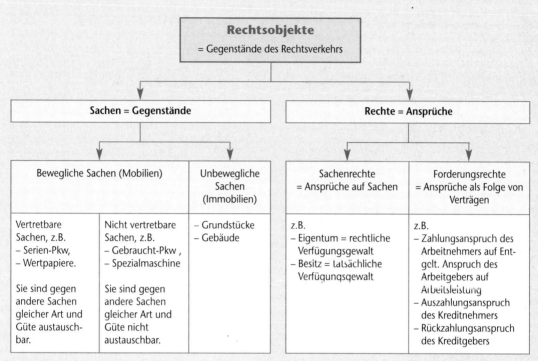

| **Rechtsobjekte** |
| = Gegenstände des Rechtsverkehrs |

| Sachen = Gegenstände | Rechte = Ansprüche |

Bewegliche Sachen (Mobilien)	Unbewegliche Sachen (Immobilien)	Sachenrechte = Ansprüche auf Sachen	Forderungsrechte = Ansprüche als Folge von Verträgen
Vertretbare Sachen, z.B. – Serien-Pkw, – Wertpapiere. Sie sind gegen andere Sachen gleicher Art und Güte austauschbar.	Nicht vertretbare Sachen, z.B. – Gebraucht-Pkw , – Spezialmaschine Sie sind gegen andere Sachen gleicher Art und Güte nicht austauschbar. – Grundstücke – Gebäude	z.B. – Eigentum = rechtliche Verfügungsgewalt – Besitz = tatsächliche Verfügungsgewalt	z.B. – Zahlungsanspruch des Arbeitnehmers auf Entgelt. Anspruch des Arbeitgebers auf Arbeitsleistung – Auszahlungsanspruch des Kreditnehmers – Rückzahlungsanspruch des Kreditgebers

Aufgaben

 a) Nennen Sie die im Formular angegebenen Rechtssubjekte.

Bank

Kontoinhaber	Fil.-Nr.	Kunden-Stamm-Nr.
Benjamin Buck	4	281408

Ich bin/Wir sind damit einverstanden, dass mein/unser Sohn bzw. meine/unsere Tochter bei Ihrer Bank ein - bei Nutzung des Kontoauszugsdrucker-Services - kostenloses Konto eröffnet, aus seinem/ihrem Guthaben in jeder Weise verfügt und auch eine Kundenkarte mit persönlicher Geheimzahl zur Verfügung an Geldautomaten erhält.

28. Sept.
Datum

Unterschrift(en) des/der gesetzlichen Vertreter(s)

b) Benjamin Buck ist 15 Jahre alt. Er hebt aufgrund der Einwilligung seines Vaters (vgl. Bankbeleg) 1.500 DM ab und erwirbt ein Mountain-Bike. Können die Eltern diesem Rechtsgeschäft widersprechen?

c) Jugendliche verschulden sich zunehmend. Sollte der Staat die im Formular aufgeführten Regelungen gesetzlich verbieten?
Tipp: Führen Sie eine Debatte.

2 Klären Sie, ob es sich bei Scientology um eine juristische Person des öffentlichen Rechts handelt.

3 **a)** Ist ein Tier ein Rechtssubjekt oder ein Rechtsobjekt?
b) Können Tiere erben?

4 Beurteilen Sie folgende Fälle zur Rechts- und Geschäftsfähigkeit.

a) Die 16-jährige Petra ist als Packerin in einem Schuhgeschäft tätig. Für eine Urlaubsreise hat sie ihren Lohn gespart und sich eine Reise auf dem „Traumschiff" im Wert von 3500 DM gekauft. Die Eltern sind weder mit dem Urlaubstermin noch mit der Kreuzfahrt einverstanden.

b) Der 12-jährige Klaus erhält von seinem Onkel ein Sparbuch über 500 DM geschenkt. Die Eltern lehnen die Schenkung ab.

c) Der Vorstand des Bundesligaklubs HSV e.V. schließt mit einem Mittelstürmer einen Lizenzspielervertrag. Der Stürmer erfüllt die Erwartungen des Vereins nicht.
Auf einer Mitgliederversammlung wird ein neuer Vorstand gewählt, der die Bezüge des Mittelstürmers um 50% kürzen will.

5 Handelsregisterauszug

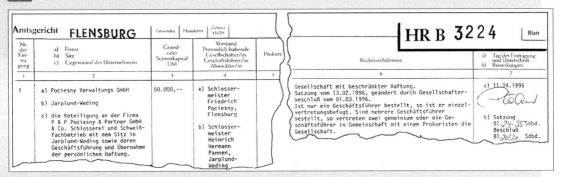

a) Wer darf die GmbH vertreten?
b) Begründen Sie den Sinn dieser Vertretungsregelung.

6 Analysieren Sie den folgenden Fall:
Klaus verleiht sein Fahrrad an Peter. Peter verkauft das Fahrrad für 90 DM an Franz. Dieter stiehlt das Fahrrad und lässt es am Bahnhof liegen. Eckhard findet das Fahrrad und bringt es zum Fundbüro.
a) Wer ist Eigentümer des Fahrrades?
b) Wem darf das Fundbüro das Fahrrad aushändigen?

4 Rechtsgeschäfte

Anja und ihr „Chaos-Computer"

Die Bankauszubildende Anja Berndt, wohnhaft in Bonn, benötigt für Übungszwecke und für das Aufarbeiten ihrer schulischen Aufzeichnungen einen Computer. Ihr Freund Klaus Carstens, der ein Computerfreak ist, bezieht seine gesamte EDV-Ausrüstung von der Firma Mega Computerwelt aus Köln. Anja Berndt fordert den neuesten Katalog der Firma an und erhält am 12. April ein Schreiben der Firma Mega Computerwelt GmbH.

Auszug aus dem Schreiben der Firma Mega Computerwelt GmbH

> „Wunschgemäß senden wir Ihnen unseren Katalog mit Preisliste. Wir empfehlen Ihnen als Sonderangebot unser Modell „Hightech Intel Pentium 400 MXX" einschließlich der im Katalog beschriebenen Software zu einem Preis von 2 497,00 DM zuzüglich der gesetzlichen MWST.
> Eine genaue Leistungsbeschreibung finden Sie im Katalog auf Seite 26.
> Wir verweisen auf unsere Zahlungs- und Lieferungsbedingungen:
> • Die Zahlung ist innerhalb von 30 Tagen netto zu leisten. Ein Skontoabzug von 2 % ist möglich bei Zahlung innerhalb von 10 Tagen
> • Die Lieferung erfolgt innerhalb von 10 Tagen nach Auftragseingang frei Haus.
> • Erfüllungsort und Gerichtsstand für beide Teile ist Köln.
> Das Angebot ist freibleibend."

Anja Berndt bestellt den angebotenen Rechner einschließlich der dazugehörigen Software bei der Firma Mega Computerwelt GmbH per Fax am 15. April. Die Firma bestätigt am 20. April den Auftrag.
Am 10. Mai ist der Rechner immer noch nicht eingetroffen. Verärgert ruft Anja Berndt die Computerfirma an und erklärt, dass sie auf die Lieferung verzichtet. Sie werde sich vor Ort einen Computer kaufen, da sie ein Referat schreiben müsse. Der Mitarbeiter der Firma Mega Computerwelt GmbH kündigt Anja Berndt im Falle der Annahmeverweigerung rechtliche Schritte an.
Am 12. Mai erfolgt die Lieferung durch einen Kurierdienst.

Handlungsaufträge

1. Klären Sie, welche Vereinbarungen Anja Berndt und die Mega Computerwelt GmbH getroffen haben.

2. Entscheiden Sie, zu welchem Zeitpunkt der Kaufvertrag zustande gekommen ist.

3. Begründen Sie, an welches Gericht der Lieferer sich im Streitfalle wenden müsste und welche Schritte notwendig sind, um das Verfahren in Gang zu bringen.

4. Prüfen Sie, ob Anja Berndt die Annahme des Computers am 12. Mai verweigern kann.

 **ERLÄUTERUNG:**

Die Unterschrift auf dem Fax wird als Kopie übermittelt. Dennoch gilt sie im Schriftverkehr als eigenhändige Unterschrift.

 **LERNTIPP:**

Nutzen Sie für die Bearbeitung des Handlungsauftrags das Strukturwissen auf S. 56.

4.1 Der Kaufvertrag

Der Kaufvertrag ist ein Rechtsgeschäft. Rechtsgeschäfte kommen durch Willenserklärungen von natürlichen und juristischen Personen zustande.

Beim **Kaufvertrag** erklärt

- der Verkäufer: „Ich bin bereit zu verkaufen."
  (**1. Willenserklärung = Antrag**),

- der Käufer : „Ich möchte kaufen."
  (**2. Willenserklärung = Annahme**).

Der Kaufvertrag gehört zu den **zweiseitigen Rechtsgeschäften**, da zwei Personen Willenserklärungen abgeben, die **gegeneinander** gerichtet sind. Verkäufer und Käufer verpflichten sich zur Erbringung von Leistungen.

> **§ 433 BGB: Grundpflichten des Verkäufers und des Käufers**
>
> (1) Durch den Kaufvertrag wird der Verkäufer einer Sache verpflichtet, dem Käufer die Sache zu übergeben und das Eigentum an der Sache zu verschaffen. Der Verkäufer eines Rechtes ist verpflichtet, dem Käufer das Recht zu verschaffen und, wenn das Recht zum Besitz einer Sache berechtigt, die Sache zu übergeben.
>
> (2) Der Käufer ist verpflichtet, dem Verkäufer den vereinbarten Kaufpreis zu zahlen und die gekaufte Sache abzunehmen.

Der Abschluss des Kaufvertrages über eine Ware begründet ein **Schuldverhältnis**. Der Verkäufer ist der **Warenschuldner**, der Käufer ist der **Geldschuldner**.

ERLÄUTERUNG:

Einseitige Rechtsgeschäfte liegen vor, wenn nur eine Person die Willenserklärung abgibt. Sie sind hinsichtlich ihrer Rechtswirkung empfangsbedürftig (Kündigung) oder nicht empfangsbedürftig (Testament).

ERLÄUTERUNG:

Bei beweglichen Sachen erfolgt der Eigentumsübergang durch die Übergabe der Sache an den Käufer. Bei unbeweglichen Sachen (Immobilien) ist der Eigentumswechsel im Grundbuch einzutragen.

ERLÄUTERUNG:

Bei Rechtsgeschäften des täglichen Lebens verschmelzen Verpflichtungs- und Erfüllungsgeschäft miteinander:
– Kauf im Supermarkt,
– Kauf aus dem Automaten.
Erfüllungs- und Verpflichtungsgeschäft fallen bei folgender Klausel auseinander „Heute kaufen, in 3 Monaten zahlen."

▶ Geben Sie ein Beispiel, in welchen Fällen die folgende Vereinbarung sinnvoll ist:
„Lieferung nach Zahlungseingang".

Pflichten von Verkäufer und Käufer aus einem Kaufvertrag	
Der Verkäufer hat Eigentum zu übertragen und Besitz zu verschaffen, indem er den Kaufgegenstand ↓ • zum **vereinbarten** Termin und • in der **vertragsgemäßen** Beschaffenheit (mängelfrei) sowie • am **vereinbarten** Ort (Leistungsort) liefert.	**Der Käufer hat** den Kaufgegenstand ↓ • zum **vereinbarten** Termin am Leistungsort abzunehmen, • den Kaufpreis in der **vereinbarten** Höhe und • zum **vereinbarten** Termin (pünktlich) am Leistungsort zu zahlen.

Aus dem Verpflichtungsgeschäft ergibt sich das **Verfügungsgeschäft oder das Erfüllungsgeschäft**. Die versprochenen Leistungen werden **Zug um Zug** ausgetauscht, der Vertrag wird **erfüllt**. (Grundregel: Erst Lieferung, dann Bezahlung)

Der Kaufvertrag wird geschlossen, um die **Rechtslage** an einer Sache zu verändern bzw. neu zu begründen. Der Verkäufer verzichtet auf sein Eigentum an der Ware, der Käufer wird neuer Eigentümer. Es wird ein **Eigentumswechsel** vorgenommen.

4.1.1 Das Zustandekommen eines Kaufvertrages

Auf einer Vielzahl von Märkten bieten Verkäufer Güter an und Käufer fragen sie nach. Häufig sind die Marktstrukturen für die Marktteilnehmer nicht überschaubar. Die Suche nach Vertragspartnern wird für Verkäufer und Käufer gleichermaßen schwierig. Kontakte müssen hergestellt werden.

So preisen Verkäufer ihr Angebot über Medien an und fordern Käufer auf, ihr Kaufinteresse zu äußern.

Rechtsgeschäfte und damit auch Kaufverträge kommen nur zustande, wenn Vertragspartner rechtlich **verbindliche Willenserklärungen** abgeben.

Abgegebene Willenserklärungen sind daraufhin zu überprüfen, ob sie rechtsverbindlich sind.

Willenserklärungen sind dann rechtlich verbindlich, wenn sie **zielgerichtet** an **eine** bestimmte Person gerichtet sind und keine **Freizeichnungsklauseln** (Anträge werden ganz oder teilweise „unverbindlich" gestellt) enthalten.

Der Kaufvertrag gehört zu den Rechtsgeschäften, die dem Gestaltungswillen der Vertragspartner unterliegen. Es gilt im Rahmen der bestehenden Rechtsnormen das Prinzip der **Vertragsfreiheit**. Vertragsfreiheit bedeutet
• die freie Wahl der Vertragspartner,
• die freie Ausgestaltung der Vertragsinhalte.

Im Rahmen des Kaufvertrages werden Vereinbarungen getroffen hinsichtlich
• der Art, Qualität und Menge des Kaufgegenstandes und dessen Preis,
• der Zahlungs- und Lieferungsbedingungen,
• des Ortes des Austausches der Leistungen (Erfüllungsort),
• der Regelungen im Falle von Vertragsverletzungen.

Gesetzliche Regelungen greifen immer nur dann, wenn vertragliche Vereinbarungen nicht getroffen worden sind.

Da die **Ausgestaltung** des Kaufvertrages dem **Gestaltungswillen** von Verkäufer und Käufer überlassen bleibt, beschränkt sich das BGB auf
• die Festlegung des **Vertragszwecks**,
• die grundlegenden **Vertragspflichten**, wie die Pflicht zur Eigentumsübertragung und Zahlungsverpflichtung,
• die Beschreibung von **Rechtsansprüchen**, falls es zu Vertragsstörungen kommt.

▶ Entscheiden Sie, ob Angebote, die im Anzeigenteil Ihrer Tageszeitung gemacht werden, rechtlich verbindlich sind.

▶ Wodurch unterscheiden sich Werbebriefe „An alle Haushaltungen" von persönlich adressierten Werbebriefen?

BEISPIELE:

Rechtsnormen, die die Vertragsfreiheit einschränken:
– Formvorschrift bei Grundstücksverkäufen:
öffentliche Beurkundung
– Verbotsvorschrift:
Darlehensvergabe gegen Wucherzinsen

Folge: Rechtsgeschäfte, die gegen diese Vorschriften verstoßen, sind nichtig.

ERLÄUTERUNG:

Vertragliche Regelungen können auch gesetzliche Bestimmungen ersetzen.

BEISPIELE:

Die gesetzliche Regelung „Lieferung unverzüglich, Bezahlung unverzüglich" wird abgelöst durch die Vereinbarung von Liefer- oder Zahlungsterminen.

▶ Ordnen Sie die folgenden Fälle dem Strukturmuster zu:

Kurt Jensen besucht aufgrund einer Zeitungsannonce das Computerhaus Matzen. Er möchte das inserierte Computermodell mit der dazu gehörenden Software kaufen.

Der Verkäufer hat das Modell nicht mehr vorrätig und bietet ein anderes Modell zu sehr günstigen Bedingungen an. Kurt Jensen bittet um Bedenkzeit.

Am nächsten Tag verhandelt Kurt Jensen erneut mit dem Verkäufer und fordert eine zusätzliche Software-Ausstattung. Der Verkäufer geht darauf ein.

Bei der Lieferung stellt Kurt Jensen fest, dass er bei der Bestellung die falsche Artikelnummer angegeben hat.

Der Kaufvertrag kommt nur zustande, wenn Käufer und Verkäufer in ihren **Willenserklärungen übereinstimmen.**

Je nach der rechtlichen Ausgangssituation können der Verkäufer oder der Käufer die **erste Willenserklärung** abgeben. Die erste Willenserklärung ist der Antrag. Erst wenn der Antrag in all seinen Bestandteilen durch die **zweite Willenserklärung** angenommen wird, gilt der Vertrag als geschlossen. Die zweite Willenserklärung ist die **Annahme.**

Strukturmuster für das Zustandekommen von Kaufverträgen		
1. Willenserklärung = Antrag	**2. Willenserklärung = Annahme**	**Rechtsfolgen**
a) Der Verkäufer bietet dem Käufer schriftlich den Kauf einer Stereoanlage an.	Der Käufer stimmt vorbehaltlos zu.	Der Kaufvertrag ist zustande gekommen.
b) Der Käufer verändert den Antrag des Verkäufers.	Der Verkäufer nimmt an.	Der Kaufvertrag ist zustande gekommen.

Antrag und Annahme sind **empfangsbedürftige Willenserklärungen.** Sie entfalten ihre Rechtswirkung erst, wenn sie dem möglichen Vertragspartner **zugegangen** sind.

Darüber hinaus muss der Antrag so **eindeutig** formuliert sein, dass der Empfänger durch eine **eindeutige Antwort** („Ja", „Einverstanden", „Nein") den Antrag annehmen oder ablehnen kann. Verändert der Partner in seiner Antwort wichtige Einzelheiten, so gilt seine Antwort als Ablehnung und gleichzeitig als neuer Antrag.

Aus Gründen der Rechtssicherheit gibt es **Annahmefristen,** innerhalb derer die Anträge angenommen werden müssen, wenn ein Vertrag zustande kommen soll. Denkbar ist auch eine zeitliche Befristung der Willenserklärung durch den Antragenden.

4.1.2 Die Erfüllung des Kaufvertrages

Ein Vertrag ist **erfüllt,** wenn beide Vertragspartner die versprochenen Leistungen **ausgetauscht** haben.

Der Verkäufer hat als Warenschuldner die Warenlieferung mängelfrei und termingerecht zu erbringen. Der Käufer hat als Geldschuldner die Ware abzunehmen und Zahlung gemäß den vertraglichen Festlegungen in der vereinbarten Höhe und zum vereinbarten Zeitpunkt zu leisten.

Der Austausch der versprochenen Leistungen ist mit **Risiken** (Gefahren) verbunden, die die vertragsgemäße Erfüllung gefährden könnten. Zu unterscheiden sind

• **Transportrisiken,**

• **Terminrisiken.**

BEISPIELE:

Vertragsklauseln:
- *Zahlungsziel 30 Tage, innerhalb von 10 Tagen 2% Skonto*
- *Anzahlung bei Lieferung, Rest in 12 Monatsraten*
- *Lieferung frei Werk*
- *Preisänderungen vorbehalten*
- *Verpackungskosten gehen zu Lasten des Käufers*

Waren können bei der Übergabe oder auf dem Transportweg beschädigt werden. Waren und Geld können verloren gehen. Neben den Transportrisiken gibt es Terminrisiken, d.h. es besteht die Gefahr, dass Waren und/oder Geld nicht pünktlich beim Vertragspartner eintreffen.

Die Vertragspartner können in ihren **Vertragsbedingungen** festlegen, an welchem Ort welcher **Vertragspartner** welche **Leistungen** zu erbringen hat. Sie vereinbaren einen **Leistungsort und Erfüllungsort**.

Bis zum Erfüllungsort muss der Verkäufer als Warenschuldner für alle Schäden aufkommen, die beim Transport der Waren entstehen. Er hat auch eventuelle Lieferungsverzögerungen zu verantworten. Entsprechend hat der Käufer als Geldschuldner die Risiken im Zusammenhang mit der Übermittlung des Geldes zu tragen.

Der Erfüllungsort bestimmt den **Gefahrenübergang** auf den Vertragspartner.

Verzichten die Vertragspartner auf eine Festlegung des Erfüllungsortes, so greifen die gesetzlichen Bestimmungen des § 269 BGB. Sie legen fest, dass der Erfüllungsort der **Wohnsitz des Schuldners** ist. Da jedes Vertragsverhältnis Verpflichtungen von mindestens zwei Vertragsparteien auslöst, gibt es immer **zwei Erfüllungsorte**, es sei denn, dass sich die Vertragsparteien auf einen gemeinsamen Erfüllungsort verständigen.

Im Rahmen des Kaufvertrages ist der Erfüllungsort für

*   die **Warenschuld** der **Wohnsitz des Verkäufers**,
*   die **Geldschuld** der **Wohnsitz des Käufers**.

Der Gefahrenübergang im Rahmen der Warenschuld auf den Käufer erfolgt mit der Aushändigung der Ware an den Käufer, wenn dieser sich die Ware abholt. Liefert der Verkäufer die Ware selbst an, so hat er für Transportschäden oder Lieferungsverzögerungen aufzukommen. Versendet der Verkäufer die Ware mit fremden Transportunternehmen, gehen Transport- und Terminrisiko auf den Käufer über, wenn der Verkäufer die Ware an seinem Wohnsitz übergeben hat.

Auch wenn der Erfüllungsort für die Geldschuld der Wohnsitz des Käufers ist, trägt der Käufer das Übermittlungsrisiko, bis das Geld beim Vertragspartner eingegangen ist. Der Käufer hat rechtzeitig gezahlt, wenn er das Geld am Fälligkeitstag an seinem Wohnsitz auf den Weg gebracht hat. Das Terminrisiko der Geldübermittlung trägt der Verkäufer.

In vertraglichen Vereinbarungen über den Erfüllungsort sind Käufer und Verkäufer bestrebt, ihre Rechtssituation im Vergleich zum gesetzlichen Erfüllungsort zu verbessern. Je nach der Stärke ihrer Marktposition setzen sich Verkäufer oder Käufer mit ihren Vorstellungen durch.

BEISPIELE:

Transportrisiken:
– Zu liefernde Ware wird bei einem Unfall auf der Autobahn beschädigt oder zerstört.
– Eine Geldüberweisung kommt wegen eines Buchungsfehlers nicht beim Empfänger an.

Terminrisiken:
– Zu liefernde Ware wird wegen eines Streiks nicht zum vereinbarten Termin zugestellt.
– Eine Überweisung verzögert sich wegen Angabe einer falschen Kontonummer.

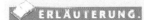

ERLÄUTERUNG.

Der Wohnsitz des Schuldners ist im Geschäftsverkehr dessen Geschäftssitz.

▶ Was bedeutet die Aussage: „Warenschulden sind Holschulden"?

▶ Durch welche Klauseln werden Holschulden zu Bringschulden?

▶ Wie beurteilen Sie die unterschiedlichen Regelungen des Gefahrenübergangs bei Warenschulden und Geldschulden?

ERLÄUTERUNG:

Abweichungen von den gesetzlichen Regelungen sind unter Kaufleuten möglich, bei Privatleuten nur, wenn bei Rechtsstreitigkeiten Klage erhoben wurde.
Bei Haustürgeschäften ist der Gerichtsstand für Waren- und Geldschuld immer der Wohnsitz des Käufers.

ERLÄUTERUNG:

Zu unterscheiden sind:
– offene Mängel, die bei ordnungsgemäßer Prüfung der Ware erkannt werden (z.B. Delle beim Auto),
– versteckte Mängel, die sich erst bei Gebrauch oder Verbrauch der Ware herausstellen (z.B. ABS-Bremssystem funktioniert nicht).

BEISPIELE:

Sachmängel:
– Farbdrucker druckt nicht farbig.
– Auto springt im Winter nicht an.
– Gelieferte Tapeten entsprechen nicht dem Muster.
– Lieferung einer Eichenschrankwand statt einer Schrankwand aus Kiefernholz.

ERLÄUTERUNG:

Der Verkäufer hat sicherzustellen, dass der Kaufgegenstand in einwandfreiem Zustand übergeben wird.

Der Erfüllungsort regelt nicht nur den Gefahrenübergang, sondern bestimmt auch den Gerichtsstand. Der **Gerichtsstand** ist der Ort, an dem Streitigkeiten aus Verträgen gerichtlich ausgetragen werden.

Der **allgemeine Gerichtsstand** ist der Sitz des Schuldners, d.h. für

• Streitigkeiten aus der Lieferung (Warenschuld) der Sitz des Verkäufers,

• Streitigkeiten um die Bezahlung (Geldschuld) der Sitz des Käufers.

4.1.3 Störungen bei der Erfüllung des Kaufvertrages

Die vereinbarungsgemäße Erfüllung des Vertrages ist der Regelfall. Werden Pflichten aus dem Vertrag nicht oder nicht vertragsgemäß erfüllt, liegen **Vertragsstörungen** vor.

Bei Kaufverträgen können sich die folgenden Störungen bei der Erfüllung ergeben:

• **Schuldner- oder Leistungsverzug** (§ 284 BGB) als
  – Lieferungsverzug: Der Verkäufer liefert die falsche Ware oder die falsche Menge (Falschlieferung) bzw. liefert verspätet oder überhaupt nicht.
  – Zahlungsverzug: Der Käufer zahlt verspätet oder überhaupt nicht.

• **mangelhafte Lieferung** (§ 459 ff. BGB):
  Die Ware ist beschädigt oder verdorben oder sie weist nicht die üblichen bzw. zugesicherten Eigenschaften auf.

• **Gläubigerverzug** (§ 293 ff. BGB):
  Der Käufer nimmt die ordnungsgemäß gelieferte Ware nicht an (Annahmeverzug).

Aus den Pflichtverletzungen eines Vertragspartners ergeben sich Rechtsansprüche des anderen Vertragspartners. Er kann Ansprüche geltend machen, deren Art und Umfang in den vertraglichen Vereinbarungen festgelegt sind oder sich aus gesetzlichen Bestimmungen ergeben.

■ Mangelhafte Lieferung

Hat der Verkäufer den Kaufgegenstand zum vereinbarten Liefertermin geliefert, wird der Käufer die Lieferung in Bezug auf eventuelle Mängel überprüfen.

Die Überprüfung kann ergeben, dass Sachmängel vorliegen. Sachmängel liegen vor, wenn

• der Kaufgegenstand so geliefert wurde, dass er für den gewöhnlichen oder vertragsgemäßen Gebrauch nicht zu verwenden ist („**Schlechtlieferung**"). Bestimmte Eigenschaften sind typisch, ohne sie kann der Kaufgegenstand nicht genutzt werden. Diese Eigenschaften müssen nicht ausdrücklich vereinbart werden.

• eine vertraglich **zugesicherte** Eigenschaft fehlt.

Wird eine zu geringe Menge geliefert, liegt Teillieferungsverzug vor, wird zu viel geliefert, handelt es sich um einen Antrag auf Vertragsänderung.

In einer **Mängelrüge** konkretisiert der Käufer die von ihm festgestellten Mängel und macht deutlich, welche seiner **Gewährleistungsrechte** er in Anspruch nimmt.

Wird mangelhafte Ware geliefert, so kann der Käufer aufgrund der Vertragsverletzung des Verkäufers zwischen folgenden Rechten **auswählen**:

- Er tritt vom Vertrag zurück (**Wandelung**).
- Er fordert einen Preisnachlass (**Minderung**).
- Er verlangt **Ersatzlieferung**.
- Er verzichtet auf die Lieferung und verlangt Schadenersatz (**Schadenersatz wegen Nichterfüllung**).
- Er besteht auf **Nachbesserung** und verlangt Reparatur.

Die Forderung nach Preisnachlass kann sinnvoll sein, wenn der Mangel als so geringfügig eingestuft wird, dass die Nutzungsmöglichkeit nicht wesentlich beeinträchtigt wird.

Schadenersatz wegen Nichterfüllung kann der Käufer nur in Anspruch nehmen, wenn der Vertragspartner Eigenschaften ausdrücklich zugesichert oder den Kaufer arglistig getäuscht hat. Ein Mangel gilt als arglistig verschwiegen, wenn der Verkäufer bei Vertragsabschluss Kenntnis vom Mangel hatte.

Der Käufer kann die gesetzlichen Gewährleistungsrechte nur in Anspruch nehmen, wenn die Mängelrüge innerhalb der Rügefristen erhoben wird. Die **Rügefristen** sind abhängig

- von der **Art** des Mangels,

- vom **Rechtsstatus** der Vertragspartner.

Bei bürgerlichen Käufen sind beide Vertragspartner Privatpersonen. Im Rahmen einseitiger Handelskäufe ist der Verkäufer Kaufmann, während beim zweiseitigen Handelskauf sowohl Verkäufer als auch Käufer als Kaufleute tätig sind.

Rügefristen

	Einseitiger Handelskauf und bürgerlicher Kauf	Zweiseitiger Handelskauf
bei offenen Mängeln	innerhalb von 6 Monaten nach Lieferung	unverzüglich nach Lieferung
bei versteckten Mängeln	innerhalb von 6 Monaten nach Lieferung	unverzüglich nach Entdeckung, aber spätestens innerhalb von 6 Monaten nach Lieferung
bei arglistig verschwiegenen Mängeln	innerhalb von 30 Jahren nach Lieferung	unverzüglich nach Entdeckung, spätestens innerhalb von 30 Jahren nach Lieferung

---

ERLÄUTERUNG:

Bei **Falschlieferung** gelten die Rechte des Lieferungsverzuges, d.h. der Käufer kann zwischen folgenden Rechten wählen:
– Erfüllung
– Erfüllung und Schadenersatz

sowie nach Setzen einer Nachfrist
– Wandelung
– Schadenersatz wegen Nichterfüllung

ERLÄUTERUNG:

Kaufmann ist derjenige, der nach § 1 HGB ein Handelsgewerbe betreibt. Er ist als Gewerbetreibender selbstständig, auf Gewinnerzielung bedacht, nimmt am allgemeinen Geschäftsverkehr teil, seine Tätigkeit ist auf Dauer ausgerichtet und er kauft und verkauft Waren oder Dienstleistungen der in § 1 HGB beschriebenen Art.

▶ Welches Recht würden Sie in folgenden Fällen als Käufer einfordern?
– Die zugesicherte Farbechtheit der gekauften Designer-Jeans ist nicht gegeben, wie sich bei der ersten Wäsche herausstellt.
– Die vom Möbelhaus gelieferte Schrankwand hat einen helleren Farbton als bestellt.
– Der gekaufte Gebrauchtwagen ist ein Unfallwagen. Der Verkäufer hat dies verschwiegen.

ERLÄUTERUNG:

Schlägt die Nachbesserung zweimal fehl, so kommen die gesetzlichen Gewährleistungsansprüche wieder zum Tragen.

BEISPIELE:

– bestimmte Termine:
  „10 Tage nach Ostern"
– unbestimmte Termine:
  „sofort"; „14 Tage nach Rechnungseingang"

ERLÄUTERUNG:

Der Geldschuldner gerät auch in Verzug, wenn er die Zahlungsverzögerung nicht verschuldet hat.

ERLÄUTERUNG:

Die Terminkontrolle dient auch dazu, den Eintritt der Verjährung zu verhindern.

Verjährung ist das Recht des Schuldners, nach Ablauf von bestimmten Fristen die Zahlung zu verweigern („Einrede der Verjährung").

Die gesetzlichen Gewährleistungsrechte und die Rügefristen werden oft vertraglich anders vereinbart. So ist es **praxisüblich**, dass **Garantieregelungen** die Rügefrist verlängern, gleichzeitig aber die Gewährleistungsrechte einschränken. Unter Umständen erhält der Käufer anstatt der gesetzlichen Wahlrechte nur das Recht auf Nachbesserung. Nachbesserungen verkörpern einen kostenlosen Reparaturanspruch während der Garantiezeit.

■ Zahlungsverzug

Der Zahlungsverzug ist das Gegenstück zum Lieferungsverzug. Der Schuldner der Geldleistung gerät in Verzug, wenn er die zugesagte Leistung nicht termingerecht erbringt. In einem Kaufvertrag schuldet der Käufer die Geldleistung. Er gerät in Verzug, wenn

- die Zahlung **fällig** ist,
- die Zahlung nach Fälligkeit **angemahnt** worden ist.

Die Zahlung ist fällig, wenn der im Vertrag festgelegte kalendermäßig bestimmte Termin überschritten worden ist und die Gegenleistung erbracht wurde. Bestimmt ist ein Termin auch, wenn er mit Blick auf den Kalender festgelegt werden kann. Anderenfalls ist dem Schuldner im Rahmen einer **Mahnung** ein Termin zu setzen.

Die Rechte des Verkäufers umfassen das Recht auf **Zahlung** bzw. auf **Zahlung und Schadenersatz**, ohne dass eine **Nachfrist** gesetzt werden muss. Schadenersatz kann geltend gemacht werden für
- Mahnkosten (Porto, Gerichtskosten bzw. Kosten der Rechtsverfügung, Anwaltskosten),
- Zinsverluste in Höhe der gesetzlichen festgelegten Zinssätze (4 % laut BGB; 5 % laut HGB) oder der vertraglich vereinbarten Zinsen.

Nach **Ablauf** einer Nachfrist in Verbindung mit der **Ablehnungsandrohung** kann der Vertragspartner vom Vertrag **zurücktreten (Wandelung)** oder **Schadenersatz wegen Nichterfüllung** verlangen. Schadenersatz wegen Nichterfüllung besagt, dass der Vertragspartner des Geldschuldners die Ware oder die Gegenleistung zur Verfügung stellt und Schadenersatzansprüche geltend macht.

Die letztgenannten Rechte kommen selten vor, da der Verkäufer nur im **Ausnahmefall** ein Interesse an der Rücknahme der Ware hat, sondern vorrangig an der Geldleistung interessiert ist.

Der Zahlungsverzug eines Kunden ist für alle Beteiligten mit wirtschaftlichen Problemen verbunden.

Der Verkäufer benötigt den Eingang der fälligen Außenstände, um eigene Verpflichtungen erfüllen oder das Geld gewinnbringend einsetzen zu können. Der Käufer wird mit zusätzlichen Kosten belastet und macht durch sein Verhalten deutlich, dass er unter Umständen Liquiditätsengpässe hat.

Käufer und Verkäufer sollten deshalb eine **Terminkontrolle** der Zahlungen zur Regel machen.

Im Rahmen von **außergerichtlichen Mahnverfahren** werden Mahnbriefe geschrieben, die den Schuldner auf die ausstehende Zahlung hinweisen bzw. zur Zahlung auffordern.

Verweigert der Schuldner die Zahlung oder erweist er sich als zahlungsunfähig oder zahlungsunwillig, so wird das **gerichtliche Mahnverfahren** mittels eines Mahnbescheids eingeleitet, um einen vollstreckbaren Titel zu erhalten, der die Pfändung in das Vermögen des Schuldners ermöglichen soll.

Der Gläubiger beantragt beim Gericht seines Wohn- oder Geschäftssitzes den **Mahnbescheid.** Das Gericht stellt dem Schuldner den Mahnbescheid zu. Kommt der Schuldner seinen Zahlungsverpflichtungen nach, ist das Verfahren beendet. Widerspricht er, so kommt es zu einem Gerichtsverfahren und zu einem Urteil. Reagiert der Schuldner auf den Mahnbescheid nicht, kann der Gläubiger einen **Vollstreckungsbescheid** erwirken. Es handelt sich um eine letzte Zahlungsaufforderung, bevor **die Zwangsvollstreckung** in das Vermögen des Schuldners betrieben wird. Der Schuldner kann auch jetzt noch durch Zahlung die Zwangsvollstreckung vermeiden oder durch Einleitung eines Gerichtsverfahrens die Rechtslage prüfen lassen.

4.2 Andere Verträge

Verträge sind in einer Vielzahl von Fällen die Rechtsgrundlage für die wirtschaftlichen Beziehungen zwischen Rechtssubjekten. Sie verändern die Rechtslage an Rechtsobjekten. Rechtsobjekte sind Gegenstände des Rechtsverkehrs.

Verträge sind Bestandteil des privaten Rechts und damit dem Prinzip der Vertragsfreiheit unterworfen. Die Rechtsordnung gibt bei Verträgen analog zum Kaufvertrag lediglich den Rechtsrahmen vor und bestimmt, welche Rechtsnormen zu beachten sind, wenn die Vertragspartner ihren Gestaltungsspielraum nicht ausgenutzt haben. Darüber hinaus sind Rechtsvorschriften dann zu beachten, wenn sie für einen der Vertragspartner Schutzcharakter haben.

4.2.1 Mietvertrag

Auch Mietverträge bezwecken die Veränderung einer Rechtslage. Der Eigentümer einer Sache ist bereit, auf sein tatsächliches Nutzungsrecht zu verzichten und es einem anderen zu überlassen. Er bleibt Eigentümer und **überträgt** als **Vermieter** sein Besitzrecht auf den **Mieter.**

Mietverträge kommen wie alle Verträge dadurch zustande, dass ein **Antrag** („Ich vermiete") vorliegt, der **angenommen** wird („Ich miete"). Antrag und Annahme müssen gegeneinander gerichtet sein und in ihren Inhalten übereinstimmen.

Mietverträge beziehen sich auf bewegliche und unbewegliche Sachen. Sie können zeitlich befristet oder unbefristet abgeschlossen werden. Der Abschluss von Mietverträgen ist grundsätzlich formfrei. Für Mietverträge über Immobilien mit einer Laufzeit von über einem Jahr ist die Schriftform vorgeschrieben.

BEISPIELE:

Verjährungsfristen:
– Rechtsgeschäfte unter Gewerbetreibenden: 2 Jahre
– Ansprüche aus Lohn und Gehalt: 2 Jahre
– Ansprüche von Privatleuten untereinander: 30 Jahre

▶ Ist es sinnvoll, in allen Fällen dem gerichtlichen Mahnverfahren das außergerichtliche vorzuschalten?

▶ Ein Schenkungsvertrag (§§ 516 ff. BGB) liegt vor, wenn der Eigentümer sein Eigentumsrecht ohne Gegenleistung überträgt. Warum muss eine Schenkung angenommen werden, wenn sie rechtswirksam werden soll?

 ERLÄUTERUNG:

§ 535 BGB: „Durch den Mietvertrag wird der Vermieter verpflichtet, dem Mieter den Gebrauch der vermieteten Sache während der Mietzeit zu gewähren. Der Mieter ist verpflichtet, dem Vermieter den Mietzins zu entrichten."

BEISPIELE:

Mietgegenstände:
Büroräume, Pkw, Schließfächer, Wohnraum, Produktionsanlagen (Leasing)

▶ Besorgen Sie sich in einem Geschäft für Bürobedarf einen Mustermietvertrag.

 **BEISPIELE:**

Ausstattungsmerkmale:
Anzahl der Zimmer, Küche,
Bad, Keller, Garage, Größe der
Räume

Bestandteile der Miete:
– Kaltmiete pro m²
– Vorauszahlungen für Neben-
kosten: Kosten der Straßen-
reinigung und Müllabfuhr,
Heizungskosten, Hausmeister-
gehalt, Kabelgebühr, Kosten
des Wasserverbrauchs und
Abwassergebühren
– Abrechnungsmodalitäten der
Nebenkosten

 BEISPIELE:

– offene Mängel: Wasserhähne
tropfen, Küchengeräte
funktionieren nicht, Türen
schließen nicht
– versteckte Mängel: die Hei-
zung erreicht nicht die not-
wendige Betriebstemperatur

 BEISPIELE:

Nicht ordnungsgemäße
Verwendung der Wohnung:
– Vereinbarte Schönheitsrepa-
raturen werden nicht frist-
gemäß durchgeführt.
– Die Wohnung wird ohne
Zustimmung des Vermieters
untervermietet.

 ERLÄUTERUNG:

Verbesserungsmaßnahmen
sind nur zu dulden, wenn sie
dem Mieter zumutbar sind.
Dies gilt insbesondere, wenn
als Folge der Maßnahmen die
Miete erhöht werden soll.

Mietverträge werden **erfüllt**, indem der Vermieter dem Mieter die Mietsache in einem **mangelfreien** Zustand zum **vereinbarten** Zeitpunkt zur **Nutzung** überlässt und für die Dauer der Nutzung dafür sorgt, dass die Mietsache in vertragsgemäßem Zustand verbleibt. Der Mieter hat den Mietzins pünktlich in der vereinbarten Höhe zu entrichten sowie die Mietsache pfleglich zu behandeln.

Insbesondere bei Mietverträgen über Wohnraum ist es sinnvoll, die Größe der Wohnung sowie eventueller Nebenräume, deren Ausstattung und Zustand zum Zeitpunkt des Vertragsabschlusses schriftlich festzuhalten. Auch der Zeitpunkt der Zahlung der Miete sowie deren Höhe und Bestandteile sollten genau aufgeschlüsselt werden.

Wird eine Mietkaution als Sicherheit gefordert, darf sie nicht höher sein als das Dreifache der Miete ohne gesondert abzurechnende Nebenkosten. Die Mietkaution ist bei einem Kreditinstitut zugunsten des Mieters zinsbringend anzulegen. Mietkaution und Zinsen sind bei Aufhebung des Mietvertrages zurückzuzahlen.

Vertragsstörungen bei Mietverträgen über Wohnraum können sich ergeben, wenn

- der Vermieter die Mietsache nicht termingerecht zur Nutzung bereitstellt, da der bisherige Mieter noch nicht ausgezogen ist oder die Wohnung bei Erstbezug noch nicht fertig gestellt ist,

- der Vermieter die Mietsache nicht in vertragsgemäßen Zustand übergibt, da die Wohnung noch nicht renoviert ist oder nach Bezug Mängel festgestellt werden bzw. sich während der Nutzung Mängel ergeben,

- der Mieter die Miete nicht in voller Höhe bzw. nicht pünktlich bezahlt,

- der Mieter die Wohnung nicht ordnungsgemäß behandelt und Maßnahmen zur Erhaltung und Verbesserung des Zustandes nicht duldet oder die Wohnung nicht vertragsgemäß verwendet.

Vertragsstörungen des einen Vertragspartners begründen **Rechtsansprüche** des anderen Vertragspartners.

So kann der Mieter je nach Umfang der Beeinträchtigung der Nutzungsmöglichkeit nach einer **Mängelanzeige** die Miete für den Zeitraum des Mangels einbehalten, Minderung verlangen und Schadenersatz fordern. Außerdem kann er das Mietverhältnis auflösen, wenn der Vermieter nach Ablauf einer angemessenen Frist den Mangel nicht beseitigt hat.

Verstößt der Mieter gegen seine vertraglichen Pflichten, stehen dem Vermieter entsprechende Rechte zu. Er ist berechtigt die Zahlung einzufordern und sie gegebenenfalls einzuklagen bzw. dem Mieter fristlos zu kündigen.

Darüber hinaus hat der Vermieter ein **gesetzliches Pfandrecht** (Vermieterpfandrecht) an den Sachen, die der Mieter als Eigentümer in die Räume einbringt. Es handelt sich um ein besitzloses Pfandrecht des Vermieters, das nur greift, wenn der Mieter seinen Verpflichtungen aus dem Mietvertrag nicht nachkommt.

Der Vermieter ist dann berechtigt die Herausgabe der Sache zum Zwecke der Verwertung zu verlangen. Das gesetzliche Pfandrecht erlischt, wenn die Sachen aus der Wohnung entfernt werden, ohne dass der Vermieter aufgrund einer bestehenden Forderung Widerspruch eingelegt hat.

Während **befristete Mietverträge** über Wohnraum mit Ablauf der Frist enden, gelten für **unbefristete Mietverträge** besondere Kündigungsbestimmungen. Dies erklärt sich daraus, dass Wohnen als Grundbedürfnis eingestuft ist und deshalb als schutzwürdig angesehen wird. Die **ordentliche Kündigung** vonseiten des Vermieters

- hat laut § 564 a BGB schriftlich unter Angabe des Kündigungsgrundes zu erfolgen,

- unterliegt den Kündigungsfristen des § 565 BGB.

Der Mieter kann auf der Grundlage des § 565 a BGB der Kündigung **widersprechen**, wenn sie für ihn eine unangemessene Härte bedeutet und insbesondere kein angemessener Ersatzwohnraum zu zumutbaren Bedingungen beschafft werden kann. Ist der Mieter vor Gericht erfolgreich, ist das Mietverhältnis so lange fortzusetzen, wie es unter Berücksichtigung aller Umstände angemessen erscheint.

4.2.2 Geschäftsbesorgungsvertrag

Die **Geschäftsbesorgung** nach § 675 BGB gewinnt an Bedeutung. Es werden zunehmend Dienstleistungen ausgelagert, die bisher auf der Grundlage von Dienstverträgen durch Arbeitnehmer ausgeführt worden sind. Diese Dienstleistungen werden **selbstständigen Anbietern** übertragen.

Geschäftsbesorgungsverträge sind auch denkbar im Rahmen von **Werkverträgen**.

Im Rahmen der **Geschäftsbesorgung** schließen der Auftraggeber und der Beauftragte einen Vertrag, der

- den Beauftragten verpflichtet, bestimmte Tätigkeiten für den Auftraggeber zu übernehmen und in dessen Interesse zu handeln,

- den Auftraggeber verpflichtet, ein Entgelt zu zahlen.

Der Auftraggeber ist grundsätzlich **weisungsberechtigt** und hat ein Recht auf Auskunft sowie Rechenschaftslegung durch den Beauftragten. Der Beauftragte kann den Ersatz seiner Aufwendungen verlangen.

Vertragsverletzungen können Schadenersatzansprüche begründen bzw. zur Kündigung führen. Darüber hinaus sind Geschäftsbesorgungsverträge von beiden Seiten ohne Angabe von Gründen jederzeit widerrufbar, es sei denn, dass Kündigungsfristen vereinbart worden sind. Allerdings hat der Beauftragte seine Kündigung so vorzunehmen, dass der Auftraggeber in der Lage ist, einen anderen mit der Wahrnehmung der Geschäfte zu beauftragen.

BEISPIELE:

Kündigungsgrund:
Berechtigtes Interesse des Vermieters gemäß § 564 b BGB:
– Mieter hat seine vertraglichen Verpflichtungen in nicht unerheblichem Maße verletzt.
– Vermieter meldet aus familiären Gründen Eigenbedarf an.

BEISPIELE:

Kündigungsfristen:
Bei monatlicher Mietzahlung für Wohnraum: „... spätestens am dritten Werktag eines Kalendermonats für den Ablauf des übernächsten Monats. Nach fünf, acht und zehn Jahren verlängert sich der Zeitraum um jeweils drei Monate."

BEISPIELE:

Geschäftsbesorgung:
– Kontovertrag bei einer Bank,
– Vertrag zwischen Hauseigentümer und Hausverwaltungsgesellschaft hinsichtlich der Betreuung der Mietwohnungen,
– Beauftragung eines Rechtsanwalts, einen Mandanten in einem Schadenersatzprozess zu vertreten,
– Auftrag an ein Softwareunternehmen, als Systembetreuer für ein Industrieunternehmen tätig zu werden,
– Transport durch eine Spedition.

4.2.3 Weitere Vertragsarten

Gesetzliche Grundlagen	Inhalt	Beispiele
§§ 631 ff. BGB **Werkvertrag**	Herstellung eines Werks oder Herbeiführung eines Erfolgs gegen Vergütung, Besteller liefert das Material	– Architektenleistungen – Anfertigung einer Steuererklärung
§§ 651 ff. BGB **Werklieferungsvertrag**	Herstellung eines Werks gegen Vergütung, Hersteller liefert das Material	– Erstellung eines schlüsselfertigen Hauses durch einen Bauunternehmer – Anfertigung eines Maßanzugs
§§ 607 ff. BGB **Darlehensvertrag**	Überlassung von Geld oder vertretbaren Sachen gegen spätere Rückgabe in gleicher Art, Güte und Menge	– Investitionskredit durch die Hausbank
§§ 705 ff. BGB **Gesellschaftsvertrag**	Regelung der Rechtsverhältnisse von Gesellschaftern untereinander	– Lottogemeinschaft als BGB-Gesellschaft
§§ 611 ff. BGB **Dienstvertrag**	Verpflichtung zur Leistung von Diensten gegen Geld oder gegen andere Vorteile	– Arbeitsvertrag einer Bankangestellten
§§ 598 ff. BGB **Leihvertrag**	Unentgeltliche Überlassung von Sachen zum Gebrauch	– Kostenlose Überlassung eines Kfz an einen Freund
§§ 581 BGB **Pachtvertrag**	Entgeltliche Überlassung von Sachen oder Rechten zum Gebrauch und zum Fruchtgenuss	– Überlassung einer Apotheke mit Einrichtung gegen ein monatliches Entgelt von 8000 DM

▶ Beurteilen Sie unter Berücksichtigung des Prinzips der Vertragsfreiheit die folgende Forderung: „Kreditinstitute müssen verpflichtet werden, für jeden Bürger auf Wunsch ein Girokonto einzurichten, unabhängig von seiner Einkommenshöhe."

4.3 Der Zivilprozess

Streitigkeiten zwischen Vertragspartnern lassen sich nicht immer auf gütlichem Wege klären, sodass sich der Weg zum Gericht nicht immer vermeiden lässt. **Zivilprozesse** sind Prozesse, die natürliche und juristische Personen auf der Grundlage des Privatrechtes anstrengen, wenn sie sich in ihren Rechten beeinträchtigt fühlen. Der **Kläger** erhebt je nach Höhe des Streitwertes Klage beim **zuständigen** Amts- oder Landgericht. Er formuliert in seiner **Klageschrift** den Streitgegenstand, den Grund des Anspruchs und stellt den Anspruch. Der **Beklagte** erhält die Klageschrift vom Gericht. Im Rahmen einer **mündlichen** Verhandlung erhalten Kläger und Beklagter die Möglichkeit, ihre Rechtspositionen darzulegen. Werden die Klagen nicht zurückgenommen oder kommt kein **Vergleich** zustande, kommt es zu einer **Urteilsverkündung** durch das Gericht, gegen das unter bestimmten Bedingungen vor der nächsthöheren Instanz **Berufung** eingelegt werden kann.

BEISPIELE:

Zivilprozess:
Gläubiger verlangt Zahlung per Mahnbescheid im Rahmen eines Zahlungsverzuges.

ERLÄUTERUNG:

Zuständigkeiten bei Zivilprozessen:
– Amtsgericht bei einem Streitwert bis zu 10 000 DM
– Landgericht bei einem Streitwert ab 10 000 DM

LERNTIPP:

Sie haben sehr viele neue Begriffe kennengelernt. Notieren Sie sich jeweils einen Begriff auf der Vorderseite einer Karteikarte und erklären Sie auf der Rückseite seine Bedeutung.

Überprüfen Sie regelmäßig Ihr Wissen mithilfe der Karteikarten, bis diese Begriffe und deren Erklärungen in Ihrem Langzeitgedächtnis gespeichert sind.

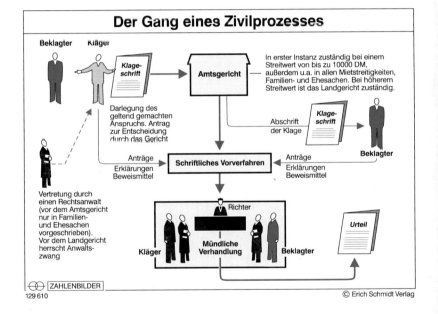

Ein Zivilprozess kann auch durch einen Vergleich beendet werden. Aus rechtskräftigen oder für vorläufig vollstreckbar erklärten Urteilen kann vollstreckt werden. Forderungen können z. B. durch Pfändung bzw. Inbesitznahme von Geld oder beweglichen Sachen durch den Gerichtsvollzieher eingezogen werden. Geld ist dem Gläubiger direkt abzuliefern, bewegliche Sachen werden versteigert. Hat ein Kläger einen Anspruch gegen einen Beklagten auf bestimmte vertretbare Handlungen (z. B. Reparatur eines Gegenstandes), so erfolgt die Vollstreckung, indem der Kläger die Handlung auf Kosten des Beklagten durch eine andere Person vornehmen lassen kann.

Strukturwissen

Rechtsgeschäfte

- **Rechtsgeschäfte** befassen sich mit Rechtsobjekten und werden durch Willenserklärungen von Rechtssubjekten begründet.

- **Willenserklärungen** sind rechtsverbindlich, wenn sie
  - direkt an andere Personen gerichtet sind,
  - keine Freizeichnungsklauseln enthalten,
  - innerhalb einer bestimmten Frist angenommen werden (Bindungsfristen der Willenserklärungen),
  - den Formvorschriften genügen.

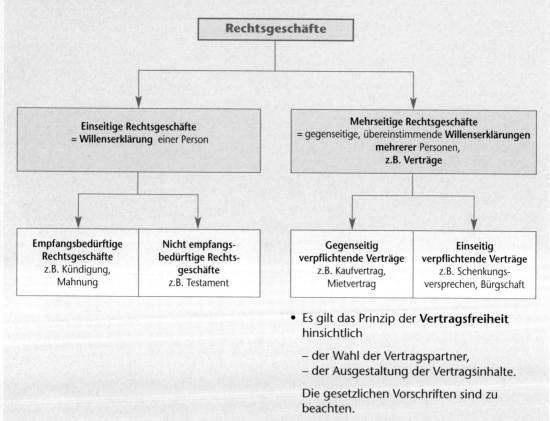

- Es gilt das Prinzip der **Vertragsfreiheit** hinsichtlich

  - der Wahl der Vertragspartner,
  - der Ausgestaltung der Vertragsinhalte.

  Die gesetzlichen Vorschriften sind zu beachten.

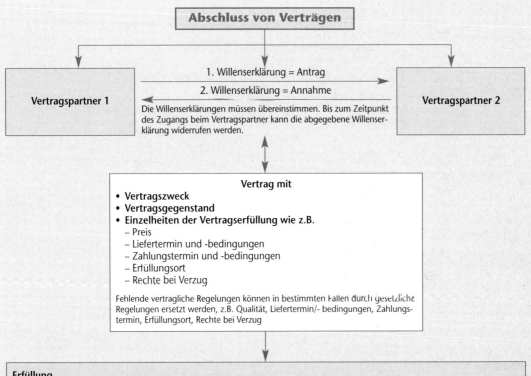

Abschluss von Verträgen

Vertragspartner 1

1. Willenserklärung = Antrag
2. Willenserklärung = Annahme

Die Willenserklärungen müssen übereinstimmen. Bis zum Zeitpunkt des Zugangs beim Vertragspartner kann die abgegebene Willenserklärung widerrufen werden.

Vertragspartner 2

Vertrag mit
- **Vertragszweck**
- **Vertragsgegenstand**
- **Einzelheiten der Vertragserfüllung wie z.B.**
  - Preis
  - Liefertermin und -bedingungen
  - Zahlungstermin und -bedingungen
  - Erfüllungsort
  - Rechte bei Verzug

Fehlende vertragliche Regelungen können in bestimmten Fällen durch gesetzliche Regelungen ersetzt werden, z.B. Qualität, Liefertermin/- bedingungen, Zahlungstermin, Erfüllungsort, Rechte bei Verzug

Erfüllung
= Austausch der versprochenen Leistungen
- am **Erfüllungsort (Wohnsitz des Schuldners)**
  = Ort des Übergangs der Gefahr des Waren-/Geldtransports bzw. der Termineinhaltung
- zur vereinbarten **Zeit**

Ausgewählte Vertragsarten im Überblick

Mietverträge	Kaufverträge	Geschäftsbesorgungsverträge
Vertragsinhalt: Vermieter überträgt Nutzungsrecht (Besitz) gegen Entgelt (Miete) an den Mieter.	Vertragsinhalt: Verkäufer überträgt sein Eigentum gegen Entgelt (Kaufpreis) an den Käufer.	Vertragsinhalt: Auftraggeber überträgt einem selbstständigen Auftragnehmer eine Aufgabe (Dienstleistung) gegen Zahlung eines Entgelts (Vergütung).
Vertragsbedingungen: Beschreibung der Mietsache, Zeitdauer, Mietpreis einschließlich der Nebenkosten, Festlegung von Nutzungsbedingungen	Vertragsbedingungen: Art, Beschaffenheit und Güte des Kaufgegenstandes, Menge, Preis bzw. Preisnachlässe, Lieferzeit, Lieferkosten, Zahlungstermin, Zahlungsbedingungen, Erfüllungsort, Rechtsansprüche bei Vertragsstörungen	Vertragsbedingungen: Beschreibung der Art, des Umfanges und der Zeitdauer der Dienstleistung

Vertragsstörungen (Beispiel Kaufvertrag)

Vertragsstörungen liegen vor, wenn

der Verkäufer (Warenschuldner) den Kaufgegenstand		der Käufer (Geldschuldner) den Kaufgegenstand	
nicht termingerecht liefert.	**nicht mängelfrei liefert.**	**nicht termingerecht abnimmt.**	**nicht vereinbarungsgemäß bezahlt.**
Lieferungsverzug § 284 BGB	Mangelhafte Lieferung § 459 ff. BGB	Annahmeverzug § 293 ff. BGB	Zahlungsverzug § 284 BGB
zu prüfen: **Ist die Lieferung fällig?** – kalendermäßig bestimmt → nach Ablauf – kalendermäßig nicht bestimmt → Mahnung und Fristsetzung **Verschulden der Lieferungsverzögerung**	zu prüfen: **Liegt Mangel vor?** – Sach- oder Qualitätsmängel **[Rügefrist beachten:** – offene Mängel: unverzüglich* – versteckte Mängel: 6 Monate – arglistig verschwiegene Mängel: 30 Jahre**]** * bei einseitigen Handelskäufen (nur der Verkäufer ist Kaufmann) und bürgerlichen Käufen: 6 Monate	zu prüfen: **Ist die fällige und ordnungsgemäß angebotene Lieferung nicht abgenommen worden?** **Liegt Verschulden vor?** **Hinweis: Verschulden wird nicht geprüft.**	zu prüfen: **Ist die Zahlung fällig?** – kalendermäßig bestimmt → nach Ablauf – kalendermäßig nicht bestimmt → Mahnung **Hinweis: Verschulden wird nicht geprüft.**
Rechte: **ohne Nachfrist:** – Erfüllung – Erfüllung und Schadenersatz **mit Nachfrist und Ablehnungsandrohung:** – Rücktritt – Schadenersatz wegen Nichterfüllung und Verzicht auf Lieferung	Rechte: – Wandelung – Minderung – Ersatzlieferung (nur bei Gattungsschuld) – Schadenersatz wegen Nichterfüllung bei Fehlen einer zugesicherten Eigenschaft und arglistiger Täuschung – Nachbesserung **Hinweis: Bei Falschlieferung gelten die Rechtsansprüche aus dem Lieferungsverzug.**	Rechte: **ohne Nachfrist:** – Abnahme – Abnahme und Schadenersatz **mit Nachfrist und Ablehnungsandrohung:** – Rücktritt – Schadenersatz wegen Nichterfüllung	Rechte: **ohne Nachfrist:** – Zahlung – Zahlung und Schadenersatz (Zinsen, Mahnkosten) – Ablehnung der Zahlung und Rücktritt vom Vertrag – **mit Nachfrist und Ablehnungsandrohung:** – Rücktritt – Schadenersatz wegen Nichterfüllung

Hinweis: Die grundsätzlichen Rechtsvorschriften im Falle der Nichterfüllung einer versprochenen Leistung gelten analog für alle Arten der Rechtsgeschäfte. Allerdings gibt es ergänzende Spezialnormen, die sich aus dem jeweiligen spezifischen Rechtsgeschäft ergeben, z. B. bei Miete, Darlehen, Dienstvertrag, Werkvertrag.

Aufgaben

 Ein Leipziger Möbelhaus bietet preisgünstige Mitnahme-Möbel an. Der Kunde kann zwischen folgenden Liefer- und Zahlungsbedingungen auswählen:
1. Lieferung frei Haus, Zahlung bei Auslieferung.
2. Bei Selbstabholung 3% Preisnachlass oder zinsfreie Zahlung nach 14 Tagen.
Unterscheiden Sie die Alternativen hinsichtlich ihrer Erfüllungsorte für Waren- und Geldschulden.

Die 18-jährige Carola Störpel hat in Kiel bei „HY FLY" einen CD-Player gekauft. Nach 14 Tagen stellt sie irritiert fest, dass das Gerät die CDs nur noch rückwärts abspielt.
a) Welche Mangelart liegt vor?
b) In welcher Frist muss Carola Störpel den Mangel reklamieren?
c) Welches Recht sollte sie in Anspruch nehmen?
d) Formulieren Sie eine Mängelrüge! Hinweis: Musterbriefe können Sie über die Stiftung Warentest erhalten.

Ein Unternehmen kauft von der Gemeinde Himmelpforten in Niedersachsen Bauland zum marktüblichen Preis von 150 DM/qm. Nach drei Monaten verkauft das Unternehmen einen Teil des Landes an zukünftige Bauherren zum Preis von 554 DM/qm. Nach Abschluss der Kaufverträge erfahren die Käufer von der Preisdifferenz und klagen auf Schadenersatz. Klären Sie die Rechtslage mithilfe des § 138 BGB.

Unterscheiden Sie einen Kaufvertrag von einem Werklieferungsvertrag! Nutzen Sie die Paragraphen 433 ff. und 651 BGB.

Welche Auswirkungen hat die unterschiedliche Marktmacht der Marktteilnehmer auf die Vertragsgestaltung?

Der Mieter Kai Krüger ruft aufgrund einer Zeitungsannonce in der Berliner Tageszeitung den Vermieter Olaf Berger an und sagt: „Ich miete". Der Vermieter verlangt Bedenkzeit und ruft am nächsten Tag zurück und erklärt: „Ich vermiete". Krüger hat zwischenzeitlich eine günstigere Wohnung in der Nähe gemietet. Ist ein Mietvertrag zustande gekommen?

Der Student Martin Zander übernimmt für die Industrieanlagen AG in Magdeburg die Entwicklung einer betriebsspezifischen Software in der Hoffnung, dass er nach Abschluss seines Informatik-Studiums einen Arbeitsplatz in dem Unternehmen erhält.
a) Welche Art von Vertrag wird abgeschlossen?
b) Welche Vorteile verspricht sich das Unternehmen von diesem Vertrag?
c) Wodurch unterscheiden sich der von Martin später gewünschte Vertrag und der aktuelle Vertrag?

Der Geschäftsführer der Maschinenbau GmbH schließt mit dem Vorstand der Raiffeisenbank e.G. einen Kreditvertrag ab. Als der Kapitaldienst fällig wird, lehnt der neue Geschäftsführer die Bedienung des Kredits ab. Er begründet dies mit der fristlosen Entlassung des alten Geschäftsführers. Dieser habe gegen seinen Geschäftsführervertrag verstoßen; er hätte keine Kredite aufnehmen dürfen. Außerdem seien die Konditionen viel zu ungünstig. Begründen Sie, warum der Kreditvertrag rechtsgültig ist und von der GmbH einzuhalten ist.

5 Allgemeine Geschäftsbedingungen und Verbraucherschutz

„Muskel-Martin" ist sauer ...

Martin Friedrichsen hat mit einem Fitness-Studio einen Vertrag über die Nutzung der Geräte abgeschlossen. Für ein spezielles Muskeltraining bezahlt er monatlich 200 DM.

Als nach vier Monaten noch keine Erfolge erkennbar sind, kündigt er den Vertrag. Der Geschäftsführer des Studio verlangt daraufhin von ihm 4 000 DM.

Erst jetzt liest Martin Friedrichsen das Kleingedruckte auf der Rückseite seines Vertrages. In den dort abgedruckten Allgemeinen Geschäftsbedingungen (AGB) steht u.a.:

> „Das Mitglied des Body-Shape-Studios kann den Vertrag zum Ende eines Kalenderjahres mit einer Kündigungsfrist von einem Jahr kündigen. Das Studio ist berechtigt, das Vertragsverhältnis auch ohne Angabe von Gründen zum Quartalsende aufzulösen."

Handlungsaufträge

1 Prüfen Sie, ob die AGB Bestandteil des Vertrages sind.

2 Im Gesetz zur Regelung des Rechts der Allgemeinen Geschäftsbedingungen (AGBG) heißt es in der so genannten Generalklausel § 9:

> „(1) Bestimmungen in Allgemeinen Geschäftsbedingungen sind unwirksam, wenn sie den Vertragspartner des Verwenders entgegen den Geboten von Treu und Glauben unangemessen benachteiligen.
>
> (2) Eine unangemessene Benachteiligung ist im Zweifel anzunehmen, wenn eine Bestimmung
>
> 1. mit wesentlichen Grundgedanken der gesetzlichen Regelung, von der abgewichen wird, nicht zu vereinbaren ist, oder
> 2. wesentliche Rechte oder Pflichten, die sich der Natur des Vertrages ergeben, so einschränkt, dass die Erreichung des Vertragszweckes gefährdet ist."

In § 10 Abs. 3 AGBG heißt es:

> „In Allgemeinen Geschäftsbedingungen ist insbesondere unwirksam (...)
>
> (...).die Vereinbarung eines Rechts des Verwenders, sich ohne sachlich gerechtfertigten und im Vertrag angegebenen Grund von seiner Leistungspflicht zu lösen, dies gilt nicht für Dauerschuldverhältnisse."

Prüfen Sie, ob der Anspruch des Studios gerechtfertigt ist. Formulieren Sie aus der Sicht Martin Friedrichsens einen Brief an die Geschäftsführung des Fitness-Studios und beziehen Sie sich auf das AGB-Gesetz.

▶ Prüfen Sie, bei welchen Vertragsabschlüssen Sie bereits AGB akzeptiert haben.

◆ ERLÄUTERUNG:

Es handelt sich bei dem Vertrag zwischen dem Fitness-Studio und Martin Friedrichsen um einen Dienstvertrag, für den die grundlegenden Regeln des Vertragsrechts gelten.

5.1 Allgemeine Geschäftsbedingungen

Im Vertragsrecht gilt das Prinzip der Vertragsfreiheit.

Vertragsfreiheit bedeutet, dass jeder frei darüber entscheiden kann,
- mit wem er Verträge abschließen will (Abschlussfreiheit),
- worüber er Verträge abschließen will (Inhalts-, Gestaltungsfreiheit),
- in welcher Form er Verträge abschließen will (Formfreiheit).

▶ Vergleichen Sie hierzu
§ 305 BGB.

Die Vertragspartner können die Vertragsbedingungen nach ihrem Belieben frei aushandeln und festlegen. Sie sind nicht an die Vertragstypen des Bürgerlichen Gesetzbuches gebunden. Allerdings gibt es von dieser Grundregel Ausnahmen, z. B. bei der Übereignung von Grundstücken oder bei der Bestellung von Grundpfandrechten.

Im Geschäftsleben ist es üblich, dass einzelne Vertragspartner mit bereits vorformulierten Vertragsbedingungen in Vertragsverhandlungen eintreten.

Vertragsfreiheit bedeutet neben der freien Wahl der Vertragspartner auch die **freie Gestaltung** der Vertragsinhalte.

Die Vertragspartner legen in Vertragsverhandlungen ihre Vertragsbedingungen auf dem Wege der **Einzelabrede** fest. Diese Abreden gelten nur für den jeweiligen Vertrag.

Darüber hinaus ist es im Geschäftsleben üblich, dass Verkäufer und Käufer ihre Vertragsbedingungen vorformulieren und über eine **Einbeziehungsvereinbarung** darauf dringen, dass der Vertragspartner sie anerkennt.

Vorformulierte Vertragsbedingungen sind für den Verwender sinnvoll, wenn er **ständig** Vertragsabschlüsse tätigt. Es handelt sich um **Allgemeine Geschäftsbedingungen (AGB)**. Sie gelten für **alle** vom Verwender abgeschlossenen Verträge, es sei denn, dass ihre Einbeziehung durch Einzelabrede ganz oder teilweise ausgeschlossen wird.

AGB sind vorformulierte Vertragsinhalte, die

- den Abschluss von Verträgen erleichtern,
- an Stelle von gesetzlichen Regelungen oder von Individualabreden Vertragsinhalt werden.

Im Rahmen von Kaufverträgen sind Verkaufsbedingungen der Lieferanten bzw. Einkaufsbedingungen von Käufern möglich. Die Vertragspartner müssen sich bei Vertragsabschluss einigen, **wessen** AGB-Regelungen gelten sollen. Dabei ist nicht auszuschließen, dass es zu Interessenkollisionen kommt.

Fordert der Käufer z.B. die Ausweitung seiner Gewährleistungsrechte über den gesetzlichen Rahmen hinaus, indem er in seinen Einkaufsbedingungen eine Rügefrist von 12 Monaten festlegt, und beschränkt der Verkäufer die Rügefrist auf 6 Monate, so liegt keine Übereinstimmung der Willenserklärungen vor. Der Vertragsabschluss ist nur möglich, wenn beide Willenserklärungen übereinstimmen, sodass eine Verständigung über die Einbeziehung der AGB zwingend ist.

AGB-Regelungen sollen nicht nur die Verhandlungszeiten verkürzen und die Vertragsbestandteile präzisieren, sondern häufig auch die Rechtsstellung des Verwenders im Vergleich zur gesetzlichen Regelung verbessern. In Verhandlungen wird sich derjenige durchsetzen, der über Marktmacht verfügt.

Marktmacht liegt vor, wenn der Vertragspartner auf den Vertragsabschluss angewiesen ist, weil er
- das Produkt als Käufer unbedingt benötigt oder als Verkäufer auf dessen Vermarktung angewiesen ist,
- keine Wahlmöglichkeit zwischen anderen Vertragspartnern hat.

Kollidieren die AGB-Regelungen der Vertragspartner, so gilt die gesetzliche Regelung. Der Vertrag bleibt gültig.

AGB-Regelungen spielen eine wichtige Rolle im Rahmen der Rechtsbeziehungen der Unternehmen untereinander, gelten aber häufig auch im Bereich der Rechtsgeschäfte zwischen Unternehmen und Konsumenten, insbesondere wenn es sich um **Massengeschäfte** handelt.

Auch im Rahmen von Massengeschäften werden AGB-Regelungen grundsätzlich **nur** Vertragsbestandteil, wenn der Verwender sie bei Vertragsabschluss **ausdrücklich** zum Vertragsbestandteil erklärt und der Vertragspartner der Einbeziehung zustimmt.

Die Zustimmung gilt als erteilt, wenn der Vertragspartner des Verwenders die AGB zur Kenntnis hätte nehmen können.

Deshalb ist es zweckmäßig, nach einbezogenen AGB zu fragen und sie mit den gesetzlichen Bestimmungen oder eigenen Vorstellungen über die Vertragsinhalte zu vergleichen. Sind die AGB in der vorgelegten Form nicht akzeptabel, so können sie durch **Individualabrede** verändert oder aufgehoben werden. Unter Umständen ist es sinnvoll, ganz auf den Abschluss des Vertrages zu verzichten.

Konsumenten sind allerdings nur selten in der Lage, die Einbeziehung vorformulierter Geschäftsbedingungen in Verträge zu verhindern und im Streitfall auf den Abschluss des Vertrages zu verzichten. Sie verfügen im Regelfall nicht über die erforderliche Marktmacht, benötigen aber die Waren und Dienstleistungen und haben nur eingeschränkte Ausweichmöglichkeiten. Dies gilt insbesondere, wenn AGB-Regelungen in einzelnen Branchen üblich und oft bei allen Anbietern aufgrund von Verbandsvereinbarungen identisch sind.

Da Konsumenten häufig ihre gesetzlichen Rechte nicht kennen und juristische Formulierungen für viele nur schwer nachvollziehbar sind, wird die Gefahr des Missbrauchs der Marktmacht durch Verkäufer mit einer starken Marktstellung deutlich.

Die Gefahr des Machtmissbrauchs ist auch gegeben, wenn Käufer (z.B. große Handelsketten, Großunternehmen der Industrie) ihre Marktmacht nutzen, um unangemessene Einkaufsbedingungen bei der Beschaffung von Sachgütern und Dienstleistungen gegenüber kleinen oder mittelständischen Anbietern zu erlangen.

ERLÄUTERUNG:

Um die Abwicklung von Massen- oder Standardgeschäften nicht unnötig zu erschweren, genügt bereits ein sichtbarer Aushang der AGB in den Geschäftsräumen (Kaufhausfilialen, Geschäftsstellen der Kreditinstitute) des Verwenders.

▶ Verdeutlichen Sie an Beispielen, dass der Grundsatz „Der Kunde ist König" im Zusammenhang mit AGB-Regelungen kritisch zu hinterfragen ist.

5.2 Das Gesetz zur Regelung des Rechts der Allgemeinen Geschäftsbedingungen (AGBG)

Das **AGBG** soll Verbraucher vor einer unangemessenen **Benachteiligung** durch Verkäufer oder Vertragspartner schützen, wenn diese ihre starke Marktstellung bzw. die Unkenntnis der Verbraucher ausnutzen.

Das AGBG dient dem Verbraucherschutz, indem es bestimmte AGB-Regelungen von vornherein für ungültig erklärt. Darüber hinaus schafft es die Möglichkeit, Einzelbestimmungen der AGB auf ihre Angemessenheit zu überprüfen und sie u.U. als unangemessen einzustufen.

Das AGB-Gesetz legt fest, dass Allgemeine Geschäftsbedingungen nur dann Bestandteil eines Vertrages werden, wenn der Verwender bei Vertragsabschluss

1. die andere Vertragspartei ausdrücklich bzw. durch deutlich sichtbaren Aushang am Ort des Vertragsabschlusses auf sie hinweist und

2. der anderen Vertragspartei die Möglichkeit gibt, sich mit ihrem Inhalt vertraut zu machen, und die andere Vertragspartei mit ihrer Geltung einverstanden ist.

Das AGBG stellt alle AGB-Regelungen, die gegenüber Konsumenten angewendet werden, unter die **Generalklausel**. Sie besagt, dass AGB-Regelungen, die Verbraucher unangemessen benachteiligen, grundsätzlich als Verstoß gegen Treu und Glauben zu bewerten und deshalb zu unterlassen sind. Darüber hinaus wird bestimmt, dass

- **überraschende Klauseln** ausgeschlossen sind (§ 3 AGBG),

- ein Klauselverbot **mit** Wertungsmöglichkeit besteht (§ 10 AGBG),

- ein Klauselverbot **ohne** Wertungsmöglichkeit besteht (§ 11 AGBG).

Die Wertungsmöglichkeit besagt, dass auf dem Klageweg die Unangemessenheit der Klausel festgestellt werden kann.
Die entsprechenden AGB-Regelungen sind von vornherein ungültig (nichtig).

In allen Fällen hat der Verbraucher einen **Anspruch** auf **Unterlassung** und auf **Widerruf**, sodass die Nachteile der entsprechenden AGB-Regelungen nicht wirksam werden. Allerdings ist es erforderlich, dass der Verbraucher sein Recht einklagt. Werden AGB-Regelungen im Rahmen einer Verbandsklage für ungültig erklärt, so darf der Verwender sie auch in zukünftigen Verträgen nicht mehr verwenden.

Ein Klagerecht steht auch Interessenverbänden, z. B. Naturschutz- und Verbraucherschutzverbänden zu, die unabhängig von einem konkreten Einzelfall gegen AGB-Regelungen eines Verwenders gerichtlich vorgehen können. Interessenverbände haben das Recht zur Verbandsklage.

▶ Warum gilt das AGBG nicht für Verträge zwischen Kaufleuten?

▶ Lesen Sie hierzu § 2 AGBG.

ERLÄUTERUNG:

Das Prinzip Treu und Glauben ist ein Grundprinzip im Privaten Recht und wird in § 241 BGB definiert. Es ist für alle Fälle gedacht, in denen das Rechtsempfinden davon ausgeht, dass die Grenzen der Vertragsfreiheit überschritten werden, auch wenn nicht gegen in Gesetzen festgelegte Einzelnormen verstoßen wird.

BEISPIELE:

– *Verstoß gegen Treu und Glauben: Ein Heizölhändler schließt Schadenersatzansprüche wegen unsachgemäßer Befüllung der Tanks aus.*
– *Überraschende Klausel: Kauf einer EDV-Anlage mit Verpflichtung zur Abnahme eines bestimmten Browsers (ermöglicht den Zugang zum Internet)*
– *Klausel mit Wertungsmöglichkeit: unangemessen lange Fristen für die Leistungserfüllung (z.B. Klausel: Lieferungstermin vorbehalten)*
– *Klausel ohne Wertungsmöglichkeit: Gewährleistungsrechte und Fristen bei mangelhafter Lieferung werden ausgeschlossen.*

5.3 Verbraucherschutz

Das Schutzbedürfnis des Verbrauchers wird nicht nur im AGBG aner-
kannt, sondern wird darüber hinaus auch in einer Reihe von Sonderge-
setzen verwirklicht.

Regelungen zum Verbraucherschutz		
Haustürgeschäfte	**Verbraucherkredite**	**Produktsicherheit**
Gesetzliche Grundlage:	Gesetzliche Grundlage:	Gesetzliche Grundlage:
Gesetz über den Widerruf von Haustürgeschäften und ähnlichen Geschäften	Verbraucherkreditgesetz	– Produktsicherheitsgesetz – Produkthaftungsgesetz
Ziel: Schutz von Privatpersonen (natürliche Personen)	Ziel: Schutz von Privatpersonen (natürliche Personen), wenn sie – Privatkredite aufnehmen – Ratenkredite vereinbaren – Abzahlungskäufe tätigen	Ziel: Schutz des Verbrauchers vor fehlerhaften Produkten im Rahmen einer verschuldensunabhängigen Schadenersatzpflicht des Herstellers, wenn der Verbraucher Schaden an Leib, Gesundheit oder Eigentum erleidet. Das Produktsicherheitsgesetz ist dem Produkthaftungsgesetz vorgeschaltet, da es Hersteller und Importeure verpflichtet, sichere Produkte in den Verkehr zu bringen. Gegebenenfalls können staatliche Stellen einschreiten, wenn Gefahr in Verzug ist, indem sie den Verbraucher warnen, Änderungen am Produktverlangen oder sogar Rückrufaktionen durchführen.

Verbraucherschutz geht über die beschriebenen Rechtsgrundlagen hin-
aus und umfasst auch Normen, die auf der Grundlage von **Sondergeset-
zen** den Verbraucher schützen. Dazu gehören Regelungen über Gesund-
heitsschutz auf der Basis des Lebensmittelgesetzes und des Arzneimittel-
gesetzes. Auch ein fairer Wettbewerb ist im Interesse der Verbraucher. Das
Gesetz gegen Wettbewerbsbeschränkungen, das Gesetz gegen den unlauteren Wettbewerb, die Preisauszeichnungsverordnung, das Rabattgesetz
und die Zugabenverordnung sollen den Verbraucher vor einer unangemessenen Benachteiligung durch marktstarke Anbieter schützen.

Erfolgreiche Verbraucherschutzpolitik bedingt, dass Verbraucher neben der
Kenntnis ihrer Rechte auch über das Marktgeschehen informiert sind. Dies
wird bei der Vielzahl der Anbieter von Waren und Dienstleistungen und bei
der Vielfalt der Produkte immer schwieriger, sodass Verbraucherpolitik
auch den Bereich der Verbraucheraufklärung einschließen sollte.

Strukturwissen

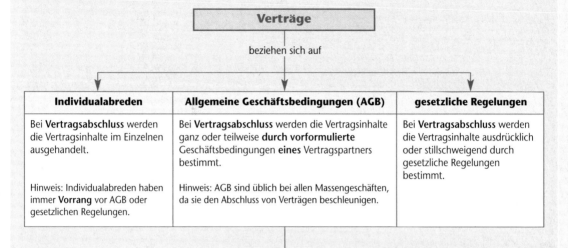

Verträge

beziehen sich auf

Individualabreden	Allgemeine Geschäftsbedingungen (AGB)	gesetzliche Regelungen
Bei **Vertragsabschluss** werden die Vertragsinhalte im Einzelnen ausgehandelt.	Bei **Vertragsabschluss** werden die Vertragsinhalte ganz oder teilweise **durch vorformulierte** Geschäftsbedingungen **eines** Vertragspartners bestimmt.	Bei **Vertragsabschluss** werden die Vertragsinhalte ausdrücklich oder stillschweigend durch gesetzliche Regelungen bestimmt.
Hinweis: Individualabreden haben immer **Vorrang** vor AGB oder gesetzlichen Regelungen.	Hinweis: AGB sind üblich bei allen Massengeschäften, da sie den Abschluss von Verträgen beschleunigen.	

Probleme:
- Marktmacht der Verwender von AGB
- AGB werden genutzt um die Rechtsstellung der „anderen Vertragspartei" zu schwächen.
- Die „andere Vertragspartei" ist aus Unkenntnis oder wegen fehlender Alternativen nicht in der Lage eigene Vorstellungen durchzusetzen.

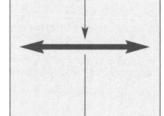

AGBG schützt den Verbraucher durch
- die Generalklausel,
- das Verbot überraschender Klauseln,
- das Klauselverbot ohne Wertungsmöglichkeit,
- das Klauselverbot mit Wertungsmöglichkeit.

Der Verbraucher oder die Verbraucherverbände haben das Recht zur Klage auf Unterlassung bzw. auf Widerruf.

Dem Verbraucherschutz dienen
- **das Gesetz über den Widerruf von Haustürgeschäften und ähnlichen Geschäften**
- **das Verbraucherkreditgesetz**
- **das Produktsicherheitsgesetz und das Produkthaftungsgesetz**
- **sonstige Verbraucherschutznormen, z.B.**
  - das Lebensmittelgesetz,
  - das Arzneimittelgesetz,
  - die Preisauszeichnungsverordnung,
  - das Gesetz gegen den unlauteren Wettbewerb.

Aufgaben

1 Prüfen Sie, ob die vorliegenden AGB-Regelungen von den gesetzlichen Regelungen abweichen.
Begründen Sie Ihre Entscheidung.

a) *„Die festgesetzte Lieferzeit ist einzuhalten. Ist dies nicht möglich, hat der Lieferer uns sofort in Kenntnis zu setzen. Bei Überschreiten der Lieferfrist behalten wir uns vor, ohne Setzen einer Nachfrist vom Vertrag zurückzutreten."*

b) *„Da wir nicht in der Lage sind, die Waren unverzüglich auf ihre Richtigkeit und Brauchbarkeit zu prüfen, erkennt der Lieferer an, dass Mängelrügen ohne Einhalten der gesetzlichen Fristen möglich sind."*

c) *„Bei von uns anerkannten Mängeln wird die Ware zurückgenommen und nach unserer Wahl entweder Ersatz geleistet oder der Gegenwert vergütet. Weitergehende Ansprüche können nicht geltend gemacht werden."*

d) *„Schadenersatzansprüche des Käufers aufgrund von verspäteter Lieferung sind ausgeschlossen, zugesagte Liefertermine bedürfen der schriftlichen Bestätigung, ansonsten gelten sie als unverbindlich."*

e) *„Gelieferte Ware bleibt so lange unser Eigentum, wie Forderungen aus der Geschäftsbeziehung bestehen."*

f) *„Die Lieferung erfolgt auf Kosten und Gefahr des Käufers. Der Erfüllungsort für beide Teile ist der Wohnsitz des Verkäufers."*

g) *„Unpünktliche Zahlung berechtigt uns zur Berechnung der banküblichen Zinsen und der anfallenden Mahnkosten."*

h) *„Die Berechnung der Ware erfolgt zu den am Tage der Lieferung geltenden Preisen."*

i) *„Die Lieferung erfolgt ab Werk und auf Gefahr des Empfängers."*

j) *„Die Rügefrist für alle erkennbaren Mängel, Fehlmengen oder Falschlieferungen beträgt 5 Werktage."*

k) *„Bei fristgerechter, berechtigter Mängelrüge stehen dem Käufer unter Ausschluss von Schadenersatzansprüchen die gesetzlichen Gewährleistungsansprüche zu."*

2
a) Kennzeichnen Sie an den in Nr. 1 aufgeführten Auszügen aus AGB die unterschiedlichen Interessenlagen der Vertragspartner.

b) Welche Nachteile ergeben sich für den jeweiligen Vertragspartner?

3 Besorgen Sie sich AGB aus verschiedenen Branchen und vergleichen Sie diese Regelungen mit den gesetzlichen Bestimmungen.

4 Kann ein marktbeherrschender Waschmaschinenhersteller die Käufer verpflichten, nur ein bestimmtes Waschmittel zu benutzen? Begründen Sie Ihre Auffassung.

5 In den AGB verpflichtet ein Automobilhersteller seine Vertragshändler nur an Inländer zu verkaufen. Sind die Vertragshändler an diese Vereinbarung gebunden?

6 Erläutern Sie die Bedeutung der AGB für den *privaten* Käufer.

7 These: *„Von den AGB profitieren immer nur die Verkäufer."* Nehmen Sie Stellung.

8 These: *„Durch die AGB wird die Vertragsfreiheit beseitigt."*
Untersuchen Sie die Richtigkeit dieser These.

9 Was wird unter der Generalklausel des AGBG verstanden?

10 Weshalb ist es sinnvoll, Verbraucherverbänden ein Klagerecht in Fragen der AGB einzuräumen?

6 Das duale Ausbildungssystem

Der ideale Auszubildende

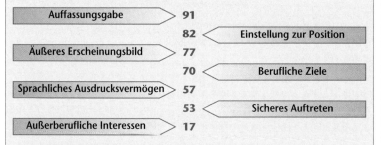

Auszubildende

Darauf achten Unternehmen im Vorstellungsgespräch mit künftigen Auszubildenden: (in %)

Auffassungsgabe	91
Einstellung zur Position	82
Äußeres Erscheinungsbild	77
Berufliche Ziele	70
Sprachliches Ausdrucksvermögen	57
Sicheres Auftreten	53
Außerberufliche Interessen	17

Bei ihrer Übernahme sind für die Unternehmensentscheidung folgende Eigenschaften von Bedeutung: (in %)

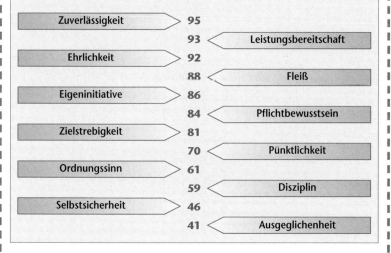

Zuverlässigkeit	95
Leistungsbereitschaft	93
Ehrlichkeit	92
Fleiß	88
Eigeninitiative	86
Pflichtbewusstsein	84
Zielstrebigkeit	81
Pünktlichkeit	70
Ordnungssinn	61
Disziplin	59
Selbstsicherheit	46
Ausgeglichenheit	41

Handlungsaufträge

▶**1** Erläutern Sie die Einstellungskriterien der Unternehmen.

▶**2** Warum interessieren sich einstellende Unternehmen für außerberufliche Interessen ihrer Auszubildenden?

▶**3** Fehlen Ihrer Meinung nach entscheidende Kriterien für Ihren Ausbildungsberuf? Begründen Sie Ihre Meinung.

▶**4** Vergleichen Sie die Kriterien bei der Übernahme von Auszubildenden mit den Kriterien beim Vorstellungsgespräch.

▶**5** Entscheiden Sie sich für ein Kriterium und erläutern Sie, wie dieses in Ihrer Ausbildung vermittelt werden sollte.

ERLÄUTERUNG:

Im Jahre 1997 gab es 364 anerkannte Ausbildungsberufe, die den Bestimmungen des Berufsbildungsgesetzes unterlagen.

▶ Einigen Sie sich auf fünf Kriterien für den „idealen" Ausbilder und für den „idealen" Berufsschullehrer.

6.1 Der Rechtsrahmen der dualen Ausbildung

Die wirtschaftliche Entwicklung in der heutigen Zeit wird durch einen sich ständig beschleunigenden Wandel geprägt. Neue Güter werden mithilfe neuer Produktionsverfahren und neuer Arbeitsabläufe in immer kürzeren Abständen produziert. Dies ist notwendig um sich im härter werdenden nationalen und internationalen Wettbewerb zu behaupten.

Ziel einer modernen Berufsausbildung ist es, den Arbeitnehmer in die Lage zu versetzen, auf der Grundlage umfassender beruflicher Kenntnisse und Fertigkeiten (**Fachkompetenz**) gestellte Aufgaben mithilfe verschiedener Lösungsansätze (**Methodenkompetenz**) in Zusammenarbeit mit anderen (**Sozialkompetenz**) zu bewältigen.

Die Berufsausbildung wird in der Bundesrepublik Deutschland an **zwei Lernorten** durchgeführt. Dabei übernimmt der **Betrieb** vorrangig die fachpraktische Ausbildung und die **Berufsschule** den fachtheoretischen Teil. Darüber hinaus ist es Aufgabe der Schule, auch allgemeine Einblicke in die Arbeits-, Wirtschafts- und Sozialwelt zu vermitteln.

Einheitliche Qualitätsstandards für alle Ausbildungsbetriebe und für die Berufsschule werden durch **Ausbildungsordnungen** und **Rahmenlehrpläne** festgelegt.

 **ERLÄUTERUNG:**

Fach-, Methoden- und Sozialkompetenzen werden als Schlüsselqualifikationen bezeichnet.

▶ Besuchen Sie die Internet-Homepage http://www.eurydice.org. Hier erhalten Sie Informationen über die Bildungssysteme der EU.

ERLÄUTERUNG:

Die Ausbildungsordnung ist Ihnen mit Ihrem Ausbildungsvertrag ausgehändigt worden.

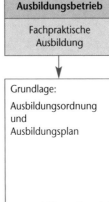

Ausbildungsbetrieb	Rechtsgrundlagen:	Berufsschule
Fachpraktische Ausbildung	← Berufsbildungsgesetz Schulgesetze →	Fachtheoretische Ausbildung

Grundlage:
Ausbildungsordnung und Ausbildungsplan

Der Ausbildungsplan wird vom Ausbildungsbetrieb für jeden einzelnen Auszubildenden erstellt.

Die Ausbildungsordnung regelt
• die staatliche Anerkennung des Ausbildungsberufs,
• das Ausbildungsberufsbild, das den Gegenstand der Berufsausbildung beschreibt, indem es Kenntnisse und Fertigkeiten als Berufsbildpositionen festlegt,
• den Ausbildungsrahmenplan, der die zu vermittelnden Kenntnisse und Fertigkeiten in Form von Lernzielen beschreibt und ihre zeitliche Zuordnung in der Ausbildung festlegt,
• die Ausbildungsdauer,
• die Prüfungsanforderungen.

Grundlage:
Rahmenlehrplan der ständigen Konferenz der Kultusminister. Der Rahmenlehrplan wird in den Bundesländern in Landeslehrpläne umgesetzt.

Von Zeit zu Zeit muss das **Ausbildungsberufsbild** dem Wandel der Arbeitswelt angepasst werden, da sich die Qualifikationsanforderungen an die Beschäftigten ändern und somit auch die Inhalte der Berufsausbildung geändert werden müssen.

Auch wenn eine grundlegende Qualifikation für alle Tätigkeiten angestrebt wird und eine Spezialisierung auf einen bestimmten Betrieb vermieden werden soll, muss sich die fachpraktische Ausbildung doch an den betriebsindividuellen Gegebenheiten ausrichten. Dies führt dazu, dass der konkrete **Ausbildungsplan** der Auszubildenden, der aus dem **Ausbildungsrahmenplan** abgeleitet wird, betriebsbezogene Schwerpunkte beinhaltet.

Nach dem Berufsbildungsgesetz ist eine **Zwischenprüfung** vorgeschrieben. Hiermit soll der Stand der Ausbildung kontrolliert und allen Beteiligten die Möglichkeit gegeben werden, eventuelle Ausbildungsdefizite im weiteren Verlauf der Ausbildung zu beseitigen. Der Erfolg der Ausbildung wird schließlich durch die bestandene **Abschlussprüfung** vor der Industrie- und Handelskammer (IHK) dokumentiert.

6.2 Der Berufsausbildungsvertrag

Durch den Berufsausbildungsvertrag zwischen Auszubildenden und Ausbilder (Ausbildungsbetrieb) werden (wie in jedem Vertrag) auf der Grundlage **privatrechtlicher Vereinbarungen** Rechte und Pflichten begründet.

Wegen des besonderen Charakters des Ausbildungsverhältnisses sind **gesetzliche Vorgaben** des Berufsbildungsgesetzes zu beachten. Obwohl es sich beim Ausbildungsvertrag laut Rechtsprechung nicht um ein Arbeitsverhältnis sondern um ein besonderes Rechtsverhältnis handelt, gelten auch arbeitsrechtliche Regelungen.

Es sind u.a. zu beachten das Arbeitszeitgesetz, das Bundesurlaubsgesetz, das Kündigungsschutzgesetz, das Mutterschutzgesetz und das Arbeitsschutzgesetz. Für jugendliche Auszubildende sind außerdem die Bestimmungen des Jugendarbeitsschutzgesetzes heranzuziehen.

Auch **tarifvertragliche Vereinbarungen** zwischen Gewerkschaften und Arbeitgeberverbänden betreffen das Ausbildungsverhältnis. So werden z.B. Ausbildungsvergütungen und Urlaubsdauer in Tarifverträgen festgelegt. Außerdem gelten Betriebsvereinbarungen.

6.2.1 Inhalt des Berufsausbildungsvertrages

Laut Berufsbildungsgesetz muss der Berufsausbildungsvertrag folgende Mindestinhalte aufweisen:

* die **Bezeichnung** des Ausbildungsberufs,
* die Art sowie die **sachliche** und **zeitliche Gliederung** und das Ziel der Ausbildung auf der Grundlage des Ausbildungsberufsbildes und des Ausbildungsrahmenplanes,
* den **Beginn** und die **Dauer der Ausbildung** unter Beachtung der gesetzlich vorgeschriebenen generellen Ausbildungsdauer von drei Jahren (Grundsätzlich endet das Vertragsverhältnis mit dem Bestehen der Abschlussprüfung),
* die **ergänzenden Ausbildungsmaßnahmen** außerhalb der Ausbildungsstätte,

---

ERLÄUTERUNG:

Die IHK nimmt weitere Aufgaben im Rahmen der dualen Ausbildung wahr:
– Eignungskontrolle der Ausbildungsbetriebe
– Prüfung der Rechtmäßigkeit der abgeschlossenen Ausbildungsverträge
– Führung des Ausbildungsverzeichnisses
– Beratung der Ausbildungsbetriebe und Auszubildenden in Fragen der Ausbildung
– Organisation der Zwischen- und Abschlussprüfung

▶ Vergleichen Sie Ihren Ausbildungsvertrag mit den Verträgen Ihrer Mitschüler.

ERLÄUTERUNG:

Der Ausbilder hat eine besondere Sorgepflicht gegenüber dem Auszubildenden. Er soll ihn charakterlich fördern sowie ihn sittlich und körperlich nicht gefährden (§ 6 Berufsbildungsgesetz).

▶ Informieren Sie sich über die Prüfungsfächer und den zeitlichen Ablauf der Abschlussprüfung Bankkaufmann/Bankkauffrau.

 **ERLÄUTERUNG:**

Innerhalb der Probezeit kann das Ausbildungsverhältnis von beiden Seiten jederzeit gekündigt werden, nach Beendigung der Probezeit nur noch aus einem „wichtigen Grund" (§ 15 Berufsbildungsgesetz).

ERLÄUTERUNG:

Urlaubsregelungen des Jugendarbeitsschutzgesetzes: Urlaubsregelungen für jugendliche Auszubildende und Arbeitnehmer:
– bis 16 Jahre 30 Werktage
– bis 17 Jahre 27 Werktage
– bis 18 Jahre 25 Werktage

Bundesurlaubsgesetz:
über 18 Jahre 24 Werktage

- die Dauer der täglichen bzw. wöchentlichen **Ausbildungszeit** unter Beachtung der geltenden Bestimmungen,
- die Dauer der **Probezeit** (1 - 3 Monate),
- die Höhe der **Ausbildungsvergütung**,
- die Dauer des **Urlaubs**,
- die **Voraussetzungen**, unter denen das Ausbildungsverhältnis gekündigt werden kann.

Neben den gesetzlichen Mindestinhalten sind auch Individualabreden möglich, sofern sie den geltenden Bestimmungen entsprechen. So können bereits sechs Monate vor Ende der Ausbildungszeit mit den Auszubildenden befristete oder unbefristete Anschlussarbeitsverträge abgeschlossen werden.

6.2.2 Rechte und Pflichten der Vertragspartner

Das Ausbildungsziel kann nur erreicht werden, wenn die im Ausbildungsvertrag eingegangenen Verpflichtungen vom Ausbildenden und vom Auszubildenden ordnungsgemäß erfüllt werden.

Auszug aus dem Berufsausbildungsvertrag

§ 3 – Pflichten des Ausbildenden

Der Auszubildende verpflichtet sich,

1. **(Ausbildungszeit)** (§ 6 Abs. 1 Ziff. 1 BBiG) dafür zu sorgen, dass dem Auszubildenden die Fertigkeiten und Kenntnisse vermittelt werden, die zum Erreichen des Ausbildungszieles nach der Ausbildungsordnung erforderlich sind, und die Berufsausbildung nach den beigefügten Angaben zur sachlichen und zeitlichen Gliederung des Ausbildungsablaufes so durchzuführen, dass das Ausbildungsziel in der vorgesehenen Ausbildungszeit erreicht werden kann;
2. **(Ausbilder)** (§ 6 Abs. 1 Ziff. 2 BBiG) selbst auszubilden oder einen persönlich und fachlich geeigneten Ausbilder ausdrücklich damit zu beauftragen und diesen dem Auszubildenden jeweils schriftlich bekannt zu geben;
3. **(Ausbildungsordnung)** (§ 6 Abs. 1 Ziff. 3 BBiG) dem Auszubildenden vor Beginn der Ausbildung die Ausbildungsordnung kostenlos auszuhändigen;
4. **(Ausbildungsmittel)** (§ 6 Abs. 1 Ziff. 3 BBiG) dem Auszubildenden kostenlos die Ausbildungsmittel, insbesondere Werkzeuge, Werkstoffe und Fachliteratur zur Verfügung zu stellen, die für die Ausbildung in den betrieblichen und überbetrieblichen Ausbildungsstätten und zum Ablegen von Zwischen- und Abschlussprüfungen, auch soweit nach Beendigung des Berufsausbildungsverhältnisses und in zeitlichem Zusammenhang damit stattfinden, erforderlich sind**);
5. **(Besuch der Berufsschule und von Ausbildungsmaßnahmen außerhalb der Ausbildungsstätte)** (§ 6 Abs. 1 Ziff. 4 BBiG) dem Auszubildenden zum Besuch der Berufsschule anzuhalten und freizustellen. Das Gleiche gilt, wenn Ausbildungsmaßnahmen außerhalb der Ausbildungsstätte vorgeschrieben oder nach Nr. 12 durchzuführen sind;
6. **(Berichtsheftführung)** (§ 6 Abs. 1 Ziff. 4 BBiG) dem Auszubildenden vor Ausbildungsbeginn und später die Berichtshefte für die Berufsausbildung kostenfrei auszuhändigen sowie die ordnungsgemäße Führung durch regelmäßige Abzeichnung zu überwachen, soweit Berichtshefte im Rahmen der Berufsausbildung verlangt werden;
7. **(Ausbildungsbezogene Tätigkeit)** (§ 6 Abs. 1 Ziff. 2 BBiG) dem Auszubildenden nur Verrichtungen zu übertragen, die dem Ausbildungszweck dienen und seinen körperlichen Kräften angemessen sind;
8. **(Sorgepflicht)** (§ 6 Abs. 1 Ziff. 5 BBiG) dafür zu sorgen, dass der Auszubildende charakterlich gefördert sowie sittlich und körperlich nicht gefährdet wird;
9. **(Ärztliche Untersuchungen)** (§ 32, 33 JArbSchG) von dem jugendlichen Auszubildenden sich Bescheinigungen gemäß §§ 32, 33 Jugendarbeitsschutzgesetz darüber vorlegen zu lassen, dass dieser a) vor der Aufnahme der Ausbildung untersucht und b) vor Ablauf des ersten Ausbildungsjahres nachuntersucht worden ist.
10. **(Eintragungsantrag)** (§ 6 Abs. 1 Ziff. 1 BBiG) unverzüglich nach Abschluss des Berufsausbildungsvertrages die Eintragung in das Verzeichnis der Berufsausbildungsverhältnisse bei der zuständigen Stelle ... zu beantragen; Entsprechendes gilt bei späteren Änderungen des wesentlichen Vertragsinhaltes;
11. **(Anmeldung zu Prüfungen)** den Auszubildenden rechtzeitig zu den angesetzten Zwischen- und Abschlussprüfungen anzumelden und für die Teilnahme freizustellen ...
12. Ausbildungsmaßnahmen außerhalb der Ausbildungsstätte). (§ 22 Abs. 2 BBiG)

§ 4 – Pflichten des Auszubildenden

Der Auszubildende hat sich zu bemühen die Fertigkeiten und Kenntnisse zu erwerben, die erforderlich sind um das Ausbildungsziel zu erreichen. Er verpflichtet sich insbesondere

1. **(Lernpflicht)** (§ 9 BBiG) die ihm im Rahmen seiner Berufsausbildung übertragenen Verrichtungen und Aufgaben sorgfältig auszuführen;
2. **(Berufsschulpflicht, Prüfungen und sonstige Maßnahmen)** (§ 9 Ziff. 2 BBiG) am Berufsschulunterricht und an Prüfungen sowie an Ausbildungsmaßnahmen außerhalb der Ausbildungsstätte teilzunehmen, für die er nach § 3 Nr. 5, 11, 12 freigestellt wird; sein Berufsschulzeugnis unverzüglich dem Ausbildenden zur Kenntnisnahme vorzulegen und ist damit einverstanden, dass sich Berufsschule und Ausbildungsbetrieb über seine Leistungen unterrichten.
3. **(Weisungsgebundenheit)** (§ 9 Ziff. 3 BBiG) den Weisungen zu folgen, die ihm im Rahmen der Berufsausbildung vom Ausbildenden, vom Ausbilder oder von anderen weisungsberechtigten Personen, soweit sie als weisungsberechtigt bekannt gemacht worden sind, erteilt werden;
4. **(Betriebliche Ordnung)** (§ 9 Ziff. 4 BBiG) die für die Ausbildungsstätte geltende Ordnung zu beachten;
5. **(Sorgfaltspflicht)** (§ 9 Ziff. 1 und 5 BBiG) Werkzeug, Maschinen und sonstige Einrichtungen pfleglich zu behandeln und sie nur zu den ihm übertragenen Arbeiten zu verwenden;
6. **(Betriebsgeheimnisse)** (§ 9 Ziff. 6 BBiG) Über Betriebs-, und Geschäftsgeheimnisse Stillschweigen zu wahren;
7. **(Berichtsheftführung)** (§ 9 Abs. 1 Ziff. 2 BBiG) ein vorgeschriebenes Berichtsheft ordnungsgemäß zu führen und regelmäßig vorzulegen.
8. **(Benachrichtigung)** bei Fernbleiben von der betrieblichen Ausbildung, vom Berufsschulunterricht oder von sonstigen Ausbildungsveranstaltungen dem Ausbildenden unter Angabe von Gründen unverzüglich Nachricht zu geben und ihm Arbeitsunfähigkeit und deren voraussichtliche Dauer unverzüglich mitzuteilen. Dauert die Arbeitsunfähigkeit länger als 3 Kalendertage, hat der Auszubildende eine ärztliche Bescheinigung über die bestehende Arbeitsunfähigkeit sowie deren voraussichtliche Dauer spätestens an dem darauf folgenden Arbeitstag vorzulegen. Der Ausbildende ist berechtigt die Vorlage der ärztlichen Bescheinigung früher zu verlangen.

Strukturwissen

Duale Ausbildung: Ausbildung in anerkannten Ausbildungsberufen an den beiden Lernorten Ausbildungsbetrieb und Berufsschule. Die duale Ausbildung ist im **Berufsbildungsgesetz** geregelt.

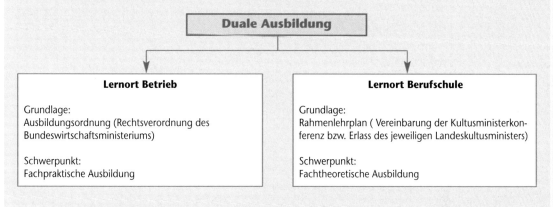

Duale Ausbildung

Lernort Betrieb

Grundlage:
Ausbildungsordnung (Rechtsverordnung des Bundeswirtschaftsministeriums)

Schwerpunkt:
Fachpraktische Ausbildung

Lernort Berufschule

Grundlage:
Rahmenlehrplan (Vereinbarung der Kultusministerkonferenz bzw. Erlass des jeweiligen Landeskultusministers)

Schwerpunkt:
Fachtheoretische Ausbildung

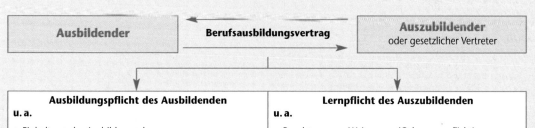

Ausbildender ← **Berufsausbildungsvertrag** → **Auszubildender**
oder gesetzlicher Vertreter

Ausbildungpflicht des Ausbildenden
u. a.

- Einhaltung des Ausbildungsplanes
- Vermittlung der Kenntnisse und Fertigkeiten, die zur Erreichung des Ausbildungszieles notwendig sind
- Aushändigung von Ausbildungsmitteln
- Freistellung zum regelmäßigen Besuch der Berufsschule
- Fürsorge gegenüber den Auszubildenden
- Zahlung einer Ausbildungsvergütung
- Gewährung von Urlaub
- Erteilung eines einfachen Zeugnisses
  (Auf Antrag des Auszubildenden muss ein qualifiziertes Zeugnis ausgestellt werden.)

Lernpflicht des Auszubildenden
u. a.

- Beachtung von Weisungen (Gehorsamspflicht)
- Durchführung der zugewiesenen Arbeitsaufträge
- Sorgfalt
- Verschwiegenheit
- Benachrichtigung des Ausbildenden bei Verhinderung
- Besuch der Berufsschule

Industrie-
und Handelskammer

Zuständige Stelle

- für die Überwachung der betrieblichen Ausbildung
- für die Durchführung der Zwischen- und Abschlussprüfungen

Aufgaben

Nutzen Sie für die ersten beiden Fragen das Berufsbildungsgesetz!

 Welche Aussagen zum Berufsausbildungsvertrag sind richtig?
  a) Der Ausbildende hat dafür zu sorgen, dass der Auszubildende charakterlich gefördert wird.
  b) Schlechte Leistungen in der Berufsschule führen zur Auflösung des Ausbildungsvertrages.
  c) Die Kündigungsfrist für Auszubildende beträgt vier Wochen.
  d) Auszubildende dürfen Akkordarbeiten verrichten.
  e) Alle volljährigen Auszubildenden haben gleiche Urlaubsansprüche.
  f) Die Auszubildenden müssen den Ausbildungsnachweis bezahlen.
  g) Der Arbeitgeber muss den minderjährigen Auszubildenden an einem Berufsschultag mit mehr als fünf Unterrichtsstunden von mindestens je 45 Minuten einmal in der Woche freistellen.
  h) Alle volljährigen Auszubildenden müssen nach dem Berufsschulunterricht im Unternehmen erscheinen.
  i) Der Arbeitgeber kann dem Auszubildenden zum Abschluss der Ausbildung ein Zeugnis ausstellen.

2 In welchen Fällen kann das Ausbildungsverhältnis vom Auszubildenden auch nach Ablauf der Probezeit gekündigt werden, ohne dass Schadenersatz zu zahlen ist?
  a) Eine Bankauszubildende der Fördebank möchte ihre Ausbildung bei einer Sparkasse fortsetzen.
  b) Ein volljähriger Auszubildender möchte die Ausbildung beenden, da seine Eltern umgezogen sind.
  c) Ein Unternehmen verlangt von der Berufsschule, den Auszubildenden einmalig vom Unterricht zu befreien.
  d) Eine Auszubildende ist nicht mehr bereit, von ihrem Ausbilder Anweisungen anzunehmen. Sie kündigt.

e) Ein Auszubildender im Bäckereihandwerk hat eine Mehlallergie.
f) Ein Bankauszubildender möchte einen anderen Beruf erlernen.
g) Ein Auszubildender musste ein halbes Jahr nur Botengänge verrichten.

3 Das Ausbildungsverhältnis wird durch gesetzliche Bestimmungen, Tarifverträge und Betriebsvereinbarungen bestimmt. Klären Sie, welchen Urlaubsanspruch Sie aufgrund welcher Rechtsgrundlage geltend machen können.

4 *„Was verstehen wir unter einem Menschen mit Führungsqualitäten? Den Einzelkämpfer, der sich mit den Ellenbogen in die Chefetage kämpft? Wohl kaum, die gute alte Karriereleiter ist morsch geworden. Beste Aussichten dagegen haben junge Leute mit sozialen und integrativen Fähigkeiten. Menschen, die durch ihre Qualifikation und ihre starke Persönlichkeit begeistern und motivieren können. Solche Leute werden von uns gefördert und haben bei BMW beste Aufstiegsmöglichkeiten."*

BMW-Anzeige in: Zeitpunkte Nr. 6/96, S. 9

  a) Von welchen Schlüsselqualifikationen ist die Rede?
  b) Warum ist die *„gute alte Karriereleiter morsch geworden"?*

5 Die Gewerkschaften fordern, Unternehmen, die nicht ausbilden, mit einer Ausbildungsplatzabgabe zu belegen. Erörtern Sie diese Forderung.

6 **These:** *„Das duale Ausbildungssystem der Bundesrepublik Deutschland ist nicht in der Lage, sich dem wirtschaftlichen Wandel anzupassen!"*
Nehmen Sie Stellung zu dieser These.

7 Die rechtlichen Beziehungen zwischen Betrieben und Arbeitnehmern

Mitarbeiter gesucht!

Wir sind eine der großen und ertragsstarken Privatbanken der Türkei und eröffnen in Kürze eine Niederlassung in Frankfurt/Main. Zum baldmöglichen Eintritt suchen wir deshalb eine/n

Leiter/in der Privatkundenabteilung

Für diese Position sind neben Kenntnissen der englischen Sprache eine abgeschlossene Ausbildung sowie eine mehrjährige in Deutschland erworbene Berufserfahrung erforderlich. Kenntnisse der türkischen Sprache sind wünschenswert.

Wir bieten Ihnen günstige Arbeitsbedingungen sowie einen interessanten und anspruchsvollen Arbeitsplatz.

Anzeige in einer Tageszeitung

Auszug aus dem Gehaltstarifvertrag für die privaten Banken

Monatsgehälter

Berufs-jahr	Tarifgruppen								
	1	2	3	4	5	6	7	8	9
im 1.-2.	2886	2988	3138	3272	3404				
im 3.-4.	3046	3170	3291	3437	3586	3779			
im 5.-6.	3207	3351	3443	3601	3772	4011	4285		
im 7. 8.	3404	3569	3596	3766	3960	4243	4571	4940	
im 9.		3784	3929	4145	4482	4850	5258	5663	
im 10.			4090	4332	4721	5134	5573	6018	
im 11.				4528	4962	5418	5894	6371	

Auszug aus dem Manteltarifvertrag

Tarifgruppe 8
Tätigkeiten, die besondere Anforderungen an das fachliche Können stellen und/oder mit erhöhter Verantwortung verbunden sind: z.B.:
- Kundenberater mit erhöhten Anforderungen (z.B. incl. Spezialberatung im Individualgeschäft)
- Leiter kleinerer Geschäfts-/Zweigstellen (gilt nicht für Genossenschaftsbanken, aber für SPARDA-Banken)
- Hauptkassierer (in größeren Stellen)

- Sachbearbeiter mit besonderen Anforderungen in Kredit-, Wertpapier-, Auslands- und Stabsabteilungen sowie Außenstellen
- Revisoren mit selbstständiger, vielseitiger Prüfungstätigkeit
- Hauptamtliche Ausbilder mit erhöhten Anforderungen (z.B. in der Fort- und Weiterbildung)
- Sachbearbeiter mit besonderen Anforderungen in der EDV-Arbeitsvorbereitung (z.B. Steuerung von komplexen Systemen)

Handlungsaufträge

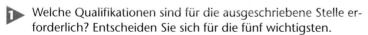 Welche Qualifikationen sind für die ausgeschriebene Stelle erforderlich? Entscheiden Sie sich für die fünf wichtigsten.

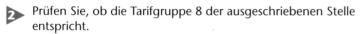 Prüfen Sie, ob die Tarifgruppe 8 der ausgeschriebenen Stelle entspricht.

Die von der Bank gewünschten türkischen Sprachkenntnisse sind in dem Manteltarifvertrag des Bankgewerbes nicht berücksichtigt worden. Zeigen Sie an diesem Beispiel die Grenzen des kollektiven Arbeitsrechts.

7.1 Mitarbeiter in den Betrieben

Mitarbeiter übernehmen in Betrieben bestimmte Aufgaben, die ihnen von der Geschäftsleitung zugewiesen werden.

Betriebe werden durch Inhaber, Vorstände oder Geschäftsführer geleitet. Die Mitglieder der Geschäftsleitung planen die Betriebsabläufe, organisieren und kontrollieren die Arbeitsprozesse und passen die gesteckten Ziele den Marktgegebenheiten an.

Geschäftsführung umfasst die Steuerung der innerbetrieblichen Vorgänge genauso wie den Abschluss von Verträgen mit Lieferanten, Kunden und Kreditgebern oder die Einstellung von Mitarbeitern.

Mitarbeiter werden für bestimmte Tätigkeiten eingestellt. Sie erhalten einen Arbeitsplatz zugewiesen, der in eine betriebliche Organisation eingebunden ist. Sie haben i.d.R. Vorgesetzte, die ihnen gegenüber weisungsberechtigt sind, und sind gegebenenfalls gegenüber anderen Mitarbeitern weisungsbefugt.

Das **Organigramm** eines Betriebs zeigt allen Beschäftigten, wie sie in die Betriebsstruktur eingestuft sind. Darüber hinaus wird geregelt, wie der Austausch von Informationen zu erfolgen hat.

Mitarbeiter besetzen Stellen. **Stellen** sind einzelne Arbeitsplätze. Mithilfe von Stellenbeschreibungen werden die Tätigkeiten an den einzelnen Arbeitsplätzen und deren Anforderungen festgelegt. Es entsteht ein **Anforderungsprofil**, das die erforderlichen Qualifikationsmerkmale wie Kenntnisse und Fertigkeiten sowie die notwendigen Berufserfahrungen bestimmt.

Das Anforderungsprofil einer Stelle erfasst die unterschiedlichen Anforderungen wie z. B.:

Können	Verantwortung	Arbeitsbelastung	Umgebung/ Arbeitsbedingungen
– Kenntnisse – Fertigkeiten – Geschicklichkeit – Erfahrungen	Für – eigene Arbeit – fremde Arbeit – Sicherheit – Termingenauigkeit – Qualität	– geistige Belastungen – körperliche Belastungen – Stress	– Temperatur, Klima – Schmutz – Lärm, Erschütterung – Unfallgefährdung

Die Aufgabenzuweisung an Abteilungen und die Stellenbeschreibungen zerlegen den gesamten Arbeitsprozess in eine Vielzahl von Teilaufgaben. Um Reibungsverluste in der Zusammenarbeit zu vermeiden ist es erforderlich, dass Umfang und Grenzen der Kompetenzen für Abteilungen und Stellen klar voneinander abgegrenzt werden.

Erfolgreiche Personalpolitik ist gegeben, wenn es gelingt, den richtigen Mitarbeiter an die richtige Stelle zu setzen.

ERLÄUTERUNG:

Das innerbetriebliche Recht zur Geschäftsleitung ist die Geschäftsführungsbefugnis, während das Vertretungsrecht nach außen wirkt.

▶ Erkundigen Sie sich, wie Ihr Unternehmen strukturiert ist. Beschaffen Sie sich das Organigramm Ihres Betriebs.

▶ Stellen werden intern und extern ausgeschrieben. Welche Vorteile sind mit diesen Ausschreibungsverfahren für die Unternehmen verbunden?

▶ Welche Anforderungen enthält die Tarifgruppe 8? Ziehen Sie den Einstiegsfall heran.

▶ Nehmen Sie Stellung zu der Aussage: „Kompetenzen sollten klar voneinander abgegrenzt werden".

▶ Welche Probleme ergeben sich, wenn das Anforderungsprofil einer Stelle höher ist als das Eignungsprofil des Stelleninhabers?

Dies ist am ehesten gesichert, wenn sich das **objektive Anforderungs-profil** der einzelnen Stelle und das **persönliche Eignungsprofil** entsprechen. Dann wird der Stelleninhaber entsprechend seinen Kenntnissen und Fertigkeiten optimal eingesetzt.

7.2 Der Arbeitsvertrag

Der Arbeitsvertrag ist ein **privatrechtlicher Vertrag**, durch den ein Arbeitsverhältnis begründet wird. Es handelt sich um einen **Dienstvertrag** zwischen Arbeitnehmer und Arbeitgeber, der grundsätzlich im Rahmen bestehender Gesetze dem Gestaltungswillen der Vertragspartner unterliegt.

Arbeitsverträge werden geschlossen mit Arbeitern, technischen oder kaufmännischen Angestellten, leitenden Angestellten wie Prokuristen oder Mitarbeitern, die allgemeine Handlungsvollmacht erhalten. Arbeitsverträge liegen auch zugrunde, wenn Vorstandsmitglieder oder Geschäftsführer zu gesetzlichen bzw. organschaftlichen Vertretern bei juristischen Personen bestellt werden.

Arbeitsverträge werden grundsätzlich auf **unbestimmte Dauer** geschlossen, können aber auch befristet sein.

Während in der Vergangenheit die Rechtsprechung davon ausging, dass Arbeitsverhältnisse ihrem Wesen nach langfristig ausgerichtet sein sollten und deshalb befristete Arbeitsverträge nur in Ausnahmefällen zulässig waren, erfordert der Strukturwandel der Wirtschaft neue Formen der Beschäftigungsverhältnisse. Die Schaffung neuer Arbeitsplätze wird den Unternehmen erleichtert, wenn sie ihren Arbeitskräftebedarf der jeweiligen Auftragslage anpassen können und damit die Personalkosten weitgehend zu variablen Kosten werden. Arbeitnehmerüberlassung, Teilzeitarbeit oder befristete Projektarbeit sind neue Formen der Beschäftigungsverhältnisse, die rechtlich erst möglich werden, wenn befristete Arbeitsverhältnisse erlaubt sind.

7.2.1 Rechte und Pflichten aus dem Arbeitsvertrag

Im Arbeitsvertrag werden u.a. Tätigkeitsbereiche, Weisungsbefugnisse und Kompetenzbereiche festgelegt sowie Vergütungs- und Urlaubsansprüche vereinbart. Häufig wird auf Detailregelungen in den Verträgen verzichtet. Dann gelten **gesetzliche** oder **tarifvertragliche Vereinbarungen** oder es wird sich auf die jeweilige betriebsinterne **Stellenbeschreibung** bezogen.

Musterarbeitsvertrag

Die Fördebank AG in Flensburg, vertreten durch den Vorstand, und Herr Martin Clausen schließen folgenden Arbeitsvertrag:

§ 1 **Beginn des Arbeitsverhältnisses**
Das Arbeitsverhältnis beginnt am....1. Juni ....
§ 2 **Probezeit**
Die Probezeit beträgt 6 Monate. Während dieser Zeit kann das Arbeitsverhältnis beiderseits mit einer Frist von zwei Wochen zu jedem beliebigen Zeitpunkt ohne Angabe von Gründen gekündigt werden.
§ 3 **Tätigkeit, Arbeitsort**
Herr Clausen wird angestellt als Sachbearbeiter in der Kreditabteilung. Sein Kompetenzbereich ergibt sich aus der Stellenbeschreibung, die Bestandteil des Arbeitsvertrages ist. Bei Bedarf sind auch andere Aufgaben von Herrn Clausen wahrzunehmen. Die vereinbarte Vergütung wird weitergezahlt.

▶ Warum gilt auch bei Arbeitsverträgen grundsätzlich das Prinzip der Vertragsfreiheit?

ERLÄUTERUNG:

Die Befugnisse des Handlungsbevollmächtigten und des Prokuristen finden Sie in den §§ 48 ff. HGB.

ERLÄUTERUNG:

Befristete Arbeitsverhältnisse sind seit Oktober 1996 für alle Arbeitsverhältnisse für maximal zwei Jahre möglich und können innerhalb dieser Zeit bis zu dreimal verlängert werden (Regelung gilt bis zum Jahr 2001).

▶ Stellen Sie fest, auf welche gesetzlichen Regelungen sich dieser Arbeitsvertrag bezieht.

▶ Martin Clausen verkauft in seiner Freizeit Kapitallebensversicherungen für die Versicherung „Pro Leben", Verstößt er damit gegen Bestimmungen des Arbeitsvertrages?

ERLÄUTERUNG:

Der Urlaub für das vorangegangene Jahr muss bis Ende März des laufenden Jahres in Anspruch genommen werden. Sonst verfällt der Anspruch.

▶ Nennen Sie Beispiele, die der Verschwiegenheitspflicht des Arbeitnehmers unterliegen.

▶ Welche Gründe sprechen dafür, Arbeitsverträge schriftlich abzuschließen?

§ 4 Arbeitszeit
Die wöchentliche Arbeitszeit beträgt 38 Stunden. Beginn und Ende der täglichen Arbeitszeit richten sich nach den Betriebsvereinbarungen. Herr Clausen ist verpflichtet, Überstunden zu leisten, sofern es gesetzlich zulässig ist. Überstunden werden grundsätzlich mit Freizeit verrechnet.

§ 5 Vergütung
Das Gehalt beträgt monatlich 5 000 DM brutto, zahlbar am Monatsersten.
Die Zahlung von Gratifikationen oder anderen Sonderzahlungen liegt im freien Ermessen des Arbeitgebers und begründet keinen Rechtsanspruch.

§ 6 Urlaub
Der Arbeitnehmer erhält kalenderjährlich einen Erholungsurlaub von 30 Werktagen unter Fortzahlung seiner Bezüge. Werktage sind alle Kalendertage, die nicht Sonn- oder gesetzliche Feiertage sind. Er stimmt den Urlaubsbeginn mit der Personalabteilung ab. Ein Urlaubsabschnitt soll mindestens zwei zusammenhängende Wochen betragen.

§ 7 Gehaltsfortzahlung im Krankheitsfall
Ist der Arbeitnehmer infolge von Krankheit an der Arbeitsleistung verhindert, ohne dass ihn ein Verschulden trifft, so erhält er Gehaltsfortzahlung nach den gesetzlichen Bestimmungen

§ 8 Verschwiegenheitspflicht
Der Arbeitnehmer verpflichtet sich, über alle vertraulichen Angelegenheiten und Vorgänge, die ihm im Rahmen seiner Tätigkeit zur Kenntnis gelangen, auch nach dem Ausscheiden Stillschweigen zu bewahren.

§ 9 Nebenbeschäftigung
Der Arbeitnehmer darf eine Nebenbeschäftigung während des Arbeitsverhältnisses nicht ausüben.

§ 10 Beendigung des Arbeitsverhältnisses
Für die Kündigung des Arbeitsverhältnisses gelten die gesetzlichen Kündigungsfristen.

§ 11 Schriftformerfordernis
Änderungen des Vertrages und Nebenabreden bedürfen zu ihrer Rechtswirksamkeit der Schriftform.

Flensburg, _____

_____   _____
– Unterschrift Arbeitnehmer –   – Unterschriften Vorstand –

7.2.2 Die Beendigung des Arbeitsverhältnisses durch Kündigung

Sind Verträge nicht von vornherein in ihrer Laufzeit beschränkt, so enthalten sie häufig Regelungen, die festlegen, dass ein Vertragspartner unter bestimmten Voraussetzungen das Vertragsverhältnis auflösen kann. Er **kündigt** das Vertragsverhältnis.

Auch das Arbeitsverhältnis kann auf dem Wege der **ordentlichen** Kündigung oder der **außerordentlichen** Kündigung entweder durch den Arbeitnehmer oder den Arbeitgeber aufgelöst werden.

Während die außerordentliche Kündigung i.d.R. **fristlos** erfolgt, sind bei der ordentlichen Kündigung folgende **Kündigungsfristen** (§ 622 BGB) zu beachten:

- die **Regelkündigungsfrist** von vier Wochen zum 15. oder zum Ende eines Monats,
- verlängerte Kündigungsfristen, wenn der Arbeitgeber einem langjährig beschäftigten Mitarbeiter kündigen will.

Beschäftigungsdauer im Unternehmen ab dem 25. Lebensjahr	Kündigungsfrist (Kündigung jeweils zum Monatsletzten)
2 Jahre	1 Monat
5 Jahre	2 Monate
8 Jahre	3 Monate
10 Jahre	4 Monate
12 Jahre	5 Monate
15 Jahre	6 Monate
20 Jahre	7 Monate

Während der Arbeitnehmer sein Kündigungsrecht im Rahmen der ordentlichen Kündigung ohne Angabe von Gründen wahrnehmen kann, muss der Arbeitgeber Gründe nennen.

Diese unterschiedliche Regelung entspricht dem Schutzbedürfnis des Arbeitnehmers, der von der Rechtsprechung als der schwächere Vertragspartner angesehen wird und deshalb von den Regelungen des Kündigungsschutzgesetzes profitiert. Das **Kündigungsschutzgesetz** gilt für alle Betriebe mit mehr als **fünf ständig beschäftigten Arbeitnehmern.** Bei der Ermittlung der Zahl der Arbeitnehmer bleiben Auszubildende und Teilzeitbeschäftigte mit einer Arbeitszeit von nicht mehr als zehn Stunden in der Woche bzw. 45 Stunden im Monat unberücksichtigt.

Der Arbeitgeber hat im Wege der ordentlichen Kündigung nur in folgenden Fällen ein Kündigungsrecht:

Personenbedingte Gründe	Verhaltensbedingte Gründe	Betriebliche Erfordernisse
• fehlende Arbeitserlaubnis • häufige Erkrankungen • erhebliche Beeinträchtigung der betrieblichen Interessen	• Verletzung der Treuepflicht • Störung des Betriebsfriedens • Verstoß gegen Arbeitspflicht	• Auftragsmangel • Rationalisierung • Stilllegung von Abteilungen
Vor der Kündigung muss eine Interessenabwägung erfolgen und geprüft werden, ob eine Umsetzung im Betrieb möglich ist. Von Bedeutung ist auch die Dauer der störungsfreien Betriebszugehörigkeit.	Ehe eine Kündigung ausgesprochen werden kann, ist eine Abmahnung erforderlich.	

▶ Die Bankangestellte Gisela Heske (30 Jahre) möchte nach einer siebenjährigen Betriebszugehörigkeit zum 1. Juni des Jahres kündigen.
Bis zu welchem Zeitpunkt muss sie gekündigt haben?

▶ Besorgen Sie sich einen Tarifvertrag bei Ihrer Personalabteilung oder bei der für Sie zuständigen Gewerkschaft und ermitteln Sie die dort festgelegten Kündigungsfristen.

▶ Vergleichen Sie die gesetzlichen Kündigungsfristen mit den Kündigungsfristen des Tarifvertrages Ihres Berufes.

ERLÄUTERUNG:

Eine Abmahnung ist erforderlich, wenn Pflichtverletzungen des Arbeitnehmers im Leistungsbereich vorliegen, also verhaltensbedingte Kündigungsgründe vorliegen (zu geringe oder zu schlechte Arbeitsleistung, unentschuldigtes Fehlen, häufiges Verspäten, Nichtbefolgung von Anweisungen). Dies gilt bei ordentlicher und außerordentlicher Kündigung.

ERLÄUTERUNG:

Kündigungen aus Krankheitsgründen sind nur zulässig, wenn

– der Arbeitnehmer langfristig krank ist (Einsatzfähigkeit ist nicht absehbar),
– der Arbeitnehmer wiederholt im Laufe der Jahre kurzfristig krank ist („Montags- und Freitagskrankheiten"), wobei es eine offizielle Fehlzeitenquote nicht gibt (Bundesarbeitsgericht: Fehlzeiten von 30 Arbeitstagen pro Jahr in drei Jahren sind unerheblich),
– der Arbeitnehmer aufgrund einer Krankheit die vereinbarte Leistung nicht erbringen kann.

BEISPIELE:

Gründe für eine außerordentliche Kündigung:
– *beharrliche Arbeitsverweigerung,*
– *strafbare Handlungen,*
– *Verletzung von Betriebsgeheimnissen,*
– *Beleidigung,*
– *Mobbing,*
– *Diebstahl.*

ERLÄUTERUNG:

Wird einer Mitarbeiterin während der Schwangerschaft gekündigt, unterliegt sie dem Kündigungsschutz, wenn sie dem Arbeitgeber bis spätestens zwei Wochen nach erfolgter Kündigung die Schwangerschaft anzeigt.

ERLÄUTERUNG:

Der Rechtsanspruch auf die Erteilung eines Zeugnisses ist in § 630 BGB und § 73 HGB begründet.

In allen Fällen der ordentlichen Kündigung trägt der Arbeitgeber die **Beweislast**.

Will der Arbeitgeber Mitarbeiter aus **betrieblichen Gründen** entlassen, so hat er zur Vermeidung sozial ungerechtfertigter Kündigungen bei der Auswahl der zu entlassenden Mitarbeiter **soziale Gesichtspunkte** zu beachten.

Sozial ungerechtfertigt ist eine Kündigung dann, wenn bei der Entlassung die Dauer der Betriebszugehörigkeit, das Lebensalter oder eventuelle Unterhaltsverpflichtungen des Mitarbeiters im Vergleich zu anderen Beschäftigten nicht berücksichtigt worden sind. Allerdings sind Arbeitnehmer, deren Weiterbeschäftigung wegen ihrer Kenntnisse, Fähigkeiten, Leistungen oder zur Ausgewogenheit der Personalstruktur für den Betrieb wichtig ist, nicht in den Vergleich mit einzubeziehen.

- Sozial ungerechtfertigt ist eine Kündigung dann, wenn sie nicht durch die im Kündigungsschutzgesetz genannten Gründe bedingt ist und/oder nicht dem Prinzip der Sozialauswahl entspricht.

- Der Arbeitnehmer kann Kündigungsschutzklage vor dem Arbeitsgericht erheben.

- Wird die Klage abgewiesen, ist die Kündigung gerechtfertigt.

- Wird die Kündigung als sozial ungerechtfertigt angesehen, muss der Arbeitnehmer
  – weiterbeschäftigt werden oder
  – bei unzumutbarer Weiterbeschäftigung abgefunden werden.

Die **außerordentliche** Kündigung kann nur bei einem **schwerwiegenden Grund** ohne Einhaltung einer Kündigungsfrist innerhalb von 14 Tagen nach Kenntnis des Grundes ausgesprochen werden (§ 626 BGB).

Bestimmte Personengruppen unterliegen einem besonderen Kündigungsschutz:

- **Schwangere** während der Schwangerschaft und einem Zeitraum von vier Monaten nach der Entbindung,

- **Schwerbehinderte**, die nur mit Zustimmung der Hauptfürsorgestelle entlassen werden können (§§ 12 bis 19 Schwerbehindertengesetz),

- **Wehrpflichtige** (§ 1 Arbeitsplatzschutzgesetz),

- **Betriebsratsmitglieder**/Jugend- und Auszubildendenvertreter (§ 15 KSchG),

- von **Massenentlassungen** betroffene Arbeitnehmer (§§ 17 f. KSchG). Das jeweilige Landesarbeitsamt muss zustimmen.

7.2.3 Das Arbeitszeugnis

Bei Beendigung des Arbeitsverhältnisses haben alle Arbeitnehmer einen einklagbaren Anspruch auf Erteilung eines **schriftlichen Zeugnisses**. Darüber hinaus können Zwischenzeugnisse unter Angabe von Gründen verlangt werden.

Beim Arbeitszeugnis sind zu unterscheiden:

- das **einfache Zeugnis**, das Art und Dauer der Beschäftigung festhält und als reiner Tätigkeitsnachweis zu betrachten ist,
- das **qualifizierte Zeugnis**, das auf Verlangen des Arbeitnehmers erstellt wird. Es enthält neben dem Tätigkeitsnachweis die Bewertung der Leistungen und des Verhaltens des Arbeitnehmers sowie eine Beurteilung seiner Gesamtpersönlichkeit.

Der Arbeitgeber hat bei der Abfassung des Zeugnisses folgende Grundsätze zu beachten:

- Zeugnisse müssen **vollständig** sein und der **Wahrheit** entsprechen.
- Zeugnisse müssen von **Wohlwollen** geprägt sein und dürfen das berufliche Fortkommen des Arbeitnehmers nicht behindern, allerdings dürfen negative Tatbestände nicht verschwiegen werden.

Verstößt der Arbeitgeber gegen diese Grundsätze, so wird er unter Umständen schadenersatzpflichtig gegenüber dem Arbeitnehmer und/oder den zukünftigen Arbeitgebern (§ 826 BGB).

Insbesondere sind folgende Einzelsachverhalte von Bedeutung:

- **Straftaten** dürfen nur erwähnt werden, wenn sie in einem unmittelbaren Zusammenhang mit der Tätigkeit stehen (z. B. Unterschlagung durch Kassierer).
- **Krankheiten** werden nur angegeben, wenn sie Anlass für die Kündigung sind.
- Aussagen über Zugehörigkeiten zu **Gewerkschaften** und **Parteien** sind nicht zulässig.
- Angaben über eine Tätigkeit im **Betriebsrat** sind nur bei freigestellten Betriebsräten zulässig.

Die genannten Grundsätze der Zeugniserstellung erschweren es, allen Interessen gerecht zu werden. Zeugnisse sollen wahr sein, dürfen Negativleistungen aber nicht ausdrücklich dokumentieren. Aus diesem Grund hat sich in der Praxis eine spezielle **Zeugnissprache** entwickelt, die als „Geheimsprache" auf der Grundlage von positiv klingenden Formulierungen und/oder nicht vorhandenen Aussagen auf Leistungs- und Verhaltensdefizite hinweisen.

7.3 Das Arbeitsschutzrecht

Das Arbeitsschutzrecht umfasst Regelungen und Vorschriften, die Gefahren im gesundheitlichen und sozialen Bereich von den Arbeitnehmern abwenden sollen.

Sozialer Arbeitsschutz legt die allgemeinen Arbeitsbedingungen für besonders schutzbedürftige Personen fest.

Technischer Arbeitsschutz ist Gesundheits- und Unfallschutz. Er bezweckt eine Erhöhung der Arbeitssicherheit.

ERLÄUTERUNG:

Auszug aus einem internen Beurteilungsbogen für Mitarbeiter aus dem Kreditgewerbe, der die Grundlage für ein Arbeitszeugnis darstellt.

Auftreten:

1. gewinnt bei Kunden, Mitarbeitern und vorgesetzten sofort Sympathie, tritt in jeder Situation überzeugend auf
2. bestimmt, zuvorkommend, ungezwungen, liebenswürdig
3. sicher, höflich und verbindlich, natürlich
4. korrekt und zurückhaltend, etwas unpersönlich
5. verkrampft, unsicher, überheblich, vorlaut, aufdringlich

▶ Informieren Sie sich in der Personalabteilung Ihres Unternehmens über die Elemente der Zeugnissprache.

ERLÄUTERUNG:

Eine allgemeine Schutzpflicht des Arbeitgebers ergibt sich aus § 618 BGB. Sie muss daher nicht im Arbeitsvertrag enthalten sein.

▶ Stellen Sie fest, welche Maßnahmen Ihr Ausbildungsbetrieb getroffen hat, um die Sicherheit am Arbeitsplatz zu gewährleisten.

LERNTIPP:

Führen Sie ein Interview mit dem Sicherheitsbeauftragten Ihres Unternehmens.

Arbeits-schutz

Staatliche Vorschriften
(z.B. Arbeitsschutzgesetz, Gerätesicherheitsgesetz, Arbeitssicherheitsgesetz, Arbeitsstättenverordnung)

Unfall-verhütungs-vorschriften
der Berufsgenossenschaften

Technische Regeln
(z.B. Richtlinien und Sicherheitsregeln der Berufsgenossenschaften, DIN-Normen, VDE-Bestimmungen)

Sozialer Arbeitsschutz
Arbeitszeitschutz
Mutterschutz
Jugendarbeitsschutz

Betriebs- und Gefahrenschutz
Menschengerechte Gestaltung der Arbeit
Vorbeugender Schutz der Gesundheit
Technischer Arbeitsschutz · Unfallverhütung

Staatliche Gewerbe-aufsichts-ämter und Bergämter

Technische Aufsichts-dienste der Berufs-genossen-schaften

Kontrolle über die Einhaltung der Arbeitsschutzvorschriften

ZAHLENBILDER
280 010

© Erich Schmidt Verlag

7.4 Betriebsvereinbarungen und Tarifverträge

Betriebsvereinbarungen und Tarifverträge zählen zum **kollektiven Arbeitsrecht,** da die Belange der Arbeitnehmer durch Interessenvertreter wahrgenommen werden. Interessenvertreter der Arbeitnehmer im Unternehmen sind die Betriebsräte, die auf der Grundlage des Betriebsverfassungsgesetzes tätig werden. Auf der Grundlage des Tarifvertragsgesetzes wird den Gewerkschaften der Status eines **Sozialpartners** zugesprochen, der gemeisam mit dem einzelnen Arbeitgeber oder Arbeitgeberverbänden Vereinbarungen treffen kann.

BEISPIELE:

Beginn und Ende der Arbeitszeit, Zulagen, Schichtarbeit

- **Betriebsvereinbarungen** werden zwischen dem **einzelnen Arbeitgeber** und dem **Betriebsrat** geschlossen. Es handelt sich um Regelungen, die lediglich Bedeutung für die Arbeitsverträge der Mitarbeiter der betreffenden Unternehmen haben.

- **Tarifverträge** beruhen auf dem Prinzip der **Tarifautonomie.** Tarifvertragsparteien sind auf der Grundlage des Tarifvertraggesetzes berechtigt, kollektive Arbeitsbedingungen für ihre Mitglieder auszuhandeln.
Das Tarifvertragsgesetz bestimmt, dass ausschließlich **Arbeitgeberverbände** bzw. **einzelne Arbeitgeber** und die **Gewerkschaften** (Einzelgewerkschaften) tariffähig sind. Sie schließen ohne Einflussnahme des Staates für ihre Branchen **Flächentarifverträge** (Verbandstarifverträge) bzw. für ihr Unternehmen **Haus- oder Werkstarifverträge** ab.
Flächentarifverträge gelten für ein bestimmtes regionales Tarifgebiet, können im Einzelfall aber auch bundesweite Geltung erlangen. Ihr persönlicher Geltungsbereich erstreckt sich grundsätzlich nur auf die jeweiligen Mitglieder der Verbände und der Gewerkschaften.

▶ Warum verlieren Gewerkschaften und Arbeitgeberverbände ständig Mitglieder?

▶ Nehmen Sie Stellung, ob auch Arbeitnehmer, die nicht in einer Gewerkschaft organisiert sind, von den tariflichen Vereinbarungen profitieren sollten.

Dabei ist zu bedenken, dass die Mitgliedschaft in Verbänden und Gewerkschaften nicht erzwungen werden kann. Kündigen Arbeitgeber ihre Mitgliedschaft oder sind sie von vornherein kein Mitglied im Arbeitgeberverband, sind sie nicht an die vereinbarten Normen gebunden. Auf der anderen Seite profitieren Nicht-Gewerkschaftsmitglieder häufig von tarifvertraglichen Regelungen, wenn tarifliche Leistungen zur Wahrung des Gleichbehandlungsgrundsatzes und des Betriebsfriedens für alle Mitarbeiter gezahlt werden, obwohl Nichtorganisierte keinen Tarifanspruch haben. Mit ihnen könnten auch Vereinbarungen getroffen werden, die unter den Tarifabschlüssen liegen.

Übersicht über Tarifverträge		
Entgelttarifverträge	**Manteltarifverträge**	**Rahmentarifverträge**
bestimmen die Höhe	regeln allgemeine Arbeitsbedingungen wie z.B.	regeln allgemeine Arbeitsbedingungen wie z.B.
• der Entgelte (Löhne, Gehälter) • der Zuschläge und Zulagen • der Ausbildungsvergütungen	• Urlaub • Arbeitszeit • Arbeitsschutz • Rationalisierungsschutz • vermögenswirksame Leistungen • Kündigungsfristen • Erfolgsbeteiligung • 13./14. Monatsgehalt	• Entgeltgruppen • Entgeltgruppenmerkmale • Zuordnung zu den Entgeltgruppen • Kriterien der Arbeits- und Leistungsbewertung
Alle Tarifverträge gelten für		
• einen bestimmten Zeitraum • ein genau umrissenes Tarifgebiet oder für ein Unternehmen • die Mitglieder der Tarifvertragsparteien		
Tarifregelungen sind Mindestnormen. Übertarifliche Leistungen sind zulässig.		

▶ Welche tariflichen Regelungen gelten für die Sicherung von Arbeitsplätzen bei Rationalisierungsmaßnahmen?

▶ Führen Sie eine Debatte, ob das gesetzliche Sonntagsarbeitsverbot zugunsten tariflicher Regelungen aufgehoben werden sollte.

Tarifverträge können für **allgemein verbindlich** erklärt werden. Eine Allgemeinverbindlichkeitserklärung kommt auf Antrag einer Partei im Einvernehmen mit den Mitgliedern des Tarifausschusses durch Erklärung des **Bundesministers für Arbeit und Sozialordnung** (regional: zuständige Landesminister) zustande, wenn die tarifgebundenen Arbeitgeber mehr als 50% der unter dem Geltungsbereich des Tarifvertrages fallenden Arbeitnehmer beschäftigen und ein öffentliches Interesse an dieser Erklärung besteht. Betroffene Tarifparteien können gegen die Allgemeinverbindlichkeitserklärung Widerspruch einlegen.

Sämtliche Regelungen des kollektiven Arbeitsrechts sind bei der Gestaltung der Einzelarbeitsverträge zu beachten. Es gilt das **Günstigkeitsprinzip.**

Arbeitsrechtliche Normen stehen in einer Hierarchiebeziehung zueinander. So steht das Verfassungsrecht, das z.B. ein Diskriminierungsverbot der Menschen aufgrund ihres Geschlechtes, ihrer Hautfarbe und ihrer Religionszugehörigkeit beinhaltet, rangmäßig über dem § 612 BGB, der die Gleichbehandlung von Männern und Frauen bei Stellenbesetzungen fordert.

Tarifvertragliche Regelungen ihrerseits haben nur Bestand, wenn sie günstiger sind als gesetzliche Normen wie z.B. Urlaubsregelungen, die über den gesetzlich vorgeschriebenen Mindesturlaub hinausgehen. Gleiches gilt für Betriebsvereinbarungen. Betriebliche Arbeitszeitregelungen müssen die Tarifregelungen als Mindeststandard berücksichtigen.

▶ Stellen Sie die Hierarchie der folgenden arbeitsrechtlichen Normen auf:
– Tarifvertrag,
– Arbeitsvertrag,
– Betriebsvereinbarung,
– Grundgesetz,
– Arbeitsschutzgesetz.

Strukturwissen

Rechtliche Beziehungen zwischen Betrieben und Arbeitnehmern

- **Das Arbeitsrecht** besteht aus dem individuellen Arbeitsrecht (Arbeitsvertragsrecht) und dem kollektiven Arbeitsrecht sowie dem Arbeitsschutzrecht.
  - Das **individuelle Arbeitsrecht** umfasst die Bestimmungen und Normen, die das Arbeitsverhältnis und den Einzelarbeitsvertrag betreffen.
  - Das **kollektive** Arbeitsrecht umfasst die Bestimmungen und Vorschriften, die die Beziehungen zwischen Arbeitgeber und der Gesamtheit der Arbeitnehmer eines Betriebes (Belegschaft) oder zwischen Arbeitgeberverbänden und Gewerkschaften betreffen.
  - Das **Arbeitsschutzrecht** umfasst Bestimmungen und Vorschriften, die Gefahren im technischen und sozialen Bereich von den Arbeitnehmern abwenden sollen.

- Der **Arbeitsvertrag** ist ein privatrechtlicher Vertrag, der auf den Austausch von Arbeitsleistung und Vergütung zwischen Arbeitgeber und Arbeitnehmer gerichtet ist.
- **Tarifverträge** werden zwischen den Tarifvertragsparteien (Arbeitgeberverbände / einzelne Arbeitgeber und Gewerkschaften) geschlossen. Sie umfassen Regelungen über Entgelte und allgemeine Arbeitsbedingungen.
- **Unternehmen** sind rechtliche Einheiten (Einzelunternehmen, Personengesellschaften, Kapitalgesellschaften). Sie bestehen aus einem oder mehreren **Betrieben** (Produktionsstätten).
- **Mitarbeiter** setzen Unternehmensziele um. Sie erfüllen Aufgaben im Rahmen der innerbetrieblichen Arbeitsteilung. Sie sind weisungsgebunden und können im Rahmen ihres Aufgabenbereiches Weisungen erteilen.

Geschäftsleitung = Entscheidungsträger (dispositiver Faktor)

- Eigentümer
- Mit Leitungsaufgaben beauftragte Angestellte, z.B. Vorstand, Geschäftsführer, Prokuristen

---

Geschäftsführung
= Leitung im Innenbereich

- Planung
  (Produktion, Beschaffung, Absatz, Gewinn, Umsatz, Finanzen)
- Organisation
  (Aufbau- und Ablauforganisation)
- Anweisung
- Kontrolle
- Revision

Vertretung
= Leitung im Außenverhältnis

- Kontakte mit Kunden, Lieferanten, Banken, Staat, Öffentlichkeit
- Geschäftsabschlüsse und Verträge

Arbeitsvertrag

unbefristet / befristet

Arbeitgeber ⟷ Arbeitnehmer

Pflichten des Arbeitgebers

Hauptpflichten:
- Entgeltzahlungspflicht
- Beschäftigungspflicht

Nebenpflichten des Arbeitgebers umfassen u.a.
- die Schutzpflichten wie z.B.
  - die Sicherheit am Arbeitsplatz
  - den sozialen Arbeitsschutz
  - die Achtung der Personenwürde und des Eigentums des Arbeitnehmers
- die Pflicht zur Anhörung und Information des Arbeitnehmers
- die Pflicht zur Gleichbehandlung von
  - Frauen und Männern
  - Teilzeit- und Vollzeitkraften
- die Pflicht zur Urlaubsgewährung
- die Fürsorgepflicht (einschließlich der Abführung der Sozialabgaben, Steuern, Fortzahlung der Bezüge im Krankheitsfall)
- die Pflicht Zeugnisse (einfach oder qualifiziert) zu erteilen und die Arbeitspapiere bei Beendigung des Arbeitsverhältnisses auszuhändigen

Pflichten des Arbeitnehmers

Hauptpflicht:
- Arbeitspflicht

Nebenpflichten des Arbeitnehmers umfassen u.a.
- das Gebot zur Schadensverhütung
- das Wettbewerbsverbot während des Arbeitsverhältnisses
- die Pflicht zur Wahrung des Betriebsfriedens
- die Verschwiegenheits- und Treuepflicht

Rahmenbedingungen für Arbeitsverträge

gesetzliche Regelungen
- Arbeitszeitgesetz
- Bundesurlaubsgesetz
- Entgeltfortzahlung im Krankheitsfall
- Kündigungsfristen
- Kündigungsschutzgesetz
- Arbeitsschutzgesetze

Tarifverträge
- Prinzip: Tarifautonomie
- Flächentarife, Haustarife, Verbandstarife
- Vergütungs- bzw. Entgelttarife, Manteltarife, Rahmentarife

Betriebsvereinbarungen
- betriebsindividuelle Regelungen zwischen Arbeitgeber und Betriebsrat

Beendigung der Arbeitsverträge durch Kündigung

Ordentliche Kündigung

- **Gründe:**
  - personenbedingt
  - verhaltensbedingt
  - betriebsbedingt
- **Fristen:** – vier Wochen
- **Kündigungsschutz:** – allgemein, wenn die Kündigung sozial ungerechtfertigt ist (Kündigungsschutzklage)
  - Sonderregelungen für bestimmte Personengruppen

Außerordentliche Kündigung

Voraussetzung:
- **Schwerwiegender Grund**
- **Abmahnung**

Aufgaben

1 Die Auszubildende Antje Wurzel (20) hat die Abschlussprüfung vor der Industrie- und Handelskammer bestanden. An den folgenden Tagen setzt sie ihre Tätigkeit im Unternehmen fort. Plötzlich fordert sie ihr ehemaliger Ausbilder auf, das Unternehmen sofort zu verlassen, da das Ausbildungsverhältnis beendet sei und kein Arbeitsvertrag abgeschlossen wurde.
a) Klären Sie, ob ein Arbeitsvertrag bestand. Lesen Sie dazu § 17 des Berufsbildungsgesetzes.
b) Welche Kündigungsregelung gilt?

2 Eine junge Angestellte verneint in einem Bewerbungsgespräch die Frage nach einer Schwangerschaft. 14 Tage nach der Einstellung entdeckt sie, dass sie im zweiten Monat schwanger ist. Sie meldet dies pflichtgemäß ihrem Arbeitgeber.
a) Klären Sie, ob ein Verschweigen der Schwangerschaft vorliegt.
b) Begründen Sie, ob der Arbeitgeber einen Kündigungsgrund besitzt.

3 Einem Bankangestellten wurde wegen sehr hoher Fehlzeiten (jährlich 50 Tage) aufgrund verschiedener Krankheiten gekündigt. Die Zukunftsprognosen für seinen Gesundheitszustand sind negativ. Begründen Sie, ob eine krankheitsbedingte Kündigung rechtens ist.

4 Analysieren Sie die „Geheimsprache" des Arbeitszeugnisses.
a) Die übertragenen Arbeiten wurden stets zur vollsten Zufriedenheit erfüllt.
b) Mit seinen Leistungen waren wir zufrieden.
c) Neuem gegenüber war er stets aufgeschlossen.
d) Er hat sich bemüht.
e) Die Arbeiten wurden ordnungsgemäß erledigt.

f) Er war in der Lage, sich gut zu verkaufen.
g) Durch seine Geselligkeit wurde das Betriebsklima verbessert.
h) Er bewies für die Belange des Personals stets Einfühlungsvermögen.
i) Das Ausscheiden erfolgte aus organisatorischen Gründen.

5 In Deutschland scheint die Beschäftigung von Selbstständigen mittlerweile üblich geworden zu sein. Nach einer Studie des Instituts für Arbeitsmarkt- und Berufsforschung gibt es rund eine Million so genannter Scheinselbstständiger.
a) Warum entlassen Unternehmen immer mehr Beschäftigte in die Selbstständigkeit?
b) Eine gesetzliche Definition für den Begriff Arbeitnehmer liegt bis heute nicht vor. Warum ist es wichtig, zwischen Selbstständigen und Arbeitnehmern zu unterscheiden?

6 Der Bundesarbeitsminister kann Tarifverträge für allgemein verbindlich erklären.
a) Was ist darunter zu verstehen?
b) **These:** *„Die Allgemeinverbindlichkeitserklärungen verhindern neue Beschäftigungsverhältnisse."*
Nehmen Sie Stellung.

7 Die Industriegewerkschaft Bergbau Chemie, Energie (IG BCE) hat als erste deutsche Gewerkschaft eine Öffnungsklausel in ihrem Tarifvertrag akzeptiert, die es Arbeitgebern und Betriebsräten erlaubt, den Tariflohn in einem Unternehmen direkt auszuhandeln. Damit ist der Flächentarifvertrag, wonach für alle Beschäftigten einer Branche der gleiche Tarif gilt, aufgebrochen worden. Verdeutlichen Sie die Chancen und Risiken dieser Vorgehensweise aus der Sicht der Gewerkschaften und der Arbeitgeberverbände.

8 Welche Aussagen zum Arbeitszeugnis sind richtig?

a) Das Arbeitszeugnis darf keine negativen Aussagen beinhalten, es muss aber wahr sein.

b) Das einfache Arbeitszeugnis beinhaltet Aussagen über die Art und die Dauer der Tätigkeit.

c) Im qualifizierten Arbeitszeugnis erfolgt eine Beurteilung der erbrachten Leistungen.

d) Arbeitnehmer haben einen Rechtsanspruch auf ein Arbeitszeugnis.

e) Der Arbeitnehmer sollte sich immer bemühen, ein einfaches Zeugnis zu erhalten.

f) Im qualifizierten Arbeitszeugnis wird auch das Verhalten am Arbeitsplatz beurteilt.

g) Die Bewertungskriterien sollten den Mitarbeitern nicht bekannt sein.

h) Nach der Beurteilung sollte ein Gespräch mit dem Mitarbeiter geführt werden.

9 **a)** Analysieren Sie das folgende Arbeitszeugnis.

b) Entscheiden Sie, ob Sie Herrn Hansen einstellen würden. Begründen Sie Ihre Entscheidung.

Zeugnis

Herr Jürgen Hansen wurde am 5. Januar 1979 in Lübeck geboren. In der Zeit vom 1. August 1995 bis 30. Juni 1998 absolvierte er in unserem Hause eine Ausbildung zum Bankkaufmann. Anschließend erhielt er einen befristeten Arbeitsvertrag (1. Juli 1998 - 30. September 1999)

Die Abschlussprüfung vor der Industrie- und Handelskammer Lübeck bestand er mit der Gesamtnote „befriedigend".

Während seiner Ausbildung durchlief Herr Hansen die laut Ausbildungsplan vorgesehenen Abteilungen unserer Bank. Dabei war er bemüht, die anfallenden Arbeiten zu unserer vollen Zufriedenheit zu erfüllen. Außerdem war es für ihn selbstverständlich, sich auch in neue Aufgabengebiete einzuarbeiten.

Nach der Ausbildung konnte er die erworbenen Kenntnisse der Ausbildung vertiefen. In dieser Zeit wurde deutlich, dass er Neuem gegenüber äußerst aufgeschlossen gegenüberstand. Außerdem zeigte er für die Belange der Belegschaft ein sehr großes Einfühlungsvermögen.

Weiterhin bestätigen wir, dass Herr Hansen stets pünktlich und sehr freundlich war.

Herr Hansen scheidet im beiderseitigen Einvernehmen aus unserem Hause aus.

Für seinen weiteren Lebensweg wünschen wir ihm alles Gute.

Unterschrift

8 Mitbestimmung der Arbeitnehmer

Die neue Struktur!

Rundschreiben des Vorstands an die Mitarbeiter der Fördebank AG

Liebe Kolleginnen und Kollegen,

das zurzeit laufende Produktivitätssteigerungsprogramm soll unsere Bank strikt auf den Markt ausrichten.

Mit der Realisierung der neuen Organisationsstruktur werden wir im November beginnen. Folgende Änderungen werden sich ergeben:

Die Zweigstellen werden, ohne dass sie nach außen ihre Selbstständigkeit einbüßen, zu Organisationseinheiten unter einheitlicher Leitung zusammengefasst. Diesen Organisationseinheiten werden ein oder zwei Individualkundenberater zugewiesen.

Es ist geplant, einen Teil der neu zu besetzenden Stellen intern auszuschreiben. Dies bedeutet nicht, dass wir die Eignung der bisherigen Zweigstellenleiter/innen grundsätzlich infrage stellen. Vielmehr soll erreicht werden, dass Neigung, Leistung sowie fachliche und soziale Kompetenz nach Möglichkeit in Einklang mit den Anforderungen der jeweiligen Stelle gebracht werden.

In diesem Zusammenhang wiederholen wir noch einmal unsere mehrfach gegebene Zusage, dass niemand im Rahmen der Realisierung unseres Produktivitätssteigerungsprogrammes aus betrieblichen Gründen seine Anstellung verlieren wird.

Mit freundlichem Gruß

Der Vorstand

Handlungsaufträge

1 Welche Ziele strebt der Vorstand durch die Umstrukturierung an?

2 Welche Chancen und Risiken sehen Sie für die bisherigen Zweigstellenleiter?

3 Begründen Sie, ob die Arbeitsverträge der Zweigstellenleiter geändert werden müssen.

4 Warum muss der Betriebsrat den einzelvertraglichen Regelungen zwischen Vorstand und den Zweigstellenleitern zustimmen?

5 Der Vorstand beabsichtigt, die Öffnungszeiten für Zweigstellen auf den Sonnabend auszudehnen. Bedarf es dazu der Zustimmung des Betriebsrats?

6 Welche Bedeutung hat die folgende tarifliche Vereinbarung?

„Vor einer Herabgruppierung oder Kündigung aufgrund von Rationalisierungsmaßnahmen ist zu prüfen, inwieweit diese durch Umschulung oder Fortbildung gemindert oder verhindert werden können."

8.1 Der Ordnungsrahmen für die Mitbestimmung

Der wirtschaftliche Erfolg eines Unternehmens ist sowohl für Arbeitnehmer als auch für Arbeitgeber **existenzsichernd.**

Dabei ist zu bedenken, dass die Arbeitsentgelte für die Arbeitgeber Kosten bedeuten. Kosten werden aus den Einnahmen bezahlt und gehen zu Lasten der Gewinne. Aus diesem Grund ist es nachvollziehbar, wenn Unternehmer bestrebt sind ihre Kosten und damit auch die Arbeitskosten zu senken. Dies kann zu Entlassungen führen. Verstärkt wird dieser Trend bei hohen Arbeitskosten und bei der Möglichkeit, Arbeitskosten sparende technische Produktionsmittel einzusetzen.

Arbeitnehmer befinden sich in einem wirtschaftlichen Abhängigkeitsverhältnis. Die Sicherung der eigenen Lebensgrundlage hängt von dem Bestand ihres Arbeitsplatzes ab.

Ein **Interessenkonflikt** ist offensichtlich: die Arbeitnehmer sind an hohen Einkommen und die Arbeitgeber an niedrigen Arbeitskosten interessiert.

Unternehmen stellen ein komplexes **Sozialgefüge** dar. Menschen mit unterschiedlichen Kenntnissen und Fertigkeiten arbeiten in verschiedenen Positionen zusammen, geben Anweisungen oder führen Arbeiten aus. Auch wenn Arbeitgeber und Arbeitnehmer am Unternehmenserfolg interessiert sind, können **Konflikte** in der täglichen Arbeitswelt auftreten.

Daher hat der Gesetzgeber einen **Ordnungsrahmen** für Unternehmen und Betriebe festgelegt.

Gesetzliche Bestimmungen geben den Rahmen vor, in dem sich eine **Unternehmens- und Betriebsverfassung** zu bewegen hat. Mitarbeiter erhalten das Recht, gemeinsam gegenüber den Arbeitgebern ihre Positionen zu vertreten. Der einzelne Arbeitnehmer kann bei Streitigkeiten mit dem Arbeitgeber seine Interessenvertretung in den Unternehmen und Betrieben zur Konfliktlösung einschalten.

Der einzelne Mitarbeiter hat ein **individuelles Mitwirkungs- und Beschwerderecht.** Gesetzliche Grundlage ist das Betriebsverfassungsgesetz.

Ein **kollektives Mitbestimmungs-, Mitwirkungs- und Anhörungsrecht** gibt es auf Betriebsebene durch den Betriebsrat und durch die Jugend- und Auszubildendenvertretung.

Mitbestimmungsrechte auf Unternehmensebene bieten für die Arbeitnehmer die Möglichkeit, die Grundsätze der Geschäftspolitik in ihrer Auswirkung auf alle Arbeitnehmer des Unternehmens mitzugestalten und zu hinterfragen.

Unternehmensmitbestimmung ist beschränkt auf die Kapitalgesellschaften in Form der Aktiengesellschaft, der Gesellschaft mit beschränkter Haftung, der Erwerbs- und Wirtschaftsgenossenschaft und der Kommanditgesellschaft auf Aktien.

▶ Welche gemeinsamen Interessen sind zwischen Arbeitnehmern und Arbeitgebern vorhanden?

ERLÄUTERUNG:

Das im Grundgesetz garantierte Recht auf Eigentum wird hier aus sozialen Gründen eingeschränkt.

BEISPIELE:

Individuelle Mitwirkungsrechte des Mitarbeiters:
– Recht auf Information über
  Veränderungen in seinem
  Arbeitsbereich
– Erörterung der Beurteilung
  der Leistung und Möglich-
  keiten seiner beruflichen
  Entwicklung
– Einsicht in die Personalakte

8.2 Der Betriebsrat – seine Mitbestimmungs- und Mitwirkungsrechte

ERLÄUTERUNG:

Die Volkswagen AG hat viele Produktionsstätten. Produktionsstätten sind Betriebe. In jedem Betrieb kann ein Betriebsrat gebildet werden.

LERNTIPP:

Befragen Sie den Betriebsratsvorsitzenden Ihres Unternehmens über seine Aktivitäten im letzten Monat.

ERLÄUTERUNG:

Volljährige Auszubildende haben ein doppeltes Wahlrecht. Sie wählen sowohl den Betriebsrat als auch die Jugend- und Auszubildendenvertretung.

▶ Informieren Sie sich über den besonderen Kündigungsschutz der Betriebsräte und der Mitglieder der Jugend- und Auszubildendenvertretung.

ERLÄUTERUNG:

Die gesetzliche Grundlage für Mitbestimmungs- und Mitwirkungsrechte finden Sie im Betriebsverfassungsgesetz:

– Soziale Angelegenheiten: §§ 87 - 91
– Personelle Angelegenheiten: §§ 92 - 105
– Wirtschaftliche Angelegenheiten: §§ 106 - 113

Betriebsräte sind die zentralen **Interessenvertretungsorgane** der Arbeitnehmer in den Betrieben. Sie werden auf Antrag in Betrieben gebildet, die mindestens fünf wahlberechtigte Arbeitnehmer beschäftigen, von denen drei wählbar sein müssen. **Wahlberechtigt** ist **jeder Beschäftigte**, wenn er das 18. Lebensjahr vollendet hat. Volljährige Arbeitnehmer sind wählbar, wenn sie mindestens sechs Monate im Betrieb beschäftigt sind.

In öffentlichen Unternehmen werden Personalräte gebildet.

Die Beschäftigten wählen ihre Vertreter in den Betriebsrat. Sie können einzeln oder gemeinsam Kandidaten vorschlagen. Auch die im Betrieb vertretenen Gewerkschaften sind vorschlagsberechtigt.

Der **Betriebsrat** ist alleiniger Vertreter aller Arbeitnehmer gegenüber dem Arbeitgeber, sodass auch jugendliche Arbeitnehmer und Auszubildende durch ihn vertreten werden. Ist die Wahl einer Jugend- und Auszubildendenvertretung durchgeführt worden, so hat diese im Betriebsrat Stimmrecht in Jugendfragen.

Die **Jugend- und Auszubildendenvertretung** kann eingerichtet werden in Betrieben mit mehr als fünf jugendlichen Arbeitnehmern oder Auszubildenden. Wahlberechtigt sind alle Arbeitnehmer, die das 18. Lebensjahr noch nicht beendet haben oder die zu ihrer Berufsausbildung (auch Praktikanten, Volontäre, Umschüler) beschäftigt sind, wenn sie das 25. Lebensjahr noch nicht vollendet haben. Wählbar sind alle jugendlichen Arbeitnehmer, die das 25. Lebensjahr noch nicht vollendet haben.

Die Zahl der Betriebsratsmitglieder richtet sich nach der Größe des Betriebes. Dies gilt auch für die Zahl der Mitglieder in den Jugend- und Auszubildendenvertretungen.

Betriebsräte werden für **vier Jahre** gewählt. Die Wahlperiode der Jugend- und Auszubildendenvertretung beträgt **zwei Jahre**.

Betriebsratsmitglieder nehmen ihre Tätigkeit während der Arbeitszeit wahr und werden im Bedarfsfall von ihrer Arbeit freigestellt (bei Großunternehmen mit mehr als 300 Arbeitnehmern besteht ein Anspruch auf **Freistellung** von mindestens einem Mitglied).

Gesamtbetriebsräte sind in Unternehmen zu bilden, in denen mehrere Betriebe mit Betriebsräten bestehen. Der Gesamtbetriebsrat ist zuständig für das Gesamtunternehmen oder für die mehrere Betriebe betreffenden Angelegenheiten.

Europäische Betriebsräte sind einzurichten in europaweit tätigen Unternehmen oder Unternehmensgruppen mit insgesamt mindestens 1 000 Arbeitnehmern in den Ländern der EU, wenn sie in mindestens zwei Mitgliedsländern mit je 150 Arbeitnehmern tätig sind.

Das Betriebsverfassungsgesetz verpflichtet Arbeitgeber und Betriebsräte zur vertrauensvollen **Zusammenarbeit** und zur Wahrung des **Betriebsfriedens**. Es geht generell davon aus, dass der Arbeitgeber eine weitgehende Informationspflicht gegenüber dem Vertretungsorgan hat. Es bestimmt, dass der Arbeitgeber umfassend und auf dem Vorwege den Betriebsrat über alles zu unterrichten hat, was zur Wahrnehmung der Arbeitnehmerrechte von Bedeutung ist. Nur so können die Vorstellungen der Arbeitnehmer in den betrieblichen Entscheidungsfindungsprozess mit einfließen.

Die Aufgaben des Betriebsrates sind:

- die **Einhaltung** der Gesetze, Verordnungen, Tarifverträge und Betriebsvereinbarungen zu **überwachen,**
- die **Interessen** des einzelnen Mitarbeiters zu vertreten,
- die **Anliegen** der Auszubildenden und der jugendlichen Mitarbeiter anzuhören und dem Arbeitgeber **vorzutragen,**
- die im Betriebsverfassungsgesetz festgelegten **Mitwirkungs- und Mitbestimmungsrechte** in sozialen, personellen und wirtschaftlichen Angelegenheiten gegenüber dem Arbeitgeber wahrzunehmen.

Die Begriffe Mitbestimmung und Mitwirkung verdeutlichen, dass die Rechte des Betriebsrats eine unterschiedliche Qualität aufweisen. Grundsätzlich hat der Betriebsrat genauso wie der Arbeitgeber Initiativrechte. Er bringt alle Themen zur Sprache, die er für wichtig hält. Es wird nach gemeinsamen Lösungen gesucht.

Der Betriebsrat hat

- Mitbestimmungsrechte im sozialen Bereich,
- Mitwirkungsrechte (Widerspruchsrechte) im personellen Bereich,
- Mitwirkungsrechte (Informations- und Beratungsrechte) im wirtschaftlichen Bereich.

Handelt es sich um **zustimmungspflichtige** Angelegenheiten, können geplante Maßnahmen nur mit Einverständnis der Arbeitnehmervertreter durchgeführt werden. Der Betriebsrat hat ein **Widerspruchsrecht.**

In anderen Fällen hat der Betriebsrat nur das Recht gehört zu werden. Im Rahmen von **Anhörungsangelegenheiten** teilt der Arbeitgeber dem Betriebsrat seine Absichten mit. Innerhalb einer festgelegten Frist gibt der Betriebsrat seine Stellungnahmen ab. **Unterrichtungssachverhalte** verpflichten den Arbeitgeber lediglich dazu den Betriebsrat umfassend zu informieren. Sie können ohne Zustimmung des Betriebsrates verwirklicht werden.

Im Rahmen von **Betriebsversammlungen** informiert der Betriebsrat über seine Arbeit. Er bestimmt Zeitpunkt und Inhalte der Betriebsversammlungen. Arbeitgebervertreter werden zur Betriebsversammlung eingeladen und berichten einmal im Jahr über die wirtschaftliche Situation des Unternehmens.

In Unternehmen mit mehr als 100 ständig beschäftigten Arbeitnehmern ist für die Beratung wirtschaftlicher Fragen ein **Wirtschaftsausschuss** zu bilden.

Auch der einzelne **Arbeitnehmer** hat hinsichtlich seines **Arbeitsplatzes** individuelle Beteiligungsrechte. Er ist u.a. zu unterrichten über die Tätigkeiten und Verantwortlichkeiten im Betrieb und über Gesundheitsgefah-

▶ Warum gibt es einen besonderen Kündigungsschutz für Betriebsräte und Mitglieder der Jugend- und Auszubildendenvertretung?

 BEISPIELE:

Die Mitbestimmung des Betriebsrats ist u.a. bei der Arbeitszeit- und der Entgeltgestaltung zwingend vorgesehen.

 BEISPIELE:

Einstellungen, Versetzungen, Ein- und Umgruppierungen, Stellenausschreibungen, Entwürfe von Musterarbeitsverträgen sind zustimmungspflichtig.

 BEISPIELE:

Zu beraten *sind Gestaltung von Arbeitsplatz, Arbeitsablauf und Arbeitsumfang.*
Anzuhören *ist bei Kündigung von Arbeitsverhältnissen in Betrieben mit mehr als 20 wahlberechtigten Arbeitnehmern.*
Zu unterrichten *ist über Personalplanung, wirtschaftliche Lage, geplante Investitionen, Arbeitsmethoden, Stilllegung, Verlegung von Betrieben, Rationalisierungsvorhaben*

ren. Er hat das Recht auf Einsicht in seine Personalakte, ist bei persönlicher Betroffenheit in betrieblichen Angelegenheiten anzuhören und hat ein Beschwerderecht bei Benachteiligung durch Arbeitgeber oder Kollegen.

8.3 Die Mitbestimmung auf Unternehmensebene

▶ Begründen Sie, weshalb der Betriebsrat rechtlich nicht in der Lage ist, die Unternehmensziele mitzubestimmen.

Der Gesetzgeber hat im Rahmen des Betriebsverfassungsgesetzes die betrieblichen Mitbestimmungsrechte auf die Unternehmensebene ausgeweitet. Die Unternehmensmitbestimmung ist auf **Kapitalgesellschaften ab 501 Beschäftigten** und auf die Kontrolle der Geschäftsführung über den **Aufsichtsrat** beschränkt.

In Kapitalgesellschaften sind die Aufsichtsräte zuständig für die Festlegung der Grundsätze der **Unternehmenspolitik** und verantwortlich für die **Kontrolle** der laufenden Geschäftspolitik. Sie bestellen und entlassen die Mitglieder der Geschäftsführung bzw. des Vorstandes und haben vorrangig die Interessen der Kapitaleigner zu beachten.

▶ Leitende Angestellte können einen eigenen Sitz im Aufsichtsrat beanspruchen. Erörtern Sie, ob diese Sonderregelung berechtigt ist.

Mitbestimmung auf Unternehmensebene bedeutet die Entsendung von Arbeitnehmervertretern in den Aufsichtsrat von Gesellschaften.

▶ Unternehmensfremde Gewerkschaftsvertreter können Mitglied des Aufsichtsrats werden. Welche Vorteile und welche Gefahren können sich hieraus ergeben?

▶ Im Rahmen der Unternehmensmitbestimmung gilt für Unternehmen der Montanindustrie, die überwiegend Kohle fördern oder Eisen und Stahl erzeugen, das Montanmitbestimmungsgesetz.

▶ Vergleichen Sie die Mitbestimmungsregelungen im Montanmitbestimmungsgesetz und im Mitbestimmungsgesetz von 1976.

Mitbestimmung auf Unternehmensebene		
	Betriebsverfassungsgesetz von 1952	Mitbestimmungsgesetz von 1976
Anzahl der Mitglieder des Aufsichtsrats	abhängig von der Höhe des Grundkapitals: Mindestzahl 3 bis 3 Mio. DM 9 mehr als 3 Mio. DM 15 mehr als 20 Mio. DM 21	abhängig von der Anzahl der Beschäftigten: bis 10.000 12 bis 20.000 16 mehr als 20.000 20
Verteilung auf Arbeitnehmer und Kapitaleigner	$^2/_3$ Kapitaleigner $^1/_3$ Arbeitnehmer Vorsitzender ist i.d.R. ein Vertreter der Kapitaleigner.	$^1/_2$ Kapitaleigner $^1/_2$ Arbeitnehmer „paritätische Mitbestimmung" Vorsitzender ist i.d.R. ein Vertreter der Kapitaleigner. Im 1. Wahlgang ist 2/3- Mehrheit erforderlich. Im 2. Wahlgang wählen die Kapitaleigner allein den Vorsitzenden.
Besonderheiten		Bis zu 2 Arbeitnehmer können unternehmensfremde Gewerkschaftsvertreter sein (bei 20 Mitgliedern 3). Von den Arbeitnehmern muss mindestens einer aus der Gruppe der leitenden Angestellten sowie jeweils einer aus der Gruppe der Arbeiter und der Angestellten kommen.

Strukturwissen

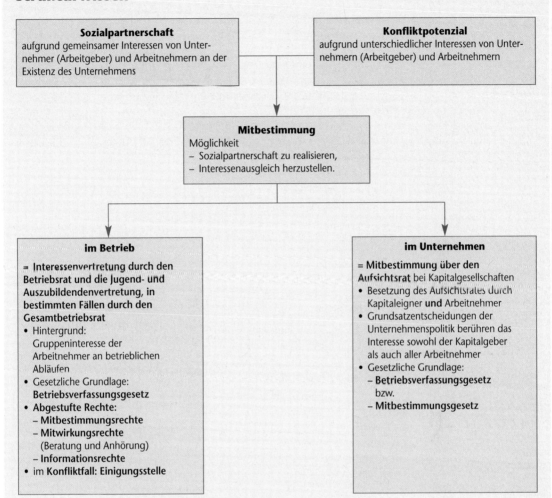

Sozialpartnerschaft
aufgrund gemeinsamer Interessen von Unternehmer (Arbeitgeber) und Arbeitnehmern an der Existenz des Unternehmens

Konfliktpotenzial
aufgrund unterschiedlicher Interessen von Unternehmern (Arbeitgeber) und Arbeitnehmern

Mitbestimmung
Möglichkeit
– Sozialpartnerschaft zu realisieren,
– Interessenausgleich herzustellen.

im Betrieb

= Interessenvertretung durch den Betriebsrat und die Jugend- und Auszubildendenvertretung, in bestimmten Fällen durch den Gesamtbetriebsrat
• Hintergrund:
  Gruppeninteresse der Arbeitnehmer an betrieblichen Abläufen
• Gesetzliche Grundlage:
  Betriebsverfassungsgesetz
• Abgestufte Rechte:
  – **Mitbestimmungsrechte**
  – **Mitwirkungsrechte**
    (Beratung und Anhörung)
  – **Informationsrechte**
• im Konfliktfall: **Einigungsstelle**

im Unternehmen

= Mitbestimmung über den **Aufsichtsrat** bei Kapitalgesellschaften
• Besetzung des Aufsichtsrates durch Kapitaleigner **und** Arbeitnehmer
• Grundsatzentscheidungen der Unternehmenspolitik berühren das Interesse sowohl der Kapitalgeber als auch aller Arbeitnehmer
• Gesetzliche Grundlage:
  – **Betriebsverfassungsgesetz** bzw.
  – **Mitbestimmungsgesetz**

Aufgaben

 1 Welche Voraussetzungen müssen erfüllt sein, um einen Betriebsrat zu gründen?

 2 Nennen Sie Gründe, weshalb in vielen Kleinbetrieben kein Betriebsrat vorhanden ist.

3 Entscheiden Sie in den folgenden Fällen, ob der Betriebsrat ein Mitwirkungs- oder Mitbestimmungsrecht besitzt.
- **a)** Festlegung der Urlaubsregelung
- **b)** Anfechtung eines Arbeitszeugnisses
- **c)** Verlagerung der Produktion ins Ausland
- **d)** Einstellung von neuen Mitarbeitern
- **e)** Festlegung von Entlohnungsgrundsätzen
- **f)** Genehmigung für einen Bildungsurlaub
- **g)** Veränderung der Organisationsstruktur
- **h)** Einführung technischer Neuerungen
- **i)** Beginn der täglichen Arbeitszeit
- **j)** Übernahme von Auszubildenden
- **k)** Beurteilungskriterien für die Mitarbeiter
- **l)** Einkauf von Rohstoffen
- **m)** Verhängung eines Rauchverbots am Arbeitsplatz

4 Ein Betrieb hat mit zwei neuen Mitarbeitern Arbeitsverträge abgeschlossen. Der erste Mitarbeiter ist Mitglied der Gewerkschaft und wird nach dem geltenden Gehaltstarifvertrag eingestuft. Der zweite Kollege ist nicht organisiert und wird unter Tarif bezahlt.
Beurteilen Sie, ob diese unterschiedliche Behandlung der Arbeitnehmer rechtlich zulässig ist.

5 Ein Arbeitgeber verlangt von erkrankten Mitarbeitern ärztliche Bescheinigungen, aus der die Notwendigkeit eines Arztbesuches hervorgehen soll.
Diese Anordnung wurde nicht mit dem Betriebsrat abgestimmt.
Einige Mitarbeiter sind nicht bereit die geforderte Bescheinigung abzugeben. Sie verweisen auf die fehlende Zustimmung des Betriebsrats.
Klären Sie die Rechtslage.

6 Der Betriebsrat verlangt, Mitarbeiter des Unternehmens für eine Fortbildung zum Thema Mobbing freizustellen. Wägen Sie ab, ob die Unternehmensleitung dieser Forderung zustimmen muss.

7 In einem Tarifvertrag wurde die 38-Stunden-Woche festgeschrieben. Arbeitgeber und Arbeitnehmer einigen sich aber in einer Betriebsvereinbarung auf eine wöchentliche Mehrarbeit von drei Stunden. Als Ausgleich erhalten die Mitarbeiter eine Beschäftigungsgarantie für die nächsten vier Jahre.
- **a)** Erläutern Sie die Rechtslage.
- **b)** Erörtern Sie aus der Sicht der Arbeitgeber und der Arbeitnehmer, ob individuelle Vereinbarungen auf Betriebsebene Tarifverträgen vorzuziehen sind.
- **c)** Welche Kompromisse sehen Sie für die Tarifvertragsparteien?

8 Begründen Sie, weshalb die Mitbestimmung in der Wirtschaft ein Element der demokratischen Gesellschaft darstellt.

9 Die soziale Sicherung der Arbeitnehmer

Szenario: Ein Rentner im Jahre 2040

Mein Name ist Tore Dubbert. Ich bin 1985 geboren und gerade (am 1. Juli 2040) pensioniert worden. Tja, das hätte in meiner Jugend niemand erwartet, dass es gelingen würde, das Renteneintrittsalter für alle Deutschen schrittweise auf 55 Jahre zu senken.

Damals waren bis zu knapp 5 Millionen Menschen ohne Beschäftigung. Aufgrund dieser hohen Arbeitslosigkeit und der drohenden „Vergreisung" der Bevölkerung wurden Rentenkürzungen beschlossen und das Renteneintrittsalter auf 65 Jahre heraufgesetzt.

Wie kam es zum Umschwung?

Im Jahre 2006 begann ein Umdenken in der deutschen Politik. Die Bundesregierung erkannte, dass die hohe Arbeitslosigkeit nur durch massive Investitionen im Bildungsbereich bekämpft werden konnte. Dadurch konnte die fachliche Kompetenz der Erwerbstätigen verbessert werden. Außerdem wurden in allen Bildungseinrichtungen neue Lerntechniken vermittelt und die Bereitschaft zur Teamarbeit gefördert.

Zur gleichen Zeit beschlossen Gewerkschaften und Arbeitgeberverbände das Konsensmodell „Alle in einem Boot". In diesem Modell wurde das Streikrecht der Arbeitnehmer abgeschafft. Außerdem waren die Arbeitnehmer bereit das Unternehmerrisiko mitzutragen und auf Lohnerhöhungen in den ersten fünf Jahren zu verzichten. Als Gegenleistung wurden die Arbeitnehmer paritätisch an allen Entscheidungsprozessen in den Unternehmen beteiligt.

Die Folge war eine zunehmende Arbeitsmotivation und eine ständig steigende Kreativität der Beschäftigten. Die sich daraus ergebende Wettbewerbsfähigkeit war einzigartig. Die hohe Arbeitslosigkeit konnte bis zum Jahre 2012 auf 2,3 % gesenkt und der Weg in die „Ellenbogengesellschaft" gestoppt werden.

Zunächst wurden wir von unseren europäischen Freunden noch belächelt. Aber seit dem Jahre 2018 orientierten sich alle EU-Staaten an unserem Konsensmodell.

Mit der heutigen Einheitsrente in Höhe von 5320 Euro sind meine Frau und ich finanziell abgesichert. Übrigens können seit dem Jahre 2025 auch ehrenamtliche Tätigkeiten als Beitragszeiten für die Rente angerechnet werden, sodass es möglich geworden ist, bereits mit 50 Jahren in eine gesicherte Pension zu gehen.

Handlungsaufträge

▶ **1** Welche Aspekte haben zu diesem positiven Zukunftsbild geführt?

▶ **2** Beurteilen Sie die Realisierungschancen der im Text angesprochenen Maßnahmen.

▶ **3** Erörtern Sie die Vor- und Nachteile sozialer Sicherungssysteme im Vergleich zu einer individuellen Absicherung.

9.1 Lebensrisiken und deren Absicherung

Jeder Mensch ist **Lebensrisiken** ausgesetzt. Sie treffen Kinder, Auszubildende, Erwerbstätige und alte Menschen unterschiedlich. Erwerbstätige können aus Krankheitsgründen oder als Folge von Unfällen ganz oder teilweise erwerbs- oder berufsunfähig werden.

▶ Nehmen Sie Stellung zu der These: „Die Individualvorsorge entspricht eher dem Bild eines selbstverantwortlichen Menschen als die Zwangsmitgliedschaft in einer gesetzlichen Sozialversicherung".

Arbeitnehmer können arbeitslos werden. Selbstständige können ihre **Existenzgrundlage** durch den Insolvenzfall ihres Unternehmens verlieren.

Es ist daher für jeden Menschen notwendig, **Vorsorge** für Lebensrisiken zu treffen.

Diese Vorsorge kann der Initiative des Einzelnen überlassen bleiben. Sie kann auch kollektiven **Sicherungssystemen** übertragen werden. Der Aufwand für eine Privatvorsorge übersteigt jedoch häufig die finanziellen Möglichkeiten des Einzelnen, zumal der notwendige Vorsorgeumfang in der Regel nicht absehbar ist. Aus diesen Gründen gibt es soziale Sicherungssysteme, die den Einzelnen in Notfällen auffangen.

▶ Erörtern Sie die Vor- und Nachteile der Finanzierungsalternativen des sozialen Sicherheitsnetzes.

Der Wunsch des Einzelnen nach sozialer Sicherheit wird verwirklicht, indem die Mitglieder der Gesellschaft nach dem **Solidaritätsprinzip** füreinander einstehen.

Leistungen des **sozialen Netzes** können nur erbracht werden, wenn sie entweder durch Beiträge der Mitglieder der Sozialkassen oder von allen Bürgern aus Steuermitteln finanziert werden.

9.2 Die Finanzierung der gesetzlichen Sozialversicherung

Die gesetzliche Sozialversicherung ist eine öffentlich-rechtliche Pflichtversicherung. Sie umfasst

ERLÄUTERUNG:

Die gesetzliche Verpflichtung der Bürger, Beiträge zu den Sozialversicherungen zu leisten, wird aus dem Artikel 20 Abs. 1 GG abgeleitet. „Die Bundesrepublik Deutschland ist ein demokratischer und sozialer Bundesstaat."

- die **Krankenversicherung**,
- die **Pflegeversicherung**,
- die **Arbeitslosenversicherung**,
- die **Rentenversicherung**,
- die **Unfallversicherung**.

Die Beiträge werden mit Ausnahme der Unfallversicherung zur **Hälfte** vom Arbeitnehmer und vom Arbeitgeber entrichtet. Der Arbeitnehmeranteil wird vom **Bruttogehalt** einbehalten und vom Arbeitgeber zusammen mit seinem Anteil (Arbeitgeberanteil) überwiesen.

Darüber hinaus leistet der Bund Zuschüsse zur Renten- und Arbeitslosenversicherung.

▶ Stellen Sie fest, welche Aufgaben die Berufsgenossenschaft hat, der Ihr Unternehmen angehört.

Die Beiträge zur Unfallversicherung werden in voller Höhe vom Arbeitgeber entrichtet. Arbeitgeber sind verpflichtet Mitglied der für ihre Branche zuständigen Berufsgenossenschaft zu werden. Die **Berufsgenossenschaft** ist u.a. zuständig für Leistungen an Arbeitnehmer, die während der Arbeit einen Betriebsunfall erleiden.

Beiträge und Beitragsbemessungsgrenzen				
	Renten-versicherung	Arbeitslosen-versicherung	Kranken-versicherung	Pflege-versicherung
	1999 monatliche Beitragsbemessungsgrenze in DM (EUR)			
alte Bundes-länder	8 500 (4 345,98)	8 500 (4 345,98)	6 375 (3 259,49)	6 375 (3 259,49)
neue Bundes-länder	7 200 (3 681,30)	7 200 (3 681,30)	5 400 (2 760,98)	5 400 (2 760,98)
Beitragssatz	19,5 %	6,5 %	je nach Kranken-kasse zwischen 11 % und 14,5 %	1,7 %

> Weshalb unterscheiden sich die Beitrags-bemessungsgrenzen in den alten und neuen Bundesländern?

Für die Beiträge, die vom Arbeitnehmer und vom Arbeitgeber entrichtet werden, gelten Beitragsbemessungsgrenzen. Sie sorgen dafür, dass die Beiträge nur bis zu einer bestimmten Höhe der Arbeitsvergütung erhoben werden. Die **Beitragsbemessungsgrenzen** werden jährlich an die allgemeine Lohn- und Gehaltsentwicklung angepasst.

Die Höhe der Beitragsbemessungsgrenze für die Kranken- und Pflegeversicherung beträgt 75% der Beitragsbemessungsgrenze der Renten- und der Arbeitslosenversicherung.

> Vergleichen Sie die Abrechnung Ihrer Aus-bildungsvergütung mit den hier angegebenen Beitragssätzen.

Die Beitragsbemessungsgrenze für die Krankenversicherung ist gleichzeitig die **Versicherungspflichtgrenze**. Ein Arbeitnehmer mit einem höheren Einkommen ist in der gesetzlichen Krankenversicherung nicht versicherungspflichtig und kann sich **privat** versichern. Eine **Pflichtversicherung** für die Pflegeversicherung bleibt bestehen.

Die Beiträge des Arbeitgebers für die Unfallversicherung richten sich nach den Gefahrenklassen, in die ein Unternehmen eingestuft wird, und nach der Lohn- und Gehaltssumme des Unternehmens.

> Welche Auswirkungen hätte eine Erhöhung der Beitragsbemes-sungsgrenzen für die Finanzierung der Sozialversicherung?

9.3 Krankenversicherung und Pflegeversicherung

■ Die gesetzliche Krankenversicherung

Die gesetzliche Krankenversicherung hat laut § 1 des Sozialgesetzbuches V die Aufgabe, „die Gesundheit der Versicherten zu **erhalten, wiederherzu-stellen** oder zu **verbessern.**" Die gesetzliche Krankenversicherung erbringt Leistungen in den Versicherungsfällen Krankheit, Mutterschaft, Schwerpflegebedürftigkeit und Tod in Form von **Sachleistungen** und **Geldleistungen** für die Versicherungspflichtigen. Darüber hinaus sind **Familienangehörige** mitversichert. Mitglieder können auch freiwillig versicherte Arbeitnehmer sein, deren Verdienst die Beitragsbemessungsgrenze übersteigt.

Die Leistungen stehen allen Versicherten in gleichem Umfang zu, sodass Versicherte mit höherem Einkommen, die hohe Beiträge bezahlen, die Leistungen für Einkommensschwächere finanzieren (**Prinzip des sozialen Ausgleichs**).

BEISPIELE:

Sachleistungen:
ärztliche Behandlung, Arzneien, Krankenhauspflege, Kuren, Massagen

Geldleistungen:
– Mutterschaftsgeld bei Entbindungen
– Krankengeld bei Arbeits-unfähigkeit ab der siebten Woche

> Diskutieren Sie, ob nichterwerbstätige Ehepartner und Kinder einen Beitrag zur Krankenversicherung leisten sollten.

Krankenkassen:
– Ortskrankenkassen,
  Innungskrankenkassen
– Ersatzkassen wie Deutsche
  Angestelltenkrankenkasse,
  Barmer Ersatzkasse
– Landwirtschaftliche Kranken-
  kassen

▶ Warum räumt man den
  Versicherten ein Wahl-
  recht hinsichtlich ihrer
  Krankenkasse ein?

LERNTIPP:

Führen Sie eine Debatte.
Würden Sie die Pflege Ihrer
Eltern übernehmen?

ERLÄUTERUNG:

Familienangehörige, die
ihre Angehörigen betreuen,
erhalten ein Pflegegeld.

BEISPIELE:

Sachleistungen der
Pflegeversicherung:

– Pflegeeinsätze durch
  ambulante Dienste
– Sachmittel wie behinderten
  gerechter Umbau der
  Wohnungen
– Rollstühle

Die Träger der gesetzlichen Krankenkassen sind gegliedert nach regionalen, berufsständischen oder branchenspezifischen Gesichtspunkten.

Übersicht über den Kreis der Versicherten
Krankenversichert sind
• alle Arbeiter und Angestellten bis zur Höhe der Beitragsbemessungsgrenze
• Auszubildende
• Wehrdienst- und Zivildienstleistende, Absolventen eines sozialen Jahres
• Empfänger von Arbeitslosengeld, Arbeitslosenhilfe und Unterhaltsgeld nach dem Arbeitsförderungsgesetz, Rentner
• Teilnehmer an beruflichen Rehabilitationsmaßnahmen
• Studenten und Praktikanten
• Behinderte in Werkstätten für Behinderte und in Heimen
• Landwirte
• selbstständige Künstler und Publizisten
Für alle Mitglieder gilt, dass die nicht erwerbstätigen Ehepartner und Kinder mitversichert sind.

■ Die gesetzliche Pflegeversicherung

Die **Pflegeversicherung** gilt für alle Menschen, die Mitglied einer gesetzlichen oder einer privaten Krankenversicherung sind. Sie finanziert Leistungen der **häuslichen** oder der **stationären Pflege** für Menschen, die wegen einer körperlichen, seelischen oder geistigen Krankheit oder Behinderung nicht in der Lage sind ihr tägliches Leben allein zu bestreiten und deshalb der **dauerhaften Pflege** in **erheblichem** Umfang bedürfen. Das Pflegegesetz legt Stufen der Pflegebedürftigkeit fest.

Die Pflegebedürftigen werden je nach dem Grad ihrer Pflegebedürftigkeit einer der drei Pflegestufen zugeordnet. Die Zuordnung erfolgt durch den medizinischen Dienst der Krankenkassen und ist entscheidend für den Umfang der Geld- und Sachleistungen.

Pflegestufe I	Pflegestufe II	Pflegestufe III
Erheblich Pflegebedürftige benötigen bei der Körperpflege, beim Essen oder beim Bewegen für wenigstens 2 Verrichtungen mindestens 1 x täglich Hilfe.	Schwerpflegebedürftige sind Personen, die mindestens 3 x täglich zu verschiedenen Zeiten Hilfe benötigen.	Schwerstpflegebedürftige benötigen für alle Bereiche tägliche Hilfe rund um die Uhr.

Träger der Pflegeversicherung sind **Pflegekassen**, die bei der jeweiligen Krankenkasse eingerichtet sind.

9.4 Die Arbeitslosenversicherung

Arbeitslosigkeit wird durch Leistungen der Arbeitslosenversicherung zumindest teilweise finanziell abgefedert. Diese defensive Aufgabe der Arbeitslosenversicherung wird im Sozialgesetzbuch III (SGB III) erweitert um die Aufgabe, Arbeitsplätze zu schaffen und zu erhalten sowie die berufliche Bildung zu fördern.

Hierzu stellt das Gesetz entsprechende Instrumente zur Verfügung:

- Zuschüsse zur Existenzgründung,

- Durchführung von Trainingsmaßnahmen für Arbeitslose,

- Förderung der beruflichen Ausbildung durch Übernahme von Kinderbetreuungskosten.

Träger der Arbeitsförderung ist die **Bundesanstalt für Arbeit** mit den angeschlossenen Dienststellen, den Arbeitsämtern.

Aufgaben der Bundesanstalt für Arbeit sind

- die Berufsberatung, die Arbeitsvermittlung, die Förderung der beruflichen Weiterbildung sowie die Durchführung von Arbeitsbeschaffungsmaßnahmen und die Gewährung von Eingliederungszuschüssen,

- die Zahlung von Kurzarbeitergeld, Winterausfallgeld, Arbeitslosengeld und Arbeitslosenhilfe sowie Insolvenzgeld.

Die **Arbeitslosenversicherung** ist eine **Pflichtversicherung** für alle **Arbeitnehmer** und **Auszubildenden**. Voraussetzung ist, dass der Arbeitnehmer mehr als geringfügig beschäftigt ist. Arbeitnehmer haben laut SGB III einen Anspruch auf **Arbeitslosengeld**, wenn sie

- arbeitslos sind,

- sich beim Arbeitsamt persönlich arbeitslos gemeldet haben und die Meldung alle drei Monate erneuern,

- einen Antrag auf Arbeitslosengeld gestellt haben,

- der Arbeitsvermittlung zur Verfügung stehen, d.h. jederzeit verfügbar und arbeitswillig sind,

- die Anwartschaftszeit erfüllt haben, in dem sie während der Rahmenfrist von drei Jahren vor dem Tag der Arbeitslosmeldung mindestens zwölf Monate Beiträge zur Arbeitslosenversicherung entrichtet haben.

Jede einzelne der genannten Voraussetzungen muss erfüllt sein.

Das Arbeitslosengeld beträgt **60 % des durchschnittlichen Nettoverdienstes** der letzten zwölf Beschäftigungsmonate bzw. **67 %**, wenn **Kinder** zu berücksichtigen sind.

Die Anspruchsdauer ist abhängig von der Dauer der innerhalb der letzten sieben Jahre geleisteten versicherungspflichtigen Beschäftigungszeiten. Sie beträgt z.B. innerhalb der Rahmenfrist von drei Jahren und einer Beschäftigung von einem Jahr 156 Tage. Ist der Arbeitslose in den letzten sieben Jahren zwei Jahre beschäftigt gewesen, hat er einen Anspruch von 312 Tagen. Die Anspruchsdauer erhöht sich bei Arbeitnehmern, die älter als 45 Jahre sind.

Das Arbeitslosengeld kann für einen Zeitraum von zwölf Wochen gesperrt werden,

- wenn die Arbeitslosigkeit selbst verursacht wird (Kündigung des Arbeitnehmers, Kündigung des Arbeitgebers bei vertragswidrigem Verhalten),

- wenn eine vom Arbeitsamt angebotene Stelle nicht angenommen wird,

▶ Beurteilen Sie, ob die angeführten Instrumente geeignet sind, die Arbeitslosigkeit zu verringern.

ERLÄUTERUNG:

Für Wehr- und Zivildienstleistende genügen zehn Monate Pflichtdienst, um einen Anspruch auf Arbeitslosengeld zu erhalten.

ERLÄUTERUNG:

Auszubildende, die nach Ende ihrer Ausbildung keinen Arbeitsplatz bekommen, erhalten bei bestandener Abschlussprüfung 50 % des tariflichen Entgelts, bei nicht bestandener Prüfung 50 % der Ausbildungsvergütung.

ERLÄUTERUNG:

Nebeneinkommen bis zu 20 % des monatlichen Arbeitslosengeldes, höchstens aber 310 DM in den alten Bundesländern bzw. 260 DM in den neuen Bundesländern, mindern nicht das Arbeitslosengeld. Darüber hinausgehende Einkommen werden vom Arbeitslosengeld abgezogen.

▶ Warum ist Langzeit-
arbeitslosigkeit nicht
nur ein soziales, son-
dern auch ein finanziel-
les Problem?

▶ Erörtern Sie, ob die
Zumutbarkeitsregelung
für die Annahmepflicht
einer angebotenen
Stelle verschärft wer-
den soll.

ERLÄUTERUNG:

Das Vermögen eines Arbeitslosen darf nicht zur Kürzung
der Arbeitslosenhilfe herangezogen werden, wenn es
– einer angemessenen Alterssicherung dient
(z.B. Lebensversicherung),
– zum baldigen Kauf einer
Wohnung für den Eigen-
bedarf benötigt wird.

ERLÄUTERUNG:

Für die Finanzierung des
Generationenvertrags gilt das
Prinzip: „Jung finanziert Alt.
Die nachfolgende Generation
zahlt die Renten der Eltern
und Großeltern".

• wenn der Arbeitslose sich weigert, an vom Arbeitsamt bestimmten Fördermaßnahmen teilzunehmen bzw. die Teilnahme abbricht.

Der Arbeitslose muss zumutbare Beschäftigungen annehmen (**Zumutbar-
keitsprinzip**). Für die Zumutbarkeit ist nicht die berufliche Qualifikation
entscheidend, sondern die Höhe des Entgelts und die Dauer der Arbeitslosigkeit. So muss eine Stelle in den ersten drei Monaten der Arbeitslosigkeit angenommen werden, auch wenn das Entgelt um bis zu 20 % niedriger liegt als das Entgelt in der bisherigen Beschäftigung. In den nächsten
drei Monaten der Arbeitslosigkeit wird eine Minderung von 30 % für vertretbar gehalten. Ab dem 7. Monat der Arbeitslosigkeit muss jede Stelle angenommen werden, deren Nettoentgelt der Höhe des Arbeitslosengeldes
entspricht. Als zumutbar gilt zusätzlich jeder Arbeitsplatz, der eine Pendelzeit, d.h. einen Hin- und Rückweg zur Arbeit, von drei Stunden erfordert, wenn die tägliche Arbeitszeit mindestens sechs Stunden beträgt.
Liegt die tägliche Arbeitszeit unter sechs Stunden, gilt eine Pendelzeit von
zweieinhalb Stunden als vertretbar.

Anspruch auf Arbeitslosenhilfe hat, wer zwar die genannten Voraussetzungen für den Bezug von Arbeitslosengeld, aber nicht die Anwartschaft
erfüllt. Voraussetzung für den Bezug der Arbeitslosenhilfe ist die **Bedürf-
tigkeit** des Antragstellers. Bedürftig ist derjenige, der seinen Lebensunter-
halt nicht auf andere Weise als durch Arbeitslosenhilfe bestreiten kann.
Wer Arbeitslosenhilfe auf diesem Weg beantragt, erhält sie für maximal
312 Tage.

Arbeitslosenhilfe können auch Personen beantragen, die innerhalb der
letzten zwölf Monate Arbeitslosengeld bezogen haben. In diesen Fällen
wird Arbeitslosenhilfe auf **unbegrenzte Zeit** gewährt.

Die Arbeitslosenhilfe beträgt **50 %** bei kinderlosen Antragstellern bzw.
57 % des durchschnittlichen **Nettoverdienstes**, wenn Kinder zu berücksichtigen sind. Die Arbeitslosenhilfe wird vom Bund getragen.

Für die Zeit der Zahlung des Arbeitslosengeldes entrichtet das Arbeitsamt
die **Beiträge** zur gesetzlichen Kranken- und Pflegekasse. In der Rentenversicherung gelten die Zeiten des Bezugs von Arbeitslosengeld oder Arbeitslosenhilfe als **Pflichtbeitragszeiten**.

9.5 Die Rentenversicherung

Die Rentenversicherung übernimmt im Rahmen der sozialen Sicherungssysteme die Aufgabe, den versicherten Personen nach ihrem **Ausscheiden**
aus dem Erwerbsleben eine **Einkommensgrundlage** zu schaffen.

Die Versicherten entrichten **Zwangsabgaben** während der Zeit ihrer Erwerbstätigkeit und finanzieren damit die Rentenzahlungen für die aus dem
Erwerbsleben ausgeschiedenen ehemaligen Beitragzahler.

Reichen die Einnahmen aus den Beiträgen zur Finanzierung der aktuellen
Renten nicht aus, so werden die Defizite durch **Zuschüsse** aus allgemeinen Haushaltsmitteln des **Bundes** ausgeglichen.

Die Träger der Rentenversicherung sind die regionalen Landesversicherungsanstalten für Arbeiter, die Bundesversicherungsanstalt für Angestellte sowie Sonderanstalten wie z. B. die Landwirtschaftliche Alterskassen.

▶ Seit dem 1. Januar 1999 gelten besondere Regelungen für Selbstständige. Erkundigen Sie sich bei der Bundesversicherungsanstalt für Angestellte oder bei den Landesversicherungsanstalten für Arbeiter, wer der neuen Sozialversicherungspflicht unterliegt.

Übersicht über den in der Rentenversicherung versicherten Personenkreis

Pflichtversichert sind
- Arbeitnehmer
- Auszubildende
- Wehr- und Zivildienstleistende
- Bezieher von Arbeitslosengeld, Arbeitslosenhilfe und Krankengeld
- Künstler und Publizisten
- Landwirte

Freiwillig versichert können alle anderen Personengruppen sein, also auch Selbstständige.

9.5.1 Die Leistungen der Rentenversicherung

Die Leistungen der Rentenversicherung sind im Sozialgesetzbuch VI §§ 33 ff. geregelt. Sie umfassen

 **ERLÄUTERUNG:**

Zu den versicherungsfremden Leistungen der Rentenversicherung gehören u.a.
– die Anrechnung von „Babyjahren",
– die Finanzierung von Renten in den neuen Bundesländern,
– die Renten für Aussiedler.

- die Leistungen zur medizinischen und beruflichen Wiedereingliederung in Gesellschaft und Arbeitswelt (Rehabilitation),

- die Zahlung von Renten an Versicherte bzw. an Hinterbliebene von Versicherten, insbesondere
  – Altersrenten,
  – Renten wegen verminderter Erwerbsfähigkeit als Berufsunfähigkeitsrente oder Erwerbsunfähigkeitsrente,
  – Renten wegen Todes (Hinterbliebenenrente) für Witwen, Witwer und Waisen.

Hauptfall der Rentenzahlungen sind die **Altersrenten.**
Altersrente erhalten Versicherte, wenn sie das 65. Lebensjahr vollendet haben und für mindestens 60 Kalendermonate (Wartezeit) Beiträge entrichtet haben.

Bislang konnten Frauen im Alter von 60 Jahren Altersrente beziehen, wenn sie eine Wartezeit von 15 Jahren erfüllt hatten und seit dem 40. Lebensjahr für 10 Jahre und 1 Monat Beiträge entrichtet hatten. Ab dem Jahr 2 000 wird die Altersgrenze in 60 Monatsschritten auf 63 Jahre angehoben, sodass für Frauen, die ab Dezember 1944 geboren sind, das Rentenalter von 65 Jahren gilt. Allerdings haben sie weiterhin die Möglichkeit, mit 60 Jahren Regelaltersrente zu beantragen, müssen dann allerdings pro vorgezogenen Monat des Rentenbeginns einen Abschlag von 0,3 % in Kauf nehmen.

Die **Beitragsjahre** werden als Versicherungszeiten bei der Berechnung der Rentenhöhe zugrunde gelegt.

▶ Welche Probleme
ergeben sich aus der
Berücksichtigung bei-
tragsloser Zeiten für
die Finanzierung der
Rentenversicherung?

Neben den Beitragszeiten werden auch **beitragslose Zeiten** berücksichtigt
wie
• **Ersatzzeiten** aufgrund
– von Kriegsdienst, Gefangenschaft, Flucht,
– eines Versorgungsausgleichs zwischen geschiedenen Ehegatten,
– von Erziehungszeiten in den ersten drei Lebensjahren des Kindes,
• **Anrechnungszeiten** für Zeiten der Ausbildung nach Ablauf einer Wartezeit von 35 Jahren (langjährig Versicherte).

▶ Welche Zielsetzungen
sind mit dem Vorziehen
der Altersrente wegen
Arbeitslosigkeit verbun-
den?

▶ Wie beurteilen Sie das
Vorziehen der Alters-
rente wegen Arbeits-
losigkeit aus der Sicht
der
– Arbeitnehmer
– Arbeitgeber
– Rentenversicherungs-
träger?

Die **Altersrenten** wegen **Arbeitslosigkeit** bzw. **Altersteilzeit** sollen den
Arbeitsmarkt entlasten. Sie können von vor 1952 geborenen Arbeitnehmern in Anspruch genommen werden nach 15 Jahren Wartezeit und
wenn sie in den letzten 18 Monaten mindestens 52 Wochen arbeitslos
waren oder ab dem 55. Lebensjahr mindestens 24 Monate Altersteilzeitar-
beit verrichtet haben.

Bei Altersteilzeit arbeiten Arbeitnehmer nach Vereinbarung mit dem Arbeitgeber
nur noch bis zur Hälfte der normalen Arbeitszeit, aber mindestens 18 Wochenstunden. Der Arbeitgeber stockt das Teilzeit-Arbeitsentgelt steuer- und sozialab-
gabenfrei auf mindestens 70 % des Vollzeit-Nettoentgelts auf und zahlt zusätzlich Beiträge zur Rentenversicherung des Arbeitnehmers, sodass 90 % des Voll-
zeitbeitrags erreicht werden. Das Arbeitsamt erstattet dem Arbeitgeber diese
Aufwendungen, bis der Arbeitnehmer in Rente geht (längstens fünf Jahre), sofern
der Arbeitgeber den durch Altersteilzeit frei gewordenen Arbeitsplatz mit einem
Arbeitslosen oder durch Übernahme eines Ausgebildeten neu besetzt (Festlegung
im Tarifvertrag, durch Betriebsvereinbarung oder Einzelvereinbarung).

Die **vorgezogenen** Altersrenten für langjährig Versicherte ab 62 sowie
wegen Arbeitslosigkeit und nach Altersteilzeit ab 60 werden um **0,3 %** für
jeden Monat der vorzeitigen Inanspruchnahme **gekürzt**.

Diese Rentenkürzung wird bei den Altersrenten für Schwerbehinderte ab
63 sowie für Berufs- und Erwerbsunfähige **nicht** vorgenommen.

Renten wegen verminderter Erwerbsfähigkeit werden bereits vor Erreichen der Altersgrenze gezahlt. Hinterbliebenenrenten hängen vom Eintritt des Versicherungsfalles, d.h. vom Tod des Versicherten ab.

9.5.2 Die Berechnung der Sozialversicherungsrente

Die Sozialversicherungsrente soll nicht nur ein Zuschuss zum Lebensun-
terhalt sein, sondern eine ausreichende finanzielle **Lebensgrundlage** für
den Rentenempfänger bilden. Um dies zu erreichen, wird die Rentenhöhe
ständig an die durchschnittliche Entwicklung der Nettolöhne und -gehäl-
ter angepasst. Dies gilt sowohl für die Standardrenten als auch für die individuellen Renten.

 **ERLÄUTERUNG:**

Die Standardrente ist die
Eckrente eines Durchschnittsverdieners nach 45 Versiche-
rungsjahren.

 **DEFINITION:**

Dynamisierung = Anpassung

Durch die **Dynamisierung** der Renten nehmen die Rentner proportional
an einer allgemeinen Entwicklung des Lebensstandards teil, der sich aus
einer Veränderung der durchschnittlichen Nettolöhne ergibt.

Die **Höhe** der Rente wird von folgenden Faktoren bestimmt:

• der **Gewichtung** der Rentenart
Beispiele: Altersrente Faktor 1,0; Berufsunfähigkeitsrente: Faktor 0, 6667

- dem **Zugangsfaktor**
  bei Rentenbeginn mit 65 Jahren Faktor 1,0, bei vorzeitigem Rentenbeginn Faktor < 1,0, bei späterem Beginn Faktor > 1,0
- den **Entgeltpunkten**
  Der Durchschnittsverdiener erhält pro Jahr der Versicherungsdauer 1,0 Punkte. Hat ein Arbeitnehmer in einem Jahr weniger verdient als der Durchschnitt, ist sein Entgeltpunkt < 1, hat er mehr verdient ist der Entgeltpunkt > 1.
- dem **aktuellen Rentenwert**
  Monatsrente pro Beitragsjahr eines Durchschnittsverdieners mit 45 Beitragsjahren. Der aktuelle Rentenwert wird jedes Jahr für Neurenten neu festgelegt.

Rentenhöhe:
Entgeltpunkte x Zugangsfaktor x Rentenartfaktor x aktueller Rentenwert

 BEISPIELE:　　*Berechnung der Rentenhöhe*

Christian Albrecht geht in Rente. Er ist 65 Jahre alt und hat 44 Jahre versicherungspflichtig gearbeitet.

Berechnung der Entgeltpunkte für Christian Albrecht

Jahre	Durchschnittsverdienst aller Versicherten	Jahresverdienst des Herrn Albrecht	Entgeltpunkte:
1	40 000 DM	45 000 DM	1,125
1	50 000 DM	48 000 DM	0,960
42 Jahre Durchschnittsverdienst[1]			42,000
Summe			44,085

Rente für Christian Albrecht

Entgelt-punkte	x	Zugangs-faktor bei Regelalters-grenze 65 Jahre	x	Renten-artfaktor	x	aktueller Rentenwert[2]	=	monatliche Rente
44,085		1,0		1,0		46,67		2 057,45 DM

Der aktuelle Rentenwert wird wie folgt berechnet:

Monatlicher Durch-schnittsverdienst eines Arbeitnehmers	Rente nach 45 Jahren entspricht 70 % des durchschnittlichen Nettoverdienstes	aktueller Rentenwert: DM-Betrag pro Entgelt-punkt nach 45 Beitragsjahren
3 000 DM	2 100 DM	2 100/45 = 46,67 DM

1 Der Verdienst von Christian Albrecht entsprach dem Durchschnittsverdienst aller Versicherten. Damit erhält er pro Jahr Durchschnittsverdienst 1,000 Entgeltpunkte. In den anderen beiden Jahren erhält er einen Zuschlag bzw. einen Abschlag, weil er mehr bzw. weniger verdient hat als der Durchschnittsverdienst betrug.
2 Der aktuelle Rentenwert wird jährlich angepasst.

ERLÄUTERUNG:
Die Durchschnittsrente in Deutschland beträgt für das Jahr 1997
in den alten Bundesländern für
– Rentner 1 822 DM
– Rentnerinnen 1 189 DM
in den neuen Bundesländern für
– Rentner 1 815 DM
– Rentnerinnen 1 398 DM

▶ Welche Gründe gibt es für die unterschiedliche Rentenhöhe der einzelnen Personengruppen?

▶ Welche Probleme ergeben sich aus folgenden Situationen?
– fehlende Beitrags-zeiten für einen Arbeitnehmer,
– Senkung des Durch-nittsniveaus der Rente auf 64 % des durch-schnittlichen Netto-verdienstes,
– steigende Lebens-erwartung der Bürger.

▶ Nehmen Sie Stellung zu folgender These: „Die aktuellen Finanzierungsprobleme der Rentenversicherung haben mit der Altersstruktur der deutschen Bevölkerung nichts zu tun!".

9.5.3 Aktuelle Probleme der Rentenversicherung

Die Rentenversicherungskassen wurden in den vergangenen Jahren verstärkt in Anspruch genommen, sodass zeitweise die gesetzlich vorgeschriebene **Liquiditätsreserve** in Höhe einer Monatsausgabe nicht vorhanden war. Für diese Entwicklung gibt es vielfältige Ursachen.

So müssen wegen des **Altersaufbaus** der Bevölkerung immer mehr Rentner durch immer weniger aktive Beitragzahler finanziert werden. Außerdem ist das **Renteneintrittsalter** ständig gesunken, da immer mehr Menschen frühzeitig in Rente gegangen sind, während die Lebenserwartung ständig gestiegen ist. Daraus ergibt sich eine längere Rentenbezugsdauer.

Auch **versicherungsfremde Leistungen** wie die Auffüllung der Ostrenten und der Renten für Aus- und Umsiedler, die Berechnung von **beitragslosen Zeiten** für „Babyjahre" und Ausbildungszeiten und die Dynamisierung der Renten belasten die Rentenkassen. Darüber hinaus hat sich die Situation durch die lang anhaltende **Massenarbeitslosigkeit** dramatisch zugespitzt. Es fehlen die Beitragseinnahmen.

▶ Werten Sie Medienberichte über die angesprochenen Sachverhalte aus.

Das Rentensystem muss **finanzierbar** bleiben, d.h. die Beitragslasten dürfen nicht ständig steigen. Beitragserhöhungen vermindern das **verfügbare Einkommen** der aktiven Bevölkerung und verteuern über die **Lohnnebenkosten** (Arbeitgeberanteil) den Produktionsfaktor Arbeit. Damit werden Arbeitsplätze gefährdet.

▶ Welche Anlageformen bieten die Banken und Sparkassen jungen Leuten zur Alterssicherung an?

Reformansätze des Systems bestehen in folgenden Schritten:

- Rückkehr zur **Regelaltersgrenze** von 65 Jahren (ab 1997 mit Übergangsfristen umgesetzt) oder Erhöhung der Regelaltersgrenze,

- Senkung des durchschnittlichen **Rentenniveaus**,

▶ Diskutieren Sie, ob die Renten bei sinkenden Reallöhnen gesenkt werden sollten.

- Senkung der Eckrente (Die Eckrente beträgt seit den 80er Jahren etwa 70 % des durchschnittlichen Nettoarbeitsentgeltes des für die Rentenberechnung geltenden Jahres),

- erhöhte **Bundeszuschüsse** zur Finanzierung der versicherungsfremden Leistungen,

- Kürzung der beitragslosen **Anrechnungszeiten** wie Kindererziehungszeiten und Ausbildungszeiten,

▶ Untersuchen Sie, ob sich die angesprochenen Probleme auf die Kranken-, Pflege- und Arbeitslosenversicherung übertragen lassen.

- Anpassung der Renten an die durchschnittliche **Nettolohnentwicklung** und nicht an die Entwicklung der Bruttolöhne (bereits umgesetzt),

- Veränderung der **Rentenformel**.

Strukturwissen

> **Soziale Sicherung der Arbeitnehmer**
> **Ziel: Absicherung der Lebensrisiken**

Individualversicherung

- Der Einzelne entscheidet über die Art und den Umfang seiner sozialen Absicherung.
- Beiträge (Versicherungsprämien) richten sich nach dem Risiko und der vereinbarten Versicherungsleistung.
- Beispiele: Lebensversicherung (Kapitaldeckungsprinzip, da Prämien und Erträge aus der Anlage der Prämien die Höhe der Versicherungsleistungen bestimmen), private Kranken- und Pflegeversicherung, private Unfallversicherung
- Grundlage: Privatrechtlicher Vertrag zwischen Versicherungsnehmer und Versicherungsgesellschaft.

Sozialversicherung

- Mitglieder sind Zwangsmitglieder.
- Sie entrichten Beiträge.
- Es gilt das Solidarprinzip, d.h. die Versichertengemeinschaft finanziert die Leistungen aus den laufenden Beiträgen.
- U.U. werden Zuschüsse aus allgemeinen Steuermitteln notwendig.
- Problem:
  - Finanzierung durch Arbeitgeber (Lohnnebenkosten) und Arbeitnehmer (Belastung des Einkommens)
- Finanzierung nur, wenn Beschäftigungsverhältnisse bestehen.

Beiträge zur Sozialversicherung

- Beiträge werden festgesetzt unter Berücksichtigung des Ausgabenbedarfs und der Zuschüsse aus Steuermitteln.
- Bis zur Höhe der Beitragsbemessungsgrenze werden Einkommen mit Sozialversicherungsbeiträgen belastet.
- Versicherungspflichtgrenze ist die Einkommensgrenze für Sozialversicherungspflicht. Ist das Einkommen höher, erlischt die Versicherungspflicht.
- Kurzfristige Beschäftigungen und Saisonbeschäftigungen von längstens zwei Monaten oder 50 Arbeitstagen sind sozialversicherungsfrei.

Übersicht über die gesetzliche Sozialversicherung				
Kranken-versicherung	Pflege-versicherung	Arbeitslosen-versicherung	Renten-versicherung	Unfall-versicherung
AOK, Innungs-, Betriebs- und Ersatz-krankenkassen	Pflegekassen bei den Krankenkassen	Bundesanstalt für Arbeit	Bundesversicherungsanstalt für Angestellte, Landesversicherungsanstalten für Arbeiter	Berufsgenossenschaften
Alle Arbeitnehmer mit einem Einkommen bis zur Höhe von 75 % der Beitragsbemessungsgrenze (= Versicherungspflichtgrenze)	Alle Mitglieder der gesetzlichen und privaten Krankenversicherungen	Alle Arbeitnehmer mit einem Einkommen bis zur Beitragsbemessungsgrenze	Alle Arbeitnehmer mit einem Einkommen bis zur Beitragsbemessungsgrenze	Alle Beschäftigten
Bis zur Beitragsbemessungsgrenze steigend, danach konstant	wie Krankenversicherung	wie Krankenversicherung	wie Krankenversicherung	
Krankenhilfe, Krankengeld, Vorsorgeuntersuchungen, Arzneimittel (Zuzahlung des Versicherten)	Häusliche Pflege, Sachleistungen, Pflegegeld, stationäre Pflege, sonstige Leistungen: Pflegehilfsmittel	Arbeitslosengeld, Arbeitslosenhilfe (aus Steuermitteln), Kurzarbeitergeld, Arbeitsvermittlung, Sozialversicherungsbeiträge für Arbeitslose	Rentenzahlungen, Rehabilitationsmaßnahmen	Arbeitsunfallfolgen: Krankenhilfe, Berufshilfe, Renten. Unfallverhütung. Aufklärung, Belehrung, Überwachung

Aufgaben

 ### Deutsche Lebensbäume
Altersschichtung in Stufen von je 5 Jahrgängen

Männer / Frauen · eine Million Einwohner

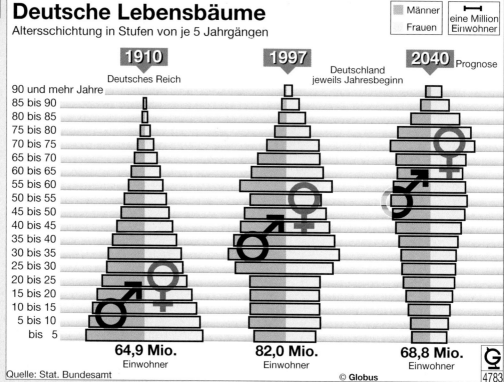

1910 Deutsches Reich

1997 Deutschland jeweils Jahresbeginn

2040 Prognose

90 und mehr Jahre
85 bis 90
80 bis 85
75 bis 80
70 bis 75
65 bis 70
60 bis 65
55 bis 60
50 bis 55
45 bis 50
40 bis 45
35 bis 40
30 bis 35
25 bis 30
20 bis 25
15 bis 20
10 bis 15
5 bis 10
bis 5

64,9 Mio. Einwohner

82,0 Mio. Einwohner

68,8 Mio. Einwohner

Quelle: Stat. Bundesamt

© Globus

4783

a) Beschreiben Sie die Veränderung der Lebensbäume.
b) Welche Gründe führten zur Veränderung der Lebensbäume?
c) Welche Auswirkungen entstehen für den Generationenvertrag?

2 Um weitere Beitragserhöhungen zur Rentenversicherung zu vermeiden, wurde die Umsatzsteuer erhöht. Beurteilen Sie diese Maßnahme aus Arbeitnehmersicht.

3 Angenommen, bei der Berechnung der jährlichen Rentenanpassung würde ein demographischer Faktor hinzugefügt. Der Faktor soll die längere Rentenbezugsdauer berücksichtigen, die durch eine erhöhte Lebenserwartung verursacht wird.
Welche Auswirkung hätte dies auf die Höhe der zukünftigen Renten?

4 Die so genannten 630-DM-Verträge sind seit 1999 sozialversicherungspflichtig. Beurteilen Sie, ob sich die Einnahmen der Sozialversicherungen verbessert haben.

5 Die Beiträge zur privaten Krankenversicherung richten sich nach dem Eintrittsalter, dem Geschlecht und dem Gesundheitsrisiko des Versicherungsnehmers. Erscheint der Versicherung das Risiko zu hoch, kann der Antragsteller abgelehnt werden.
Erörtern Sie, ob eine Übertragung dieser Beitragsfestsetzung auf die gesetzlichen Krankenkassen mit dem Sozialstaatsprinzip übertragbar wäre.

Beurteilen Sie die folgende Maßnahme der Bundesregierung zur Bekämpfung der Arbeitslosigkeit.

Anzeige

Ihr Unternehmen ist noch keine zwei Jahre alt, und Sie beschäftigen nicht mehr als fünf Arbeitnehmer? Dann kommen Sie bei der Einstellung von Arbeitslosen ganz besonders auf Ihre Kosten. Zwei dieser Mitarbeiter fördern wir bis zu zwölf Monate mit einem Einstellungszuschuss, der **50 % der Gehaltskosten** ausmacht. Und für jeden weiteren neu eingestellten Langzeitarbeitslosen (der zwölf und mehr Monate arbeitslos war) können Sie bis zu einem Jahr einen Lohnkostenzuschuss erhalten. Er beträgt je nach Dauer der Arbeitslosigkeit zwischen 50 % und 70 % des Gehalts. Fordern Sie weitere Informationen an – bei Ihrem Arbeitsamt oder beim
Job Forum Live: Telefon 0800/1515154,
Fax 0180/5151513, Internet:
http://www.bma.bund.de
Bundesministerium für Arbeit und Sozialordnung
– Bundesanstalt für Arbeit –

a) Warum werden nur Unternehmen gefördert, die nicht älter als 2 Jahre sind? Erkundigen Sie sich über weitere Förderungsmaßnahmen beim Bundesministerium für Arbeit und Sozialordnung.

b) Welche Auswirkungen hat die Maßnahme auf die lokalen Arbeitsmärkte?

c) Welche Auswirkungen kann die Maßnahme für geplante Existenzgründungen haben?

 Der 45-jährige Bankangestellte Max Huber wird aus Rationalisierungsgründen entlassen. Er meldet sich beim Arbeitsamt arbeitslos und erhält ein Angebot für eine Arbeitsstelle als Kassierer in einem Supermarkt. Er lehnt den angebotenen Arbeitsplatz ab.
Welche Probleme ergeben sich für Max Huber aus der Ablehnung des angebotenen Arbeitsplatzes?

Die Finanzierungsprobleme der gesetzlichen Krankenversicherung werden teilweise durch steigende Zuzahlungen der Versicherten aufgefangen. Warum verspricht sich der Gesetzgeber von dieser Maßnahme eine Senkung der Ausgaben und eine Entlastung der Lohnnebenkosten?

Im Freistaat Sachsen tragen die Arbeitnehmer den gesamten Beitrag zur Pflegeversicherung. Dafür ist der Buß- und Bettag weiterhin ein gesetzlicher Feiertag.

a) Erläutern Sie die Finanzierung der Pflegeversicherung in den anderen Bundesländern.

b) Welche Folgen hätte eine Beitragserhöhung für die Arbeitnehmer und Arbeitgeber nach den verschiedenen Finanzierungsmodellen?

c) Analysieren Sie die gesamtwirtschaftlichen Auswirkungen, wenn nicht alle Bundesländer das gleiche Finanzierungsmodell besitzen.

10 Kommunikation und Konfliktverhalten

Ist der Kunde das Problem?

Ein Gespräch an einem Bankschalter

Kunde:	„Sagen Sie mal, Ihre Bank zahlt ja kaum Zinsen für Spareinlagen mit 3-monatiger Kündigungsfrist. Meinen Sie nicht, dass da etwas passieren muss?"
Auszubildender:	„Nein."
Kunde:	„Es ist doch bekannt, dass die Konkurrenz ein halbes Prozent mehr zahlt."
Auszubildender:	„Dafür hat unsere Bank andere Qualitäten."
Kunde:	„Dann sollten Sie aber aufpassen, dass diese Qualitäten auch den Kunden zugute kommen. Sonst gehe ich zur Konkurrenz."
Auszubildender:	„Ja, ja ....."
Kunde:	„Das war's dann. Wiedersehen."

Handlungsaufträge

1 In welcher Beziehung stehen die Gesprächspartner zueinander?

2 Warum kam es zu dieser Auseinandersetzung?

3 Welche tiefer gehenden Ursachen sehen Sie?

4 Wer ist Ihrer Meinung nach für den Konflikt verantwortlich?

5 Beschreiben Sie die Gefühle der Gesprächspartner während des Dialogs.

6 Bewerten Sie den Ausgang des Gesprächs.

7 Was würden Sie den Gesprächspartnern empfehlen?

ERLÄUTERUNG:

Regeln für einen erfolgreichen Dialog:
1. Hören Sie aufmerksam zu.
2. Unterbrechen Sie den Gesprächspartner nicht.
3. Stellen Sie Verständnisfragen.
4. Gehen Sie sachlich auf Argumente ein.

BEISPIELE:

Sprachlose Kommunikation:
– *Der Lehrer betritt die Klasse. Es ist totenstill.*
– *Sie betreten ein Zugabteil und begrüßen den einzigen Fahrgast. Er schweigt.*

10.1 Was ist Kommunikation?

Unter dem Begriff Kommunikation wird der **Austausch** von Mitteilungen aller Art zwischen Personen oder Gruppen verstanden. Diese Definition umfasst nicht nur das **Sprechen**, sondern beinhaltet auch **Gesten, Mimik** und **Körperhaltungen.** Auch das **Schweigen** gehört nach dieser Definition zur Kommunikation. Diese zum Teil versteckten Mitteilungen können die Kommunikation in erheblichem Maße beeinflussen.

10.2 Ein Kommunikationsmodell

Ein in Deutschland bekanntes Kommunikationsmodell wurde von Schulz v. Thun entwickelt.

Die Grundvoraussetzung für die Durchführung von Kommunikation ist das Vorhandensein eines **Senders**, der dem **Empfänger** eine **Nachricht** übermittelt. Der Empfänger muss diese Nachricht dann **entschlüsseln**.

Nach Schulz v. Thun enthält **jede Nachricht vier Seiten.** Je nachdem, auf welche dieser vier Seiten einer Nachricht eingegangen wird, kann ein Gespräch sehr unterschiedlich verlaufen.

Die vier Seiten einer Nachricht

Quelle: Friedemann Schulz v. Thun: Miteinander reden 1, Störungen und Klärungen. Allgemeine Psychologie der Kommunikation, Reinbek bei Hamburg 1996, S. 30

10.2.1 Der Sachinhalt

Jede Nachricht in einem Gespräch enthält zunächst eine **Sachinformation.** Damit eine Kommunikation erfolgreich verläuft, muss die Sachinformation vom Sender **verständlich** vermittelt und vom Empfänger auch ebenso deutlich **entschlüsselt** werden.

Nachrichten enthalten aber nicht nur Sachinformationen, sondern drei weitere **Botschaften.** Wenn Menschen nur die sachliche Seite einer Nachricht wahrnehmen, kann es zu **Kommunikationsstörungen** kommen. Dies geschieht immer dann, wenn das eigentliche Problem in einem Gespräch nicht auf der Sachebene, sondern im **zwischenmenschlichen Bereich** liegt.

10.2.2 Die Beziehungsebene

Aus fast jeder Nachricht ist das **Verhältnis** des Senders zum Empfänger abzulesen. Die bestehende zwischenmenschliche Beziehung der Gesprächspartner kann einen Kommunikationsprozess fördern, ihn aber auch sehr stören.

Diese Ebene stellt den **konfliktträchtigsten Bereich** des Kommunikationsprozesses dar. Bei vielen Menschen ist das „Beziehungs-Ohr" so stark ausgeprägt, dass Sachinformationen sofort auf die eigene Person bezogen werden.

▶ Vater: „Hast du deine Hausaufgaben schon gemacht?"

Tochter:
1. „Nein, Papa,. Ich werde aber gleich beginnen."
oder
2. „Du hast mir gar nichts zu sagen."

Auf welche Seiten der Nachricht reagiert die Tochter?

▶ Der Sender vermittelt Sachinformationen. Ihm entgeht, dass der Empfänger nicht aufnahmebereit ist. Wo könnten die Ursachen liegen?

▶ Unterscheiden Sie anhand des folgenden Gesprächs eines Ehepaares die Sach- von der Beziehungsebene.
Er: „Wir sollten mal wieder essen gehen."
Sie: „Mein Essen schmeckt dir also nicht?"
Er: „Doch, du kochst ausgezeichnet."
Sie: „Ich gebe mir beim Kochen sehr viel Mühe."
Er: „Was hältst du vom Italiener?"
Sie: „Nie lobst du mich, wenn ich koche."
Er: „Nicht schon wieder."

10.2.3 Die Selbstoffenbarung

Nachrichten enthalten nicht nur sachliche Informationen und sagen etwas über die Beziehung der Gesprächspartner aus. Sie beinhalten auch **Botschaften** über die Person des **Senders.**

Über die Autoren dieses Schulbuches erfahren Sie z.B., welche Inhalte ihnen wichtig sind und dass sie sich für kompetent halten, ein Schulbuch zu schreiben. Mit jeder Sachinformation gibt also der Sender auch Informationen über sich selbst preis.

10.2.4 Der Appellcharakter

Die vierte Seite einer Nachricht ist der Appell. Mit jeder Botschaft, die der Sender an den Empfänger weitergibt, möchte er **Wirkungen** erzeugen oder Handlungen auslösen. Dies kann offen oder auch versteckt geschehen.

▶ Verdeutlichen Sie die vier Seiten einer Nachricht am folgenden Beispiel:
„Fahr nicht so riskant und schnell."

Übersicht über die Botschaften der vier Seiten einer Nachricht	
• Sachinhalt:	Darüber informiere ich dich.
• Beziehung:	So stehen wir zueinander.
• Selbstoffenbarung:	Das gebe ich von mir preis.
• Appell:	Das möchte ich von dir.

10.3 Verhalten im Konfliktfall

Konflikte beruhen auf **Kommunikationsstörungen** oder auf **Interessenunterschieden.**

Um Störungen zu beheben, müssen sie von den Gesprächspartnern zunächst **wahrgenommen** werden. Erst dann kann ein Austausch der Konfliktparteien über die Ursachen einer gestörten oder gescheiterten Kommunikation erfolgen.

Zur Konfliktbewältigung stehen u.a. folgende **Methoden** zur Verfügung:

• **die Metakommunikation,**

• **das Harvard-Konzept.**

▶ Welche persönlichen Eigenschaften erleichtern die Konfliktbewältigung?

ERLÄUTERUNG:

Um ein positives Ergebnis zu erzielen, benötigen die Teilnehmer einer Metakommunikation Mut und ein hohes Maß an Taktgefühl.

10.3.1 Metakommunikation

Unter Metakommunikation wird der Austausch der Gesprächspartner über die **Art** der Kommunikation und den **Umgang** miteinander verstanden. Gemeinsam analysieren sie, wie Botschaften gemeint waren und wie sie letztendlich aufgefasst wurden.

Eine gelungene Metakommunikation kann Grundlage dafür sein, in Zukunft Störungen auf der **Beziehungs-** und **Inhaltsebene** zu vermeiden. Dafür ist es erforderlich, die als negativ empfundene Aspekte eines Gesprächs offen anzusprechen.

Die folgenden sechs **Regeln** erleichtern die **Durchführung einer Meta-kommunikation.**

- Geben Sie eine **zeitnahe Rückmeldung.**
- **Beschreiben Sie Ihre Wahrnehmungen** und **Empfindungen.**
- **Benutzen Sie die Ich-Form.**
- **Formulieren Sie Kritik konkret.**
- **Sprechen Sie den Kritisierten direkt an.**
- **Formulieren Sie positive** und **negative Aspekte.**

10.3.2 Das Harvard-Konzept

Mit dem Harvard-Konzept können private Alltagsprobleme, Verkaufsgespräche, Gehaltsverhandlungen oder politische Auseinandersetzungen effektiv ausgetragen werden. Das Harvard-Konzept geht davon aus, dass die Konfliktparteien eigene Interessen verfolgen. Sie erkennen aber, dass ein Scheitern der Verhandlungen beiden Seiten Nachteile bringt.

Bei der Umsetzung des Harvard-Konzeptes sind vier Regeln zu beachten:

■ **Unterscheiden Sie zwischen dem Menschen und dem Problem.**
Diese Unterscheidung ermöglicht es, eine **Beziehung** zum Verhandlungspartner aufzubauen und dennoch die eigenen Interessen zu vertreten. Für eine erfolgreiche Verhandlung ist es notwendig, dass sich die Verhandlungspartner aufeinander verlassen können.

■ **Stellen Sie Interessen und nicht Positionen in den Mittelpunkt.**
Die Interessen beschreiben das **Ziel** der Verhandlungen. Daher ist es wichtig, die eigenen Interessen zu präzisieren und die Vorstellungen der Gegenseite zu kennen.

Nur wer die Interessen kennt, kann Lösungsmöglichkeiten entwickeln.

Unumstößliche Positionen, wie Maximalforderungen, engen den Lösungsspielraum erheblich ein.

■ **Entwickeln Sie Lösungsmöglichkeiten, die beiden Seiten Vorteile bringen.**
Häufig gibt es nicht nur eine Lösung des Problems. Daher ist es besonders wichtig, verschiedene und eventuell völlig neue Lösungsansätze zu entwickeln.

■ **Einigen Sie sich auf objektive Entscheidungskriterien.**
Objektive Entscheidungskriterien müssen von beiden Konfliktparteien akzeptiert werden. Es kann sich dabei z.B. um eine Selbstverpflichtung handeln, eine gesetzliche Mindestbestimmung oder auch um das Ergebnis eines unabhängigen Gutachters. Die Festlegung eines solchen Kriteriums kann zu allen Phasen und auch differenziert zu verschiedenen Optionen erfolgen.

ERLÄUTERUNG:

Wahrnehmungen sind immer subjektiv.
Klären Sie deshalb, ob Ihre Wahrnehmungen mit denen Ihrer Gesprächspartner übereinstimmen.

Erst dann sollten Sie beginnen, einen Sachverhalt zu interpretieren.

▶ Eine Gruppe Jugendlicher möchte gemeinsam ins Kino gehen. Sie können sich allerdings nicht auf einen Film einigen.

Wie hätten die Äußerungen nach dem Harvard-Konzept lauten können?

1. „Claus, du willst dich immer durchsetzen."
2. „1 000 Pferde bringen mich nicht in diesen Film."
3. „Ich habe das Reden satt. Dann gehen wir eben in diesen Film."

 **LERNTIPP:**

Nutzen Sie für kreative Lösungen das Brainstorming und die 6-3-5-Methode.

In der folgenden Übersicht wird das Harvard-Konzept mit der weit verbreiteten Verhandlungsstrategie der Stärke verglichen.

Vergleich Harvard-Konzept – Strategie der Stärke		
	Harvard-Konzept	**Strategie der Stärke**
Selbstverständnis der Verhandlungsteilnehmer	Problemlöser	Gegner
Ziele der Verhandlungsteilnehmer	einvernehmliches Ergebnis	Sieg über die Gegner
Bedeutung der Positionen	offen für neue Lösungen	Beharren auf Positionen
Lösungen	Vorteile für beide Seiten	einseitige Vorteile
Beurteilung des Verhandlungsergebnisses	objektive Maßstäbe	subjektive Maßstäbe

10.3.3 Konflikte im Betrieb am Beispiel der Kündigungsschutzklage

Die beschriebenen Kommunikationsmodelle sind geeignet, den Umgang zwischen Arbeitnehmern und Arbeitgebern bzw. zwischen den Mitarbeitern untereinander positiv zu gestalten und ein **Betriebsklima** zu schaffen, das es erlaubt, Ziele gemeinsam zu formulieren und umzusetzen.

Allerdings sind Streitigkeiten, die sich aus dem Arbeitsvertrag ergeben, nicht auszuschließen. Können Konflikte zwischen Arbeitgeber und Arbeitnehmer nicht mithilfe persönlicher Gespräche oder unter Einschaltung des Betriebsrats bereinigt werden, so steht den Parteien der Weg zum **Arbeitsgericht** offen.

Arbeitsgerichte sind zuständig für **Streitigkeiten** im Zusammenhang mit dem einzelnen Arbeitsvertrag, aber auch für Streitigkeiten zwischen Arbeitgebern, Betriebsräten und Gewerkschaften.

Einer der häufigsten Konfliktfälle ergibt sich im Falle der **Kündigung von Arbeitsverträgen.** Sowohl der Arbeitgeber als auch der Arbeitnehmer haben das Recht zur Kündigung, die aus wirtschaftlichen Gründen erfolgt oder ihre Ursachen in der Person des Vertragspartners hat.

Für den Arbeitnehmer ist die Kündigung von Seiten des Arbeitgebers mit schwerwiegenden Folgen verbunden. Er verliert seinen Arbeitsplatz und damit häufig seine finanzielle Lebensgrundlage. Auf der anderen Seite muss der Arbeitgeber auch in der Lage sein, Mitarbeiter zu entlassen, wenn es die wirtschaftliche Situation erfordert oder wenn der Arbeitnehmer nicht die Erwartungen erfüllt.

▶ Warum ist es schwierig, mit Personen zu verhandeln, die nur ihr Gesicht wahren wollen?

▶ Beurteilen Sie folgende These.
„Verhandlungsparteien, die mit einem Schlichter arbeiten, sind nicht in der Lage, die Regeln des Harvard-Konzepts anzuwenden."

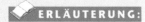
ERLÄUTERUNG:

Vor Anrufung des Gerichts kann die Einigungsstelle der IHK angerufen werden.

ERLÄUTERUNG:

Arbeitsgerichte (1. Instanz) sind für alle arbeitsrechtlichen Probleme zuständig. Ihre Kammern sind mit einem Berufsrichter und je einem ehrenamtlichen Richter aus Kreisen der Arbeitnehmer und der Arbeitgeber besetzt.

Während **fristlose Kündigungen** einen wichtigen Grund bedingen, der im Einzelfall vor Gericht bestritten werden kann, müssen für die **ordentliche Kündigung** die Kündigungsfristen eingehalten und die im Gesetz genannten Gründe vorliegen.

Im Falle der ordentlichen Kündigung wird dem betroffenen Arbeitnehmer das Recht eingeräumt, **Kündigungsschutzklage** vor dem Arbeitsgericht zu erheben.

Klagt der Arbeitnehmer gegen die Kündigung, so hat er in der **Klageschrift** bzw. in einem Protokoll vor Gericht den Grund für die Kündigung darzulegen und den Beklagten sowie den Klagegrund zu benennen. Es kommt zu einem **Gütetermin**, bei dem nach einer gütlichen Einigung gesucht wird. Der Gütetermin kann unter Umständen durch beiderseitiges Nachgeben mit einem Vergleich enden. Kommt es nicht zu einer gütlichen Einigung, so wird der Sachverhalt vor Gericht verhandelt. Die Kammer fällt ein **Urteil**, das vor dem Landesarbeitsgericht auf Verlangen des Klägers oder des Beklagten nachgeprüft werden kann. Gegen Urteile des Landesarbeitsgerichts kann **Revision** beim Bundesarbeitsgericht erhoben werden.

> **ERLÄUTERUNG:**
>
> Das Kündigungsschutzgesetz regelt die Fälle des allgemeinen Kündigungsschutzes. Für den besonderen Kündigungsschutz wie z.B. Mutterschaft, Betriebsratsmitglieder, Wehr- und Zivildienstleistende gelten Sondergesetze.

> **ERLÄUTERUNG:**
>
> § 102 BetrVG: „Der Betriebsrat ist vor jeder Kündigung zu hören."

> **ERLÄUTERUNG:**
>
> Eine Änderungskündigung ist möglich, wenn sich die Vertragspartner im gegenseitigen Einvernehmen auf einen anderen Arbeitsplatz im Unternehmen einigen.

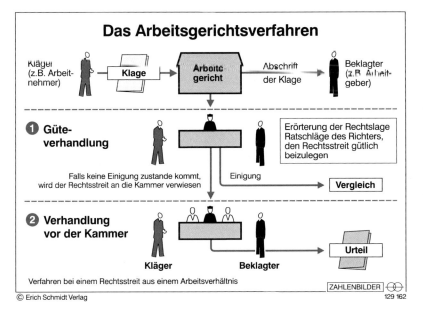

Das Arbeitsgerichtsverfahren

Kläger (z.B. Arbeitnehmer) → **Klage** → **Arbeitsgericht** → Abschrift der Klage → Beklagter (z.B. Arbeitgeber)

1 Güteverhandlung — Erörterung der Rechtslage Ratschläge des Richters, den Rechtsstreit gütlich beizulegen

Falls keine Einigung zustande kommt, wird der Rechtsstreit an die Kammer verwiesen — Einigung → **Vergleich**

2 Verhandlung vor der Kammer — Kläger / Beklagter → **Urteil**

Verfahren bei einem Rechtsstreit aus einem Arbeitsverhältnis

ZAHLENBILDER

129 162

© Erich Schmidt Verlag

▶ Unterscheiden Sie anhand des Harvard-Konzeptes zwischen „Positionen" und „Interessen" der Tarifvertragsparteien.

Der allgemeine Kündigungsschutz beruht auf der gesetzlichen Grundlage des **Kündigungsschutzgesetzes.** Es gilt

- für Betriebe (auch Praxen der freien Berufe), die regelmäßig mehr als fünf Arbeitnehmer (ohne Auszubildende) beschäftigen,

- für Arbeitnehmer, die zum Zeitpunkt der Kündigung länger als sechs Monate ohne Unterbrechung in einem solchen Betrieb tätig waren.

Eine ordentliche Kündigung ist nur dann wirksam, wenn sie sozial gerechtfertigt ist. Der Kündigungsgrund muss in der Person des Arbeitnehmers liegen, auf einem Fehlverhalten beruhen oder dringenden betrieblichen Erfordernissen entsprechen. Darüber hinaus muss der Grundsatz der Verhältnismäßigkeit berücksichtigt werden, d.h. die Kündigung kommt erst in Betracht, wenn keine Möglichkeit zu einer anderen Beschäftigung, unter Umständen auch mit schlechteren Arbeitsbedingungen, besteht.

Die **Feststellung** einer sozial ungerechtfertigten Kündigung kann nur durch das **Arbeitsgericht** erfolgen. Dazu muss der Arbeitnehmer innerhalb von **drei Wochen** nach Zugang der Kündigung Kündigungsschutzklage erheben.

Während der Laufzeit des Verfahrens muss der Arbeitnehmer in der Regel den Betrieb verlassen.
Verliert der Arbeitnehmer den Prozess, ist die Kündigung **rechtswirksam**. Geht das Urteil zu seinen Gunsten aus, so ist die Kündigung **unwirksam**, und das Arbeitsverhältnis besteht weiterhin.

Der Arbeitnehmer

- ist weiter zu beschäftigen oder

- erhält eine Abfindung, wenn der Arbeitgeber ausführlich begründet, warum eine sinnvolle Zusammenarbeit aus betrieblichen Gründen nicht mehr möglich ist.

10.3.4 Konflikte zwischen den Sozialpartnern am Beispiel der Tarifauseinandersetzungen

Tarifauseinandersetzungen ergeben sich aus der Tarifautonomie. Das **Tarifvertragsgesetz** bestimmt, dass Entgelttarife genauso wie Mantel- oder Rahmentarife zwischen Arbeitgeber oder Arbeitgeberverbänden und den Gewerkschaften ausgehandelt werden. Es werden Verträge geschlossen, die zeitlich befristet sind.
In Anschlussverträgen werden neue Vereinbarungen getroffen. Dabei stoßen Gewerkschaftsforderungen auf den Widerstand der Arbeitgeber, die Kostensteigerungen aus den gestellten Forderungen befürchten. Arbeitgeber und ihre Verbände vertreten z.B. die Forderung nach flexiblen Arbeitszeiten und sind nur bereit, Lohnzugeständnisse zu machen, wenn die Leistung (die Produktivität) steigt.

Auch wenn der Staat den Tarifpartnern das Recht zugesteht die Inhalte der Verträge frei auszuhandeln, so schreibt er im Tarifvertragsgesetz **Verfahrensregeln** vor, die zu beachten sind. Dazu gehören u.a.

- die **Friedenspflicht**,

- das **Arbeitskampfrecht**.

Die **Friedenspflicht** bindet Arbeitgeber und Gewerkschaften an die vereinbarten Inhalte der Tarifverträge und **untersagt** den Beteiligten die Durchführung von **Arbeitskampfmaßnahmen** während der Laufzeit der ausgehandelten Verträge. Erst nach Scheitern der Verhandlungen und einer eventuellen Schlichtung erlischt die Friedenspflicht.

Das **Arbeitskampfrecht** legt als zulässige Kampfmittel bei Tarifauseinandersetzungen Streik und Aussperrung fest.

Streiks im Rahmen von Tarifauseinandersetzungen sind nach Erlöschen der Friedenspflicht rechtmäßig, wenn sie aufgrund einer **Urabstimmung** durch die im Tarifgebiet organisierten Arbeitnehmer der Branche beschlossen worden sind und von einer Gewerkschaft getragen werden.

▶ Warum nehmen in Zeiten hoher Arbeitslosigkeit die Kündigungsschutzklagen zu?

▶ Warum sind Tarifverträge zeitlich befristet?

BEISPIELE:

Gewerkschaftsforderungen: Lohn- und Gehaltserhöhungen, Arbeitszeitverkürzungen, Maßnahmen zur Arbeitsplatzsicherung.

▶ Welche Vor- und Nachteile ergeben sich aus der Friedenspflicht für Arbeitnehmer und Arbeitgeber?

ERLÄUTERUNG:

Das Schlichtungsverfahren ist abhängig von den Vereinbarungen der Tarifvertragsparteien.

▶ Welche fachlichen und persönlichen Voraussetzungen muss ein Schlichter erfüllen?

▶ Klären Sie die Begriffe Warnstreik und wilder Streik.

Streikmaßnahmen werden als **Flächen- oder als Schwerpunktstreik** durchgeführt. Bei einem Flächenstreik beteiligt sich die Mehrzahl der Arbeitnehmer einer Branche in einem Tarifgebiet am Ausstand. Es werden alle Unternehmen bestreikt, sodass der Druck auf die Arbeitgeber sehr hoch ist. Allerdings belastet die Zahlung von **Streikgeldern** die Gewerkschaften sehr stark. Deshalb werden häufig Schwerpunktstreiks ausgerufen, die in Großbetrieben bzw. wichtigen Zuliefererbetrieben oder bei Endproduzenten durchgeführt werden.

Aussperrung ist das Kampfmittel der Arbeitgeber, die Arbeitnehmer nicht zur Arbeit zuzulassen und ihnen die Zahlung von Löhnen und Gehältern zu verweigern. Die Aussperrung kann sich auf streikende und auch auf arbeitswillige Arbeitnehmer beziehen.

Grundsätzlich gilt für den Arbeitskampf das Prinzip der **Verhältnismäßigkeit** der Mittel. Dies zeigt sich u.a. am **Übermaßverbot**. Es besagt, dass sich der Umfang von Abwehraussperrungen am Umfang der Streikaktivitäten ausrichten muss.

Das Ende des Streiks wird durch ein Verhandlungsergebnis der Tarifparteien oder durch ein **Schlichtungsverfahren** herbeigeführt. Die Mitglieder der Tarifvertragsparteien müssen diesem Ergebnis zustimmen. Durch einen neuen Tarifvertrag ist dann der **Arbeitsfrieden** wiederhergestellt.

Überblick über den Ablauf einer Tarifauseinandersetzung

- Auslöser: Die **Tarifkommission** der Gewerkschaft kündigt den auslaufenden Tarifvertrag und formuliert **Forderungen**. Der Arbeitgeberverband stellt eine Verhandlungskommission zusammen.

- Die Tarifvertragsparteien beginnen mit **Verhandlungen.**

- Das **Scheitern** der Verhandlungen wird erklärt.

- Der **Arbeitskampf** wird **vorbereitet.**
  - Die Gewerkschaften führen eine Urabstimmung durch.
  - Nach der Urabstimmung wird die Strategie des Arbeitskampfes festgelegt.
  - Die Arbeitgeber können eine Aussperrung vorbereiten.

- Der **Arbeitskampf** wird **durchgeführt:** Streik und ggf. Aussperrung.

- Der **Arbeitskampf** wird **beendet.**
  - Die Tarifvertragsparteien haben nach neuen Verhandlungen oder als Folge eines Schlichtungsverfahrens eine Einigung erzielt.
  - Die Gewerkschaftsmitglieder müssen in einer Urabstimmung dem Ergebnis zustimmen.

    Auch die Mitglieder des Arbeitgeberverbandes müssen das Ergebnis annehmen.

ERLÄUTERUNG:

Die Gewerkschaften rufen zur Urabstimmung auf. In den Satzungen der Gewerkschaften ist festgelegt, wie hoch die Zustimmung zu sein hat, um einen Streik durchzuführen.

ERLÄUTERUNG:

Laut Bundesarbeitsgericht ist eine Aussperrung, die gezielt nur die Mitglieder einer streikenden Gewerkschaft erfasst, Nichtorganisierte jedoch verschont, unzulässig.

ERLÄUTERUNG:

Während der Laufzeit des Tarifvertrages sind Kampfmaßnahmen nicht zulässig.

Warnstreiks sind zulässig, wenn sie auf das Tarifgebiet beschränkt bleiben und punktuell organisiert sind.

▶ Beurteilen Sie die Tatsache, dass in der Regel 75% der Gewerkschaftsmitglieder einem Streik zustimmen müssen, für die Annahme des Verhandlungsergebnisses jedoch nur 25% erforderlich sind.

Strukturwissen

- **Kommunikation** ist Austausch von Informationen (Mitteilungen, Nachrichten). Informationen können durch verbale Äußerungen, Gestik, Mimik, Verhalten und auch durch Nichtäußerung weitergegeben werden.
- **Konflikte** sind Ausprägungen von Kommunikationsstörungen und Interessengegensätzen. Zur Bewältigung können **Konfliktlösungsstrategien** eingesetzt werden.

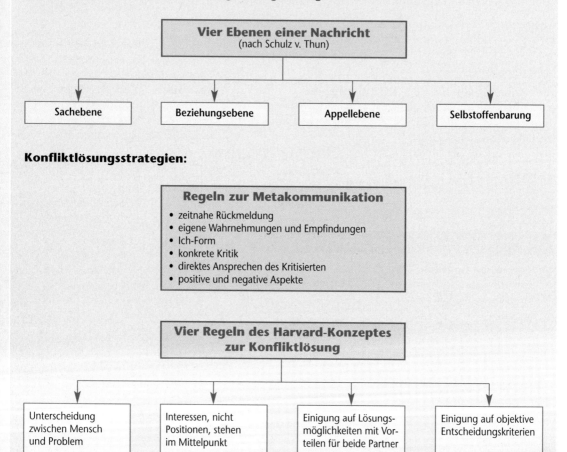

Vier Ebenen einer Nachricht
(nach Schulz v. Thun)

| Sachebene | Beziehungsebene | Appellebene | Selbstoffenbarung |

Konfliktlösungsstrategien:

Regeln zur Metakommunikation

- zeitnahe Rückmeldung
- eigene Wahrnehmungen und Empfindungen
- Ich-Form
- konkrete Kritik
- direktes Ansprechen des Kritisierten
- positive und negative Aspekte

Vier Regeln des Harvard-Konzeptes zur Konfliktlösung

| Unterscheidung zwischen Mensch und Problem | Interessen, nicht Positionen, stehen im Mittelpunkt | Einigung auf Lösungsmöglichkeiten mit Vorteilen für beide Partner | Einigung auf objektive Entscheidungskriterien |

Aufgaben

 Lehrer zum Schüler: „Ich erwarte, dass Sie morgen endlich die Klausur nachschreiben."

a) Nennen Sie die vier Botschaften des Lehrers.

b) Interpretieren Sie die vier Botschaften des Lehrers.

c) Formulieren Sie vier mögliche Antworten des Schülers, der nur jeweils eine der vier Seiten der Nachricht wahrgenommen hat.

d) Begründen Sie, welche Schüleräußerung unter Kommunikationsgesichtspunkten die beste wäre.

 Interpretieren Sie die Karikatur. Beachten Sie die Informationen zur Analyse von Karikaturen (Seite 30).

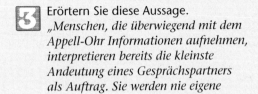 Erörtern Sie diese Aussage.
„Menschen, die überwiegend mit dem Appell-Ohr Informationen aufnehmen, interpretieren bereits die kleinste Andeutung eines Gesprächspartners als Auftrag. Sie werden nie eigene Wege gehen."

 Überprüfen Sie die Aussage, der Mensch könne nicht kommunikationslos existieren.

a) Bilden Sie mit mindestens fünf Personen einen Stuhlkreis und schweigen Sie zehn Minuten.

b) Welche Erfahrungen haben Sie gemacht?

c) Bewerten Sie nun die o.a. Aussage.

5 Diskutieren Sie die folgende These.
„Nur durch Lohnsenkungen können Arbeitsplätze in Deutschland gesichert werden."
Wiederholen Sie zunächst die Äußerung Ihres Vorredners mit eigenen Worten. Erst wenn dieser sich richtig verstanden fühlt, dürfen Sie Ihr Argument vortragen.
Führen Sie nach der Diskussion eine Metakommunikation durch.

6 Führen Sie die folgenden Wahrnehmungsübungen durch!
a) Setzen Sie sich Ihrem Partner gegenüber und nehmen Sie fünf Dinge an ihm wahr.
Beispiele: modisches Hemd, kurze Haare, Brille
b) Teilen Sie nun dem jeweiligen Partner Ihre fünf Wahrnehmungen mit.
c) Interpretieren Sie anschließend abwechselnd Ihre Wahrnehmungen.
Beispiel: *„Das modische Hemd sagt mir, dass Sie Wert auf Ihr Äußeres legen."*
d) Wie haben Sie sich während dieser Übung gefühlt?
e) Welche Wahrnehmung Ihres Partners hat Sie überrascht?
f) Erläutern Sie, weshalb Wahrnehmungen von Interpretationen getrennt werden müssen.

7 Entwickeln Sie Metakommunikationsregeln zu folgenden Aussagen:
a) *„Vor drei Jahren haben Sie sich genauso verhalten."*
b) *„Das ist doch Unsinn."*
c) *„Frau Richter sagt aber, das hätten Sie anders gemeint."*
d) *„Ich fand alles toll."*
e) *„Das wird dem Chef aber gar nicht gefallen."*
f) *„Du bist voll daneben."*
g) *„Man macht das nicht."*
h) *„Das haben wir aber immer schon so gemacht."*

8 Die Gewerkschaft Nahrung, Genuss und Gaststätten (NGG) hat mit der Odenwälder Privatbrauerei Schmucker in einem Haustarifvertrag u.a. folgende Vereinbarungen getroffen:
„1. Jeder Beschäftigte hat künftig bei Öko-Belangen ein Beschwerderecht gegenüber der Geschäftsführung.
2. Jeder Beschäftigte darf umwelt- oder gesundheitsgefährdende Arbeiten verweigern.
3. Es wird ein neues betriebliches Vorschlagswesen zum Umweltschutz eingerichtet.
4. Es wird ein Umweltausschuss eingerichtet, der paritätisch mit Vertretern der Geschäftsführung und der Arbeitnehmer besetzt wird. Der Vorsitzende wird mit Zweidrittelmehrheit gewählt.
5. Die betriebliche Schlichtungsstelle hat Gutachter vom Amt für Arbeitssicherheit und der Gewerkschaft zur Problemlösung hinzuzuziehen."

a) Welche Elemente des Harvard-Konzeptes erkennen Sie wieder?
b) Beschreiben Sie die vorbeugenden Maßnahmen, um Konflikte schon im Ansatz zu verhindern.
c) Beurteilen Sie, ob diese Regelungen zum Inhalt eines Tarifvertrages gehören sollten.

9 In der Werbung versuchen Unternehmen, mit den Verbrauchern zu kommunizieren.
a) Beschreiben Sie, welche aktuelle Werbung Sie besonders anspricht.
b) Analysieren Sie diese Werbung mit Hilfe des Kommunikationsmodells von Schulz v. Thun.

1 Wirtschaftliches Handeln in der Marktwirtschaft

Modelle für Marktentscheidungen nutzen

Ein Leben auf dem Sprung?

„Immer wenn Dejan Pavlovic zur Bank geht und seine ehemaligen Mitschüler hinter dem Schalter stehen sieht, dann macht sich der 25-jährige so seine Gedanken: ‚Die haben sich ein Leben aufgebaut, das nur aus Wiederholungen besteht.' Derart geregelt zu arbeiten kann sich der Kommunikations-Designer beim besten Willen nicht vorstellen.

Pavlovic lebt auf dem Sprung. Gerade ist er von Opel angeheuert worden, um eine Multimedia-Präsentation auszuarbeiten. Zwei Wochen hat er Zeit, schafft er es nicht, droht eine Vertragsstrafe. Zuvor war er eine Woche in London, um einen Job bei Rover zu erledigen. Und nebenbei bastelt er an der dreidimensionalen Darstellung eines neuen Föhns für Braun. ‚Da muss ich auch mal drei Tage durcharbeiten', seufzt er. Das muss er auch, denn er spürt die Konkurrenz im Nacken: ‚Die 20jährigen rücken mächtig nach.'

Dejan Pavlovic gehört zu einem Typ von Arbeitern, der in den USA als ‚Hightech-Nomade' bezeichnet wird: Sie sind hoch qualifiziert, werden sehr gut bezahlt, sind kurzfristig verfügbar, um in der vorgegebenen Zeit ein Projekt zu erledigen. Und sie verschwinden so schnell, wie sie gekommen sind – auf der Suche nach dem nächsten Auftraggeber.

Solche Wanderarbeiter sind die Vorboten einer neuen Arbeitswelt: In ihr wird vom Einzelnen ein Höchstmaß an Verantwortung und Flexibilität verlangt, aber nur ein Mindestmaß an Sicherheit garantiert. Ob jemand bei Tag oder bei Nacht, werktags oder feiertags arbeitet, spielt keine Rolle – die Grenzen zwischen Arbeitszeit und Freizeit verschwimmen. Ob der Zukunftsarbeiter im Büro, im Arbeitszimmer oder auf dem Balkon an einem Projekt sitzt, ist letztendlich egal – Hauptsache, das geforderte Ziel wird zum vereinbarten Termin erreicht.

Schleichend verlagert sich so das Risiko innerhalb der Arbeitsbeziehung: Einst kümmerte sich der Arbeitgeber um alle Belange des Mitarbeiters. Er garantierte praktisch dauerhafte Beschäftigung, gewährte Mindeststandards an Einkommen und Arbeitszeit, und nebenbei sorgte er noch für Wohltaten wie Betriebsrenten oder Kantine. Nun aber ist der Beschäftigte auf sich gestellt: Er muss beispielsweise seine Altersvorsorge in die Hand nehmen, sich durch ständige Weiterbildung arbeitsmarktfähig halten und wie ein Unternehmer denken und handeln. Am Ende dieses Prozesses stehen Arbeitskräfte, die wie Wasserhähne funktionieren: Die Arbeitgeber drehen sie auf und zu – je nach Auftragslage und Bedarf."

Quelle: Alexander Jung: Elektronische Einsiedler. Die Arbeitswelt von morgen verlangt viel Verantwortung und Beweglichkeit. Aber die neuen Jobs garantieren den Arbeitnehmern wenig Sicherheit, in: Die Woche vom 11. Oktober 1996, S. 15

Handlungsaufträge

1 Wodurch unterscheidet sich das Leben des „Hightech-Nomaden" Dejan Pavlovic von dem eines Angestellten?

2 Erläutern Sie Chancen und Risiken des beschriebenen Beschäftigungsverhältnisses für Arbeitgeber und Arbeitnehmer.

3 Erörtern Sie, ob Dejan Pavlovic ein freies Leben führt.

1.1 Wirtschaftliches Handeln nach dem ökonomischen Prinzip

1.1.1 Die Bedürfnisse des Menschen

Jeder Mensch hat verschiedene Bedürfnisse, die er befriedigen möchte. Diese Bedürfnisse sind individuell geprägt und abhängig von den eigenen Wertvorstellungen. So gibt es Menschen, die gesteigerten Wert auf materiellen Wohlstand legen und einen möglichst hohen Lebensstandard anstreben. Andere wiederum finden ihre Lebensqualität eher im immateriellen Bereich und verwirklichen ihre Lebensziele, indem sie sich Freiräume schaffen für ihre individuelle Selbstverwirklichung in Freizeit und Beruf.

Bedürfnispyramide

▶ Der amerikanische Psychologe Maslow war der Auffassung, dass es in der Natur des Menschen liege, nach der Befriedigung einer Bedürfnisstufe die nächsthöhere anzustreben. Diskutieren Sie diese Auffassung. Auf welcher Stufe dieser Pyramide befinden Sie sich?

▶ Welche Bedürfnisse kann der Mensch nicht individuell, sondern nur kollektiv befriedigen?

Trans-zen-denz: Bedürfnis, sich mit dem Kosmos im Einklang zu fühlen

Selbstverwirklichung: Bedürfnis, das eigene Potenzial auszuschöpfen, eigene Ziele umzusetzen

Ästhetische Bedürfnisse: Bedürfnisse nach Ordnung und Schönheit

Kognitive Bedürfnisse: Bedürfnisse nach Wissen, nach Verstehen, nach Neuem

Selbstwert: Bedürfnisse nach Vertrauen und dem Gefühl, etwas wert und kompetent zu sein, Bedürfnisse nach Bestätigung und Anerkennung von anderen

Bindung: Bedürfnisse nach Zugehörigkeit und nach Bindungen zu anderen, Bedürfnisse zu lieben und geliebt zu werden

Sicherheit: Bedürfnisse nach Sicherheit, nach Ruhe und nach Freiheit von Angst

Biologische Bedürfnisse: Bedürfnisse nach Nahrung, Wasser, Sauerstoff, Sexualität und Entspannung

nach: Ursula Nuber: Die Wiederentdeckung der Geborgenheit, in „Psychologie Heute", 22. Jahrgang., Heft 12, Dezember 1995, Seite 22

Jegliche Aktivität der Menschen, auch das Wirtschaften, zielt auf die Befriedigung ihrer Bedürfnisse ab.

Da nicht alle Bedürfnisse befriedigt werden können, weil z. B. das Einkommen nicht ausreicht oder die Preise der Güter zu hoch sind, muss eine Rangordnung aufgestellt werden. Diese Rangordnung wird in einem Haushaltsplan gebündelt.

1.1.2 Die Güter

Güter im wirtschaftlichen Sinne sind alle Mittel, die der Befriedigung menschlicher Bedürfnisse dienen. Die meisten Güter sind knapp, da sie nur in begrenzter Menge vorhanden sind.

Der Ausdruck für den Grad der Knappheit ist der Preis. Er gibt Aufschluss über das Ausmaß der bestehenden Nachfrage im Verhältnis zum vorhandenen Angebot eines Gutes.

1.1.3 Das ökonomische Prinzip

Die Mittel, die den Menschen zur Produktion oder zum Konsum von Gütern zur Verfügung stehen, sind knapp. Daher muss abgewogen werden, ob sich der Einsatz und die Kombination der Mittel lohnt und einen Nutzen verspricht.

Wirtschaftliches Handeln umfasst:

- den sparsamen Umgang mit den vorhandenen Mitteln,
- die Erschließung neuer Rohstoffe,
- die Wiederverwendung von bereits genutzten Ressourcen,
- die Verbesserung der Leistungsfähigkeit des Faktors menschliche Arbeit,
- die ständige Suche nach effizienteren Produktionsverfahren,
- die Entwicklung besserer Produkte.

Wirtschaftliches Handeln gilt gleichermaßen für private Haushalte und für Betriebe.

Wenn Menschen rationell wirtschaften, handeln sie nach dem ökonomischen Prinzip. Es bedeutet,

- mit gegebenen Mitteln den größtmöglichen Nutzen zu erzielen (**Maximalprinzip**)

oder

- einen bestimmten Nutzen mit dem geringstmöglichen Einsatz von Mitteln zu erreichen (**Minimalprinzip**).

Das ökonomische Prinzip ist ein Anwendungsfall des Rationalprinzips. Der Mensch trifft rationale Entscheidungen, um knappe Ressourcen optimal einzusetzen.

ERLÄUTERUNG:

Es werden materielle Güter (Sachgüter) und immaterielle Güter (Dienstleistungen und Rechte) unterschieden. Beide Güterarten werden wiederum in Konsum- und Produktionsgüter unterteilt.

Aus volkswirtschaftlicher Sicht werden die Produktionsmittel natürliche Ressourcen, menschliche Arbeit (Humankapital), Kapital (Sachkapital) sowie Vorleistungen unterschieden.

DEFINITION:

Als menschliche Arbeit wird die Produktivkraft der Menschen bezeichnet. Sie wird bestimmt von den Begabungen, dem Wissen, den Kenntnissen und Fertigkeiten sowie der Leistungsmotivation.

Ressourcen sind Rohstoffquellen, aber auch die Rohstoffe selbst. Der Begriff wird im übertragenen Sinn auch für Erwerbsquellen und Geldmittel verwendet.

BEISPIELE:

Maximalprinzip: Ein Angestellter möchte 10 000 Euro langfristig anlegen und vergleicht die Zinsen verschiedener Kreditinstitute, um den höchstmöglichen Ertrag zu erzielen. *Minimalprinzip:* In einem Unternehmen werden Mitarbeiter durch Automaten ersetzt, um die Kosten zu reduzieren.

▶ Welche Folgen haben höhere Energiesteuern aufgrund des ökonomischen Prinzips für Unternehmen, Staat und Privatpersonen?

1.2 Die Bedeutung einer Wirtschaftsordnung

Jedes **Wirtschaftssystem** benötigt ein **Koordinationssystem**, das die Vielzahl der Entscheidungen und Planungen der Wirtschaftsteilnehmer aufeinander abstimmt und ihnen anzeigt, zu welchen **Bedingungen** sie mit ihren Gütern und Leistungen an Tauschvorgängen teilnehmen können.

Die Entscheidung über die Art des Koordinationssystems ist eine politische **Grundsatzentscheidung**, da sie den Rahmen für das wirtschaftliche Handeln festlegt. Es entsteht eine **Wirtschaftsordnung**.

In einer **Wirtschaftsordnung** werden **Regeln** festgelegt.

Die Wirtschaftsordnung bestimmt,

- **wer** Wirtschaftspläne aufstellen darf,
- **wie** die Wirtschaftspläne aufgestellt und koordiniert werden,
- wer **Eigentümer** von Produktionsmitteln sein kann,
- wer über die **Verteilung** des gesamtwirtschaftlichen Produktionsergebnisses entscheidet.

Wirtschaftspläne können von einzelnen Wirtschaftsteilnehmern, vom Staat oder von bestimmten gesellschaftlichen Gruppen (Syndikaten) aufgestellt werden. Koordinationssystem für Entscheidungen und Planungen können Märkte, zentrale Planungsbehörden oder gesellschaftliche Gruppen sein.

Grundformen von Wirtschaftsordnungen		
Marktwirtschaft	Zentralverwaltungswirtschaft	Syndikalistische Wirtschaft
Die Wirtschaftspläne werden von den einzelnen Wirtschaftsteilnehmern (private Haushalte, öffentliche Haushalte und Unternehmen) aufgestellt und über die Märkte koordiniert.	Die Wirtschaftspläne werden von einer zentralen Planungsbehörde aufgestellt, die auch die Planerfüllung kontrolliert.	Die Wirtschaftspläne werden von einzelnen Gruppen aufgestellt und durch Absprachen und Regelwerke abgestimmt.

Real existierende oder in der Vergangenheit existente Wirtschaftsordnungen sind Mischformen, die stets auch Elemente anderer Wirtschaftsordnungen aufweisen.

DEFINITION:

Wirtschaftsteilnehmer sind
- private Haushalte, die ihr Einkommen konsumieren und sparen,
- Unternehmen, die investieren und produzieren,
- öffentliche Haushalte, die ihre Einnahmen für öffentliche Zwecke konsumieren und investieren.

Die Zentralverwaltungswirtschaft ist gekennzeichnet durch
- eingeschränkte wirtschaftliche Freiheitsrechte,
- staatliches Eigentum an Produktionsmitteln,
- Festlegung von Art und Umfang der Güterproduktion sowie deren Verteilung durch eine Planungsbehörde.

▶ Erörtern Sie die folgende These: „In der Zentralverwaltungswirtschaft übernimmt der Staat die soziale Sicherung seiner Bürger."

DEFINITION:

Syndikate entstehen durch den Zusammenschluss von Individuen zur gemeinsamen Zielerreichung, z.B. Arbeitgeberverbände, Gewerkschaften, Kirchen, politische Parteien.

BEISPIELE:

Absprachen gesellschaftlicher Gruppen in der syndikalistischen Wirtschaft sind z.B.
- *Bündnisse für Arbeit*
- *Gehaltstarifverträge*
- *Grüner Punkt*

1.3 Die freie Marktwirtschaft

In der freien Marktwirtschaft haben Menschen das Recht, ihre Wirtschaftspläne in eigener Verantwortung zu gestalten. Sie entscheiden darüber, wie sie ihre Bedürfnisse befriedigen und woher sie die Mittel dazu beziehen. Sie besitzen **Planungsautonomie**.

Die **freie Marktwirtschaft**

- **koordiniert** die Wirtschaftspläne über den Markt,

- beruht auf den Grundsätzen Vertragsfreiheit, Gewerbefreiheit, freie Wahl des Arbeitsplatzes, Privateigentum an Produktionsmitteln,

- räumt den privaten Haushalten und den Unternehmungen uneingeschränkte **Verfügungsgewalt** über die Produktionsmittel ein,

- überlässt die **Verteilung** des gesamtwirtschaftlichen Produktionsergebnisses den Wirtschaftssubjekten.

Aufgaben des Staates sind:

- die Verankerung der wirtschaftlichen Freiheitsrechte in der Rechtsordnung,

- die Entscheidung über die Geld- und Währungsverfassung und die Sicherung der Stabilität des Geldes,

- die Wahrung der inneren und äußeren Sicherheit.

Adam Smith legte das theoretische Fundament der freien Marktwirtschaft in seinem Buch „The Wealth of Nations" von 1776:

> „Wenn er (der Kaufmann) es vorzieht, die nationale Wirtschaft (...) zu unterstützen, denkt er eigentlich nur an die eigene Sicherheit und wenn er dadurch die Erwerbstätigkeit so fördert, dass ihr Ertrag den höchsten Wert erzielen kann, strebt er lediglich nach eigenem Gewinn. Und er wird in diesem wie auch in vielen anderen Fällen von einer unsichtbaren Hand geleitet, um einen Zweck zu fördern, den zu erfüllen er in keiner Weise beabsichtigt hat. (...) ja gerade dadurch, dass er das eigene Interesse verfolgt, fördert er häufig das der Gesellschaft nachhaltiger, als wenn er wirklich beabsichtigt, es zu tun."

Quelle: Adam Smith: Der Wohlstand der Nationen, hrsg. Von H.C. Recktenwald, München 1993, S. 370 f.

Im **Idealtyp** der freien Marktwirtschaft übernimmt der Staat lediglich die Bereitstellung bestimmter Infrastrukturgüter, wie z. B. öffentliche Verwaltung, Sicherheit, Bildung, und sorgt für ein funktionierendes Rechts- und Geldsystem. Er ist nicht für die soziale Sicherheit zuständig. Er unterstützt weder private Haushalte durch Transferzahlungen noch Unternehmen durch Subventionen. Seine Steuereinnahmen sind auf ein Minimum beschränkt, da Gelder nur benötigt werden, um die öffentliche Ordnung zu gewährleisten und den reibungslosen Ablauf der wirtschaftlichen Tauschvorgänge zu garantieren. Der Staat legt **nur** den **Ordnungsrahmen** fest, in dem die wirtschaftlichen Austauschprozesse stattfinden.

▶ Begründen Sie, warum das Privateigentum durch das Grundgesetz geschützt wird.

▶ Erläutern Sie an einem Beispiel, dass hohe Gewinne eines Unternehmens auch zu einem Nachteil für die Gesellschaft werden können.

▶ Welche Bedeutung hat das Prinzip der Freiheit bei Adam Smith?

▶ Warum wird der Staat in der freien Marktwirtschaft als „Nachtwächterstaat" bezeichnet?

▶ Belegen Sie an konkreten Beispielen die Elemente der freien Marktwirtschaft in der Bundesrepublik Deutschland.

DEFINITION:

Märkte sind Orte, an denen sich Angebot und Nachfrage treffen und Preise ausgehandelt werden.

DEFINITION:

Preise sind die in Geld ausgedrückte Gegenleistung für Güter.

▶ Erklären Sie die Preisfunktionen anhand folgender Beispiele:
  – Löhne,
  – Mieten,
  – Zinsen,
  – Devisenkurse,
  – Lizenzgebühren für Patente.

1.3.1 Der Markt als Koordinationssystem der Marktwirtschaft

In der freien Marktwirtschaft werden die Einzelpläne der Wirtschaftsteilnehmer über Märkte abgestimmt. Auf den Märkten treffen die wirtschaftlichen Planungen und Entscheidungen der Wirtschaftsteilnehmer in Form von Angebot und Nachfrage aufeinander und werden über Tauschvorgänge ausgeglichen.

In einer arbeitsteiligen Geldwirtschaft werden Sachgüter oder Dienstleistungen gegen Geld getauscht. Es entstehen **Preise**.

Preise haben in der Marktwirtschaft mehrere Funktionen:

- **Signal-** und **Anreizfunktion**
  Preise signalisieren den Marktteilnehmern Angebot und Nachfrage nach Gütern und Dienstleistungen und lösen wirtschaftliche Aktivitäten aus.

- **Lenkungsfunktion**
  Preise sorgen dafür, dass diejenigen Güter produziert und angeboten werden, mit denen sich hohe Erträge erzielen lassen. Auf der Grundlage der Preise werden auch Entscheidungen über kostengünstige Produktionsverfahren getroffen. Private Haushalte fragen Güter nach, die im Rahmen ihrer verfügbaren Mittel den höchsten Nutzen versprechen.

- **Planabstimmungsfunktion**
  Pläne der Anbieter und der Nachfrager werden über den Marktpreis ausgeglichen. Marktteilnehmer, die nicht zum Marktpreis kaufen oder verkaufen wollen, sind gezwungen, auf die Verwirklichung ihrer Wirtschaftspläne zu verzichten oder ihre Pläne zu ändern.

1.3.2 Der Wettbewerb als Lenkungssystem der Marktwirtschaft

Private Haushalte streben nach **Nutzenmaximierung** durch eine bestmögliche Versorgung mit Waren und Dienstleistungen. Sie bieten ihre Arbeitskraft auf **Arbeitsmärkten** an, stellen ihre Ersparnisse den **Geld- und Kapitalmärkten** zur Verfügung und vermieten oder verpachten auf **Immobilienmärkten** ihre Grundstücke und Gebäude. Sie wollen möglichst hohe Einkommen erzielen. Einkommen sind Grundlage und Voraussetzung für Konsum- und Sparentscheidungen der privaten Haushalte. Maßgeblich für Konsumentscheidungen sind die individuelle Bedürfnisstruktur und das vorhandene Angebot auf den Konsumgütermärkten.

Unternehmen richten ihre wirtschaftlichen Entscheidungen danach aus, welche Güter sie zu welchen Preisen und zu welchen Mengen auf den Märkten verkaufen können. Sie bieten die Güter an, die ihnen **hohe Gewinne** versprechen. Gleichzeitig fragen sie auf Arbeits-, Kapital- und Gütermärkten möglichst **kostengünstige Produktionsmittel** nach. Unternehmen sind bestrebt, ihre Marktanteile zu erhalten und zu erweitern und dabei möglichst hohe **Gewinne** zu erzielen.

1.3.3 Unternehmen im Wettbewerb

Unternehmen können ihre Güter und Dienstleistungen nur absetzen, wenn sie ein nachfragegerechtes Güterangebot auf den Markt bringen. Nachfragemenge und erzielbarer Verkaufspreis werden um so höher sein, je besser die Bedarfsstruktur der Nachfrager getroffen wird.

Gelingt es einem Unternehmen, eine Marktnische aufzuspüren oder ein **neues** bzw. verbessertes Produkt auf den Markt zu bringen, kann es hohe **Pioniergewinne** erzielen. Der Markt belohnt seine Produktinnovation (Produkterneuerung) durch hohe Erträge.

Die Vielzahl unterschiedlicher Entscheidungen der Marktteilnehmer führt zu **Wettbewerb** unter den Marktteilnehmern auf dem Absatzmarkt. Der Wettbewerb führt zu einer ständigen Verbesserung des Angebots und damit zu einer qualitativ und quantitativ besseren Versorgung der Gesellschaft mit Waren und Dienstleistungen.

1.3.4 Produktionsfaktoren im Wettbewerb

Arbeitnehmer werden durch den Markt „belohnt", wenn sie aufgrund ihrer Qualifikation, ihrer Einsatzbereitschaft, ihrer Mobilität und Flexibilität ihre Arbeitskraft produktionsgerecht anbieten. Sie könnten hohe Marktpreise (Löhne sind Preise für Arbeit) erzielen und durch Überstunden ihre Einkommen steigern.

Arbeitnehmer werden durch den Markt „bestraft", wenn sie den Anforderungen des Arbeitsmarktes nicht entsprechen, weil sie zu teuer, zu wenig qualifiziert oder immobil sind. Sie müssen mit geringeren Löhnen zufrieden sein oder werden überhaupt nicht mehr nachgefragt. Ihr Markteinkommen sinkt.

Eine marktgerechte Qualifikation erhöht die Nachfrage nach Arbeitskräften und damit den Lohn bzw. das Gehalt.

Dieser Mechanismus gilt im Prinzip für alle Produktionsfaktoren.

Immobilien erzielen in günstigen Standortlagen hohe Mieten (Preise für die Nutzung von Immobilien), Geldkapital für risikoreiche Investitionen wird mit hohen Gewinnaussichten gelockt oder kann bei hoher Kreditnachfrage hohe Zinsen (Preis für Geldkapital) erzielen.

1.3.5 Vorteile und Risiken der freien Marktwirtschaft

Das Konzept der freien Marktwirtschaft geht davon aus, dass alle Marktteilnehmer freien Marktzugang und gleiche Marktchancen haben und dass die Risiken des Marktes die Wirtschaftssubjekte zu **optimalen Leistungsanstrengungen** zwingen. Nur so ist es den Wirtschaftsteilnehmern möglich, ein ausreichendes Markteinkommen zu erzielen. Das System lebt vom **Eigennutz** der Menschen und beschränkt die Aktivitäten des Staates auf ein Minimum.

Für die **Absicherung** der **sozialen Risiken** Krankheit, Pflegebedürftigkeit, Arbeitslosigkeit und Einkommenserzielung im Alter muss der Einzelne im

LERNTIPP:

Mit welchen Produktinnovationen könnten Banken Pioniergewinne erzielen? Nutzen Sie die Methode des Brainstorming.

▶ Nennen Sie Pionierunternehmen aus dem Dienstleistungsbereich.

▶ Erläutern Sie Beispiele aus Ihrer Region, in denen Unternehmen dem Anpassungsdruck des Wettbewerbs nicht mehr standhalten konnten.

▶ Klären Sie, ob auch besonders qualifizierte Arbeitnehmer von Arbeitslosigkeit betroffen sind.

 BEISPIELE:

Computergesteuerte Produktionsanlagen ersetzen menschliche Arbeitskraft.

LERNTIPP:

Diskutieren Sie, wie sich die Beschäftigungssituation im Bankgewerbe in der Zukunft entwickeln wird. Führen Sie eine Debatte.

 **LERNTIPP:**

Welche positiven und negativen Auswirkungen ergeben sich, wenn Menschen ständig dem Konkurrenzdruck des Marktes ausgesetzt sind?

Führen Sie eine Gruppenarbeit durch.

▶ Klären Sie, wie die politischen Parteien der Bundesrepublik Deutschland zu folgendem Zitat stehen: „Jeder Mensch ist seines Glückes Schmied."

▶ Wie können die Schwächen der freien Marktwirtschaft ausgeglichen werden? Entwickeln Sie Vorschläge.

Idealtyp der freien Marktwirtschaft **selbst** sorgen. Ein soziales Netz, das durch den Staat errichtet und finanziert wird, widerspricht dem Prinzip der Eigenverantwortlichkeit.

In der freien Marktwirtschaft besteht das Risiko, dass ein funktionierender Wettbewerb durch leistungsstarke Marktteilnehmer oder durch Absprachen zwischen ihnen behindert wird. Der daraus resultierende Konzentrationsprozess kann zu Machtungleichgewichten führen, die schließlich den Bestand der marktwirtschaftlichen Ordnung gefährden können.

Das **Ausleseprinzip** des Marktes lässt nur die Stärkeren überleben und vernichtet die Existenz der Schwächeren. Arbeitslosigkeit von Arbeitnehmern und Insolvenzen von Unternehmen führen zu Einkommensverlusten und damit zum sozialen Abstieg der Betroffenen.

1.4 Die soziale Marktwirtschaft der Bundesrepublik Deutschland

In der sozialen Marktwirtschaft der Bundesrepublik Deutschland greift der **Staat** ordnend in die Märkte ein, wenn **sozialpolitische Ziele** umgesetzt werden sollen oder wenn der **Wettbewerb** von Anbietern oder Nachfragern gefährdet wird.

Der Staat hat eine **Lenkungsfunktion**, wenn **gesamtwirtschaftliche Ziele**, wie z.B. ein hoher Beschäftigungsgrad oder ein stetiges Wirtschaftswachstum, nicht erreicht werden.

Außerdem sorgt der Staat für ein umfassendes Angebot **öffentlicher Güter**.

Das vom Markt geförderte **Eigeninteresse** der Marktteilnehmer wird also in der sozialen Marktwirtschaft um das **Gemeinwohl** (Gemeininteresse) ergänzt.

Hierdurch soll

- soziale Sicherheit und soziale Gerechtigkeit geschaffen,
- die Korrektur von Marktergebnissen ermöglicht und
- ein öffentliches Güterangebot bereitgestellt werden.

ERLÄUTERUNG:

In der Sozialen Marktwirtschaft wird das Prinzip Freiheit mit dem sozialen Ausgleich verbunden.

▶ Lesen Sie Artikel 14 und 15 des Grundgesetzes.

DEFINITION:

Öffentliche Güter sind Sachgüter und Dienstleistungen, die zur Befriedigung von Kollektivbedürfnissen dienen, wie Bildungseinrichtungen, das Straßen- und Wegenetz, Gesundheitseinrichtungen, Einrichtungen der inneren und äußeren Sicherheit, wie z.B. Polizei, Bundeswehr, öffentliche Verwaltung und Gerichte.

ERLÄUTERUNG:

Insbesondere für den Arbeitsmarkt gelten in Deutschland soziale Schutzrechte für Arbeitnehmer, wie Kündigungsschutz, Mitbestimmungsrechte und Vorschriften über Sozialpläne.

> „Und wenn ein anderer meint, dass soziale Politik ... bedeutsamer, gewichtiger und gegenüber der Wirtschaftspolitik, deren Erfolge oder Misserfolge allein die Effizienz der sozialen Leistungen bestimmen, gar noch vorrangig wäre, dann protestiere ich mit Entschiedenheit, denn soziale Leistungen ..., schöpfen nur aus einer Quelle. Das ist die Arbeit unseres Volkes in einer freien Wirtschaft und Gesellschaft. Sie allein setzt Qualität und Quantität des sozialen Standards."

Quelle: Ludwig Erhard. Letzte öffentliche Rede anlässlich seines 80. Geburtstages am 4.2.1977, zitiert nach: „Die Welt" vom 6.5.1977

1.4.1 Die soziale Funktion des Staates

Die **soziale** Verpflichtung des Staates erstreckt sich auch auf die Wirtschaftsordnung. Die **uneingeschränkte** Nutzung wirtschaftlicher Freiheitsrechte kann dazu führen, dass Menschen nicht mehr in der Lage sind, ein Markteinkommen zur Existenzsicherung zu erzielen.

Die Umsetzung der **Sozialstaatsklausel** des Grundgesetzes begründet die **Umverteilungsfunktion** des Staates.

Bezieher von Markteinkommen werden im Rahmen ihrer Leistungsfähigkeit gezwungen, durch Steuern und Abgaben zur Finanzierung von **Transferzahlungen** an Sozialschwache oder für allgemeine soziale Zwecke beizutragen. Der Staat greift hierdurch in das Markteinkommen der Bürger ein und senkt deren verfügbares Einkommen.

Aus Steuern und Sozialabgaben werden private Haushalte unterstützt, die

- weder Markteinkommen erzielen noch Anspruch auf Unterstützungszahlungen aus den Kassen der Sozialversicherung haben noch
- aus allgemeinen **sozialpolitischen Gründen** Leistungen des Staates beziehen.

Zu den sozialen Transferleistungen gehören insbesondere Kindergeldzahlungen, die die Belastung der Kindererziehung sowie deren Kosten für die Erziehenden mindern sollen.

Auch die Zahlung von **Subventionen** an Unternehmen kann sozialpolitisch begründet sein, wenn sie die Überlebensfähigkeit von Unternehmen in wettbewerbsintensiven Branchen sichern oder soziale Härten vermeiden soll.

 **DEFINITION:**

Markteinkommen kann in Form von Löhnen und Gehältern, Zinsen, Mieten, Pachten und Gewinnen erzielt werden.

Transferzahlungen sind Unterstützungszahlungen des Staates an private Haushalte ohne Gegenleistung.

BEISPIELE:

Arbeitnehmersparzulage zur Förderung der Vermögensbildung der Arbeitnehmer, Kindergeld, Wohngeld

 **LERNTIPP:**

Debattieren Sie, ob der Staat den Abbau von Kohle in Deutschland subventionieren sollte.

▶ Wie beurteilen Sie die Forderung nach einer prozentualen Kürzung von Subventionen („Rasenmähermethode") um 5%? Erörtern Sie diese Forderung.

▶ Soll der Staat die Komische Oper in Berlin subventionieren?

▶ Werten Sie das Schaubild aus.

 **LERNTIPP:**

Begründen Sie, wie sich das soziale Netz in der Zukunft entwickeln wird.
Nutzen Sie die Informationen zur Szenario-Methode.

 **BEISPIELE:**

Durch die Einführung der Pflegeversicherung wurde die soziale Marktwirtschaft weiter entwickelt.

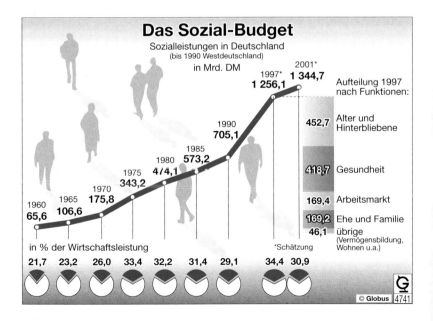

Das Sozial-Budget
Sozialleistungen in Deutschland
(bis 1990 Westdeutschland)
in Mrd. DM

2001* **1 344,7**
1997* **1 256,1**
1990 **705,1**
1985 **573,2**
1980 **474,1**
1975 **343,2**
1970 **175,8**
1965 **106,6**
1960 **65,6**

Aufteilung 1997 nach Funktionen:
452,7 Alter und Hinterbliebene
418,7 Gesundheit
169,4 Arbeitsmarkt
169,2 Ehe und Familie
46,1 übrige (Vermögensbildung, Wohnen u.a.)

in % der Wirtschaftsleistung
21,7 23,2 26,0 33,4 32,2 31,4 29,1   34,4 30,9

*Schätzung

© Globus 4741

ERLÄUTERUNG:

Die gesetzliche Grundlage für die Sicherung eines fairen Wettbewerbs ist vorrangig das Gesetz gegen den unlauteren Wettbewerb. Darüber hinaus sollen auch Regelungen des Verbraucherschutzes dazu beitragen, private Haushalte vor der Marktmacht von Unternehmen zu schützen.

▶ Die Staatsquote, d.h. die Ausgaben des Staates im Verhältnis zum Bruttoinlandsprodukt, betrug 1999 fast 50 %. Erörtern Sie die Notwendigkeit, die Staatsquote zu reduzieren.

 Abschnitt 3.4

▶ Diskutieren Sie, ob es sozial gerechtfertigt sein kann, die deutschen Autobahnen zu privatisieren.

▶ Gehört es zu den Aufgaben des Staates, ein öffentlich-rechtliches Fernsehprogramm zu unterhalten und dafür Rundfunk- und Fernsehgebühren zu fordern?

ERLÄUTERUNG:

Mit der Einführung des Euro ist die Verantwortlichkeit für die Geldpolitik im Eurowährungsgebiet auf die Europäische Zentralbank (EZB) übertragen worden. Sie ist auf das Ziel Preisniveaustabilität im Eurosystem verpflichtet.

Das Konzept der sozialen Marktwirtschaft basiert also auf der **Solidarität** der Bürger. Jede Generation steht allerdings vor der Frage, ob sie das bestehende Verhältnis von Freiheit und sozialem Ausgleich übernehmen oder weiterentwickeln soll.

1.4.2 Der Staat als Hüter des Wettbewerbs

In der sozialen Marktwirtschaft wird unterstellt, dass ein intensiver Wettbewerb um die Produktionsfaktoren der privaten Haushalte und die Güter der Unternehmen vorherrscht. Durch den Wettbewerb soll das Güterangebot optimiert werden und jeder ein leistungsgerechtes Einkommen erhalten.

Wettbewerb ist gegeben, wenn

- Nachfrager unter einer Vielzahl von Produkten und Dienstleistungen Wahlmöglichkeiten haben,

- Anbieter auf ihren Teilmärkten ständig um Marktanteile kämpfen müssen,

- weder Nachfrager noch Anbieter über ihre **Marktmacht** den jeweiligen Marktpartner unangemessen übervorteilen können,

- jedes Wirtschaftssubjekt ohne Behinderung Zugang zu den Märkten hat.

Der Staat **überwacht** das Wettbewerbssystem und greift ein, wenn der Wettbewerb durch Kooperationsabsprachen und Konzentrationsvorhaben oder durch das Verhalten der Marktteilnehmer gefährdet wird.

1.4.3 Die Lenkungsaufgaben des Staates

Der Staat greift lenkend in die Wirtschaftsabläufe ein, wenn ersichtlich ist, dass das Wirtschaftsgeschehen nicht die gewünschten Ergebnisse bringt. Bei allen Lenkungsmaßnahmen hat er aber zu beachten, dass der **Marktmechanismus** nicht außer Kraft gesetzt wird.

Zu den **Lenkungsmaßnahmen** des Staates in der sozialen Marktwirtschaft gehören z.B.

- Maßnahmen der Beschäftigungs-, der Regional- und der Forschungspolitik (**Strukturpolitik**),

- Maßnahmen zur Sicherung der Auslastung der Produktionskapazitäten und des Wirtschaftswachstums (**Konjunkturpolitik**),

- Maßnahmen zur Verhinderung von Inflation und Deflation (**Geld- und Fiskalpolitik**),

- Maßnahmen zur Umsetzung ökologischer Ziele (**Umweltpolitik**),

- Maßnahmen zur Förderung einer gerechten Einkommens- und Vermögensverteilung in der Gesellschaft (**Steuer- und Vermögenspolitik**).

Strukturwissen

- **Bedürfnisse** sind Mangelgefühle, die nach Befriedigung drängen. Sie sind individuell verschieden. Nach der Dringlichkeit werden Primär- und Sekundärbedürfnisse oder Existenz -, Kultur- und Luxusbedürfnisse, nach der Art der Befriedigung Individual- oder Kollektivbedürfnisse unterschieden.

- **Güter** sind alle Mittel, mit denen menschliche Bedürfnisse befriedigt werden können. Die meisten Güter sind knapp. Ausdruck ihrer Knappheit ist der Preis. Wirtschaftliche Güter können unterschieden werden in
  - Sachgüter, Dienstleistungen und Rechte,
  - Produktiv- und Konsumgüter,
  - Gebrauchs- und Verbrauchsgüter.

- **Wirtschaftsordnungen** legen Regeln für das Wirtschaften fest. Sie bestimmen,
  - wer Wirtschaftspläne aufstellen darf,
  - wie die Wirtschaftspläne koordiniert werden,
  - wer Eigentümer von Produktionsmitteln sein kann,
  - wer über die Verteilung des gesamtwirtschaftlichen Produktionsergebnisses entscheidet.

Wirtschaftliches Handeln nach dem ökonomischen Prinzip

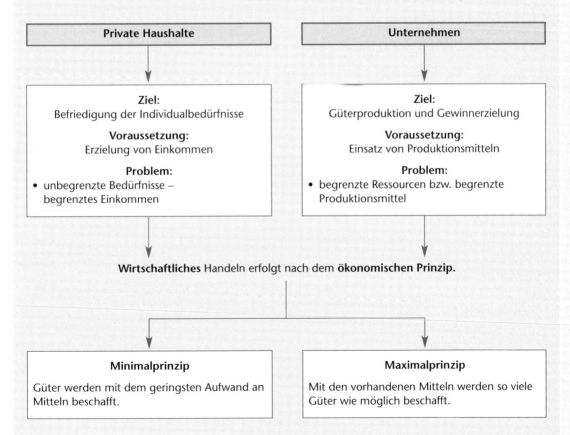

Private Haushalte	Unternehmen
Ziel: Befriedigung der Individualbedürfnisse	**Ziel:** Güterproduktion und Gewinnerzielung
Voraussetzung: Erzielung von Einkommen	**Voraussetzung:** Einsatz von Produktionsmitteln
Problem: • unbegrenzte Bedürfnisse – begrenztes Einkommen	**Problem:** • begrenzte Ressourcen bzw. begrenzte Produktionsmittel

Wirtschaftliches Handeln erfolgt nach dem **ökonomischen Prinzip**.

Minimalprinzip	Maximalprinzip
Güter werden mit dem geringsten Aufwand an Mitteln beschafft.	Mit den vorhandenen Mitteln werden so viele Güter wie möglich beschafft.

Wirtschaftsordnungen

Marktwirtschaft

- Alle Wirtschaftssubjekte können Wirtschaftspläne aufstellen.
- Pläne werden durch Märkte koordiniert.
- Angebot und Nachfrage werden durch Preise reguliert.
- Der Staat nimmt keinen aktiven Einfluss auf den Wirtschaftsprozess. Er setzt den äußeren Ordnungsrahmen.
- Es gelten Privateigentum und Vertragsfreiheit.

Zentralverwaltungswirtschaft

- Nur die zentrale staatliche Planungsbehörde darf Wirtschaftspläne aufstellen.
- Pläne werden durch den Zentralplan koordiniert.
- Eine zentrale Planungsbehörde erfasst und verteilt alle Produktionsmittel. Sie bestimmt Leistungsnormen, Produktionsweise, Produktionsumfang und Verteilung des Produktionsergebnisses.
- Es gelten Kollektiveigentum an Produkionsmitteln und zentrale Anweisungen (Befehle).

Syndikalistische Wirtschaft

- Gesellschaftliche Gruppen (Syndikate) entscheiden, wer Pläne aufstellen darf.
- Pläne werden durch Absprachen, z.B. runde Tische, oder Regelwerke, z.B. Tarifverträge, koordiniert.
- Gesellschaftliche Gruppen nehmen aktiv Einfluss auf das wirtschaftliche Handeln.
- Es gelten Kollektiveigentum und eingeschränktes Privateigentum.

Besondere Merkmale der sozialen Marktwirtschaft

Elemente der freien Marktwirtschaft

- Planungsfreiheit der Wirtschaftsteilnehmer
- Privateigentum an Produktionsmitteln
- Koordinierung der Wirtschaftspläne über den Markt

Aktive Wirtschafts- und Sozialpolitik des Staates
unter Beachtung

- der **sozialen Gerechtigkeit** (Schaffung und Erhaltung eines sozialen Netzes, Sicherung der Befriedigung bestimmter Kollektivbedürfnisse, Förderung der Vermögensbildung bei Arbeitnehmern)
- der **Sicherung des Wettbewerbs** und Verhinderung des Missbrauchs der Vertragsfreiheit
- **Förderung der Eigentumsbildung** für alle Bevölkerungsschichten und Verhinderung des Missbrauchs von Privateigentum
- der **konstitutiven Ziele der Wirtschaftspolitik** (Steigerung des Wirtschaftswachstums, Sicherung der Preisstabilität, Beschäftigungssicherung, Sicherung des außenwirtschaftlichen Gleichgewichts)

Hinweis: Alle Maßnahmen sollen möglichst marktkonform ausgerichtet sein, das heißt den Preismechanismus und die Selbststeuerung des Marktes nicht beeinträchtigen.

Aufgaben

1 Lothar Späth (Vorstand der Jenoptik AG):
„Ich habe nie verschwiegen, dass wir vor allem viele alte Arbeitslose haben, von denen wir nicht wieder runterkommen. Die über 50-jährigen kommen heute nirgends mehr rein. Das ist ein Problem, für das wir keine Lösung haben."
Quelle: „Hamburger Abendblatt" vom 30. Mai 1998, Seite 21

a) Beurteilen Sie die Aussage Späths.

b) Kann die Aussage auf den Bankenbereich übertragen werden?

c) Gibt es eine soziale Verantwortung der Unternehmen gegenüber ihren Mitarbeitern?

d) Bewerten Sie in diesem Zusammenhang die Aussage: *„Der Markt ist ein unerbittlicher Schiedsrichter!"*

e) Welche Möglichkeiten besitzen Staat, Unternehmen und Arbeitnehmer, dieses Problem sozial abzufedern?

2 Die private Finanzierung des Großflughafens Berlin Schönefeld, der im Jahre 2007 eröffnet werden soll, scheint gefährdet. Sollte der Staat zwei Milliarden Euro zuschießen, um dieses Projekt zu sichern?
Stellen Sie die Vor- und Nachteile der Subventionierung gegenüber.

3 Begründen Sie, welche Eingriffe des Staates in einer sozialen Marktwirtschaft marktkonform und welche nicht marktkonform sind:

a) Steuerermäßigungen für Bauherren

b) Mindestpreise für Milch

c) Einfuhrzölle beim Import von Filmkameras

d) Lohnstopp durch ein Gesetz

e) Ausfuhrverbot für Rüstungsgüter

f) Einführung eines „Kombilohns" (Lohnzuschüsse) für schwer vermittelbare Arbeitnehmer

g) Vernichtung eines Teils der Getreideernte, um den Preis zu sichern

h) Darlehen für Existenzgründer

i) Kostenlose Überlassung eines Grundstückes zur Ansiedlung eines Unternehmens

j) Erhöhte Mineralölsteuer für verbleites Benzin

k) Rechtsanspruch auf einen Arbeitsplatz

l) Erhebung von Schulgeld für Jugendliche über 18 Jahre

4 Michael Schumacher verdient laut Presseberichten 25 Millionen Euro im Jahr. Ein italienischer Industriearbeiter, der das Chassis für Schumachers Ferrari herstellt, müsste dafür etwa 1400 Jahre lang arbeiten.

a) Funktioniert in diesem Fall noch der Marktmechanismus?

b) Erörtern Sie, ob der Markt in der Lage ist, eine gerechte Einkommensverteilung zu ermöglichen.

5 Erläutern Sie die Karikatur „Freies Spiel der Kräfte".

DIE ZEIT

FREIES SPIEL DER KRÄFTE

6 Sie könnten ohne besondere fachliche Qualitäten ein Fachgeschäft für Computer eröffnen. Sollten Sie aber auch eine Reparaturwerkstatt einrichten wollen, benötigen Sie nach der Handwerksordnung einen Meisterbrief.

a) Welche Folgen hat die Handwerksordnung für den Wettbewerb?

b) Erörtern Sie, ob die Handwerksordnung mit der sozialen Marktwirtschaft vereinbar ist.

7 Prof. Rudolf Hickel, Universität Bremen, Wirtschaftswissenschaftler: *„Sozial-ökologisch gebändigter Kapitalismus ist die einzig richtige Antwort auf den ruinösen globalisierten Marktradikalismus!",*
„Focus", Nummer27/ 1998, S. 64

a) Interpretieren Sie den Begriff des *„ruinösen globalisierten Marktradikalismus".*

b) Beschreiben Sie Folgen der Globalisierung für die Bundesrepublik Deutschland.

c) Wie kann der Staat auf die Globalisierung der Märkte reagieren?

d) Erörtern Sie, ob neben der Sozialstaatsklausel auch eine Ökologieklausel ins Grundgesetz aufgenommen werden sollte.

8 Erörtern Sie, ob es sich bei den folgenden Thesen um Vorurteile handelt!

a) Man kommt nur auf Kosten anderer zum Wohlstand.

b) Spitzenverdiener leisten auch nicht mehr als Normalverdiener.

c) Die Einkommensverteilung in der Bundesrepublik Deutschland ist nicht gerecht.

d) Unser Wirtschaftssystem basiert nur auf Unterdrückung und Ausbeutung.

e) Die soziale Gerechtigkeit in Deutschland nimmt ab.

9 „Seit 1983 räumt die US-Regierung Pharmafirmen eine Reihe von Privilegien ein, wenn diese nach Medikamenten forschen, deren Verkauf unter normalen Bedingungen des Marktes die Kosten nicht wieder einspielen würden. So können die Behörden die Zulassungsbedingungen vereinfachen sowie Steuererleichterungen und Zuschüsse gewähren. Als wirkungsvollster Anreiz hat sich die Exklusivitätsklausel bei der Vermarktung erwiesen: Sieben Jahre lang werden gegen die gleiche Krankheit keine vergleichbaren Präparate zugelassen."
Quelle: „Frankfurter Rundschau" vom 11. Juli 1998

Erörtern Sie, ob eine solche Regelung mit den Prinzipien der sozialen Marktwirtschaft in Deutschland vereinbar wäre.

10 „Dieses Mehr an Eigenverantwortung ist auf längere Sicht unverzichtbar, um intern die freiheitliche Ausrichtung unserer Gesellschaft am Leben zu erhalten, aber auch um im internationalen Wettbewerb zu bestehen. Denn der verlangt immer mehr Flexibilität und Anpassungsfähigkeit; von der Politik, aber auch von jedem Einzelnen.
Die kontinentaleuropäischen Länder können sich dieser notwendigen Neuadjustierung ihrer Wirtschaftsordnung nicht entziehen – auch nicht durch den Euro."
Quelle: Hans Tietmeyer, zitiert nach „Deutsche Bundesbank, Auszüge aus Presseartikeln" vom 11. 9.98

a) Definieren Sie den Begriff *„Eigenverantwortung".*

b) Begründen Sie, in welchen Bereichen unserer Gesellschaft Sie sich mehr Eigenverantwortung wünschen.

c) Wie gewichtet Tietmeyer die beiden Prinzipien der Sozialen Marktwirtschaft?

11 Jede Gemeinschaft wird nur dann intakt bleiben, wenn Einverständnis über ihre Grundwerte besteht.

a) Auf welchem Menschenbild bzw. welchen Werten basiert das Konzept der sozialen Marktwirtschaft?

b) Führt die soziale Marktwirtschaft eher zu einer solidarischen oder eher zu einer egoistischen Gesellschaft?
Lerntipp: Führen Sie eine Debatte.

12 Begründen Sie, weshalb der Übergang von der Zentralverwaltungswirtschaft zur Marktwirtschaft für die betroffenen Staaten mit Arbeitslosigkeit und Inflation verbunden ist.

2 Preisbildung auf vollkommenen und unvollkommenen Märkten

Ein Kursmakler bestimmt den Preis einer Aktie

An einer Wertpapierbörse liegen um 11: 05 Uhr folgende Kauf- und Verkaufsaufträge für eine Aktie vor:

Superbank AG Anzeige Orderbuch		Makler: Bahr & Olsen		
Angebot = „Brief"		Preisvorstellung der Marktteilnehmer in Euro	Nachfrage = „Geld"	
Verkaufsaufträge (Stück)	Summe aller vorliegenden Verkaufsaufträge zum jeweiligen Kurs (Stück)		Summe aller vorliegenden Kaufaufträge zum jeweiligen Kurs (Stück)	Kaufaufträge (Stück)
		billigst	200	200
200	650	128	300	100
–	450	127	350	50
150	450	126	450	100
50	300	125	500	50
150	250	124	700	200
	100	123	1000	300
	100	122	1200	200
100	100	bestens		

Anzeige aus der Süddeutschen Zeitung vom 8. Dezember 1998:

XETRA XETRA **XETRA** XETRA XETRA

Die Börse wird jetzt noch transparenter. Alle Marktteilnehmer erhalten über **XETRA** Release 3 Einblick in die volle Tiefe des Orderbuchs. Dort können sie jederzeit die aktuelle Angebots- und Nachfragesituation jedes gehandelten Wertes erfassen. Markttrends sind dadurch schneller und sicherer erfassbar.

Handlungsaufträge

1► Erläutern Sie die unterschiedlichen Interessen von Käufern und Verkäufern.

2► Welches Risiko geht ein Käufer ein, wenn er seiner Bank einen „Billigst-Auftrag" erteilt?

3► Übertragen Sie die Kauf- und Verkaufsaufträge in eine Grafik. (x-Achse = Stückzahl; y-Achse = Kurs in Euro)

4► Ermitteln Sie den Gleichgewichtskurs.

5► Erklären Sie die Begriffe Nachfrage- und Angebotsüberhang.

ERLÄUTERUNG:

§ 29 Abs. 3 Börsengesetz:
„Als Börsenpreis ist derjenige Preis amtlich festzustellen, welcher der wirklichen Geschäftslage entspricht. Der Kursmakler hat alle zum Zeitpunkt der Feststellung vorliegenden Aufträge bei ihrer Ausführung unter Beachtung der an der Börse bestehenden besonderen Regeln gleichzubehandeln."

Regeln für die Kursfeststellung:
1. Es muss der größtmögliche Umsatz erzielt werden.
2. Alle Billigst- und Bestens-Aufträge müssen ausgeführt werden.
3. Alle über dem Einheitskurs liegenden Kaufaufträge müssen ausgeführt werden.
4. Alle unter dem Einheitskurs liegenden Verkaufsaufträge müssen ausgeführt werden.
5. Alle genau zum Einheitskurs limitierten Kauf- und Verkaufsaufträge müssen mindestens teilweise ausgeführt werden.

2.1 Märkte, Marktformen und Marktmacht

Märkte sind **Orte**, an denen sich **Angebot** und **Nachfrage** treffen und **Preise** ausgehandelt werden. Diese Orte können real sein, d.h. der Güteraustausch wird an bestimmten Plätzen organisiert. Sie können aber auch virtuell sein, d.h. unabhängig von der Ortsanwesenheit der Marktteilnehmer und der Güter.

▶ Vergleichen Sie einen Wochenmarkt für Obst und Gemüse in Ihrer Heimatstadt mit einer Wertpapierbörse mit Online-Verbindungen zu den Marktteilnehmern.

Zusammenhang zwischen Angebot und Nachfrage am Beispiel eines Marktes für Konsumgüter

Haushalte		Markt		Unternehmen
• haben Bedürfnisse • verfolgen das Ziel der Nutzenmaximierung	Nachfrage nach Gütern	Ort des Zusammentreffens von Angebot und Nachfrage **Aufgabe:** Ausgleich von Angebot und Nachfrage über den Preis	Angebot an Gütern	• produzieren Sachgüter und Dienstleistungen • wollen Gewinne erzielen

---

ERLÄUTERUNG:

Gütermärkte werden unterschieden in Märkte für
– Sachgüter und Dienstleistungen für Konsumzwecke (Konsumgütermärkte) und für Produktionszwecke (Investitionsgütermärkte),
– Produktionsfaktoren (Faktormärkte) als Arbeitsmärkte, Grundstücksmärkte, Geldmärkte und Kapitalmärkte.

Märkte bilden die Interessen der Marktteilnehmer ab. Sie werden von den Interessen der Marktteilnehmer getragen. Anbieter und Nachfrager bestimmen die Marktbedingungen, z. B. Marktzutritt und Marktusancen. Neue Märkte entwickeln sich, wenn vorhandene Märkte die Bedürfnisse von Anbietern und Nachfragern nicht mehr abdecken.

Nach der Anzahl und dem Marktanteil der Anbieter und Nachfrager lassen sich verschiedene **Marktformen** unterscheiden.

▶ Kennzeichnen Sie die Strukturen auf folgenden Märkten:
   – Finanzdienstleistungen,
   – Sportartikel,
   – EDV-Betriebssysteme,
   – Automobile,
   – Lebensmittelhandel.

Marktformen

Nachfrager Anbieter	viele kleine	wenige mittlere	ein großer
viele kleine	Polypol	Nachfrageoligopol	Nachfragemonopol
wenige mittlere	Angebotsoligopol	zweiseitiges Oligopol	beschränktes Nachfragemonopol
ein großer	Angebotsmonopol	beschränktes Angebotsmonopol	zweiseitiges Monopol

---

▶ Diskutieren Sie folgende These: „Die Macht der Banken führt dazu, dass der Markt für Bankleistungen einem Verkäufermarkt entspricht!"

Die Marktform gibt Auskunft über die **Machtverhältnisse** auf dem jeweiligen Markt.

Hat der Nachfrager eine stärkere Verhandlungsposition, wird von einem **Käufermarkt** gesprochen. Befinden sich die Anbieter in einer stärkeren Position bilden sich **Verkäufermärkte**.

2.2 Preisbildung im Modell des vollkommenen Marktes

Modelle sind vereinfachte **Abbildungen der Realität**. Durch sie können komplexe Zusammenhänge dargestellt und analysiert werden.

Das Modell des **vollkommenen Marktes** geht von folgenden Annahmen aus:

- polypolistische Konkurrenz,
- rationales Verhalten der Anbieter und Nachfrager,
- homogene Güter,
- fehlende Präferenzen,
- Markttransparenz,
- unendlich schnelle Reaktionsgeschwindigkeit der Marktteilnehmer.

▶ Untersuchen Sie, ob auf dem deutschen Telefonmarkt die Kriterien des vollkommenen Marktes erfüllt sind. Präsentieren Sie Ihr Ergebnis.

Polypolistische Konkurrenz liegt vor, wenn viele Anbieter und Nachfrager am Marktgeschehen beteiligt sind, sodass die Marktmacht des einzelnen Marktteilnehmers als gering eingeschätzt wird. Er kann die Preise nicht beeinflussen und hat sich den Marktgegebenheiten anzupassen.

Anbieter und Nachfrager eines Gutes haben bei **rationalem Verhalten** eine unterschiedliche Interessenlage. Anbieter von Gütern verwirklichen das Maximalprinzip, wenn sie die geplanten Verkaufsmengen zu möglichst hohen Preisen verkaufen können. Die Nachfrager sind bestrebt, die Kaufmengen möglichst günstig zu erwerben. Sie handeln nach dem Minimalprinzip.

In einem vollkommenen Markt ist das angebotene Gut in den Augen der Anbieter **homogen**, d. h., es wird von ihnen unabhängig von seiner Herkunft als gleichwertig angesehen.

Darüber hinaus gibt es keine **zeitlichen, räumlichen und persönlichen Präferenzen**.

Die Marktteilnehmer besitzen eine vollständige **Marktübersicht**, d.h. der Markt ist für sie **transparent**. Dadurch können sie auf Marktveränderungen schnell und rational **reagieren**.

▶ Auf einem großen Wochenmarkt für Obst und Gemüse werden die Annahmen für einen vollkommenen Markt erfüllt, sodass der günstigste Anbieter von den Nachfragern ermittelt werden kann.
Warum gelingt es Anbietern aber trotzdem, auch höhere Preise als ihre Mitbewerber zu realisieren?

 BEISPIELE:

- *zeitliche Präferenzen:* Direktbanken ermöglichen schnelle Zugriffsmöglichkeiten auf Bankdienstleistungen rund um die Uhr.
- *räumliche Präferenzen:* Geldausgabeautomat im Supermarkt, Zweigstelle „um die Ecke"
- *persönliche Präferenzen:* Freundliche Mitarbeiter in einer Zweigstelle

2.2.1 Das Verhalten der Nachfrager

Nachfrager wollen ihre Ausgaben für Güter minimieren. Sie entscheiden im Rahmen ihrer Wirtschaftspläne über

- die Art der Güter,
- die Menge der Güter,
- die Preisgebote für die Güter.

Preisgebote der Nachfrager richten sich nach ihren **individuellen Preisvorstellungen**. Das Preisgebot des einzelnen Käufers ist der Preis, den er höchstens zu zahlen bereit ist.

Er wird auch kaufen, wenn er seine Kaufmengen günstiger als geplant erhalten kann. Er verzichtet aber auf den Kauf, wenn die Preisforderungen der Anbieter höher liegen.

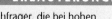

ERLÄUTERUNG:

Nachfrager, die bei hohen Preisen zu kaufen bereit sind, verhalten sich rational, wenn sie ihre Kaufbereitschaft auch bei sinkenden Preisen aufrechterhalten. Sie bekommen das Gut preisgünstiger als geplant und erzielen auf diese Weise eine Konsumentenrente.

Die Nachfragekurve verdeutlicht, dass die Nachfrager ihre Kaufmengen bei

- sinkenden Preisen erhöhen,
- steigenden Preisen senken.

Es gibt Nachfrager, die auch bei hohen Preisen Kaufbereitschaft zeigen, weil sie es sich leisten können oder leisten wollen. Sinken die Preise, so halten sie ihre Nachfrage aufrecht oder erhöhen sie sogar. Außerdem werden nach der Preissenkung Nachfrager aktiv, deren Kaufgebote jetzt mit dem neuen Preis übereinstimmen.

Es handelt sich um **Grenznachfrager**, deren Verhalten

- bei sinkenden Preisen die Gesamtnachfrage erhöht,
- bei steigenden Preisen die Gesamtnachfrage senkt.

2.2.2 Das Verhalten der Anbieter

Anbieter vermarkten Produkte zu höchstmöglichen Preisen. Ihre Pläne enthalten

- die Art des Gutes,
- die Verkaufsmengen des Gutes,
- die Preisforderungen für das Gut.

ERLÄUTERUNG:

Die Preisuntergrenze liegt bei der Produktion von Gütern dort, wo der Marktpreis die Kostendeckung des Unternehmens ermöglicht. Liegt der Marktpreis höher, so werden Gewinne erwirtschaftet.

BEISPIELE:

Preisuntergrenzen sind z.B.
- *die Produktionskosten bei Sachgütern,*
- *der Einkaufspreis bei Wertpapieren,*
- *das Erzielen eines Mindestgewinns.*

▶ Warum wird von einigen Anbietern die Preisuntergrenze bewusst nicht beachtet?

▶ Erläutern Sie die Risiken dieser Handlungsweise.

Der Anbieter von Sachgütern und Dienstleistungen kalkuliert seinen Preis unter Berücksichtigung seiner Kosten und seiner Gewinnerwartung.

Im Modell des vollkommenen Marktes wird unterstellt, dass der kalkulierte Preis mindestens der **Preisuntergrenze** entspricht. Sollte dieser Preis nicht auf dem Markt erzielt werden können, zieht der Anbieter sein Angebot zurück.

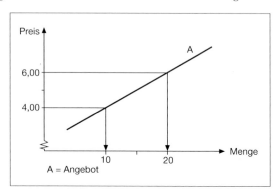

Die Angebotskurve verdeutlicht, dass die Anbieter ihre Verkaufsmengen mit

- sinkenden Preisen senken,
- steigenden Preisen erhöhen.

Es gibt Anbieter, die auch bei niedrigen Preisen Verkaufsbereitschaft zeigen, weil sie es sich leisten können oder leisten wollen. Steigen die Preise, so halten sie ihr Angebot aufrecht oder erhöhen es sogar. Außerdem werden nach der Preiserhöhung neue Anbieter aktiv, deren Preisvorstellungen sich nun auf dem Markt realisieren lassen.

Es handelt sich um **Grenzanbieter,** deren Verhalten

- bei steigenden Preisen das Gesamtangebot erhöht,
- bei sinkenden Preisen das Gesamtangebot senkt.

2.2.3 Der Gleichgewichtspreis

Die Verkaufspläne der Anbieter und die Kaufwünsche der Nachfrager werden ständig über den Markt koordiniert. Preisvorstellungen und gewünschte Mengen der Marktteilnehmer werden zum Ausgleich gebracht. Es entsteht ein Marktpreis **(P O).** Er wird als Gleichgewichtspreis bezeichnet, weil zu diesem Preis Angebot und Nachfrage ausgeglichen sind. Alle Nachfrager, die bereit sind, diesen oder einen höheren Preis zu zahlen, werden zum Marktpreis versorgt. Alle Anbieter, die zu diesem oder einem niedrigeren Preis verkaufen wollen, können ihre angebotenen Mengen zum Marktpreis absetzen.

▶ Verdeutlichen Sie, dass die Anpassung der Marktteilnehmer an den Gleichgewichtspreis nur unter den Bedingungen des vollkommenen Marktes automatisch erfolgen muss.

Die Nachfrager, deren Preisvorstellungen unterhalb des Marktpreises liegen, werden nicht beliefert.
Die Anbieter, deren Preisvorstellungen höher sind als der Marktpreis, verkaufen ihre Mengen nicht.

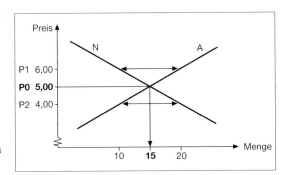

▶ Verdeutlichen Sie die Aussage: „Preise erfüllen eine
  – Ausgleichsfunktion,
  – Auslesefunktion,
  – Anreizfunktion."

Preise, die über oder unter dem Gleichgewichtspreis liegen, führen zu Ungleichgewichten im Markt.

Beim Preis **P 1** besteht ein Angebotsüberhang. Die Anbieter sind insgesamt nicht in der Lage, ihre bereitgestellten Mengen zu verkaufen. Der Angebotsüberhang wird dadurch abgebaut, dass

- Grenzanbieter wegen sinkender Preise ihr Angebot zurückziehen,
- Grenznachfrager wegen sinkender Preise ihre Nachfrage erhöhen.

Der **Nachfrageüberhang** beim Preis **P 2** löst Anpassungsprozesse in umgekehrter Richtung aus.

 **LERNTIPP:**

Erstellen Sie ein Mind-Map über die Bedingungen des vollkommenen Marktes.

Der Markt ist **dynamisch** und reagiert auf die veränderten Wirtschaftspläne der Käufer und Verkäufer. Es kommt zu neuen Marktpreisen.

▶ Beobachten Sie die Ent-
wicklung des Dollarkur-
ses im Wirtschaftsteil
Ihrer Tageszeitung oder
in n-tv. Nennen Sie
Ursachen für die Kurs-
schwankungen.

▶ Belegen Sie die modell-
hafte Darstellung durch
aktuelle Beispiele.

▶ Beschreiben Sie die
Veränderung der Nach-
frage- und Angebots-
kurven für Konsum-
und Investitionsgüter
anlässlich von
– Produktinnovationen,
– Senkungen der Ein-
kommensteuer,
– sehr hohen Lohn-
abschlüssen.

Bildung eines neuen Gleichgewichtspreises	
Beispiel 1: Neuer Gleichgewichtspreis bei steigendem Angebot (Nachfrage bleibt unverändert)	Beispiel 2 Neuer Gleichgewichtspreis bei sinkender Nachfrage (Angebot bleibt unverändert)
Situation: **Das Angebot steigt** bei **unveränderter Nachfrage.** 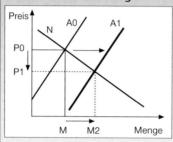	Situation: Die **Nachfrage sinkt** bei **unverändertem Angebot.**
Ergebnis: Angebotskurve verschiebt sich nach rechts. Der **Preis fällt, die Menge steigt.**	Ergebnis: Nachfragekurve verschiebt sich nach links. Der **Preis fällt, die Menge sinkt.**
Steigendes Angebot kann sich erge-ben, wenn • Anbieter ihre Produktivität steigern, • Anbieter ihre Preisuntergrenzen durch niedrigere Kosten bei Löhnen und Vorprodukten senken, • Anbieter wegen steigender Absatzerwartungen höhere Angebotsmengen auf den Markt bringen, • neue Anbieter auf den Markt kommen.	Sinkende Nachfrage kann entstehen, wenn • Nachfrager gesättigt sind, • die verfügbaren Einkommen sinken oder sinkende Einkommen erwartet werden, • sich die Bedarfsstruktur verändert, • Substitutionsgüter preiswerter sind.

ERLÄUTERUNG:

Substitutionsgüter sind Güter,
die in Konkurrenzbeziehung
zueinander stehen und für
den Nachfrager austauschbar
sind, da sie den gleichen
Nutzen haben.

BEISPIELE:

Substitutionsgüter:
Butter – Margarine
Kaffee – Tee

Der Gleichgewichtspreis sinkt, wenn
• das Angebot bei unveränderter Nachfragemenge steigt,
• die Nachfrage bei unverändertem Angebot sinkt,
• beide Ursachen zusammenwirken.

Der Gleichgewichtspreis steigt, wenn
• das Angebot bei unveränderter Nachfrage sinkt
• die Nachfrage bei unverändertem Angebot steigt,
• beide Ursachen zusammenwirken.

2.3 Preisbildung auf unvollkommenen Märkten

In der Realität gibt es überwiegend **unvollkommene Märkte**.

Unvollkommene Märkte sind gegeben, wenn

- die Güter in den Augen der Marktteilnehmer heterogen und dadurch nicht direkt vergleichbar sind,
- Marktteilnehmer Präferenzen besitzen,
- keine Markttransparenz gegeben ist,
- die Marktteilnehmer sich irrational verhalten,
- die Marktteilnehmer sich nur mit Verzögerung an die Dynamik des Marktes anpassen können.

2.3.1 Monopolistische Preispolitik eines Polypolisten

Fehlt die Markttransparenz der Nachfrager oder bestehen Präferenzen, können auch Anbieter im Polypol **preispolitische Strategien** einsetzen.

Ein Anbieter verliert nicht sofort alle Kunden, wenn er einen höheren Preis als seine Konkurrenten fordert. Dieser Effekt tritt erst ein, wenn der Preis eine bestimmte Grenze überschreitet.

Auch Preissenkungen eines Anbieters führen erst zum Gewinn neuer Kunden, wenn sie nennenswert sind. Innerhalb des Spielraums zwischen Preisober- und Preisuntergrenze kann der Anbieter sich wie ein Monopolist verhalten.

 **BEISPIEL:** *Monopolistischer Bereich eines Anbieters bei vorliegenden Präferenzen*

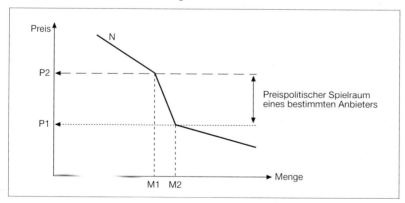

*Es wird deutlich, dass der Anbieter zwischen der **Preisuntergrenze** (P 1) und der **Preisobergrenze** (P 2) in der Lage ist, Preiserhöhungen durchzusetzen, ohne große Absatzverluste zu erleiden. Andererseits gewinnt er wegen der Präferenzen, die Mitbewerber aufgebaut haben, bei einer Preissenkung in diesem Bereich kaum Kunden dazu. Die Preissenkung muss so groß sein, dass er die **Präferenzstruktur** der Mitbewerber durchbricht.*

 BEISPIELE:

Heterogene Güter:
– Unternehmen vertreiben „weiße Marken". Sie sind häufig identisch mit bekannten Markenartikeln, werden aber in einer anderen Verpackung präsentiert.
– Automobilhersteller bieten PKW-Sondermodelle an.

Fehlende Markttransparenz:
– Produktpalette der Anbieter ist unübersichtlich,
– Risikobereitschaft von Kapitalanlegern ist nicht bekannt,
– Technische Funktionen bei beratungsintensiven Produkten sind unverständlich.

Irrationales Verhalten:
– Geltungskonsum,
– Panikkäufe und -verkäufe,
– Spontankäufe zu überhöhten Preisen.

 BEISPIELE:

Preispolitische Spielräume haben z.B. die Kneipe an der Ecke und Tankstellenshops.

▶ **Nennen Sie weitere Beispiele.**

BEISPIELE:

Absatzpolitische Aktivitäten sind u.a.
– Aufmachung, Design,
– Produktvariationen,
– Sponsoring,
– Werbekampagnen,
– Service-Anstrengungen,
– Angebote im Internet,
– Direktvertrieb.

 Kapitel 4

LERNTIPP:

Führen Sie eine Debatte, ob der für Ihren Ausbildungsbetrieb relevante Markt für alle Produkte oder nur für Teile der Produktpalette oligopolistische Strukturen aufweist.

▶ Diskutieren Sie, ob Oligopolisten einer Branche identische Preisuntergrenzen haben können.

Wenn Marktteilnehmer von der Unvollkommenheit des Marktes profitieren, sind sie bestrebt, dessen Unvollkommenheit zu erhalten oder sogar auszubauen.

Die Anbieter setzen **absatzpolitische** Instrumente ein, um

- ihr spezifisches Angebot an Gütern von der Konkurrenz **abzugrenzen**,
- ihren Kunden das **Besondere** ihrer Produktpalette deutlich zu machen,
- die **Präferenzstruktur** der Nachfrager zu verstärken.

Die Stärkung der Präferenzstruktur zugunsten eines Unternehmens umfasst Maßnahmen der

- Produktpolitik,
- Kommunikationspolitik,
- Distributionspolitik.

Sind die absatzpolitischen Anstrengungen erfolgreich, werden neue Kunden gewonnen und damit Marktanteile gesichert. Die **Verfestigung** der Präferenzstrukturen erweitert darüber hinaus den Spielraum für Preisforderungen, die sich von denen der Mitbewerber unterscheiden.

Besteht auf unvollkommenen Märkten eine polypolistische Konkurrenz, ist die Marktmacht der einzelnen Anbieter oder Nachfrager auf einen relativ kleinen Bereich beschränkt.

2.3.2 Die Preisbildung im Angebotsoligopol

In einem **Angebotsoligopol** sind nur wenige Anbieter mit relativ **großen Marktanteilen** vorhanden, die um viele Nachfrager konkurrieren. Den Nachfragern wird die **Markttransparenz** wegen der geringen Zahl der Anbieter **erleichtert**. Ihre Wahlmöglichkeiten sind im Vergleich zum Polypol aber eingeschränkt. Jeder Anbieter muss bei absatzpolitischen Aktivitäten, insbesondere bei preispolitischen Maßnahmen, davon ausgehen, dass die **Nachfrag**er sofort **reagieren**.

Senkt ein Anbieter im Angebotsoligopol die **Preise**, verhält er sich aus der Sicht der Mitanbieter **aggressiv**, da die Nachfrager sofort abwandern. Die Konkurrenten verlieren Marktanteile. Um dies zu verhindern, kommt es zu einer **Preissenkungsrunde**.

Sinken die Verkaufspreise so weit, dass die **Preisuntergrenze** bei einzelnen oder allen Anbietern unterschritten wird, findet ein **ruinöser Wettbewerb** statt. Es werden **Verluste** erwirtschaftet. Anbieter mit **hohen Kosten** oder **geringen Kapitalreserven** scheiden aus. Es besteht die Gefahr der Monopolbildung.

Erhöht ein Angebotsoligopolist die Preise, **verliert** er **Marktanteile**. Da auch im Oligopol monopolistische Bereiche bestehen, verliert er aber niemals den gesamten Marktanteil.

Da in der Realität die einzelnen Anbieter weder die Preisuntergrenze der Konkurrenten kennen, noch deren Kapitalreserven einschätzen können, neigen die Anbieter zu einem **friedlichen** Verhalten.

> Putnam (Braniff Airlines): Haben Sie einen Vorschlag zu machen?
>
> Crandall (American Airlines): Ja. ich hätte da schon einen Vorschlag: Heben Sie Ihre Ticketpreise um 20 % an, und ich ziehe schon am nächsten Morgen nach.
>
> Putnam: Robert, wir .....
>
> Crandall: Da haben Sie was davon und ich auch.
>
> Putnam: Wir können doch hier nicht über unsere Preisgestaltung reden.
>
> Crandall: Oh, Howard. Wir können über jedes Thema reden, über das wir reden wollen.
>
> Ein 1982 zwischen Howard Putnam, dem damaligen Chef von Braniff Airlines, und Robert Crandall, dem damaligen Chef von American Airlines, aufgenommenes Gespräch.

Quelle: Paul A. Samuelson, William D. Nordhaus: Volkswirtschaftslehre, Übersetzung der 15. Auflage, Wien 1998, Seite 207

Es entspricht der Logik rationalen Handelns, wenn der Oligopolist auf den **ruinösen Preiskampf** verzichtet und Preiserhöhungen nur gemeinsam mit seinen Mitbewerbern durchzusetzen versucht. Da Markttransparenz auch für die Anbieter gegeben ist, bedarf es für ein abgestimmtes Verhalten nicht einmal ausdrücklicher Absprachen.

Oligopolistische Anbieter verhalten sich auch abgestimmt, wenn sie die **Preisführerschaft** des Anbieters mit der größten **Marktmacht** akzeptieren. Der Preisführer leitet dann die Preissenkungs- oder Preiserhöhungsrunden ein, die anderen Anbieter ziehen nach.

Auf diese Weise werden **Marktanteile** für **alle** Oligopolisten gesichert. Der **Preiswettbewerb** wird zum **Nachteil** der Nachfrager (Verbraucher) **ausgeschaltet**.

Ein eingeschränkter Preiswettbewerb schließt nicht aus, dass ein intensiver Wettbewerb über **Produktinnovationen, Distributionswege und Kommunikationswege** zur Festigung oder sogar zur Ausweitung der Marktposition des einzelnen Anbieters stattfindet.

2.3.3 Die Preisbildung im Angebotsmonopol

In einem **Angebotsmonopol** hat der **einzige** Anbieter die Möglichkeit, **Preise** und **Mengen** seines **Angebots** ohne Rücksicht auf Mitbewerber **festzulegen**.

Der Monopolist setzt seinen Preis so, dass er unter Berücksichtigung seiner Produktionskosten seinen Gewinn maximiert. Er muss allerdings bedenken, dass die Nachfrager sich mit **steigendem Preis** in der **Nachfrage** einschränken oder aber auf andere Güter (**Substitutionsgüter**) ausweichen. Je größer die Abhängigkeit der Nachfrager von dem angebotenen Gut ist und je weniger Ausweichmöglichkeiten auf andere Güter vorhanden sind, desto größer ist der Spielraum für Monopolisten, die Preise zu erhöhen.

Ein hoher Monopolpreis ermöglicht es neuen Grenzanbietern, auf den Markt zu drängen. Daher muss der Monopolist nicht nur auf das Nachfrageverhalten seiner Kunden achten, sondern auch auf Mitbewerber.

DEFINITION:

Dieses „friedliche" Verhalten der Konkurrenten wird als Frühstückskartell bezeichnet.

▶ Beobachten Sie die Preisgestaltung der Mineralölkonzerne für die Benzinpreise zu Beginn der Schulferien.

BEISPIELE:

In der Automobilindustrie werden ständig neue Modelle präsentiert, Ausstattungsmerkmale verändert, ein verbessertes Leasing angeboten oder Werbeaktionen durchgeführt.

▶ Prüfen Sie, ob der Konzern Coca Cola ein Monopolist ist.

Strukturwissen

- **Markt** ist das Zusammentreffen von Angebot und Nachfrage nach Gütern.
- **Preis** ist der in Geld ausgedrückte Gegenwert eines Gutes. Über den Preis vollzieht sich auf dem Markt der Ausgleich zwischen Angebot und Nachfrage.
- **Gleichgewichtspreis** ist der Preis, zu dem Angebot und Nachfrage ausgeglichen sind. Alle Nachfrager, die bereit sind, diesen oder einen höheren Preis zu zahlen, werden beliefert. Alle Anbieter, die zu diesem oder zu einem niedrigeren Preis verkaufen wollen, können die von ihnen angebotenen Mengen absetzen.
- **Unvollkommene Märkte** sind durch heterogene Güter, Präferenzen der Marktteilnehmer, fehlende Transparenz über die angebotenen Güter sowie deren Qualität und Preise und durch irrationales Verhalten der Marktteilnehmer gekennzeichnet.
- Das Modell des **vollkommenen polypolistischen Marktes** ist gekennzeichnet durch unendlich viele Anbieter und Nachfrager, rationales Verhalten der Marktteilnehmer, unendlich hohe Reaktionsgeschwindigkeit der Marktteilnehmer, homogene Güter und vollständige Markttransparenz.

Preisbildung im Polypol unter der Bedingung des vollkommenen Marktes

Angebotsregeln	Nachfrageregeln
• Bei steigenden Preisgeboten erhöhen die Anbieter ihre Angebotsmengen. • Bei sinkenden Preisgeboten reduzieren die Anbieter ihre Angebotsmengen.	• Bei sinkenden Preisforderungen erhöhen die Nachfrager ihre Nachfragemengen. • Bei steigenden Preisforderungen verringern die Nachfrager ihre Nachfragemengen.

Der **Gleichgewichtspreis (Marktpreis)** liegt im Schnittpunkt der Angebots- und der Nachfragekurve.
- Anbieter mit darüber liegenden Preisforderungen können ihr Angebot nicht verkaufen.
- Nachfrager mit niedrigeren Preisgeboten können keine Produkte erwerben.

Beim Gleichgewichtspreis sind Angebot und Nachfrage ausgeglichen. Alle Anbieter und Nachfrager, die zu diesem Preis handeln wollen, kommen zum Zuge. Die Marktteilnehmer sind **Mengenanpasser.**

Preispolitische Spielräume der Marktteilnehmer ergeben sich bei

- vorhandenen Präferenzstrukturen
- fehlender Markttransparenz
- beschränktem Zugang zum Markt
- heterogenen Gütern
- geringer Anpassungsfähigkeit der Marktteilnehmer

Die Wettbewerbsintensität
wird bestimmt von
- der Anzahl der Marktteilnehmer
- dem Marktanteil der Marktteilnehmer
- dem Verhalten der Marktteilnehmer

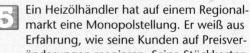
Aufgaben

 Die Deutsche Telekom hat ihre Monopolstellung auf dem Telefonmarkt verloren.
  a) Klären Sie, ob es sich beim Telefonmarkt um eine polypolistische oder
  oligopolistische Marktform handelt.
  b) Erläutern Sie die Folgen der Entmono-
  polisierung des Telekommunikations-
  marktes für die Verbraucher.

2 Untersuchen Sie, ob der vollständige
Wettbewerb als ideale Wettbewerbsform
angesehen werden kann.

3 Die in Deutschland bestehende Preisbindung für Zeitschriften und Bücher sollte
nach dem Willen der EU-Kommission aufgehoben werden.
  a) Welche Preisfunktionen werden durch
  die Preisbindung verletzt?
  b) Welche Argumente sprechen für die
  Preisbindung?
  c) Befürworten Sie die Freigabe der Preisbindung für Zeitschriften und Bücher?
  Begründen Sie Ihre Entscheidung.
  d) Diskutieren Sie die folgende These:
  *„Das öffentlich-rechtliche Fernsehen
  verlangt von den Bürgern Gebühren.
  Das ist zu akzeptieren, um die Grundversorgung der Bevölkerung mit politischen Sendungen oder Kulturprogram-
  men zu gewährleisten. Die Finanzierung von teuren Unterhaltungsshows
  und Sportereignissen muss aber abgelehnt werden und den privaten Anbietern überlassen bleiben.“*

4 Ein Emittent ist in der besonders schwieri-
gen Lage, den Emissionskurs festlegen zu
müssen. Welches Risiko besteht, wenn der
Emissionskurs nicht dem Marktpreis entspricht?

5 Ein Heizölhändler hat auf einem Regional-
markt eine Monopolstellung. Er weiß aus
Erfahrung, wie seine Kunden auf Preisver-
änderungen reagieren. Seine Stückkosten
liegen unabhängig von der Absatzmenge
bei 0,18 Euro.
Er ermittelt zunächst die Nachfragekon-
stellation bei unterschiedlichen Preisen.

Preis pro Liter in EUR	Absatz in Litern	Verkaufs-erlös (Umsatz)	Gesamt-kosten	Gesamt-gewinn
0, 20	50.000			
0, 25	48.000			
0, 27	35.000			

  a) Bei welchem Preis wird der höchste
  Gewinn erzielt?
  b) Erklaren Sie an diesem Beispiel das Gesetz der Nachfrage.

 a) Erläutern Sie die Begriffe „Lockvogelan-
  gebot“ und „Snob-Effekt“ anhand von
  Beispielen.
  b) Begründen Sie die damit zusammen-
  hängenden Preisstrategien der Unternehmen.

 Diskutieren Sie, ob mit den folgenden
Maßnahmen die Innovationskraft von bestehenden Unternehmen gefördert werden kann.
  a) Marktzugang für ausländische Unternehmen
  b) Öffentliche Ausschreibungsverfahren
  c) Abschaffung von Zöllen
  d) Einführung von Subventionen
  e) Erleichterung von Existenzgründungen
  f) Senkung des Eingangssteuersatzes
  g) Verringerung der Abschreibungssätze
  h) Erhöhung der Energiesteuern

3 Kooperation und Konzentration in der Wirtschaft

Wer frisst wen?

Mineralöl-Branche spekuliert über Mammut-Fusion
Exxon und Mobil sollen im Gespräch sein / US-Konzerne verweigern jegliche substantielle Stellungnahme

Holsten schluckt die Bavaria-Brauerei

Kooperation mit Versicherungen in Tokio
Deutsche Bank bildet Allianz

MobilCom plant weitere Übernahmen

Heiraten macht Schule
Pharmakonzerne Sanofi und Synthélabo fusionieren

Bertelsmann AG erwirbt den wissenschaftlichen Springer-Verlag
Gesellschafter stimmen Übertragung von über 80 Prozent der Anteile zu / Fusionswelle rollt weiter

Finanzdienstleister / Neue Aktionärsstruktur unklar
Wüstenrot fusioniert mit der WürttAG

Commerzbank peilt Adig-Kauf an
Kohlhaussen erwartet bald Einigung über Fondsgesellschaft

Niederlande / Größter Versicherer des Landes entsteht
Rabobank und Achmea fusionieren

Fusionswelle treibt Börsenkurse

Handlungsaufträge

1. Welche Ursachen hat der Konzentrationsprozess in der Wirtschaft?

2. Erläutern Sie die Vor- und Nachteile von Konzentrationsprozessen aus betriebswirtschaftlicher Sicht.

3. Erörtern Sie die gesamtwirtschaftlichen Chancen und Risiken von Konzentrationsprozessen.

LERNTIPP:

Bearbeiten Sie die Handlungsaufträge in Gruppen.

3.1 Kooperation in der Wirtschaft

Kooperation soll zu Kostenvorteilen oder zu größeren Marktanteilen für die beteiligten Unternehmen auf Absatz- oder Beschaffungsmärkten führen.

Kooperationsvereinbarungen regeln die Zusammenarbeit von Unternehmen, die rechtlich und wirtschaftlich selbstständig bleiben.

3.1.1 Kooperationsabsprachen

Kooperationsabsprachen können getroffen werden

- auf Interessenverbandsebene,
- zwischen einzelnen Unternehmen,
- zwischen Unternehmensgruppen.

Während die **verbandsmäßige Kooperation** vor allem der gemeinsamen Interessenvertretung der Verbandsmitglieder gegenüber der Öffentlichkeit oder anderen Interessengruppen dient, soll die **unternehmensmäßige Kooperation** die **Wettbewerbsfähigkeit** der Unternehmen stärken. Ziel der Kooperation ist es,

- die Kosten der Beschaffung zu senken oder
- durch gemeinsame Marketingaktivitäten Marktanteile auf Absatzmärkten zu stabilisieren oder zu erweitern.

Arbeitsgemeinschaften dienen der Durchführung gemeinsamer Projekte.

Kooperationsvereinbarungen findet man zunehmend auch in der Form **strategischer Allianzen**. Großunternehmen, die einem harten Wettbewerb auf den **Weltmärkten** ausgesetzt sind, nutzen gemeinsame Vertriebsnetze, entwickeln gemeinsam neue Produkte oder tauschen Teilprodukte aus. Auch strategische Allianzen sind mit Kostenvorteilen verbunden oder stärken die Marktstellung der einzelnen Anbieter.

Hauptgründe für strategische Allianzen sind:

- Produktinnovationen sind nur mit hohen Entwicklungs- und Forschungskosten möglich. Die Kosten werden verteilt, Forschungsergebnisse ausgetauscht.
- Die Lebenszyklen von Produkten werden immer kürzer. Die Aufwendungen für Forschung und Entwicklung erfordern größere Marktanteile.
- Die Absatzrisiken werden aufgeteilt, da die Expansion in neue Märkte einen hohen Kapitaleinsatz erfordert und Zeit kostet. Ein Partner hat z.B. das Produkt, der andere das Vertriebsnetz.

Kooperationsabsprachen können zur Einschränkung des Wettbewerbs führen, insbesondere wenn die Kooperation in einen Kartellvertrag mündet.

 ERLÄUTERUNG:

Kapitalintensive Prozesse erfordern in der Regel große Unternehmenseinheiten mit hohen Produktionsmengen, die auf nationalen und internationalen Märkten verkauft werden müssen.

BEISPIELE:

Unternehmensmäßige Kooperation:
– Einkaufsverbände mittelständischer Unternehmen des Textileinzelhandels,
– Einkaufsgenossenschaften der Handwerker,
– Werbegemeinschaft einer Bäckerinnung.

Verbandsmäßige Kooperation:
– Sparkassen- und Giroverbände,
– Bundesverband der deutschen Industrie,
– Deutscher Industrie- und Handelstag.

Strategische Allianzen:
– Lieferung von BMW-Dieselmotoren für den Opel-Omega Turbo,
– Zusammenarbeit von Kreditinstituten, Versicherungen und Bausparkassen in Allfinanzangeboten.

 BEISPIELE:

Entwicklung einer gemeinsamen Großraumlimousine von Ford und VW

Durchschnittlicher Produktlebenszyklus von PKW-Modellen: heute 3 bis 4 Jahre, früher 7 Jahre

Allfinanzkonzepte von Banken, Bausparkassen und Versicherungen

3.1.2 Kartelle

Kartelle sind Zusammenschlüsse von rechtlich und wirtschaftlich selbstständigen Unternehmen einer Wirtschaftsstufe (horizontale Ebene) auf wirtschaftlichen Teilgebieten.

Kartellabsprachen sollen die Wettbewerbsposition der Kartellmitglieder stärken. Sie können aber auch den Wettbewerb gefährden, wenn Unternehmen ihre Absprachen nutzen, um den Marktmechanismus auszuschalten.

Absprachen werden z. B. getroffen über

- Preise,
- Zahlungs- und Lieferungsbedingungen,
- Produktions- und Absatzmengen,
- Anwendungen einheitlicher Normen und Typen.

Absprachen über **Preise** schalten den Preiswettbewerb aus. Der Preis wird so festgelegt, dass alle Kartellmitglieder Gewinne erzielen (Mindestpreis). Die Tendenz zu überhöhten Preisen führt zu Nachteilen für den Nachfrager. Absprachen über **Kalkulationszuschläge** sichern eine gleichartige Festlegung der Verkaufspreise, unabhängig von den tatsächlichen Kostenwerten in den einzelnen Unternehmen.

Durch einheitliche **Konditionen** wird der Wettbewerb über Lieferungs- und Zahlungsbedingungen eingeschränkt.

Die **Festlegung von Absatz- oder Produktionsquoten** verringert die Angebotsmengen auf dem Markt, sodass Preise stabilisiert werden können.

Absprachen über Normen und Typen führen zu Kosten- und Rationalisierungsvorteilen.

Die **Zuweisung von Absatzgebieten** teilt den Markt zwischen den Kartellmitgliedern auf und sichert die Kapazitätsauslastung.

Rationalisierungskartelle können zur Bereinigung der Produktpalette der Kartellmitglieder führen, während **Strukturkrisenkartelle** den Kartellmitgliedern die Anpassung an dauerhafte Veränderungen der Marktsituation erleichtern sollen.

In Gleichordnungskonzernen sind die Gesellschaften gleichberechtigt bei der Festlegung der Geschäftspolitik. Es handelt sich um Schwestergesellschaften. Bei einem Unterordnungskonzern bestimmt eine Gesellschaft (Konzernmutter) die Geschäftspolitik der anderen Gesellschaften.

Die Bildung von Kartellen muss unter Wettbewerbsgesichtspunkten besonders kritisch bewertet werden. Es handelt sich um eine Zusammenarbeit von möglichen **Konkurrenten**. Sie verzichten freiwillig auf eine Strategie des harten **Wettbewerbs** und sichern das Überleben der Beteiligten durch ein **friedliches Verhalten** auf Kosten der Nachfrager und derjenigen Mitbewerber, die von der strategischen Allianz ausgeschlossen sind. Entsprechendes gilt für Allianzen von Großunternehmen.

BEISPIELE:

- *Preiskartelle*
- *Konditionenkartelle*
- *Mengenkartelle*
- *Normungs- und Typenkartelle*

BEISPIELE:

- *Festlegung von Produktionsquoten durch die Erdöl exportierenden Länder der OPEC*
- *Unternehmen der europäischen Stahlindustrie erhalten die Erlaubnis zur Quotenverteilung, um sich an die vorhandenen Überkapazitäten im gemeinsamen Binnenmarkt anpassen zu können.*

▶ Strategische Allianzen werden als betriebswirtschaftlich notwendig erachtet, um im internationalen Wettbewerb bestehen zu können. Erörtern Sie diese Ansicht unter wettbewerbspolitischen Gesichtspunkten.

3.2 Konzentration in der Wirtschaft

Unternehmenswachstum kann

* **internes Wachstum** oder

* **externes Wachstum** sein.

Internes Wachstum beruht auf Wertschöpfungsprozessen innerhalb eines Unternehmens. Solche Wertschöpfungsprozesse können z. B. durch Produktinnovationen und erfolgreiche Marketingstrategien ausgelöst werden.

Externes Wachstum beruht auf Konzentrationsprozessen. Wachstum entsteht in diesem Fall durch Zukäufe von Unternehmen oder durch Unternehmenszusammenschlüsse mit vollständiger oder teilweiser Aufgabe der rechtlichen und/oder wirtschaftlichen Selbstständigkeit der Einzelunternehmen.

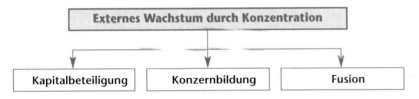

3.2.1 Kapitalbeteiligungen

Kapitalbeteiligungen entstehen dadurch, dass Unternehmen durch vertragliche Vereinbarungen oder durch den Kauf von Beteiligungspapieren Eigentumsrechte an anderen Unternehmen erwerben und somit Einfluss auf deren Geschäftspolitik gewinnen können. Kapitalverflechtungen liegen vor, wenn Unternehmen sich wechselseitig über Kapitalbeteiligungen aneinander binden.

Kapitalbeteiligungen an Aktiengesellschaften über den Erwerb von Beteiligungspapieren können entstehen durch

* Aufkauf über die Börse,

* Kaufangebote an bisherige Aktionäre.

3.2.2 Konzerne

Ein Konzern ist der Zusammenschluss von **rechtlich selbstständigen Unternehmen** unter **einheitlicher** wirtschaftlicher **Leitung.**

Konzerne entstehen in der Regel durch den Erwerb von **Kapitalbeteiligungen** oder durch **Kapitalverflechtungen.**

Die einzelnen Unternehmen im Konzern behalten ihre rechtliche Selbstständigkeit, da sie als Firma weiter existieren und je nach Rechtsform ihre Organe behalten. Lediglich die Geschäftspolitik innerhalb des Konzerns wird unter eine einheitliche Leitung gestellt.

▶ Welche Voraussetzungen müssen für die Umsetzung einer einheitlichen Geschäftspolitik erfüllt sein?

BEISPIELE:

Die Dresdner Bank ist mit der Allianz verflochten. Sie hält Aktien der Allianz-Versicherung, die Allianz wiederum verfügt über Aktien der Dresdner Bank.

ERLÄUTERUNG:

Die Deutsche Bank ist Eigentümerin der Deutsche Bank 24, die wegen ihrer rechtlichen Selbstständigkeit durch einen eigenen Vorstand geleitet und vertreten wird. In Personengesellschaften (u.a. auch GmbH & Co. KG) sind Miteigentümer, also auch andere Unternehmen, direkt an der Geschäftsführung beteiligt.

Durch Kapitalbeteiligungen werden Unternehmen Miteigentümer an anderen Unternehmen. Sie sind Kapitaleigner und haben damit Mitspracherechte.

Im Rahmen der gesetzlichen Bestimmungen über die **Aktiengesellschaft** sind folgende Beteiligungsanteile von Bedeutung:

- Eine **Sperrminorität** liegt vor, wenn ein Aktionär über 25 % des stimmberechtigten gezeichneten Kapitals + eine Stimme verfügt. Mithilfe der Sperrminorität können Hauptversammlungsbeschlüsse verhindert werden, die einer Mehrheit von 75 % bedürfen.

- Mit einer **absoluten Mehrheit** von 50 % + einer Stimme kann der Mehrheitsaktionär seine geschäftspolitischen Ziele durchsetzen und insbesondere die personelle Besetzung des Vorstands beeinflussen.

- Eine **satzungsändernde** Mehrheit erfordert 75 % + eine Stimme.

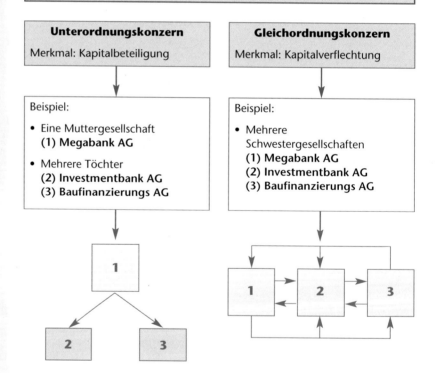

Vergleich Gleichordnungs- und Unterordnungskonzern

Unterordnungskonzern
Merkmal: Kapitalbeteiligung

Gleichordnungskonzern
Merkmal: Kapitalverflechtung

Beispiel:
- Eine Muttergesellschaft
  (1) Megabank AG
- Mehrere Töchter
  (2) Investmentbank AG
  (3) Baufinanzierungs AG

Beispiel:
- Mehrere
  Schwestergesellschaften
  (1) Megabank AG
  (2) Investmentbank AG
  (3) Baufinanzierungs AG

Im Rahmen einer **Holding** werden die Beteiligungen an einem Konzern auf eine eigens für diesen Zweck gegründete Dach- oder Holdinggesellschaft übertragen. Die Holdinggesellschaft übernimmt die Verwaltung der Beteiligungen und steuert die Konzernpolitik. Die Gründung einer Holding führt in der Regel zu einer Mutter-Tochter-Beziehung.

Es werden folgende Konzernarten unterschieden:

- Bei **horizontalen Konzernen** schließen sich Unternehmen der gleichen Wirtschaftsstufe zusammen. Diese Zusammenschlüsse bringen Größenvorteile bei der Leistungserstellung und -verwertung. Aus Konkurrenten werden Partner.

- Unternehmen mit vor- oder nachgelagerten Wirtschaftsstufen schließen sich zu **vertikalen Konzernen** zusammen. Es werden Kostenvorteile bei der Beschaffung von Vorprodukten erzielt oder die Abhängigkeit von Zulieferern verringert. Die Einbindung nachgelagerter Wirtschaftsstufen sichert den Einfluss auf die Vermarktung der eigenen Produktpalette.

- Bei **diagonalen Konzernen** (Mischkonzernen) gibt es keine unmittelbaren Zusammenhänge zwischen den Produkten der Konzerngesellschaften. Der Konzern arbeitet auf völlig unterschiedlichen Märkten (Diversifikation) und streut so das Risiko.

BEISPIELE:

– Die Deutsche Bank AG kauft die Investmentbank Morgan Grenfall in London.
– Der Spirituosenhersteller H. G. Detleffsen erwirbt eine 100%-Beteiligung bei der Carl Hertzberg Wein- und Spirituosen Import GmbH.

Konzerne können auch ohne eine kapitalmäßige Verflechtung gebildet werden, wenn Gesellschaften einen Beherrschungsvertrag abschließen, der auch die Übernahme von Gewinnen und Verlusten einschließen kann (Gewinnabführungs- oder Verlustübernahmevertrag).

3.2.3 Fusionen

Fusionen heben die **wirtschaftliche und rechtliche** Selbstständigkeit von Unternehmen durch **Verschmelzung** auf.

Die Verschmelzung kann erfolgen durch

- **Aufnahme**
  Bei der Aufnahme wird das Unternehmen A vom Unternehmen B übernommen. Das Vermögen des Unternehmens A wird auf das aufnehmende Unternehmen B übertragen. Die Eigentümer von A werden Miteigentümer von B.

- **Neubildung**
  Bei der Neubildung bringen die Unternehmen A und B ihr Vermögen und Kapital in eine gemeinsame neue Gesellschaft C ein. Die Eigentümer von A und B werden Gesellschafter von C.

Fusionen durch Aufnahme führen dazu, dass die aufgenommenen Unternehmen zu Betriebsgesellschaften des aufnehmenden Unternehmens werden. Fusionen auf dem Wege der Neubildung binden alle bisher selbstständigen Unternehmen in eine neue Rechtsform ein. Es entstehen **Trusts**.

BEISPIELE:

Ein Automobilkonzern gliedert sich Unternehmen der Raum- und Luftfahrt sowie des Großanlagenbaus an und wird zu einem Technologiekonzern.

LERNTIPP:

Beschaffen Sie sich einen aktuellen Geschäftsbericht eines Konzerns Ihrer Wahl. Analysieren Sie den Aufbau des Konzerns.

▶ 8 Monate später erwirbt der Spirituosenhersteller Berentzen das Unternehmen H. G. Detleffsen. Welche Konzernart liegt jetzt vor?

▶ Diskutieren Sie, ob innovative Unternehmen vor der Übernahme durch einen Konkurrenten geschützt sind.

▶ Warum hat sich die Daimler AG entschieden, mit dem amerikanischen Unternehmen Chrysler zu fusionieren?

▶ Welche Probleme können beim Zusammenwachsen der Daimler/Chrysler AG auftreten?

▶ Begründen Sie, weshalb der Konzentrationsprozess im Bankgewerbe auch auf andere Wirtschaftsbereiche ausstrahlt.

▶ Stimmen Sie der
Aussage zu, dass die
Konzentration nichts
über den Wettbewerb
aussagt?

LERNTIPP:

Führen Sie eine Debatte.

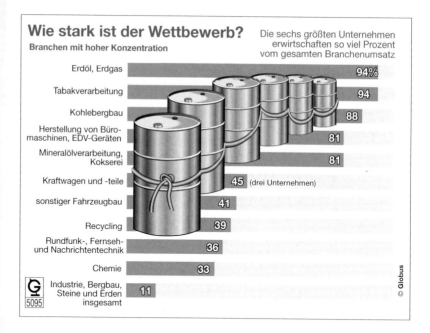

Wie stark ist der Wettbewerb?

Branchen mit hoher Konzentration

Die sechs größten Unternehmen erwirtschaften so viel Prozent vom gesamten Branchenumsatz

Branche	Prozent
Erdöl, Erdgas	94%
Tabakverarbeitung	94
Kohlebergbau	88
Herstellung von Büro-maschinen, EDV-Geräten	81
Mineralölverarbeitung, Kokserei	81
Kraftwagen und -teile	45 (drei Unternehmen)
sonstiger Fahrzeugbau	41
Recycling	39
Rundfunk-, Fernseh- und Nachrichtentechnik	36
Chemie	33
Industrie, Bergbau, Steine und Erden insgesamt	11

© Globus
5095

BEISPIELE:

– Rabatte durch gemeinsamen
  Einkauf
– Gemeinsame Qualitäts-
  normen
– Fertigung nach dem
  Baukastenprinzip
– Intensivierung des techni-
  schen Fortschritts durch
  Zusammenarbeit in
  Forschung und Entwicklung
– Bessere Kapazitätsauslastung
– Abbau der Fertigungstiefe
– Auslagerung von Fertigungs-
  prozessen (Outsourcing)
– Gemeinsames Marketing
– Abbau von Verwaltungs-
  ebenen
– Bildung zentraler Stellen wie
  Organisationsabteilung,
  Rechtsabteilung, Rechnungs-
  wesen
– Unternehmensinterner
  Verlustausgleich
– Innenfinanzierung von
  Investitionen

3.3 Vor- und Nachteile von Kooperation und Konzentration

3.3.1 Einzelwirtschaftliche Vor- und Nachteile

Kooperationsabsprachen und Konzentrationsprozesse verschaffen Anbietern oder Nachfragern einzelwirtschaftliche **Vorteile**

• bei Beschaffungsmaßnahmen,

• in der Leistungserstellung,

• beim Absatz,

• in Verwaltung und Organisation,

• bei der Finanzierung.

Zusammenarbeit oder Zusammenschluss bringt Größenvorteile. Es entstehen **Synergieeffekte**, da die Zusammenarbeit das Know-how aller Beteiligten bündelt. Das Forschungspotenzial kann erhöht und die Fähigkeiten der Mitarbeiter können besser ausgeschöpft werden. Die Kapitalkraft steigt. Die Auslastung der Produktionsanlagen kann verbessert werden. Verbundsysteme zu Kunden und Lieferanten können ausgebaut und optimiert werden.

Als Folge steigt die Wettbewerbsfähigkeit der Unternehmen. Darüber hinaus werden **Marktrisiken** gemeinsam übernommen und minimiert.

Kooperation und Konzentration können auch **Nachteile** haben.

- Große Einheiten reagieren unter Umständen zu **schwerfällig** auf Marktveränderungen.

- Als Folge von **Organisationsproblemen** können Reibungsverluste entstehen. Arbeitsabläufe sind zu wenig transparent und Informationswege zu langwierig.

- Mitarbeiter **identifizieren** sich weder mit ihrem Unternehmen noch mit dessen Zielen. Gerade bei Konzentrationsvorgängen stoßen unterschiedliche Unternehmenskulturen aufeinander.

- Unternehmen sind auf **unterschiedlichen Märkten** tätig. Eine gemeinsame Konzernpolitik muss unterschiedliche Strategien aufeinander abstimmen und miteinander verknüpfen.

3.3.2 Gesamtwirtschaftliche Vor- und Nachteile

Kooperation und Konzentration haben **gesamtwirtschaftliche Vorteile**, wenn sie die **Wettbewerbsfähigkeit** der Marktteilnehmer verbessern und den Leistungswettbewerb nicht gefährden, z.B. wenn

- **Innovationsprozesse**, Entwicklung neuer Produkte und Einführung Kosten sparender Verfahren nur über starke Anbieter möglich sind,

- Unternehmen sich in **Strukturkrisen** oder im harten **globalen Wettbewerb** besser behaupten können,

- Unternehmensexistenzen gesichert werden und somit oligopolistische oder monopolistische Marktstrukturen verhindert werden können.

Kooperation und Konzentration führen zu wirtschaftlicher Macht und sind **wettbewerbspolitisch bedenklich**, wenn sie

- über **Absprachen** den **Leistungswettbewerb** einschränken,

- über den Einsatz von **Kapitalmacht** Mitbewerber vom Markt **verdrängen**,

- den **Marktzugang** für neue Marktteilnehmer **verhindern**,

- **schwächere Marktteilnehmer** zu unangemessenen **Zugeständnissen** zwingen.

3.4 Maßnahmen und Grenzen staatlicher Wettbewerbspolitik

Wettbewerbspolitik ist die Summe aller Maßnahmen, die der Staat ergreift, um allen Wirtschaftsteilnehmern faire Wettbewerbsbedingungen zu garantieren.

BEISPIELE:

1988 übernahm die Daimler-Benz AG die AEG Aktiengesellschaft.

Trotz mehrerer Umstrukturierungen gelang es nicht, die AEG als Tochterunternehmen weiterzuführen. Inzwischen ist das Unternehmen aufgelöst.

Nach einer Zeit der Firmenzukäufe will sich die Metro AG u.a. von folgenden Töchtern trennen:
– Maxdata (Computergroßhandel),
– Reno (Schuhmärkte),
– Adler (Bekleidung).

ERLÄUTERUNG:

Der Markt sorgt nur dann für einen gerechten Ausgleich der unterschiedlichen Interessen der Anbieter und Nachfrager, wenn Wahlmöglichkeiten zwischen einer Vielzahl von Marktteilnehmern bestehen und somit ein Machtmissbrauch verhindert werden kann.

BEISPIELE:

Wirtschaftliche Freiheitsrechte: Vertragsfreiheit, Gewerbefreiheit, freie Wahl des Berufes bzw. des Arbeitsplatzes, Freizügigkeit der Waren-, Dienstleistungs- und Kapitalströme

Wettbewerbspolitik ist **Ordnungspolitik**, da der Staat Bedingungen für den Wettbewerb definiert, die im Rahmen des Marktgeschehens zu beachten sind.

Der Staat überwacht den Wettbewerb, indem er

- im Rahmen der **allgemeinen Rechtsordnung** den Wirtschaftssubjekten Planungsautonomie garantiert und ihnen somit eine Teilnahme am Marktgeschehen zusichert,

- durch **spezielle Rechtsnormen**
  - die **Voraussetzungen** für einen funktionierenden und fairen Wettbewerb schafft,
  - **unlauteren Wettbewerb** in Form des Verstoßes gegen die guten Sitten oder irreführender Aussagen unterbindet,
  - **Machtzusammenballungen** auf der Anbieter- und/oder Nachfragerseite verhindert oder untersagt,
  - das **Verhalten marktbeherrschender Unternehmen** beobachtet und bei Machtmissbrauch eingreift,
  - den **Wettbewerb** fördert und die **Markttransparenz** erhöht.

Gesetze mit wettbewerbspolitischen Regelungen

Lernfeld 1 vgl. Abschnitt 5.2, Seite 63

Gesetz gegen den unlauteren Wettbewerb (UWG)	Gesetz gegen Wettbewerbsbeschränkungen (GWB, „Kartellgesetz")	Gesetz zur Regelung des Rechts der Allgemeinen Geschäftsbedingungen (AGB-Gesetz)
§ 1 UWG: „Wer im geschäftlichen Verkehr zu Zwecken des Wettbewerbs Handlungen vornimmt, die gegen die guten Sitten verstoßen, kann auf Unterlassung und Schadensersatz in Anspruch genommen werden."	§ 1 GWB: „Verträge, die Unternehmen oder Vereinigungen von Unternehmen zu einem gemeinsamen Zweck schließen, und Beschlüsse von Vereinigungen von Unternehmen sind unwirksam, soweit sie geeignet sind, die Erzeugung oder die Marktverhältnisse für den Verkehr mit Waren oder gewerblichen Leistungen durch Beschränkung des Wettbewerbs zu beeinflussen."	§ 9 (1): „Bestimmungen in Allgemeinen Geschäftsbedingungen sind unwirksam, wenn sie den Vertragspartner des Verwenders entgegen den Geboten von Treu und Glauben unangemessen benachteiligen."

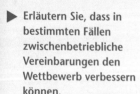
LERNTIPP:

Klären Sie mit Hilfe eines Kommentars zum UWG den Begriff „gute Sitten".

▶ Erläutern Sie, dass in bestimmten Fällen zwischenbetriebliche Vereinbarungen den Wettbewerb verbessern können.

Beispiele für wettbewerbspolitische Instrumente des Staates

Instrument	Beispiele	Ziel
UWG	– Sonderveranstaltungen wie Schluss-, Räumungs-, Jubiläumsverkäufe sind nur zulässig nach Ablauf von jeweils 25 Jahren. – Vergleichende Werbung ist nur erlaubt, wenn sie nicht irreführend ist, sich auf vergleichbare Güter bezieht, die den gleichen Nutzen verkörpern, objektive und nachprüfbare Vergleiche zieht, den Mitbewerber weder herabsetzt noch verunglimpft.	Der Verbraucher soll vor Fehleinschätzungen bewahrt werden.
Rabatt-gesetz	Rabatte an Endverbraucher sind auf 3% begrenzt.	Preistransparenz für Endverbraucher soll gesichert sein.
Zugabeverordnung	Zugaben sind nur erlaubt, wenn sie als geringwertig einzustufen sind.	Missbrauch soll verhindert werden.
Preis-angaben-verordnung	Alle Handels-, Handwerks- und Gaststättenbetriebe sowie Kreditinstitute , Tankstellen und sonstige Dienstleistungsbetriebe haben die Preise einschließlich der Umsatzsteuer anzugeben. Werden Waren in Schaufenstern oder Schaukästen dargeboten, sind sie mit Preisschildern zu versehen.	Die Maßnahme soll für Preistransparenz sorgen und Preisvergleiche möglich machen. Sie soll vor Übervorteilung schützen.
Miss-brauchs-aufsicht (GWB)	Missbrauchsaufsicht durch das Kartellamt bei marktbeherrschenden Unternehmen: – Verbot des Eingriffs in die Preisgestaltung oder Formulierung von AGB der Vertragspartner, – Verbot der Erhebung von Eintrittsgeldern, Verbot der Kostenerhebung bei der Rücknahme von Waren, – Boykottverbot in Form von Liefer- oder Bezugssperren	Missbrauch soll verhindert werden, ohne dass der Staat generell in den Markt eingreift. Betroffene haben ein Klagerecht.
Fusions-kontrolle (GWB)	Anzeigepflicht vor Vollzug von Fusionen Untersagung ist genauso möglich wie die Genehmigung unter Auflagen.	Verhinderung von Marktbeherrschung
Kartell-verbot (GWB)	Abschluss und Praktizierung von Kartellen sind grundsätzlich verboten. Das GWB lässt Ausnahmen zu, die mit Eintragung in das Kartellregister rechtsgültig werden. – Verboten sind Preis-, Rabatt-, Quoten-, Gebiets-, Import- und Exportkartelle. – Genehmigungspflichtig sind Rationalisierungs- und Strukturkrisenkartelle. – Anmeldepflichtig sind Normen-, Typen-, Konditionen-, Spezialisierungs- und Mittelstandskartelle. In besonderen Fällen kann das Bundeswirtschaftsministerium Kartelle genehmigen, wenn es das gesamtwirtschaftliche Interesse gebietet oder eine unmittelbare Gefahr für den Bestand einer Branche besteht. Diese Ministererlaubnis ist nur in schwerwiegenden Einzelfällen zu erteilen und auf bis zu fünf Jahre beschränkt.	**Verbotene Kartelle** werden untersagt oder aufgelöst. **Genehmigungspflichtige Kartelle** werden auf ihre Wettbewerbsverträglichkeit geprüft und gegebenenfalls untersagt. Sie müssen ausdrücklich genehmigt werden. Die Genehmigung wird für fünf Jahre erteilt. **Anmeldepflichtige Kartelle** werden gültig, wenn innerhalb von drei Monaten kein ausdrücklicher Widerspruch durch das Kartellamt erfolgt.

▶ Erörtern Sie, ob es den Unternehmen überlassen bleiben sollte, jederzeit Sonderveranstaltungen durchzuführen.

ERLÄUTERUNG:

Das Kartellamt ist die Kontrollbehörde für die Einhaltung und Umsetzung der Normen des GWB. Es spricht bei Verstößen Sanktionen aus. Gegen die Entscheidungen des Kartellamtes gibt es Rechtsbeschwerdemöglichkeiten.

ERLÄUTERUNG:

Marktbeherrschung wird **unterstellt**, wenn
– ein Unternehmen eine **überragende** Marktstellung hat und keinem wesentlichen Wettbewerb ausgesetzt ist,
– zwischen zwei oder mehr Unternehmen kein wesentlicher Wettbewerb besteht.

Marktbeherrschung wird z.B. **vermutet**, wenn
– ein Unternehmen bei mehr als 250 Millionen DM (127,8 Mio EUR) Umsatz einen Marktanteil von mehr als 33,3 % hat,
– der Marktanteil von bis zu 3 Unternehmen bei mehr als 100 Millionen DM (51,1 Mio. EUR) Umsatz mehr als 50 % beträgt.

▶ Erklären Sie die folgenden Instrumente des Kartellamtes im Rahmen der Missbrauchsaufsicht:
– Untersagung,
– Erklärung der Nichtigkeit von Verträgen,
– Verhängung von Bußgeldern bzw. Abschöpfung von Gewinnen.

BEISPIELE:

Der Ulmer Busbauer Kässbohrer ist mit Zustimmung der EU-Kommission von der Mercedes AG übernommen worden. Die vereinte Gruppe hat auf dem deutschen Markt einen Marktanteil von nahezu 60 %, auf dem europäischen Markt dagegen nur von 28 %. Auf nationaler Ebene gewinnt der Zusammenschluss eine marktbeherrschende Position. In diesem Fall ist unterstellt worden, dass der Wettbewerb auf dem Busmarkt ein europaweiter Wettbewerb ist.

▶ Erläutern Sie, warum mangelnde Markttransparenz unter wettbewerbspolitischen Gesichtspunkten bedenklich ist.

Durch die Einführung des europäischen Binnenmarktes haben sich die Wettbewerbsstrukturen auf einer Vielzahl von Märkten verändert. Daher musste die nationale Wettbewerbskontrolle durch **europaweite Regelungen** ergänzt oder abgelöst werden.

Im Rahmen der europäischen Verträge übernimmt die **Europäische Kommission** die Aufgaben der **Wettbewerbssicherung.** Sie kontrolliert Vereinbarungen oder Beschlüsse von Anbietern und Nachfragern, die den Wettbewerb im Gemeinsamen Markt behindern. Sie spricht Verbote aus, untersagt wettbewerbswidrige Praktiken und verhängt Bußgelder.

Zuständig ist die Europäische Kommission immer dann, wenn Märkte von mindestens **zwei Ländern des Binnenmarktes** betroffen sind. Anderenfalls unterliegt die Wettbewerbskontrolle weiterhin dem nationalen Recht.

> „Die Marktwächter: Seit 1990 hat die Europäische Kommission das Recht erhalten, Firmenfusionen zu genehmigen und zu verbieten. Der Wettbewerbskommissar jagt darüber hinaus Kartelle und Monopole und verbietet Staatssubventionen. Die Fusionen müssen angemeldet werden. Die Unternehmen müssen seitenlange Fragen zu Bilanzen, Kunden und Lieferanten beantworten sowie ihre Konkurrenten nennen. Auf diese Weise wird versucht, den „relevanten Markt" abzugrenzen und festzustellen, ob Machtmissbrauch droht."

Quelle: „Die Zeit" vom 18. Juni 1998

Nationale Wettbewerbsbehörden können beantragen, dass ein Vorgang in die nationale Zuständigkeit zurückgeholt wird, wenn sich ein Zusammenschluss überwiegend auf den nationalen Markt auswirkt und dort mit starker Wettbewerbseinschränkung verbunden ist.

Staatliche Wettbewerbspolitik stößt dort an ihre **Grenzen,** wo sie

- wegen der Produktvielfalt und der Komplexität der Marktstrukturen die Transparenz des Marktgeschehens nicht herstellen kann,

- wettbewerbsgefährdende Marktstrukturen wie Oligopole oder Monopole, die sich durch die besondere Leistungsfähigkeit einzelner oder mehrerer Unternehmen gebildet haben, aufbrechen muss,

- die marktbeherrschende Stellung von Unternehmen oder Unternehmensgruppen nicht beweisen kann,

- auf Vermutungen des Machtmissbrauchs angewiesen ist, weil schwächere Marktteilnehmer den Sachverhalt nicht melden,

- im Rahmen der Globalisierung der Märkte auf international operierende Unternehmen trifft, die sich nationalen Kontrollen entziehen.

Der Wettbewerb wird auch durch internationale Fusionen gefährdet, die in **keine nationale Zuständigkeit** fallen. Einen **weltweiten Rechtsrahmen** zur Kontrolle der Fusionen und des Wettbewerbs gibt es bisher nicht. Große Konzerne können daher ihre Interessen weitgehend durchsetzen.

Strukturwissen

- Ein **Kartell** ist ein Zusammenschluss mehrerer rechtlich selbstständiger Unternehmen einer Produktionsstufe (horizontaler Zusammenschluss), die dadurch ihre wirtschaftliche Selbstständigkeit durch Absprachen in bestimmten Bereichen einschränken. Die Mitglieder eines Kartells wollen ihre Rentabilität erhöhen und ihr Marktrisiko mindern. Ziel eines Kartells ist grundsätzlich Marktbeeinflussung oder Marktbeherrschung.
  Kartelle sind **grundsätzlich verboten**. Ausnahmen gelten für
  – genehmigungspflichtige Kartelle, zum Beispiel Rationalisierungskartelle,
  – anmeldepflichtige Kartelle, zum Beispiel Normen- und Typenkartelle.

- Ein **Konzern** ist ein horizontaler oder vertikaler Zusammenschluss mehrerer rechtlich selbstständiger Unternehmen unter einheitlicher wirtschaftlicher Leitung. Ziele des Konzerns sind Leistungsverbesserungen bei den einzelnen angeschlossenen Unternehmen und Erhöhung der Rentabilität.

- **Fusionen** sind Verschmelzungen von Unternehmen. Sie führen zur Aufhebung der rechtlichen und wirtschaftlichen Selbstständigkeit eines Teils der Unternehmen oder sind mit der Neubildung eines Gesamtunternehmens verbunden.

Maßnahmen staatlicher Wettbewerbspolitik

↓

Ziel: Sicherung eines fairen und offenen Wettbewerbs

Maßnahmen des UWG	Maßnahmen des GWB	Weitere Maßnahmen

• Verbot unlauterer Marktaktivitäten
 	
• Verbot irreführender Aussagen
	• Kartellverbot mit bestimmten Ausnahmen:
	  – Anmeldepflicht
	  – Genehmigungspflicht
	  – Eintragung in das Kartellregister
	
	• Missbrauchsaufsicht im Falle der tatsächlichen oder vermuteten Marktbeherrschung
	
	• Fusionskontrolle
		z.B.
		• Zugaben nur, wenn sie als geringwertig einzustufen sind (Zugabenverordnung)
		
		• Begrenzung von Rabatten an Endverbraucher auf 3% (Rabattgesetz)
		
		• Verpflichtung zur Preisauszeichnung (Preisangabenverordnung)

Europäisches Kartellrecht
Im Rahmen des Gemeinsamen Binnenmarktes übernimmt die Europäische Kommission die Aufgaben eines „Wettbewerbshüters", wenn sie den Wettbewerb in mindestens zwei Ländern der Europäischen Union gefährdet sieht.

Aufgaben

 1 Unterscheiden Sie zwischen horizontalen, vertikalen und diagonalen Unternehmenszusammenschlüssen.

 2 Entscheiden Sie, ob es sich bei den folgenden Fällen um verbotene Kartelle handelt. Begründen Sie Ihre Entscheidung.

a) Die Hersteller von Steckdosen sprechen sich ab, in Zukunft nur noch einheitliche Größen herzustellen.

b) Mehrere Computerunternehmen entscheiden, einheitlich 3% Skonto zu gewähren.

c) Bei der Ausschreibung für den Bau eines Krankenhauses sprechen einige Handwerksbetriebe ihre Angebote ab.

d) Fünf führende Computerhersteller teilen den europäischen Markt unter sich auf.

e) Ein Mineralölkonzern erhöht den Benzinpreis um 0,05 EUR. Die anderen Konzerne ziehen nach.

f) Lebensmitteleinzelhändler einer Stadt vereinbaren, gemeinsam auf dem Großmarkt einzukaufen und zu einheitlichen Preisen zu verkaufen.

3 Welche Sanktionsmöglichkeiten besitzt das Kartellamt?

4 Erörtern Sie die folgende These: *„Der Konzentrationsprozess hemmt den technischen Fortschritt."*

5 Diskutieren Sie die Ursachen und die Folgen des Konzentrationsprozesses in der Automobilindustrie.
Führen Sie ein Rollenspiel durch.
Rollenspieler:

a) Leitende Angestellte des gekauften oder des aufkaufenden Unternehmens

b) Verbraucher

c) Konkurrenten

d) Mitarbeiter des gekauften oder des aufkaufenden Unternehmens

Fahrzeug-Hersteller im Vergleich: Umsatz in Milliarden US-Dollar, 1997	
General Motors	178,2 Mrd.
Ford	153,6 Mrd.
Daimler-Benz/Chrysler	132,7 Mrd.
Toyota	95,1 Mrd.
Daewoo	71,5 Mrd.
Volkswagen	65,3 Mrd.
Nissan Motor	53,5 Mrd.
Fiat	52,6 Mrd.
Honda Motor	48,9 Mrd.
Renault	35,6 Mrd.
BMW	34,7 Mrd.
Peugot	32,0 Mrd.
Mitsubishi Motors	30,4 Mrd.
Volvo	24,0 Mrd.
Mazda Motor	16,6 Mrd.

6 Diskutieren Sie, ob die gegenwärtige Regelung des Vollmachtstimmrechts den Konzentrationsprozess in der Wirtschaft erleichtert oder sogar fördert.

7 Führen Sie eine Debatte:
„Aktienfonds profitieren vom Konzentrationsprozess!"

8 Diskutieren Sie die folgende These:
„Im Zeitalter der Globalisierung muss der Staat den Konzentrationsprozess der deutschen Wirtschaft fördern, um deren Wettbewerbsfähigkeit zu sichern."

9 „Viele Produkte von wenigen Konzernen:
Viele Produkte in den Lebensmittelmärkten stammen von ein und demselben Anbieter. Vor allem die Markenartikel gehören oft zu international tätigen Konzernen wie Nestle oder Unilever, die mit ihren breiten Angebotspaletten den großen Handelsketten Planungssicherheit versprechen. Die Konzentration wird von den Verbrauchern ungewollt gefördert, die sich mit dem Griff zur bekannten Marke die „Qual der Wahl" erleichtern. Dennoch können die Anbieter nicht schalten und walten wie sie wollen. Die großen Handelsketten sind zu mächtig. Zwar könne kein großer Händler ohne die Marken von Unilever oder Nestle auskommen, da er dann beim Verbraucher als nicht kompetent gilt. Doch als kartellrechtliches Problem gilt derzeit die Nachfragemacht der Händler. Etwa 80 % der Lebensmittelumsätze entfallen auf nur zehn Handelskonzerne. Auf der Gegenseite vereinen die zehn größten Hersteller von Lebensmitteln nur elf Prozent des Branchenumsatzes. Die großen Anbieter versuchen, mit Werbung und Markenbindung dem großen Preisdruck zu entgehen. Kann der Handel zwischen den verschiedenen Anbietern noch wählen, so gilt das für den Verbraucher nur eingeschränkt."

Quelle: „Flensburger Tageblatt" vom 6. Oktober 1998

Welche Möglichkeiten bieten das deutsche und das europäische Kartellrecht, die Marktmacht der Händler zu verringern?

10 „Monopolisten unter sich: Ein Kartell wie aus dem Lehrbuch:
Vierzehn Hersteller von Starkstromkabeln haben jahrzehntelang den Markt unter sich aufgeteilt. Nun ließ das Bundeskartellamt den wettbewerbswidrigen Kartellverein platzen.
265 Millionen DM Bußgelder wurden verhängt. Die Kartellmitglieder trafen sich regelmäßig, schanzten sich Marktanteile und Lieferanteile exakt zu und vereinbarten sogar Sanktionen bei Zuwiderhandlungen. Konkurrenz aus dem Ausland war nicht zu fürchten, da zu den Kartellkumpanen auch Engländer und vor allem der französische Marktführer mit zahlreichen Tochterfirmen zählte. Das Kabelkartell konnte allerdings nur deshalb über Jahrzehnte die Preise diktieren, weil die Kunden die überteuerte Ware klaglos abnahmen. Und da liegt der zweite Skandal: Abnehmer von Starkstromkabeln sind neben großen Konzernen vor allem die großen Energieversorgungsunternehmen und die Stadtwerke. Und das sind samt und sonders Monopolisten in ihren Regionen, so dass sie die überteuerten Preise für die Kabel an die Kunden in Industrie, Gewerbe, Handel und in privaten Haushalten über die Energiepreise weitergeben konnten."

Quelle: „Die Zeit" vom 6. Juli 1997

a) Verdeutlichen Sie die Zusammenhänge auf den beschriebenen Märkten.

b) Wo liegen die gesamtwirtschaftlichen Nachteile der Kooperation?

4 Marketingziele und Marketinginstrumente

Neun Mega-Trends

Das Erfolgsrezept eines Unternehmens besteht darin, die Bedürfnisse seiner Kunden vorauszuahnen und mit den gewünschten Produkten oder Dienstleistungen zur Stelle zu sein, noch bevor der Kunde sich selbst darüber im Klaren ist. Um dieses Ziel zu erreichen, werden Trendforscher eingesetzt, die Strömungen in der Gesellschaft analysieren und anschließend Vorschläge für die zukünftige Geschäftspolitik unterbreiten.

Die folgenden 9 Mega-Trends für die westlichen Gesellschaften wurden von Faith Popcorn und Luys Marigold zusammengestellt.

1. **LEBEN IM KOKON** Hier geht es um unser Bedürfnis, uns vor den unerfreulichen, gefährlichen, unvorhersehbaren Realitäten der Welt da draußen zu schützen und abzuschotten.
2. **CLANNING** Hier geht es um unseren Wunsch, zu einer oder mehreren Gruppen von Gleichgesinnten zu gehören, die gemeinsame Ziele vertreten und uns in unseren eigenen Grundüberzeugungen bestärken.
3. **FANTASY-ABENTEUER** Zur Erholung vom Alltagsstress suchen wir etwas Nervenkitzel bei risikoarmen, aber trotzdem aufregenden Unternehmungen: beim Reisen, beim Essen und in der virtuellen Realität.
4. **KLEINE GENÜSSE** Weil alles immer teurer wird, suchen wir gestressten Konsumenten nach Möglichkeiten, uns mit erschwinglichem Luxus im Kleinen selbst zu belohnen.
5. **ICHBEZOGENE WIRTSCHAFT** (EGONOMICS) In einer Zeit, in der alles steril, normiert und computerisiert ist, entsteht der Wunsch nach etwas Individuellem, nach einer ganz persönlichen Note. Firmen oder Service-Anbieter, die dem Ego ihrer Kunden schmeicheln und die Außerordentliches bieten, sollten großen Erfolg haben.
6. **WEIBLICH DENKEN** Eine neue, am weiblichen Denken orientierte gesellschaftliche Wertekonstellation, die auch im Marketing zu einer Verschiebung führt: weg vom zielorientierten, hierarchischen Denken, hin zu einem prozessorientierten, familiären, auf Anteilnahme und Mitwirkung setzenden Modell.
7. **99 LEBEN AUF EINMAL** Ein mörderisches Tempo und ständiger Zeitmangel zwingen uns eine große Rollenvielfalt auf. Wir müssen ständig Vieles auf einmal erledigen und haben an unserem Hightech-Lebensstil schwer zu tragen.
8. **DER WEHRHAFTE VERBRAUCHER** Die unterschiedlichen Möglichkeiten, wie frustrierte, oft verärgerte Verbraucher durch Druck, Protest und Politik Einfluss auf den Markt nehmen können.
9. **S.O.S. – RETTET UNSERE GESELLSCHAFT** Wir müssen unser soziales Gewissen wieder entdecken, eine Verbindung von Umweltbewusstsein, Moral, Leidenschaft und Mitleid. Nur so kann unser gefährdeter Planet gerettet werden.

Quelle: Faith Popcorn und Luys Marigold: „Clicking". Der neue Popcorn Report. Trends für unsere Zukunft, München 1996, Seite 31-33

Handlungsaufträge

1 ▶ Veranschaulichen Sie diese Trends durch konkrete Beispiele.

2 ▶ Begründen Sie, welche vier Trends von Ihrer Marketingabteilung berücksichtigt werden müssen.

3 ▶ Entwickeln Sie Marketingstrategien für die Produkt-, Distributions- und Kommunikationspolitik Ihres Unternehmens.

4.1 Grundzüge des Marketing

Um in einem intensiven Wettbewerb die **Konkurrenzfähigkeit** zu sichern, wird die gesamte Unternehmenspolitik der Geschäftsbanken, Sparkassen und Genossenschaftsbanken auf die **Kunden** und damit auf den Absatzmarkt ausgerichtet. Eine kundenorientierte Unternehmenspolitik stellt **sämtliche** Planungen, Anweisungen, betriebsinterne Abläufe und Arbeitsprozesse auf die Bereitstellung von **kundenspezifischen Problemlösungen** ab.

LERNTIPP:

Präsentieren Sie Produkte, die Ihr Institut speziell für junge Kunden anbietet.

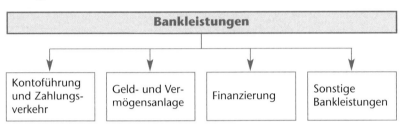

Erfolgreiche Geschäftspolitik basiert auf einer Unternehmensstrategie, die die gesetzten **absatzpolitischen Ziele** verwirklicht. Sie ist gegeben, wenn

- das Leistungsangebot für die Kunden attraktiv ist,

- die Produktpalette den Bedürfnissen der Kunden entspricht,

- das Leistungsangebot im Vergleich zur Konkurrenz wettbewerbsfähig ist, weil es kostengünstig erstellt wurde, preisgünstig angeboten wird und/oder sich in seiner Art vom Angebot der Mitbewerber deutlich unterscheidet,

- Erträge aus Zinsen, Provisionen und sonstigen Einnahmequellen höher sind als die Aufwendungen für die Leistungserstellung, sodass Gewinne erzielt werden.

Durch **absatzpolitische Strategien** wird versucht, die Kunden an das eigene Institut zu binden. Gelingt dies, entwickeln die Kunden Präferenzen und nutzen als Stammkunden auch langfristig das Dienstleistungsangebot ihres Kreditinstituts.

Die konsequente absatzpolitische Ausrichtung der Geschäftspolitik wirkt sich auf sämtliche Bereiche der Leistungserstellung aus. Sie bestimmt u.a. die Investitionen der Kreditinstitute in ihre Standorte, ihre Gebäude, die technischen Einrichtungen und die Anzahl der Mitarbeiter sowie deren Qualifikationen.

Geschäftspolitik bedeutet in diesem Zusammenhang die Entwicklung von **Marketingstrategien**. Diese beinhalten

- die **Marktanalyse**, um bestehende Marktstrukturen zu erkennen,

- die ständige **Marktbeobachtung**, um rechtzeitig Entwicklungen oder Schwachstellen der eigenen Unternehmenspolitik aufzuzeigen,

- die Definition der relevanten Teilmärkte bzw. Marktsegmente mit den jeweiligen **Zielgruppen** und den **Konkurrenzstrukturen**,

▶ Erörtern Sie die These: „Der Markt für Bank- und Finanzdienstleistungen ist durch eine geringe Wettbewerbsintensität gekennzeichnet, da es sich um Märkte mit einer ausgeprägten Oligopolstruktur handelt."

▶ Schildern Sie am Beispiel des „Cross-selling" die Bedeutung der Stammkunden für Ihr Unternehmen.

ERLÄUTERUNG:

Marketing kann neben der Verfolgung betriebswirtschaftlicher Ziele als Instrument eingesetzt werden, um Unternehmen bzw. deren Aktivitäten zur gesellschaftlichen Akzeptanz zu verhelfen, z.B. umweltverträgliche Produktion, positives Betriebsklima, Kunstsponsoring.

▶ Erstellen Sie ein Marketing-Konzept mithilfe des Strukturgerüstes.

Thema: Wie können Singles in der Altersgruppe von 30 – 40 Jahren als Kunden gewonnen werden?

LERNTIPP:

Nutzen Sie die Kreativitätstechniken, wie z. B. die 6-3-5-Methode oder das Brainstorming.

- die Festlegung der **Unternehmensziele**,

- die Bestimmung der **Produktpalette**,

- die Einbindung aller absatzpolitischen Überlegungen in die **betriebsinternen Abläufe** und die Lösung der Umstellungsprobleme,

- die Entwicklung eines geeigneten absatzpolitischen Instrumenten-Mix.

Absatzpolitik im engeren Sinne umfasst **alle** unternehmerischen Entscheidungen, die direkt auf den Absatzmarkt wirken. Das absatzpolitische Mix ist der aufeinander abgestimmte Einsatz verschiedener absatzpolitischer Instrumente und Maßnahmen.

Zur Entwicklung von **Marketing-Konzepten** ist das folgende **Strukturgerüst** geeignet:

▷ **Analysephase**
   – Wo stehen wir in unserem Markt?
   – Welche Stärken und Schwächen sind vorhanden?

▷ **Prognosephase**
   – Wohin geht die Entwicklung?
   – Welche Trends zeichnen sich im Kunden- und Konkurrentenverhalten bzw. im gesellschaftlichen Umfeld ab?
   – Mit welchen Marktentwicklungen ist zu rechnen?

▷ **Zielformulierung und Festlegung der Marketingstrategie**
   – Was wollen wir erreichen?
   – Welche grundlegenden Stoßrichtungen sind bei der Marktbeobachtung zu verfolgen?
   – Auf welchen Marktsegmenten und mit welchen Produkten wollen wir aktiv werden?
   – Welche grundlegenden Verhaltensweisen gegenüber der Konkurrenz sind geplant?

▷ **Festlegung des operativen Marketing**
   – Welche Maßnahmen ergreifen wir im Leistungs-, Distributions-, Kommunikations-, Preis- und Konditionenmix?

▷ **Realisationsphase**
   – Haben wir unser Ziel erreicht?
   – Welche Ursachen für Soll-Ist-Abweichungen bestehen?
   – Welche Ziel- und Maßnahmenanpassungen sind vorzunehmen?

Quelle: Auszug aus H. Meffert: Marketing-Grundlagen der Absatzpolitik, 7. Auflage, Gabler Verlag, Wiesbaden 1986, Seite 37

4.2 Das operative Marketing

Auf der Grundlage der Ergebnisse der Marktprognose und des vorhandenen Produktangebots sowie eventueller Produktinnovationen wird das **operative Marketing** konzipiert und umgesetzt. Das operative Marketing besteht aus

- Produktpolitik,

- Preis- und Konditionenpolitik,

- Vertriebspolitik,

- Kommunikationspolitik.

Das operative Marketingkonzept bündelt die Aktivitäten zu einem **Marketing-Mix**.

4.2.1 Produktpolitik

Die **Produktpolitik** der einzelnen Kreditinstitute wird durch das Geschäftsfeld bestimmt. Während Universalbanken grundsätzlich das gesamte Spektrum der Bankleistungen und darüber hinaus in Allfinanzkonzepten häufig besondere Finanzdienstleistungen anbieten, haben Spezialbanken nur eine begrenzte Produktpalette.

Die Produktpolitik ist von zentraler Bedeutung für den Unternehmenserfolg. Auf Dauer kann die Existenz des Kreditinstituts nur durch kundengerechte Leistungsangebote gesichert werden.

Marktorientierte Produktpolitik hat zum Ziel, die zur Gewinnerzielung notwendigen Erträge zu erwirtschaften, das Geschäftsvolumen auszuweiten, ein positives Image als Marktführer aufzubauen und die Unternehmenskapazitäten auszulasten.

Produktpolitik ist marktorientiert, wenn die aktuelle Produktpalette im Zeitablauf den sich verändernden Bedarfsstrukturen angepasst wird. Dies geschieht durch

- **Veränderung der Produktaufmachung**,

- **Produktdifferenzierung**,

- **Produktinnovation**,

- **Produktdiversifizierung**

Veränderungen der Produktaufmachung und **Produktdifferenzierung** sollen den Aufmerksamkeitswert fördern und breitere Kundenkreise ansprechbar machen.

Die aktuelle Produktpalette kann durch Zusatzleistungen verbessert, in der farblichen Ausgestaltung verändert und über einen einprägsamen Markennamen herausgestellt werden. Sie kann auch eine spezifische Ausgestaltung für bestimmte Kundengruppen erhalten. Produkte werden variiert, z. B. mit einem Zusatznutzen versehen.

ERLÄUTERUNG:

Marketing verfolgt strategische Ziele. Es legt Ziele und Mittel der Zielerreichung fest. Es ist operativ, wenn die Marketingstrategien umgesetzt werden.

BEISPIELE:

Produktaufmachung:
Sämtliche Produkte der Sparkasse werden mit S-Logo versehen.

Produktdifferenzierung:
Einführung der BankCard online durch eine Genossenschaftsbank

Produktinnovation:
Homebanking

Produktdiversifizierung:
Anleihen mit variablem Zinssatz auf der Basis des Euro

▶ Erläutern Sie die Produktdifferenzierung am Beispiel einer Investmentgesellschaft, z.B. Deka, Adig oder DWS.

▶ Verdeutlichen Sie am Beispiel des Allfinanzkonzeptes Chancen und Risiken der Produktdiversifizierung für Ihr Institut.

▶ Informieren Sie sich über den „Weltgarantiefonds" der Commerzbank. Vgl. Informationsangebot auf Seite 172.

BEISPIELE:

Sparkarte, Indexanleihe

▶ Erläutern Sie Produktinnovationen Ihres Unternehmens.

▶ Welche Produktinnovationen konnten sich auf dem Markt nicht durchsetzen?

▶ Erarbeiten Sie am Beispiel des Produkts Altersvorsorgesparen die einzelnen Elemente eines Produktlebenszyklus in ihrer Auswirkung auf den Absatz.

Produktinnovationen gehen über die **Produktdifferenzierung** hinaus. Sie stärken als Marktneuheiten die Marktposition oder verschaffen als Betriebsneuheiten einen Vorsprung vor der Konkurrenz.

Produktlebenszyklus				
Einführungsphase	Wachstumsphase	Reifephase	Sättigungsphase	Abschwungphase
Marktwiderstände müssen überwunden werden. Das Produkt ist noch unbekannt.	Marktwiderstände sind überwunden. Nachfrage steigt.	Produkt hat sich im Markt behauptet. Nachfrage erreicht hohes Niveau.	Produkt ist erfolgreich. Es gibt keine Marktreserven mehr. Alle potenziellen Kunden haben sich zum Kauf entschlossen.	Produkt wird weniger nachgefragt. Neue Produkte gewinnen an Bedeutung.

Im Rahmen einer dynamischen Produktpolitik ist die Suche nach neuen Produkten notwendig. Allerdings darf nicht unterschätzt werden, dass bei deren Einführung Marktwiderstände vorhanden sein können. Auf der anderen Seite kann sich nach Überwindung der Marktwiderstände eine Marktführerschaft mit hohen Umsatzanteilen ergeben, die ihrerseits aber die Konkurrenz mobilisiert. Gerade in oligopolistischen Märkten bietet die Konkurrenz mit einer zeitlichen Verzögerung vergleichbare Produkte an. Der Produktwettbewerb nimmt zu, die Umsatzanteile des „Erneuerers" nehmen ab. Das Produkt wird unter Umständen uninteressant und wird dann seinerseits verbessert oder vom Markt genommen.

Produktdiversifizierung führt dazu, dass die unternehmerischen Aktivitäten in neue Marktbereiche ausgedehnt werden. Diversifikation erweitert das Kerngeschäft um Randbereiche, kann aber auch den Vorstoß in andere Geschäftsfelder nach sich ziehen.

Produkte werden vom Markt genommen, wenn sie nicht mehr bedarfsgerecht sind und/oder keine ausreichenden Erträge mehr erzielen.

BEISPIELE:

Bestandteile der Preis- und Konditionenpolitik sind z. B. auch:
– Laufzeit der Verträge,
– Zahlungsmodalitäten,
– Zinsbindungsfristen,
– Wertstellungsvereinbarungen.

4.2.2 Preis- und Konditionenpolitik

Preis- und Konditionenpolitik besteht in der Festlegung, Anpassung und Differenzierung von Preisen und vertraglichen Regelungen, die im engen Zusammenhang mit der Bezahlung für das Produkt stehen.

Produktpreise sind abhängig von der Nachfrage und werden deshalb vom Markt bestimmt. Auf der anderen Seite spielen Kostengesichtspunkte für die Preisfestlegung eine Rolle. Ist der Kostenpreis für ein Produkt am Markt nicht zu erzielen, muss entschieden werden, ob das Produkt weiter angeboten werden soll.

Kostenpreis ist der Preis, der die gesamten Stückkosten abdeckt. Er stellt langfristig die Preisuntergrenze dar.

Die **Stückkosten** des Einzelprodukts setzen sich aus seinen variablen und fixen Stückkosten zusammen.

Variable Kosten sind Kosten, die mit der Anzahl der Produkte schwanken. **Fixe Kosten** sind Kosten der Leistungsbereitstellung. Sie entstehen unabhängig von der Anzahl der erbrachten Leistungen.

Unternehmen sind bestrebt, **positive Deckungsbeiträge** für die einzelnen Produkte zu erwirtschaften.

Ein positiver Deckungsbeitrag ist gegeben, wenn der Produktpreis die variablen Kosten der Leistungsbereitstellung übersteigt. Ein positiver Deckungsbeitrag führt dazu, dass die erzielten Verkaufserlöse dazu beitragen, den **Fixkostenblock** abzudecken.

Die Preise der Produkte werden

- auf der Grundlage der Kosten und

- auf der Grundlage der Marktsituation

kalkuliert.

Für die Festlegung der Produktpreise ist es wichtig, die Preisuntergrenze zu kennen. Die Preisuntergrenze ergibt sich aus den fixen und variablen Stückkosten eines Produkts. Die Verkaufspreise sollten mindestens die Preisuntergrenze erreichen.

Während auf vollkommenen Märkten die jeweiligen Preise auf der Grundlage von Angebot und Nachfrage gebildet werden, haben die Marktteilnehmer auf unvollkommenen Märkten **preispolitische Entscheidungsspielräume**.

Art und Umfang der preispolitischen Aktivitäten der Kreditinstitute werden von der jeweiligen Angebots- und Nachfragesituation auf dem Produktmarkt bestimmt.

Die Preise für Bankleistungen werden unter folgenden Überlegungen festgesetzt:

- Welche **Ziele** werden verfolgt?

- Welche **Reaktionen** sind von den Kunden zu erwarten?

- Wie verhält sich die **Konkurrenz**?

Der Preis bestimmt die Verkaufsmöglichkeiten des Produkts. Er kann zur Gewinnung und Erhaltung von Marktanteilen genutzt oder aggressiv zur Ausschaltung von Konkurrenten eingesetzt werden.

Produktpreise werden von den absatzpolitischen Zielen beeinflusst. Allerdings wird in der betrieblichen Praxis zunehmend davon ausgegangen, dass **jedes Produkt** einen **positiven Deckungsbeitrag** zu erbringen hat.

Die Kundenreaktion wird von dem Nutzen der angebotenen Leistung, der Dringlichkeit des Bedarfs und den Preisvorstellungen der Kunden geprägt. Hinzu kommt, dass Kunden je nach Produkt bei höheren Preisen Aus-

Zu den variablen Produktkosten gehören
– Papierkosten für Belege,
– Geldbeschaffungskosten für die Finanzierung von Krediten.

Fixe Produktkosten sind z.B.
– Personalkosten einer Geschäftsstelle,
– Abschreibungen für einen Geldausgabeautomaten.

▶ Begründen Sie, warum die Preisuntergrenze als Mindestpreis gilt. Verdeutlichen Sie, weshalb aber auch Preise akzeptiert werden, die unterhalb der Preisuntergrenze liegen.

weichmöglichkeiten in Betracht ziehen oder neue Kunden auf günstige Preisangebote mit Kaufentscheidungen reagieren könnten.

▶ Untersuchen Sie, wie Ihr Unternehmen versucht, Präferenzen zu schaffen.

▶ Erklären Sie anhand der Kontoführungsgebühren Preisdifferenzierungstrategien Ihres Ausbildungsbetriebes.

Wichtig für preispolitische Spielräume ist die Kenntnis der Intensität der **Präferenzstruktur.** Bei intensiver Kundenbindung werden bis zu einer bestimmten „Schmerzgrenze" auch höhere Preise für die Produktpalette bzw. für einzelne Produkte hingenommen.

Preiswettbewerb kann auch dazu führen, dass für das gleiche Produkt auf unterschiedlichen Teilmärkten unterschiedliche Preise verlangt werden. Es werden je nach Wettbewerbsintensität **Preisdifferenzierungen** vorgenommen. Zu unterscheiden sind:

* **räumliche** Preisdifferenzierung mit unterschiedlichen Zinskonditionen für Kontokorrentkredite an verschiedenen Geschäftsstellenorten,

* **mengenmäßige** Preisdifferenzierung bei Überschreitung des eingeräumten Kreditlimits,

* **personenbezogene** Preisdifferenzierung bei Kreditvergabe an gewerbliche oder private Kunden oder auf der Grundlage der unterschiedlichen Bonität,

* **sachliche oder verwendungsbezogene** Preisdifferenzierung bei der Gebührenhöhe im Falle der Bargeldabhebung am Schalter oder am Geldausgabeautomaten.

BEISPIELE:

Unterschiedliche Zinssätze für genehmigte und nichtgenehmigte Kontoüberziehungen

Konditionenpolitik kann für die Käufer der einzelnen Produkte mit geldwerten Vorteilen verbunden sein. In diesem Sinne **ergänzt** sie die Preispolitik. Zu den Konditionen zählen alle vertraglichen Regelungen, die in engem Zusammenhang mit der Bezahlung des Produkts stehen. Die Konditionenpolitik umfasst im Rahmen der Bankleistungen Bereiche wie

* mengen- bzw. betragsabhängige Preiszuschläge oder Preisabschläge,

* Wertstellungen,

* Zusatzleistungen.

BEISPIELE:

Maßnahmen der Konditionenpolitik im Bereich der Kreditvergabe sind u.a.
– Disagio, Agio,
– Zinsbindungsfristen,
– Tilgungsvereinbarungen.

Inwieweit bestimmte Maßnahmen des operativen Marketing eher der Produktpolitik oder eher der Preis- oder der Konditionenpolitik zuzurechnen sind, kann im Einzelfall umstritten sein und wird in der Praxis unterschiedlich gehandhabt.

4.2.3 Distributionspolitik

ERLÄUTERUNG:

Distribution ist die Verteilung von Gütern und Dienstleistungen. Distributionspolitik umfasst alle Tätigkeiten, die dazu dienen, den Vertrieb von Bankleistungen zu organisieren.

Die **Vertriebspolitik** der Kreditinstitute umfasst Entscheidungen über die Vertriebswege und die Vertriebsorganisation. Vertriebsstrategien sind **kundenorientiert** auszurichten.

Auf der Grundlage der **Bedarfsstrukturen** und der Vorstellungen der Kunden sind Bankleistungen so anzubieten, dass

* sie an dem gewünschten Ort und zur gewünschten Zeit in Anspruch genommen werden können,

* entsprechend geeignete Ansprechpartner und/oder Medien zur Kundenberatung zur Verfügung stehen,

• das Vertriebssystem unter Kostengesichtspunkten vertretbar ist.

Entscheidungen der Vertriebspolitik		
Gestaltung der Vertriebswege:	**Gestaltung der Öffnungs- und Zugriffszeiten:**	**Gestaltung der persönlichen Kontakte und Zugriffsflächen auf Medien:**
• Geschäftsstellen, Zweigstellen und Filialen, persönliche Betreuung, Selbstbedienung • Außendienst von Kundenbetreuern • Direktmarketing über Homebanking, Telefonbanking, Internetangebote.	• zeitlich unbegrenzter Zugriff, „rund um die Uhr" • übliche Geschäftszeiten • eingeschränkte Öffnungszeiten • Sonderöffnungszeiten	• Individualbetreuer, Geschäftsstellenmitarbeiter, Spezialisten • Grafische und textliche Gestaltung einer Homepage, Touchscreen, Bedieneroberflächen von Automaten

Optimal ist eine Kundenbetreuung dann, wenn es gelingt, das **gesamte Vertriebssystem** einer Bank auf die jeweiligen Bedürfnisse der Kundensegmente auszurichten.

Privatkunden haben andere Anforderungen an die Vertriebsorganisation als Firmenkunden. Vermögende Privatkunden haben neben dem Bedürfnis nach Abwicklung von Standardbankgeschäften einen intensiveren Bedarf an Beratungsdienstleistungen im Anlagegeschäft als Privatkunden mit geringerem Einkommen. Firmenkunden, die im Auslandsgeschäft tätig sind, benötigen spezialisierte Dienstleistungen. Preisbewusste Kunden sind bereit auf bestimmte Serviceleistungen zu verzichten, wenn sie dadurch Kosten sparen können. Andererseits gibt es auch Kunden, die an Zusatzleistungen interessiert sind und dafür auch zahlen wollen, während andere eher servicebewusst sind.

■ Der stationäre Vertriebsweg

Im Rahmen bisheriger Vertriebskonzepte dominierte nahezu bei allen Banken und Sparkassen der **stationäre Vertriebsweg** in Form von Geschäftsstellen und Filialen. Diese Vertriebsstruktur ist dadurch gekennzeichnet, dass

• die Kunden im Umfeld von Geschäftsstellen **flächendeckend** bedient werden,

• für alle Kunden das **gesamte** Leistungsangebot bereitgehalten wird,

• die Vertriebsaktivitäten auf die **Geschäftsöffnungszeiten** beschränkt sind.

LERNTIPP:

Verdeutlichen Sie das Zweigstellennetz der örtlichen Banken und Sparkassen auf einem Stadtplan bzw. auf einer Landkarte.

Leiten Sie aus dem Ergebnis die jeweilige Vertriebsstrategie der Unternehmen ab.

LERNTIPP:

Führen Sie ein Interview mit Ihrer Marketingabteilung. Welche Aspekte waren für die Festlegung von zweigstellenunabhängigen Standorten für Geldautomaten ausschlaggebend?

▶ Vergleichen Sie die Vertriebsstruktur einer Versicherung mit der einer Bank.

LERNTIPP:

Organisieren Sie eine Betriebsbesichtigung bei einer Sozial- oder Sachversicherung.

Lesen Sie dazu die Informationen zur Methode der Erkundung.

ERLÄUTERUNG:

Vertriebssysteme werden nach ihrer Vertriebseffizienz beurteilt: Wie viele Abschlüsse werden mit welcher Beratungsleistung in welcher Zeit erreicht, und wie hoch sind die Abschlussquoten bei wie vielen Kontakten?

Das stationäre Vertriebssystem ist sehr **personalintensiv**. Außerdem sind im Bereich der technischen und räumlichen Ausstattung der Geschäftsstellen hohe Investitionen erforderlich.

Die Effektivität dieser Vertriebsstruktur ist begrenzt, weil die Erfassung, Abwicklung und Ausführung des Verkaufsprozesses häufig einen höheren Zeitaufwand erfordert als die Beratung. Während der Öffnungszeiten der Filialen entstehen häufig Leerzeiten, in denen keine Verkaufsaktivitäten stattfinden. Daher wird die Zweigstelle aus betriebswirtschaftlicher Sicht kritisch betrachtet, auch wenn sich viele Kunden gerade mit „ihrer" Zweigstelle verbunden fühlen.

■ Die spezialisierte Zweigstelle

Das Konzept des „**Ein-Wege-Vertriebssystems**" über die Geschäftsstellen ist im Laufe der Zeit Schritt für Schritt aufgebrochen worden. Neben der Geschäftsstelle haben sich sowohl neue Vertriebswege als auch flexiblere Beratungs- und Dienstleistungsstrukturen gebildet.

Auch Kunden der Zweigstellen haben sich verändert. Ihre Bedürfnisse und Interessen sind nicht nur verschieden, sondern auch ihr jeweiliges verhältnis für die Atmosphäre in der Zweigstelle. Die Zweigstelle muss daher auch ihr „Äußeres" verändern.

> ▶ Erläutern Sie die Risiken, die mit der Schließung einer Zweigstelle verbunden sind.

LERNTIPP:

Entwickeln Sie ein Szenario: Wie wird die Zweigstelle der Zukunft aussehen?

LERNTIPP:

Die ersten Jugendbanken sind in Deutschland eröffnet worden. Erarbeiten Sie in Gruppen, wie der Vertrieb einer Jugendbank organisiert werden sollte.

> ▶ Erörtern Sie die Auswirkungen dieser neuen Struktur für die Kunden und die Mitarbeiter.

LERNTIPP:

Führen Sie eine Debatte über die Chancen und Risiken der Einrichtung von Callcenters.

Entscheidungen einer Sparkasse im Rahmen eines neuen Vertriebsstrukturkonzepts

„Die Geschäftsstellen bleiben in der Fläche erhalten, werden aber sowohl hinsichtlich ihres Produktangebotes, ihrer Personalbesetzung, ihrer technischen Einrichtungen und ihrer Öffnungszeiten in Abhängigkeit von ihrem jeweiligen Geschäfts- und Kundenvolumen unterschiedlich strukturiert. Die Zweigstellen werden verstärkt mit Geldausgabeautomaten, Kontoauszugsdruckern, Bildschirmtextsystemen ausgestattet. Geschäftsstellen werden konsequent zu Verkaufs- und Servicestellen ausgebaut. Die Selbstbedienung wird verstärkt eingesetzt, um einerseits den Bedürfnissen der Kunden gerecht zu werden, andererseits aber auch Kosten einzusparen.

Die Mitarbeiter der Geschäftsstellen betreuen lediglich das Standardgeschäft. Es werden Finanzbetreuer eingesetzt, die im Bedarfsfall angefordert werden können. Darüber hinaus stehen Spezialisten für die Vermögens- und Anlageberatung zur Verfügung. Individualkundenbetreuer kümmern sich um vermögende Privat- und Firmenkunden. Sie sind verpflichtet, einen bestimmten Anteil ihrer Arbeitszeit für Kundengespräche außer Haus zu verwenden.

Ein Callcenter wird eingerichtet. Es ist rund um die Uhr besetzt. Die Vertriebsschiene Homebanking wird weiter ausgebaut. Das Direktmarketing über Telefon und PC wird verstärkt eingesetzt, um die Vertriebseffektivtät zu erhöhen. Sämtliche Vertriebsaktivitäten werden über ein Back-Office koordiniert, das auch die notwendigen Vorbereitungs- und Nachbereitungsarbeiten der Verkaufsaktivitäten übernimmt."

■ Vertrieb über Direkt- und Telefonbanken

Neue Vertriebswege sind die Antwort auf veränderte Nachfragegewohnheiten der Bankkunden. Gleichzeitig sollen neue Vertriebswege Kosten senken und Erträge steigern.

Direktbanken bieten ihren Kunden die Möglichkeit, Bankgeschäfte auch außerhalb der Kassenöffnungszeiten zu tätigen. Direktbanken arbeiten mit relativ **niedrigen Betriebskosten,**

- da sie keine eigene Zweigstellenstruktur benötigen,

- da ihre Personalkosten wegen geringer Anforderungsprofile, flexibler Arbeitsbedingungen, flacher Hierarchien und der Entgeltstruktur niedrig sind,

- da sie ihren Sitz an kostengünstigen Standorten haben.

> „Die Bank 24 ist eine Tochter der Deutschen Bank AG. Sie hat ihren Sitz im kostengünstigen Hafengebiet von Bonn. Das Angebot umfasst den Zahlungsverkehr, das Konto für Jugendliche bis 24, Kreditkarten, Sparen, verschiedene Anlageangebote und den Wertpapierhandel. Sie ist als Vollbank konzipiert. Neben Telefon und Fax haben die Kunden über BTX und T Online mit ihrem PC Zugriff auf ihre Bank. Die Mitarbeiter sind rund um die Uhr erreichbar. Die Legitimierung erfolgt mittels Geheimzahl und Kundennummer am Sprachcomputer. Danach wird der Kunde an den bereits informierten Computer weitergeleitet. Die Kunden können sich darüber hinaus im Internet über die Produkte der Bank 24 informieren. Darüber hinaus wird ein Informationsservice über Wirtschaftstrends, Aktien und Fonds angeboten, das schriftlich, per Fax oder online abgerufen werden kann. Der Kunde hat Zugang zu den Kundenterminals der Geschäftsstellen-Foyers der Deutschen Bank. Die Kontoführung wird ab einem bestimmten Kontostand kostenlos durchgeführt. Für Schüler ab 14 und Studenten ist sie generell kostenlos. Mit der Kundenkarte können Jugendliche je nach Alter bestimmte Höchstbeträge wöchentlich am Geldausgabeautomaten abheben."

Quelle: Hans Ambros/R. Altenburger: Neue Bankvertriebswege, Betriebswirtschaftliche Studienreihe, Wien, 1996, Seite 56

Telefonbanking bedeutet Information, Beratung und Vertrieb von Bankleistungen sowie die Abwicklung der Aufträge über das Telefon. Standardinformationen und Routinegeschäfte können kostengünstig durchgeführt werden. Darüber hinaus kann Telefonbanking für den Aufbau eines Callcenters genutzt werden, das in Verbindung mit Computersystemen die Kommunikation zwischen Kunden und Bank schnell und reibungslos organisiert. Callcenter sind insbesondere geeignet, Kunden mit ihren Wünschen hinsichtlich der Zeit und der Beratungsintensität an den zuständigen Kundenbetreuer oder den qualifizierten Spezialisten weiterzuleiten.

Alle Kreditinstitute haben diese neuen Vertriebswege beschritten. Damit sollen auch besonders junge Leute angesprochen werden, da sie mit den herkömmlichen Marketingmaßnahmen nur noch zum Teil erreicht werden können.

© Verlag Gehlen

ERLÄUTERUNG:

Es wird davon ausgegangen, dass in Zukunft auch Investmentfonds, Versicherungen und Kredite über Selbstbedienungsterminals verkauft werden und dass der Einsatz von PC, Telefon und Internet den Gang zur Bank überflüssig machen wird.

▶ Welche Zielgruppe möchte die Deutsche Bank mit ihrer Tochtergesellschaft erreichen?

▶ Erläutern Sie, welche Kostenvorteile eine Direktbank gegenüber einer Bank mit einem Filialnetz besitzt.

▶ Welche Perspektiven haben Direktbanken auf dem europäischen Binnenmarkt?

▶ Begründen Sie, welche Fähigkeiten die Mitarbeiter am Telefon benötigen.

▶ Klären Sie, ob diese Qualifikationen im Bankentarifvertrag festgelegt sind.

▶ Ausdruck der Innovationen sind auch die neuen, nicht immer eindeutig zu definierenden Begriffe wie:
  – Non- und Near-Banken,
  – Virtualbanking,
  – Callcenter,
  – Discountbanking.

▶ Wie präsentiert sich Ihr Unternehmen im Internet?

▶ Beurteilen Sie, welche Bankleistungen im Internet vertrieben werden können.

■ Vertriebswege-Mix

Mit der Verbreitung der Nutzung des weltweiten Internet wird ein neuer Vertriebsweg an Bedeutung gewinnen. Das Internet bietet insbesondere den Privatkunden einen bequemen zeitunabhängigen Zugang zu seinem Kreditinstitut.

Das Angebot von Finanzdienstleistungen wird zunehmend durch einen Vertriebswege-Mix gekennzeichnet, der neben dem klassischen Vertriebsweg über Geschäftsstellen und Filialen neue Zugänge zur Bank und zugleich neue Geschäftsformen ermöglicht.

Ein integriertes Vertriebssystem braucht die Marktfolge!

Mailing — Callcenter — GS — Direktwerbung — SB/PoS — Homebanking — mobiler Berater FKB, IKB

ERLÄUTERUNG:

GS = Geschäftsstelle
FKB = Firmenkundenbetreuer
IKB = Individualkunden-
      betreuer im
      Privatkundengeschäft
SB = Selbstbedienung
PoS = Point of Sale

4.2.4 Kommunikationspolitik

Kommunikationspolitik soll gegenwärtigen und künftigen Kunden **Botschaften** vermitteln. Damit sollen **Präferenzen** geschaffen und die **Kundenbindung** verstärkt werden.

Kommunikationspolitik ist Bestandteil der gesamten Marketingstrategie und besteht in der Regel aus der Bündelung einer Reihe von Instrumenten.

BEISPIELE:

– Produktwerbung,
– Gestaltung der Home Page,
– Sponsoring.

Kommunikations-Mix

Werbung	Verkaufsförderung	Öffentlichkeitsarbeit
	• Sales Promotion	• Public Relations
		• Human Relations

▶ Erläutern Sie die Thesen:
„Wer nicht mit der Zeit geht, geht mit der Zeit. Und wer vom Markt geht, wird nicht vermisst."

■ Werbung

Werbung ist für Banken und Sparkassen in erster Linie ein Instrument zur Förderung des Absatzes der eigenen Produkte. Sie soll den Bedarf der Kunden wecken und die Nachfrage auf die **hauseigenen** Produkte lenken. Durch Werbung erhalten die Kunden im Idealfall geeignete Produktinformationen. Sie können sich auf diese Weise gezielt über die Bankleistungen informieren, die sie benötigen.

Beziehungen zwischen Produzenten und Kunden

Kreditinstitut		Übermittlung der Werbebotschaft		Kunde
– formuliert Werbebotschaft – gestaltet sie	Signal wird gesendet	– Ton – Bild – Text	Signal wird empfangen	– nimmt die Werbebotschaft auf – verarbeitet sie – soll reagieren

Messung des Erfolgs:

– zusätzliche Produktverkäufe

– Gewinnung neuer Kunden

– Cross-Selling

Werbestrategien basieren auf einem **Werbeplan**, der

- die **Werbeziele** festlegt,
- die **Werbeprodukte** definiert,
- die **Zielgruppen** auswählt,
- das **Werbebudget** bestimmt,
- den **Werbeinhalt** nennt,
- die **Werbeträger** (Medien) auswählt,
- den **Streukreis** bestimmt,
- die **Streuzeit** auswählt.

Werbeziele werden von der jeweiligen Marktsituation des Kreditinstituts bestimmt. Ein neues Produkt steht im Mittelpunkt einer Einführungswerbung. Bereits bestehende Produkte dürfen jedoch nicht vernachlässigt werden, da sonst die erworbene Marktposition in Gefahr gerät.

Bei jeder Werbeaktion muss jedoch beachtet werden, dass die Vielzahl der täglichen Werbebotschaften die Wirkung von Werbung verringert und den gesamten Werbeerfolg infrage stellen kann.

ERLÄUTERUNG:

Das Prinzip einer erfolgreichen Werbung kann anhand der englischen AIDA-Formel überprüft werden:

A = Attention
I = Interest
D = Desire
A = Action

LERNTIPP:

Informieren Sie sich im Lernfeld 1, Abschnitt 10.2 über das Kommunikationsmodell von Schulz v. Thun.

▶ Analysieren Sie den Slogan „Wir machen den Weg frei" nach dem Kommunikationsmodell von Schulz v. Thun.

▶ Ordnen Sie anschließend diesem Slogan die folgenden Begriffe zu:

– Abwehrwerbung,
– Erhaltungswerbung,
– Erinnerungswerbung,
– Direktwerbung,
– Alleinwerbung,
– Gemeinschaftswerbung.

▶ Erläutern Sie, wie der Erfolg einer Werbemaßnahme gemessen werden kann.

Lernfeld 6

BEISPIELE:

– *beratungsintensive Produkte: Wertpapiere, Investmentsparpläne*
– *„Spezialprodukte": Investitionskredite Existenzgründungen Börseneinführungen*

ERLÄUTERUNG:

Auch die Mitarbeiterqualifizierung gehört zur Salespromotion. Sie besteht aus ständiger Fortbildung in fachlicher wie auch in verkaufspsychologischer Hinsicht.

BEISPIELE:

– *Informationen über den Euro,*
– *Informationen über das Altersvorsorge-Angebot von Investmentfonds.*

BEISPIELE:

– *Die Deutsche Bank sponsort Tennisturniere.*
– *Die Sparkassen des Landes Schleswig-Holstein sind Hauptsponsor des Schleswig-Holstein-Musikfestivals.*
– *Die Dresdner Bank engagiert sich für den Wiederaufbau der Frauenkirche in Dresden.*

■ Verkaufsförderung

Verkaufsförderung (Sales Promotion) umfasst alle Maßnahmen zur **Erleichterung** von Kaufentscheidungen.

Auch wenn das Wissen der Bankkunden in einer Vielzahl von Fällen ausreicht, um das Preis-Leistungsverhältnis von Standardprodukten zu beurteilen, gilt dies nicht für Spezialprodukte und für beratungsintensive Produkte.

Hier reichen Produktinformationen häufig nicht aus, um den Vertragsabschluss herbeizuführen. Hinzu kommt, dass in vielen Bereichen der Vertragsabschluss selbst so kompliziert ist, dass ein intensiver Austausch von Informationen zwischen Bank und Kunden erforderlich ist.

Mit Hilfe der Verkaufsförderungsaktivitäten sollen zusätzliche **Kaufanreize** geschaffen und das Vertrauen in die **Leistungsfähigkeit** der Bank gestärkt werden.

Auch die Ausgestaltung der Vertriebswege gehört zur Verkaufsförderung. Dazu zählen:

• eine ansprechende Architektur und Einrichtung der Zweigstellen,

• bequeme Zugänge zu Selbstbedienungsautomaten,

• die Einrichtung von Diskretionszonen.

Benötigtes Informationsmaterial muss ständig präsent und kundengerecht aufbereitet sein. Die Kunden sind möglichst regelmäßig über Neuentwicklungen der Produktpalette und sonstige Veränderungen zu informieren.

■ Öffentlichkeitsarbeit

Öffentlichkeitsarbeit (**Public Relations**) soll ein positives Bild des Unternehmens erzeugen.

Zunehmende Bedeutung gewinnt in diesem Zusammenhang das **Sponsoring**. Es gilt das Motto „Tue Gutes und sprich darüber". Hierbei werden Geldbeträge, Sachmittel oder Dienstleistungen zur Förderung von Personen und Organisationen im sportlichen, kulturellen und sozialen Bereich bereitgestellt. Der Sponsor pflegt sein Image, er ist „im Gespräch".

Schwerpunkte des Sponsoring liegen im:

• **Kultursponsoring**
Unterstützung von Künstlern, Institutionen oder Veranstaltungen,

• **Sportsponsoring**
Unterstützung einzelner Sportler oder Sportveranstaltungen,

• **Sozialsponsoring**
Unterstützung von hilfsbedürftigen Personen,

• **Umweltsponsoring**
Förderung umweltpolitischer Maßnahmen.

Strukturwissen

- **Marketing**
  - beschreibt Unternehmensstrategien, die zur Umsetzung von Unternehmenszielen beitragen,
  - umfasst ertrags- und kostenbeeinflussende Maßnahmen, die der Vermarktung des Leistungsangebotes dienen,
  - ist kundenorientiert, weil alle geschäftspolitischen Aktivitäten auf die Erfordernisse des Absatzmarktes ausgerichtet sind.

- Als **Marketing-Mix** wird der kombinierte Einsatz der absatzpolitischen Instrumente eines Unternehmens bezeichnet.

Marketing der Kreditinstitute

Produktpolitik	**Preis- und Konditionenpolitik**	**Distributionspolitik**	**Kommunikations-politik**
• umfasst alle Produkte des Aktiv- und Passivgeschäfts der Kreditinstitute einschließlich der Produkte von Verbundpartnern, • ist dynamisch ausgerichtet, • passt sich flexibel der Marktentwicklung an.	• legt die Produktpreise und die Konditionen fest, • zielt auf Zinserträge, Gebühren- und Provisionseinnahmen, • orientiert die Preisuntergrenze der Produkte an den Selbstkosten bzw. am Deckungsbeitrag, • erschließt über Preisdifferenzierung neue Marktpotenziale.	• zeigt die Vertriebswege auf, • bestimmt wo, zu welchen Zeiten und bei welchem Mitarbeiter die Kunden Bankleistungen in Anspruch nehmen können.	• dient dem Aufbau und der Festigung von Präferenzstrukturen, • informiert über die Produktpalette, • setzt Mittel der Verkaufsförderung ein, • fördert durch Öffentlichkeitsarbeit das Image des Instituts.
• Produktinnovation • Produktvariation • Produktdiversifikation • Produktaufmachung	• Preisdifferenzierung • Vereinbarungen zu Laufzeiten, Zinsbindungsfristen und Zahlungsmodalitäten	• Zweigstellen • Direktbanken • Virtualbanking	• Werbung • Sales Promotion • Public Relation • Sponsoring

Aufgaben

1
a) Erklären Sie die Produkt-, Distributions- und Kommunikationspolitik am Beispiel der Anzeige der Advance Bank auf Seite 172.
b) Erläutern Sie an diesem Beispiel den Begriff Marketing-Mix.

2
a) Welche Institute werben oder warben mit den folgenden Slogans?
„Leben Sie. Wir kümmern uns um die Details."
„Die Bank fürs Wesentliche."
„Das grüne Band der Sympathie."
„Auf diese Steine können Sie bauen."
„Wir geben Ihrer Zukunft ein Zuhause."
b) Welches Marketingziel wird durch einen Slogan bzw. ein Logo verfolgt?

3
a) Erläutern Sie, warum die Raiffeisen- und Volksbanken jährlich einen internationalen Jugendwettbewerb organisieren.
b) Wie umwerben andere Institute Kinder im Alter bis zu 14 Jahren?

4
Das Internet ist zu einem wichtigen Vertriebskanal geworden.
a) Begründen Sie, weshalb sich das Online-Angebot vom traditionellen Ansatz der Filiale unterscheiden sollte.
b) An welche Kunden sollte sich das Online-Angebot richten?
c) Erläutern Sie, welche Produkte über das Internet zusätzlich angeboten werden könnten.
d) Vergleichen Sie Ihre Lösungen mit den tatsächlichen Angeboten der Banken im Internet.

5
Unternehmen werben mit Sportlern, Künstlern und anderen Persönlichkeiten des öffentlichen Lebens.
a) Warum lassen Kreditinstitute Werbebotschaften durch bekannte Sportler vermitteln?
b) Welche Eigenschaften muss eine Persönlichkeit des öffentlichen Lebens besitzen, um als Werber für ein Kreditinstitut auftreten zu können?

Hinweis: Die Fragen 6 bis 8 beziehen sich auf die Seite 172.

6
a) Welche Vertriebswege nutzt die Commerzbank AG in diesem Beispiel?
b) Vergleichen Sie den hier angegebenen Zinssatz der Advance Bank mit dem aktuellen Angebot im Internet.
c) Welche weiteren Angebote der Advance Bank finden Sie?

7
Erläutern Sie, welche Vorteile sich die Kooperationspartner von dem *„StartUP Gründungswettbewerb"* versprechen.

8
Analysieren Sie das Titelblatt der Zeitschrift *„job & future"* unter folgenden Aspekten:
a) Welche Möglichkeiten bietet diese Zeitung den Unternehmen des genossenschaftlichen Verbundes?
b) Warum wird zusätzlich eine Internet-Adresse angegeben?
c) Erörtern Sie, ob diese Zeitung bei Jugendlichen Zuspruch findet.

Soziosponsoring zur Image-Polierung

Die Idee, sozial Bedürftige oder eigene Mitarbeiter zu unterstützen, um das Firmenimage zu verbessern, ist in Deutschland nicht neu. Über die Hälfte der 2500 umsatzstärksten Unternehmen Deutschlands betreiben nach einer Studie der Bundeswehr-Universität in München Soziosponsoring. Soziales Marketing verbessert, so hoffen die Unternehmen, ihr Image in der Öffentlichkeit. Überdies können die Ausgaben seit Februar diesen Jahres als Betriebsausgaben abgesetzt werden.

Den von den sozialen Organisationen erhofften sprunghaften Anstieg der Sponsoringausgaben hat der so genannte Sponsoringerlass des Finanzministeriums aber nicht gebracht. Sponsoring macht nach der Trendstudie im Schnitt nur etwas über zehn Prozent des Kommunikationsbudgets der Unternehmen aus. Davon fließen wiederum drei Viertel in Sport und Kulturprojekte.

Manche Betriebe nutzen dagegen gezielt die Möglichkeit, durch soziales Engagement bestimmte Marktsegmente zu besetzen. Wer zum Beispiel in diesen Tagen ein weißes T-Shirt mit roter Schleife kauft, der hilft gleichzeitig HIV-Infizierten und AIDS-Kranken. Diesen Deal hat die Großhandelsfirma *michael hölzel textil* mit der Deutschen *AIDS-Stiftung* ausgehandelt. Daneben beteiligen sich rund 60 Sportfachgeschäfte, Herrenausstatter und Bekleidungshäuser an der Benefizaktion. Bei anderen Projekten kooperiert die Deutsche AIDS-Stiftung zum Beispiel mit *BMG Ariola* oder Finanzdienstleistern wie der *WestLB*. „Wir wollen sozial engagierte Menschen ansprechen", sagt Michael Hölzel, Geschäftsführer der gleichnamigen Firma. Drastischer formuliert es Michael Adamczak von der *Pride Telecom GmbH:* Er habe die Kaufkraft von Schwulen und Lesben im Visier. Wer sich bei Pride Telecom ins Festnetz wählt, unterstützt mit einem Prozent des Gesprächsumsatzes die Deutsche AIDS-Stiftung.

Eine solche Form der festen Umsatzbeteiligung von karitativen Unternehmen ist eine bislang eher selten anzutreffende Sonderform des Soziosponsoring. Der psychologische Vorteil sei, dass der Kunde unmittelbar mit jedem Kauf helfen könne, glaubt Ulrich Heide von der AIDS-Stiftung. Bei der Pride Telecom scheint die Nischenstrategie nach Angaben des Unternehmens aufzugehen. Sie eignet sich insbesondere für junge Firmen, die ihr Image neu aufbauen. Etablierte brauchen beim Einsatz von Sponsoringmitteln einen langen Atem. Einstellungen des Verbrauchers lassen sich nicht von heute auf morgen ändern.

Soziosponsoring kann, das glauben die meisten Unternehmer, soziale Probleme der Gesellschaft nur eingeschränkt lösen. Immerhin: Die Deutsche AIDS-Stiftung finanziert sich inzwischen nur noch zu ganzen zehn Prozent aus Geldern der öffentlichen Hand.

Quelle: Karin Billanitsch, „Süddeutsche Zeitung" vom 1. Dezember 1998

 a) Definieren Sie den Begriff Soziosponsoring.
b) Welche Ziele werden mit dem Soziosponsoring angestrebt?
c) Stellen Sie fest, in welchem Bereich Ihr Unternehmen Sponsoring betreibt.

 These: *„Nur etwa 30 % der Kunden sind Beratungskunden und liefern ca. 80 % des Ertrages."*
Welche Konsequenzen sollte eine Bank daraus ziehen?

Erörtern Sie, ob Banken ihre Produkte auch in Supermärkten verkaufen sollten (*„Kioskbanking"*).

 Entwickeln Sie ein Marketingkonzept zur Förderung des Online-Banking. Orientieren Sie sich an folgenden Leitfragen:
a) Wo stehen wir im Markt?
b) Welche Trends müssen wir berücksichtigen?
c) Was wollen wir erreichen?
d) Welche Maßnahmen müssen wir ergreifen?
e) Präsentieren Sie Ihr Marketingkonzept!

Nutzen Sie Brainstorming, Gruppenarbeit und Szenario-Methode.

1 Angemessenes und stetiges Wirtschaftswachstum

Die Leistung unserer Wirtschaft

Die Leistung unserer Wirtschaft
Bruttoinlandsprodukt (BIP) in Deutschland in Milliarden DM
– Neuberechnung nach dem Europäischen System Volkswirtschaftlicher Gesamtrechnungen –

	1991	'92	'93	'94	'95	'96	'97	1998
nominal	2 938	3 155	3 235	3 394	3 524	3 587	3 676	3 799
real (in Preisen von 1991)	2 938	3 004	2 971	3 041	3 094	3 117	3 172	3 244

Veränderung in %: +2,2 | –1,1 | +2,3 | +1,7 | +0,8 | +1,8 | +2,3

Quelle: Stat. Bundesamt

Aufteilung 1998 in %

Dort erarbeitet
Dienstleistung (einschl. Staat) 50,9
Landwirtschaft 1,3
Handel und Verkehr 17,1
Produzierendes Gewerbe 30,8

Dafür verwendet
Privater Verbrauch 57,0
Außenbeitrag 1,7
Staatsverbrauch 18,9
Investitionen (einsch. Vorräte) 22,4

So verteilt
Löhne und Gehälter 70,2
Gewinne und Vermögenserträge 29,8

© Globus 5595

Handlungsaufträge

1 Werten Sie die Grafik „Die Leistung unserer Wirtschaft" aus.

2 Begründen Sie das Ziel eines angemessenen und stetigen Wirtschaftswachstums.

3 Erläutern Sie Ihren persönlichen Beitrag zur wirtschaftlichen Gesamtleistung in der Bundesrepublik Deutschland.

4 Informieren Sie sich über das Bruttoinlandsprodukt und prüfen Sie seine Eignung als Maßstab des Wirtschaftswachstums.

5 Erläutern Sie die Ursachen von Wachstumsschwankungen.

6 Untersuchen Sie die Grenzen des Wachstums.

Einflüsse der Wirtschaftspolitik beurteilen

▶ Woran wird das Wirtschaftswachstum gemessen?

▶ Wie hat sich das Wirtschaftswachstum der Bundesrepublik Deutschland seit 1991 entwickelt?

▶ Warum wird zwischen realem und nominalem Wachstum unterschieden?

▶ In welchen Wirtschaftssektoren wurde das Bruttosozialprodukt erarbeitet?

▶ Wofür wurde das Bruttosozialprodukt verwendet?

DEFINITION:
Bruttoinlandsprodukt
= Summe der im Inland produzierten Güter und Dienstleistungen, bewertet zu Marktpreisen

1.1 Angemessenes und stetiges Wachstum als Ziel der Wirtschaftspolitik

▶ Erklären Sie den Begriff und die Bedingungen des gesamtwirtschaftlichen Gleichgewichts.

▶ Die Ziele in § 1 Stabilitätsgesetz werden als „magisches Viereck der Wirtschaftspolitik" bezeichnet. Erläutern Sie diese Bezeichnung.

▶ Häufig findet sich gerechte Einkommens- und Vermögensverteilung als weiteres wirtschaftspolitisches Ziel in der Diskussion. Untersuchen Sie, warum dieses Ziel in § 1 Stabilitätsgesetz fehlt.

Im Gesetz zur Förderung der Stabilität und des Wachstums der Wirtschaft von 1967 (**Stabilitätsgesetz**) wurde die Bundesregierung verpflichtet, für ein **angemessenes und stetiges Wirtschaftswachstum** zu sorgen.

Maßstab für das Wirtschaftswachstum ist das **Wachstum des Bruttoinlandsprodukts:**

- Die nominale Wachstumsrate misst die Entwicklung des Bruttoinlandsprodukts zu Marktpreisen des Berichtsjahres.

- Die reale Wachstumsrate misst die Entwicklung des Bruttoinlandsprodukts zu konstanten Preisen eines Basisjahres.

Das **Bruttoinlandsprodukt** (BIP) gibt Auskunft über den Lebensstandard eines Volkes. Ein wachsendes Bruttoinlandsprodukt ist Voraussetzung für steigenden Lebensstandard und die Lösung wirtschaftlicher Probleme, z.B. Strukturwandel, Umweltschutz, Anpassung sozialer Sicherungssysteme, Schaffung von Arbeitsplätzen, Gerechtigkeit bei der Einkommens- und Vermögensverteilung. Je mehr Güter und Dienstleistungen für Konsum, Investitionen und Export zur Verfügung stehen, umso besser können die Bedürfnisse der Wirtschaftssubjekte befriedigt werden.

Das Stabilitätsgesetz fordert ein **angemessenes und stetiges Wachstum.** Was angemessen ist, wird jährlich im Jahreswirtschaftsbericht konkretisiert.

Zur Zeit gilt ein Wirtschaftswachstum von zwei Prozent als angemessen.

Angemessenes Wirtschaftswachstum beachtet die Rahmenbedingungen, insbesondere

- die Knappheit der Ressourcen,

- mögliche Kollisionen mit anderen wirtschaftspolitischen Zielen, z.B. mit dem Ziel der Preisniveaustabilität, da eine Überforderung der Leistungsfähigkeit einer Wirtschaft, d.h. unangemessenes Wachstum, nicht kontrollierbare Preissteigerungen auslösen kann.

Stetiges Wirtschaftswachstum liegt vor, wenn die Wirtschaft sich störungsfrei entwickelt.

Wichtige Wachstumsvoraussetzungen sind:

- Investitionen,
- qualifizierte Arbeitskräfte,
- geordneter Wettbewerb,
- technischer Fortschritt,
- ausgebaute Infrastruktur.

1.2 Das Bruttoinlandsprodukt als Maßstab für die Leistung einer Wirtschaft

1.2.1 Die Konzeption des Bruttoinlandsprodukts

■ Die Wertschöpfung einer Unternehmung

 **BEISPIEL:**

Das Tiefbauunternehmen Jürgen Pattbauer hat sich an einer Ausschreibung des Kreises Herford über die Vergabe von Pflasterarbeiten auf dem Schulhof der Gesamtschule des Kreises beteiligt und den Zuschlag erhalten. Dem Angebot lag folgende Kalkulation zugrunde:

	Arbeitslohn 500 Stunden zu je 76,00 DM	*38 000,00 DM*
+	*Materialkosten*	*12 000,00 DM*
+	*Maschinenkosten (Abschreibungen)*	*4 000,00 DM*
+	*8 % Gewinnzuschlag*	*4 320,00 DM*
+	*16 % Umsatzsteuer*	*9 331,20 DM*
=	*Angebotspreis*	*67 651,20 DM*

Durch die wirtschaftliche Aktivität des Tiefbauunternehmens entsteht ein Umsatz von 67 651,20 DM (**Bruttoproduktionswert**). Dieser Umsatz setzt sich zusammen aus der Wertschöpfung des Unternehmens und den von anderen Unternehmen bezogenen Vorleistungen.

Wertschöpfung bedeutet, dass durch den Einsatz von menschlicher Arbeit, von Maschinen und von Stoffen (im Beispiel Pflastersteine und Sand) ein Produkt entsteht (im Beispiel der gepflasterte Schulhof). **Vorleistungen** sind die Wertschöpfungen vorgelagerter Produktionsstufen. Es sind Wirtschaftsgüter und Dienstleistungen, die das Tiefbauunternehmen von anderen Unternehmen bezogen hat und bei der Produktion einsetzt (im Beispiel Pflastersteine und Sand).

Die Wertschöpfung des Tiefbauunternehmens Jürgen Pattbauer	
Bruttoproduktionswert	67 651,20 DM
./. Vorleistungen	12 000,00 DM
= Nettoproduktionswert (Bruttowertschöpfung)	55 651,20 DM
Bruttowertschöpfung	55 651,20 DM
./. Abschreibungen	4 000,00 DM
./. Indirekte Steuern	9 331,20 DM
= Nettowertschöpfung (Einkommen)	42 320,00 DM

Durch die wirtschaftliche Tätigkeit des Unternehmens ist zusätzliches Einkommen in Höhe von 42 320,00 DM entstanden. Davon entfallen 38 000,00 DM auf die **Löhne und Gehälter** der Mitarbeiter des Tiefbauunternehmens und 4 320,00 DM auf den Unternehmer (**Unternehmergewinn bzw. Unternehmereinkommen**).

 **ERLÄUTERUNG:**

Beitrag eines Unternehmens zum Inlandsprodukt
= Bruttoproduktionswert
./. Vorleistungen
= Bruttowertschöpfung eines Unternehmens (Nettoproduktionswert)

 **DEFINITION:**

Bruttoproduktionswert
= Umsatzerlöse
  + Bestandsmehrungen

BEISPIELE:

Vorleistungen können sein:
– *Roh-, Hilfs- und Betriebsstoffe,*
– *Handelswaren,*
– *Reparaturleistungen,*
– *Bank-, Versicherungs- und Transportleistungen.*

ERLÄUTERUNG:

Der **Kapitalstock** ist die Gesamtheit aller zu einem bestimmten Zeitpunkt in einer Volkswirtschaft produzierten Produktionsmittel.

ERLÄUTERUNG:

Die Bewertung der Güter und Dienstleistungen erfolgt zu Marktpreisen. Bewertungsprobleme gibt es bei Leistungen des Staates, die für die Nachfrager unentgeltlich sind, z.B. Unterrichtsleistungen an Schulen und Universitäten. Sie gehen mit den Personalkosten in die Entstehungsrechnung ein. Andere Leistungen, z.B. von Hausfrauen, entziehen sich der statistischen Erfassung, da sie nicht für den Markt produziert werden.

▶ Der Wertschöpfungsanteil des Staates in der Bundesrepublik Deutschland nimmt ständig zu. Beurteilen Sie diese Entwicklung vor dem Hintergrund knapper öffentlicher Kassen.

ERLÄUTERUNG:

Beim **Bruttoinlandsprodukt** werden die Einkommen ermittelt, die im Inland entstanden sind (Inlandskonzept), unabhängig davon, ob die Empfänger Inländer oder Ausländer sind. Das **Bruttosozialprodukt** bezieht sich auf die Einkommen, die Inländern zugeflossen sind (Inländerkonzept).

Abschreibungen stellen den Werteverzehr an Maschinen und Einrichtungen, d.h. am reproduzierbaren Kapitalstock dar. Der durch die Nutzung verursachte Wertverlust muss bei der Ermittlung des Einkommens abgezogen werden. Die Umsatzsteuer stellt als **indirekte Steuer** keinen Wertzuwachs dar. Sie verteuert Waren und Dienstleistungen und wird von den Konsumenten getragen.

■ Die Berechnung des Bruttoinlandsprodukts

Die Entstehungsrechnung

Ausgangsgrößen zur Ermittlung des Bruttosozialprodukts sind die **Nettoproduktionswerte der Wirtschaftssektoren**

- **Land- und Forstwirtschaft,**
- **Waren produzierendes Gewerbe,**
- **Handel und Verkehr,**
- **Dienstleistungen,**
- **Staat,**
- **private Haushalte.**

Die Bruttowertschöpfung ergibt sich als Summe der Nettoproduktionswerte der einzelnen Sektoren. Durch Hinzufügung der Umsatzsteuer und der Einfuhrabgaben, z.B. Zölle, ergibt sich das **Bruttoinlandsprodukt**, d.h. die im Inland produzierte Menge an Gütern und Dienstleistungen, bewertet zu Marktpreisen.

Wird das Bruttoinlandsprodukt durch den Saldo des Erwerbs- und Vermögenseinkommens mit dem Ausland ergänzt, entsteht das **Bruttosozialprodukt** zu Marktpreisen.

Entstehung des Bruttosozialprodukts und des Bruttoinlandsprodukts im Jahr 1998	
	Milliarden DM
Land- und Forstwirtschaft (einschließlich Fischerei)	40,1
+ Produzierendes Gewerbe	1 192,8
+ Handel und Verkehr	522,5
+ Dienstleistungsunternehmen (Kreditinstitute, Versicherungsunternehmen, Wohnungsvermietung und sonstige Dienstleistungsunternehmen)	1 368,5
= **Bruttowertschöpfung der Unternehmen**	3 123,9
+ Staat, private Haushalte	495,7
= **Bruttowertschöpfung aller Wirtschaftsbereiche** (bereinigte Bruttowertschöpfung nach Abzug der unterstellten Entgelte für Bankleistungen)	3 472,6
+ Umsatzsteueraufkommen, einbehaltene Umsatzsteuer und Einfuhrabgaben, z.B. Zölle	285,5
= **Bruttoinlandsprodukt zu Marktpreisen**	3 758,1
+/- Saldo der Erwerbs- und Vermögenseinkommen mit dem Ausland	– 38,7
= **Bruttosozialprodukt zu Marktpreisen**	3 719,4

Die Verteilungsrechnung

Die Verteilungsrechnung ermittelt die **Entlohnung für produktive Leistungen** der Produktionsfaktoren

- **Arbeit,**
- **Boden/Natur,**
- **Kapital,**
- **Unternehmertätigkeit.**

Die Verteilung des Volkseinkommens 1998	
	Milliarden DM
Einkommen aus unselbstständiger Arbeit	1 933,0
+ Einkommen aus Unternehmertätigkeit und Vermögen	900,4
= Volkseinkommen	2 833,4

Zusammenhänge zwischen Bruttosozialprodukt und Volkseinkommen	
einzelwirtschaftliche Betrachtung	gesamtwirtschaftliche Betrachtung
Bruttowertschöpfung der einzelnen Unternehmung ./. Abschreibungen	**Bruttosozialprodukt zu Marktpreisen** ./. Abschreibungen = **Nettosozialprodukt zu Marktpreisen**
./. indirekte Steuern + Subventionen − **Nettowertschöpfung**	./. indirekte Steuern + Subventionen = **Volkseinkommen**

Das **Volkseinkommen** setzt sich grundsätzlich zusammen aus

- **Einkommen aus unselbstständiger Arbeit (Erwerbseinkommen),**
- **Einkommen aus Vermögen und Unternehmertätigkeit (Besitzeinkommen und Unternehmergewinne).**

Volkseinkommen		
Erwerbseinkommen	**Besitzeinkommen**	**Unternehmergewinne**
Einkommen aus unselbstständiger Arbeit	**Einkommen aus Vermögen**	**Einkommen aus Unternehmertätigkeit**
• Bruttolöhne und -gehälter • Arbeitgeberbeiträge zur gesetzlichen Sozialversicherung • tarifliche und freiwillige Sozialleistungen des Arbeitgebers • Aufwendungen des Arbeitgebers für die betriebliche Altersversorgung	• Zins- und Dividendeneinnahmen • Pachten • Einkommen aus immateriellen Vermögenswerten, z.B. Entgelte aus Lizenzen und Patenten	• thesaurierte Gewinne der Kapitalgesellschaften • ausgeschüttete und zurückbehaltene Gewinne der übrigen Unternehmen sowie der Betriebe aus Land- und Forstwirtschaft • Einkommen aus Wohnungsvermietungen

Sidebar:

▶ Erläutern Sie die gesamtwirtschaftlichen Funktionen des Gewinns:
- Lenkungsfunktion,
- Finanzierungsfunktion,
- Anreiz- und Beschäftigungsfunktion.

ERLÄUTERUNG:

Abschreibungen erfassen lediglich die Minderung des Kapitalstocks. Sie sind keine Auszahlungen.
Indirekte Steuern stellen kein Faktoreinkommen dar. Sie sind lediglich ein autonomer Zugriff des Staates auf die Wertschöpfung.
Subventionen schaffen Faktoreinkommen und erhöhen das Volkseinkommen.

ERLÄUTERUNG:

Bruttoeinkommen aus unselbstständiger Arbeit
+ Arbeitgeberanteil zur Sozialversicherung
= Bruttolohn- und -gehaltssumme
./. Arbeitnehmeranteil zur Sozialversicherung
./. Lohn- und Kirchensteuer
= Nettolohn- und -gehaltssumme

▶ Die Lohnquote schwankt im Konjunkturverlauf. Sie steigt in der Rezession und sinkt im Aufschwung. Erläutern Sie diesen Zusammenhang.

Der Anteil des Erwerbseinkommens am Volkseinkommen wird als **Lohnquote** bezeichnet, der Anteil der Einkommen aus Vermögen und Unternehmertätigkeit als **Gewinnquote**.

Der **Aussagewert der Lohnquote und der Gewinnquote ist beschränkt**. Eine einseitige Zuweisung des Erwerbseinkommens zu den Arbeitnehmerhaushalten und des Einkommens aus Vermögen und Unternehmertätigkeit zu den Unternehmerhaushalten ist problematisch. Arbeitnehmer sind auch Empfänger von Vermögenseinkommen, z.B. wenn sie Einkünfte aus Vermietung und Verpachtung oder aus Kapitalvermögen beziehen. Andererseits zählen zum Erwerbseinkommen auch relativ hohe Gehälter von angestellten Managern.

Die Verwendungsrechnung

Die Verwendungsrechnung gibt darüber Auskunft, wie das Inlandsprodukt verwendet wird. Sie schlüsselt auf, wie sich die **gesamtwirtschaftliche Nachfrage** auf

- **den privaten Verbrauch,**
- **den Staatsverbrauch,**
- **die Investitionen und**
- **den Außenbeitrag**

aufteilt. Ausgangsrechnung ist das Bruttoinlandsprodukt.

Der **private Verbrauch** setzt sich aus den Warenkäufen und Dienstleistungsinanspruchnahmen der privaten Haushalte zusammen. Hierzu gehören auch unterstellte Käufe, z.B. Entnahmen für den Eigenverbrauch im Haushalt eines Unternehmers. Nicht erfasst werden Käufe und Verkäufe zwischen privaten Haushalten.

ERLÄUTERUNG:

Der Anteil des Staatsverbrauchs wird als Staatsquote bezeichnet. Sie beträgt in der Bundesrepublik Deutschland ungefähr 50 Prozent.

Der **Staatsverbrauch** umfasst

- Personal- und Sachaufwendungen des Staates für Verwaltungsleistungen, die er den Bürgern unentgeltlich zur Verfügung stellt,
- Transformations- und Transferzahlungen,
- Ausgaben für militärische Investitionen,
- Personal- und Sachaufwendungen für Verteidigungszwecke.

Nicht zum Staatsverbrauch zählen Investitionen für zivile Zwecke. Sie werden in der Regel unter Bauinvestitionen erfasst.

▶ Nennen Sie Beispiele für Transformations- und Transferzahlungen des Staates.

Bei **Investitionen** unterscheidet das Statistische Bundesamt Ausrüstungsinvestitionen, Bauinvestitionen und Vorratsinvestitionen.

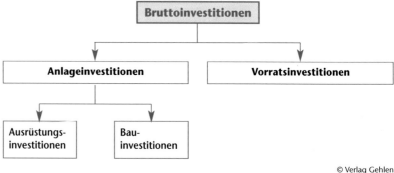

ERLÄUTERUNG:

Der Anteil der Anlageinvestitionen ist die Investitionsquote.

Ausrüstungsinvestitionen sind Produktionsgüter, die von Unternehmen nachgefragt werden: technische Anlagen, Maschinen, Betriebs- und Geschäftsausstattungen, Fahrzeuge des betrieblichen Fuhrparks. Die Gegenstände müssen langlebig sein und dem Unternehmen dauerhaft zur Verfügung stehen.

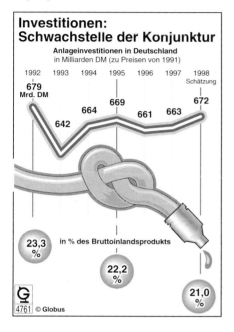

Investitionen: Schwachstelle der Konjunktur

Anlageinvestitionen in Deutschland
in Milliarden DM (zu Preisen von 1991)

1992 1993 1994 1995 1996 1997 1998
Schätzung

679 Mrd. DM

664 669 661 663 672

642

in % des Bruttoinlandsprodukts

23,3 %

22,2 %

21,0 %

© Globus 4761

Bauinvestitionen sind Investitionen in Gebäude und Nutzungen von Grundstücken. Wohngebäude, gewerbliche Gebäude, Verwaltungsgebäude, Fabriken, Schulen, Krankenhäuser, Theater, Straßen, öffentliche und private Grünanlagen.

Vorratsinvestitionen sind Bestandsmehrungen bei fertigen und unfertigen Erzeugnissen, Rohstoffen, Hilfsstoffen und Betriebsstoffen. Sie müssen im industriellen Produktionsprozess verbraucht oder abgesetzt werden. Zu den Vorratsinvestitionen gehören auch Lagerbestände des Handels (nicht abgesetzte Waren).

▶ Erläutern Sie
– den Einkommens- und
– den Kapazitätseffekt von Investitionen.

▶ Welche Auswirkungen haben Investitionen auf Beschäftigung, Einkommen und Konsum?

▶ Beurteilen Sie die Entwicklung der Investitionsquote.

LERNTIPP:

Wie entwickeln sich die Investitionen in Ihrer Region? Führen Sie Interviews mit Kammern, Innungen, Wirtschaftsverbänden, Unternehmen, Behörden.

LERNTIPP:

Führen Sie ein Brainstorming durch. Thema: „Wie kann der Staat die Investitionsbereitschaft der Unternehmer fördern?"

Die Verwendung des Bruttoinlandsprodukts im Jahre 1998	
	Milliarden DM
Privater Verbrauch	2 156,1
+ Staatsverbrauch	710,1
+ Ausrüstungsinvestitionen	307,2
+ Bauinvestitionen	421,5
+ Vorratsinvestitionen	97,3
= Inländische Verwendung	3 692,2
+ Außenbeitrag (Ausfuhr 1.028,2 Mrd. DM ./. Einfuhr 962,3 Mrd. DM)	65,9
= **Bruttoinlandsprodukt zu Marktpreisen**	3 758,1

1.2.2 Die Eignung des Bruttoinlandsprodukts als Wohlstandsindikator

Das Bruttoinlandsprodukt erfasst die Menge an Gütern und Dienstleistungen, die im Inland produziert werden, bewertet zu den jeweiligen Marktpreisen. Es gibt einerseits Auskunft über den Grad der Ausstattung von Produktion und Konsum mit Gütern und Dienstleistungen und zeigt andererseits die bei der Leistungserstellung entstandenen Einkommen. Eine Zunahme des Bruttoinlandsprodukts signalisiert Wachstum und damit eine Zunahme des Wohlstands.

▶ Was bedeutet Wohlstand?

LERNTIPP:

Klären Sie den Wohlstandsbegriff durch ein Brainstorming und werten Sie die Ergebnisse durch eine Punktabfrage aus.

▶ Beurteilen Sie die Formel „Mehr Wohlstand durch mehr Wachstum". Verwenden Sie dazu eine Debatte oder ein Brainstorming mit anschließender Punktabfrage.

BEISPIELE:

Defensive Ausgaben sind z.B.
– Rüstungsausgaben,
– Stilllegungskosten für
  Kraftwerke,
– Kosten für die Renaturierung
  kontaminierter Böden.

BEISPIELE:

Statistisch unerfasst bleiben
z.B.
– Arbeitszeitverkürzungen,
– verringerte Abgasemissionen,
– Heimwerkerleistungen,
– Eigenleistungen im privaten
  Wohnungsbau,
– Kindererziehungsleistungen
  der Eltern,
– Pflegeleistungen bei
  Angehörigen.

ERLÄUTERUNG:

Mitglieder der OECD sind alle wichtigen Industrienationen mit marktwirtschaftlicher Struktur. Die OECD hat die Aufgabe, durch Analysen und Empfehlungen das Wirtschaftswachstum in den Mitgliedstaaten zu fördern.

BEISPIELE:

Sozialindikatoren im Umwelt-
bereich:
– CO_2-Konzentration pro Kopf,
– Wasserverbrauch je
  Einwohner,
– Reinheitsgehalt der
  Binnenseen und der Flüsse.

Das Bruttoinlandsprodukt (BIP) ist als Indikator für Wachstum und Wohlstand nicht unumstritten. Die Skepsis richtet sich dabei sowohl

- gegen das Konzept des Bruttoinlandsprodukts als alleinigem Wohlstandsindikator als auch

- gegen das Konzept eines stetigen Wirtschaftswachstums als Voraussetzung für mehr Wohlstand.

Kritiker wenden ein:
1. Das BIP registriert Zahlungen ohne Rücksicht auf den Zahlungsgrund. Es enthält Positionen, die keineswegs Wohlstandsmehrung bedeuten, sondern der Beseitigung von Wohlstandsschäden dienen. Das BIP enthält z.B. Ausgaben für die Abwasserreinigung, für die Beseitigung von Waldschäden, die durch sauren Regen verursacht wurden, für die Renaturierung von Abraumhalden und ausgebeuteten Tagebaugebieten oder für die Behandlung von Atemerkrankungen aufgrund aggressiver Abgase (sog. defensive Ausgaben).
2. Das BIP vernachlässigt unentgeltliche und verdeckte Produktions- und Dienstleistungen, z.B. Hausfrauenarbeit und die gesamte Schattenwirtschaft. Sie tragen ebenso zur individuellen Wohlstandsmehrung bei wie immaterielle Werte, z.B. mehr Freizeit durch Arbeitszeitverkürzung, höhere und längere Bildung, längere Lebenserwartung.
3. Das BIP macht zwar Aussagen über den Wert der erzeugten Güter und Dienstleistungen, aber nicht über deren Verteilung. Es gibt auch keine Auskunft über die individuelle Einkommensverteilung und damit den Wohlstand der einzelnen Wirtschaftsteilnehmer. Wirtschaftswachstum bedeutet nicht zwangsläufig Wohlstandswachstum für alle. Der Zuwachs kann durchaus einseitig nur bestimmten gesellschaftlichen Gruppen zufließen, während andere Gruppen gleichzeitig absolut oder relativ Wohlstandsverluste erleiden.

1.2.3 Alternative Konzepte der Wohlstandsmessung

■ Das Sozialindikatorenkonzept

Die Organization for Economic Cooperation and Development (OECD) hat ein international einheitliches System der Beschreibung von Wachstum und Wohlstand durch Sozialindikatoren entwickelt. Das Indikatorensystem untersucht acht Bereiche, die für die individuelle Lebensqualität entscheidend sind:

- Gesundheit,

- Bildung,

- Qualität des Arbeitslebens,

- Freizeit,

- wirtschaftliche Situation,

- Sicherheit,

- Umwelt,

- soziale Chancen.

Die Indikatoren messen die Ergebnisse in den Teilbereichen. Statt absoluter Zahlen wie beim Bruttoinlandsprodukt werden Verhältnisgrößen verwendet.

Problematisch bei der Wohlstandsmessung durch Sozialindikatoren ist das Auffinden geeigneter Indikatoren sowie ihre Gewichtung und Vergleichbarkeit.

■ Das Ökoinlandsprodukt und das Konzept Net Economic Welfare

Das Statistische Bundesamt mit dem Ökoinlandsprodukt und der Ökonom Paul A. Samuelson mit seinem Konzept des Net Economic Welfare (NEW) gehen von Bruttoinlands- bzw. Bruttosozialprodukt aus.

Ökoinlandsprodukt
Bruttoinlandsprodukt
./. Wert der Umweltnutzung, z.B. Rohstoffabbau
= Ökoinlandsprodukt

Ausgangsgröße des Ökoinlandsprodukts ist das Bruttoinlandsprodukt (BIP). Im Ökoinlandsprodukt werden neben dem Verbrauch und der Nutzung der produzierten Güter auch die ökonomische Nutzung der Umwelt und die damit verbundenen Beeinträchtigungen des Produktionsfaktors Natur erfasst, indem der Abbau von Bodenschätzen und die Nutzung von anderen natürlichen Ressourcen als **Abschreibung auf das Naturvermögen** erfasst werden.

Problematisch sind die Bewertung der Umweltnutzung sowie die Tatsache, dass Veränderungen der Umwelt nur im Berichtsjahr ausgewiesen werden, wenn sie die Umwelt des eigenen Landes betreffen. Langfristige Gefährdungen der Umwelt und globale Verflechtungen von ökonomischen Aktivitäten und Natur werden nicht berücksichtigt.

Wohlstandsmessung durch NEW
Bruttosozialprodukt
./. Soziale Kosten
+ Unentgeltliche Leistungen
+ Immaterielle Werte
= NEW

Ausgangsgröße des NEW ist das Bruttosozialprodukt, von dem soziale Kosten abgesetzt und dem unentgeltliche Leistungen hinzugerechnet werden. **Soziale Kosten** sind u.a. Aufwendungen für den Umweltschutz, die Beseitigung und die Verfolgung von Umweltschäden, Aufwendungen für die innere und äußere Sicherheit und Verwaltungsleistungen. Diese Aufwendungen mehren nach Auffassung Samuelsons nicht den Wohlstand einer Volkswirtschaft. Unentgeltliche Leistungen, z.B. Hausfrauenarbeit, und immaterielle Werte werden hinzugerechnet.

Das Konzept des NEW weist die gleichen Schwächen auf wie das Ökoinlandsprodukt. Auswahl und Gewichtung der immateriellen Werte und das Schätzen und Bewerten der unentgeltlichen Leistungen stellen zusätzliche statistische Probleme dar.

Sozialindikatoren im Bildungsbereich:
– Lehrer-Schüler-Verhältnis
– Struktur der Bildungsabschlüsse
– Bildungsausgaben je Schüler bzw. Hochschüler

▶ Untersuchen Sie, ob der Wandel von der Industriegesellschaft zur Dienstleistungsgesellschaft als Beitrag zum Umweltschutz und zur Ressourcenschonung gewertet werden kann.

Abschreibungsobjekte einer ökologischen Gesamtrechnung sind z.B.
– abgeholzte Tropenwälder,
– durch Erosion unbrauchbar gewordenes Ackerland,
– anwachsende Abfallberge,
– verschmutzte Luft,
– kontaminierter Boden,
– belastetes Wasser.

▶ Nehmen Sie Stellung dazu, ob es richtig ist, dass Samuelson Aufwendungen für den Umweltschutz, Aufwendungen für die innere und äußere Sicherheit und Verwaltungsleistungen nicht zum NFW rechnet.

▶ Erläutern Sie die Problematik der Bewertung von Umweltbelastungen. Beschreiben Sie Beispiele.

ERLÄUTERUNG:

Informationen zum Euro-Währungsgebiet erhalten Sie in den Monatsberichten der EZB.
Anschrift:
Europäische Zentralbank
Kaiserstraße 29
60311 Franfurt am Main
Tel.: (069) 13440
Fax: (069) 13446000
oder Internet:
http://www.ecb.int.

▶ Erarbeiten Sie anhand der Daten in der Übersicht die Pro-Kopf-Wirtschaftsleistung der 15 EU-Länder. Legen Sie eine Rangfolge fest.

1.3 Die Wirtschaftsleistung des Euro-Währungsgebiets

Der Vertrag zur Gründung der Europäischen Gemeinschaft legt fest, dass das vorrangige Ziel des Europäischen Systems der Zentralbanken (ESZB) die Preisstabilität ist. Bei einer stabilitätsorientierten geldpolitischen Strategie spielt die Festlegung und Verkündigung eines Referenzwertes für das Wachstum der Geldmenge eine wichtige Rolle für die Erreichung des Ziels. Für das erste Jahr des Euro-Währungsgebiets legte der EZB-Rat den Referenzwert auf 4,5 Prozent fest.

Das **Bruttoinlandsprodukt des Euro-Währungsgebiets** ist die Summe der nationalen Bruttoinlandsprodukte der Teilnehmerländer. Aus ehemals kleinen und mittleren Volkswirtschaften ist durch die Wirtschafts- und Währungsunion ein Wirtschaftsraum mit einem großen Binnenmarkt entstanden. Mit einem Anteil von 15 Prozent am weltweiten Bruttoinlandsprodukt ist das Euro-Währungsgebiet einer der größten Wirtschaftsräume der Welt. Nur die Vereinigten Staaten haben eine größere Wirtschaftsleistung (20 Prozent am weltweiten Bruttoinlandsprodukt).

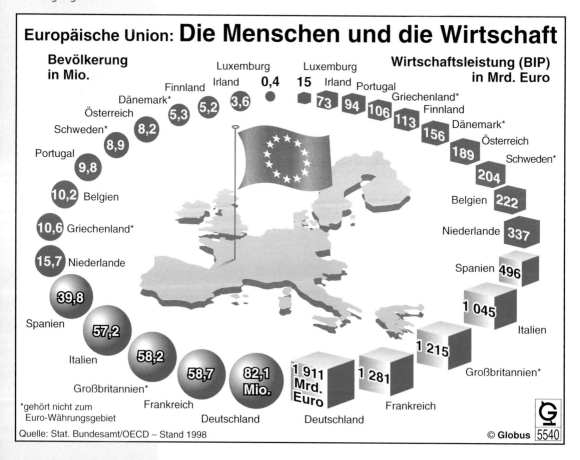

Europäische Union: Die Menschen und die Wirtschaft

Bevölkerung in Mio. | Wirtschaftsleistung (BIP) in Mrd. Euro

Luxemburg 0,4 — Luxemburg 15
Finnland — Irland — Irland 73 — Portugal 94
Dänemark* 5,3 — 5,2 — 3,6 — Portugal 106 — Griechenland* 113 — Finnland 156
Österreich — Dänemark* 189
Schweden* 8,2 — Österreich
8,9 — Schweden* 204
Portugal 9,8
10,2 Belgien — Belgien 222
10,6 Griechenland* — Niederlande 337
15,7 Niederlande — Spanien 496
39,8 — 1 045 Italien
Spanien 57,2 — 1 215
Italien 58,2 — 1 281 Großbritannien*
58,7 — 82,1 Mio. — 1 911 Mrd. Euro — 1 281 Frankreich
Großbritannien* — Frankreich — Deutschland — Deutschland

*gehört nicht zum Euro-Währungsgebiet

Quelle: Stat. Bundesamt/OECD – Stand 1998

© Globus 5540

1.4 Schwankungen des Wirtschaftswachstums

1.4.1 Das Konjunkturmodell

Die gesamtwirtschaftliche Entwicklung vollzieht sich nicht gleichmäßig. Sie ist vielmehr durch ein mehr oder weniger regelmäßiges Auf und Ab der ökonomischen Aktivitäten gekennzeichnet. Dieses Auf und Ab zeigt sich

- als saisonale Schwankungen,
- als Konjunkturschwankungen und
- als langfristige Trends.

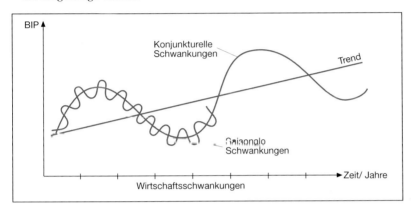

Saisonale Schwankungen sind jahreszeitlich bedingt. Sie sind kurzfristig und beeinflussen die gesamtwirtschaftliche Entwicklung nur wenig. Entscheidend für die Entwicklung des Wirtschaftswachstums sind mittelfristige Schwankungen mit einer Dauer von vier bis sechs Jahren. Sie werden als **Konjunkturschwankungen oder Konjunkturzyklen** bezeichnet.

Der idealtypische Konjunkturzyklus hat **vier Phasen:**

- **Aufschwung** (Expansion),
- **Hochkonjunktur** (Boom),
- **Abschwung** (Rezession),
- **Krise** (Depression).

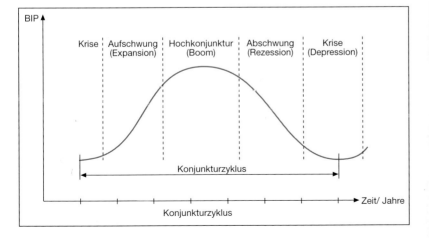

DEFINITION:

Als Konjunktur werden das Auf und Ab der wirtschaftlichen Entwicklung und die dadurch hervorgerufenen Veränderungen des Wirtschaftswachstums, des Preisniveaus, der Beschäftigung und des außenwirtschaftlichen Gleichgewichts bezeichnet.

▶ Nennen Sie Beispiele für saisonale Schwankungen.

ERLÄUTERUNG:

Der Trend zeigt die Entwicklung einer Volkswirtschaft über mehrere Konjunkturzyklen. Er ist das Ergebnis einer Langfristbetrachtung. Neben den eher mittelfristigen Konjunkturzyklen lassen sich langfristige Innovationszyklen (sog. Kondratiew-Wellen) beobachten, die durch technologische Entwicklungen verursacht werden. Bisherige Wellen wurden z.B. ausgelöst durch die Erfindung der Dampfmaschine, durch die Eisenbahn, den Elektromotor, das Automobil, die Anilin- und die Petrochemie sowie die Informationstechnologie.

▶ Wodurch können künftige Kondratiew-Wellen ausgelöst werden? Nutzen Sie die Methode des Brainstormings.

▶ Entwickeln Sie ein Szenario für eine künftige wachsende Wirtschaft.

▶ Welche Auswirkungen haben Innovationen auf den Lebensstandard, die Produktivität und die Arbeitszeit der Bevölkerung?

ERLÄUTERUNG:

Die wichtigste volkswirtschaftliche Größe zur Messung der Konjunktur ist das Bruttoinlandsprodukt. Weitere Messzahlen sind z.B. die Arbeitslosenquote, die Zahl der offenen Stellen, das Preis- und Zinsniveau, die Einkommen, die Geldmenge. Konjunkturforschungsinstitute nutzen darüber hinaus Einzelindikatoren, z.B.
– Auftragseingänge,
– Geschäftsentwicklung,
– Lagerbestände,
– Umsatzzahlen,
– Geschäftsklima,
– Erzeugerpreise,
– Gewinnerwartungen.

▶ Die Aufschwungphase wird in der volkswirtschaftlichen Literatur auch als Mengenkonjunktur bezeichnet, die Hochkonjunktur als Preiskonjunktur. Erläutern Sie diese Aussage durch Beispiele.

▶ Erläutern Sie den Begriff Nullwachstum.

▶ Fertigen Sie eine Tabelle an, in der Sie die Konjunkturphasen (Aufschwung, Boom, Rezession und Depression) anhand der Merkmale
– Kapazitätsauslastung,
– Arbeitslosigkeit,
– offene Stellen,
– Preisniveau,
– Einkommen,
– Zinsniveau,
– Geldmenge,
– Investitions- und Konsumgüternachfrage
beschreiben.

Der **Konjunkturaufschwung (Expansion)** ist durch eine positive Grundhaltung und Stimmung gekennzeichnet. Die gesamtwirtschaftliche Produktion steigt. Die Arbeitslosigkeit geht zurück. Die Gewinnerwartungen der Unternehmen werden optimistischer. Investitionen, die bisher als riskant erschienen, weil die Absatzlage ungünstig war und weil freie Produktionskapazitäten existierten, werden günstiger beurteilt und in Angriff genommen. Die Preissteigerungsrate bleibt gering, solange unausgenutzte Kapazitäten vorhanden sind und der höheren Nachfrage durch die steigende Güterpoduktion begegnet werden kann. Die Zuwachsrate zum realen Bruttoinlandsprodukt (Wachstumsrate) ist relativ hoch.

In der Phase der **Hochkonjunktur (Boom)** sind die Produktionskapazitäten voll ausgelastet. Die Produktion kann nicht mehr durch die Auslastung freier Kapazitäten, sondern nur durch Produktivitätssteigerungen und über Investitionen erhöht werden. Da die Produktionsfaktoren knapper werden, steigen deren Preise und damit die Produktionskosten der Unternehmen verhältnismäßig schnell und die Unternehmensgewinne nehmen ab, sofern die Kostensteigerungen nicht über Preiserhöhungen weitergegeben werden können. Das allgemeine Preisniveau steigt. Die Kaufkraft der Einkommen sinkt.

Der **Konjunkturabschwung (Rezession)** ist durch eine pessimistische Grundhaltung gekennzeichnet. Ausgelöst wird er häufig durch einen Rückgang der Investitionsgüternachfrage. Die sinkenden Gewinnerwartungen in der Hochkonjunktur führen zu einem Nachlassen der Investionsneigung. Aus dem Auftragsrückgang ergeben sich für die Beschäftigten in der Investitionsgüterindustrie Kurzarbeit und Entlassungen. Die verringerten Einkommen und die Furcht der Beschäftigten vor einem Anwachsen der Arbeitslosigkeit führen zu einer sinkenden Konsumgüternachfrage. Dadurch wird auch die Produktion in der Konsumgüterindustrie eingeschränkt und ein weiterer Rückgang der gesamtwirtschaftlichen Nachfrage eingeleitet.

Die **Krise (Depression)** ist durch hohe Arbeitslosigkeit, hohe Lagerbestände, niedrige Kapazitätsauslastung und Unternehmenszusammenbrüche gekennzeichnet. Die private Nachfrage ist rückläufig. Die Investitionsgüternachfrage ist gering, teilweise wird nicht einmal der abgenutzte Kapitalstock ersetzt. Die Kreditinstitute haben hohe Liquiditätsreserven, weil die Kreditnachfrage gering ist.

Die vier Phasen des Konjunkturzyklus gehen in der Realität ineinander über. Schwierig ist insbesondere eine Abgrenzung der Phasen Konjunkturaufschwung und Hochkonjunktur und der Phasen Konjunkturabschwung und Krise. Es kommt hinzu, dass die Begriffsbezeichnungen nicht immer einheitlich sind. Der Krisenbegriff wird z.B. bei einigen Konjunkturforschern auch für den Konjunkturabschwung gebraucht. Außerdem werden die Phasen bei einer rechtzeitigen konjunkturpolitischen Gegensteuerung gar nicht in allen Ausprägungen erkennbar.

Grundsätzlich werden Konjunkturschwankungen anhand des **realen Bruttoinlandsprodukts** und der Veränderungen des realen Bruttoinlandsprodukts (**Wachstumsraten**) gemessen.

Einfach und prägnant ist die Einteilung des Konjunkturzyklus in nur zwei Phasen: Aufschwung- und Abschwungphase. Gemessen werden die Phasen an den **Veränderungsraten der Wachstumsrate** des realen Bruttoinlandsprodukts. Ist die Veränderungsrate negativ, befindet sich die Konjunktur in einem Abschwung. Steigt die Veränderungsrate, signalisiert das einen Aufschwung.

 BEISPIELE:

Im Jahr 02 beträgt die Wachstumsrate 2,5 Prozent, im Jahr 03 2,25 Prozent. Die Veränderung der Wachstumsrate des realen Bruttoinlandsprodukts ist negativ (2,25 ./. 2,5 = ./.0,25). Die Wirtschaft befindet sich in einem Konjunkturabschwung.

Ein **Problem** bei der Darstellung von Konjunkturphasen anhand der Veränderungen der Wachstumsraten besteht darin, dass kleiner werdende Zuwachsraten als Abschwung interpretiert werden können, obwohl das reale Bruttoinlandsprodukt absolut noch steigen kann. Erst wenn die Wachstumsraten negativ sind, fällt auch das Bruttoinlandsprodukt absolut.

1.4.2 Ursachen konjunktureller Schwankungen

Konjunkturtheorien gehen vom Idealzustand des **gesamtwirtschaftlichen Gleichgewichts** aus und suchen die Ursachen von Konjunkturschwankungen innerhalb des Wirtschaftsgeschehens. Die Konjunktur befindet sich im Gleichgewicht, wenn bei Vollbeschäftigung die gesamtwirtschaftliche Nachfrage dem gesamtwirtschaftlichen Angebot entspricht.

Die wichtigsten und bekanntesten Konjunkturtheorien sehen die **Ursachen** für Gleichgewichtsstörungen in

* Schwankungen der gesamtwirtschaftlichen Nachfrage (nachfrageorientierte Konjunkturtheorie),
* Störungen durch falsche Geldpolitik (Monetarismus),
* Verschlechterungen der Angebotsbedingungen (Klassische Konjunkturtheorie).

 Abschnitt 4.2

Faktoren der Auslösung von Konjunkturschwankungen	
Konjunkturaufschwung	**Konjunkturabschwung**
• preiswerte Kreditangebote • Lohn- und Gewinnzuwächse • steigende private und staatliche Konsumgüternachfrage • steigende private und staatliche Investitionsgüternachfrage • steigende Auslandsnachfrage • Zahlungsbilanzüberschüsse	• Verteuerung der Kreditzinsen • Kurzarbeit, Arbeitslosigkeit, Unternehmenszusammenbrüche • sinkende private und staatliche Konsumgüternachfrage • sinkende private und staatliche Investitionsgüternachfrage • sinkende Auslandsnachfrage • Zahlungsbilanzdefizite

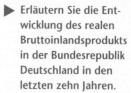

▶ Erläutern Sie die Entwicklung des realen Bruttoinlandsprodukts in der Bundesrepublik Deutschland in den letzten zehn Jahren.

▶ Stellen Sie im Koordinatenkreuz einen geschlossenen Konjunkturzyklus dar und kennzeichnen Sie die einzelnen Konjunkturphasen.

ERLÄUTERUNG:

Die **gesamtwirtschaftliche Nachfrage** besteht aus
– der Konsumnachfrage der privaten Haushalte,
– der Investitionsgüternachfrage der Unternehmen,
– der Konsum- und Investitionsgüternachfrage des Staates
– und der Nachfrage aus dem Ausland.

BEISPIELE:

Quantitätsausweitungen durch
– Lagerausbau,
– Einstellung neuer Arbeits-
* kräfte.*
Qualitätsverbesserungen durch
– Mitarbeiterschulung,
– Einsatz leistungsfähigerer
* Maschinen.*

▶ Stellen Sie eine Liste
weiterer Maßnahmen
zur Verbesserung der
qualitativen Bedingun-
gen zusammen.
▶ Entscheiden und be-
gründen Sie, ob durch
Maßnahmen des Fünf-
ten Vermögensbildungs-
gesetzes die Investiti-
onsbereitschaft der Un-
ternehmen gefördert
werden kann.
▶ Beschreiben Sie aktuelle
Maßnahmen der Steuer-
politik zur Förderung
der Investitionstätigkeit.
▶ Warum werden Bil-
dungsausgaben auch
als „Zukunftsausgaben"
bezeichnet?

Nachfrageorientierte Konjunkturtheoretiker sehen die Ursache für konjunkturelle Schwankungen in einem Rückgang der gesamtwirtschaftlichen Nachfrage. Da sich die Nachfrageschwäche nicht von selbst behebt, soll der Staat durch eigene Nachfrage und durch Steuersenkung die Wirtschaft beleben. Die durch die Staatsnachfrage und die private Nachfrage erhöhte gesamtwirtschaftliche Nachfrage soll die konjunkturelle Entwicklung verstetigen.

Angebotsorientierte Konjunkturtheoretiker (Monetaristen und klassische Nationalökonomen) sehen die Möglichkeiten der Verstetigung des Wachstums vor allem in einer Verbesserung der Angebotsbedingungen durch den Staat. Die **Verbesserung der Rahmenbedingungen**, z.B. Steuersenkungen, und die **Verstetigung der Rahmenbedingungen** für wirtschaftliches Handeln, z.B. die Geldmengenausweitung in Abhängigkeit vom Wirtschaftswachstum, sind die Kernpunkte angebotsorientierter Konjunkturpolitik.

1.5 Maßnahmen der Wachstumspolitik

Wirtschaftswachstum hängt von der Menge und der Qualität der verfügbaren Produktionsfaktoren ab.

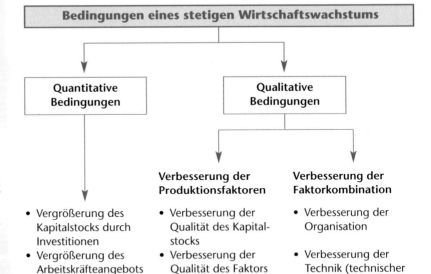

Die wichtigsten **Bedingungen für Wirtschaftswachstum** sind

- Nettoinvestitionen,
- qualifizierte Arbeitskräfte,
- gesunde Arbeitskräfte,
- technischer Fortschritt,
- Bevölkerungswachstum,
- ausgeglichene Wirtschafts-
  strukturen,
- Wettbewerb.

Wachstumsfördernde Wirtschaftspolitik muss darauf abstellen, die Menge und die Qualität der Produktionsfaktoren und ihrer Kombination zu verbessern. **Wachstumspolitik** zeigt sich z.B. in Maßnahmen der

- Investitionspolitik,
- Vermögenspolitik,
- Bildungspolitik,
- Forschungspolitik,
- Strukturpolitik,

- Infrastrukturpolitik,
- Gesundheitspolitik,
- Beschäftigungspolitik,
- Bevölkerungspolitik,
- Steuerpolitik.

1.6 Das Verhältnis von Ökonomie und Ökologie

Menschliches Wirtschaften geschieht durch den Einsatz der Produktionsfaktoren Arbeit, Kapital und Natur. Natürliche Ressourcen, z.B. Luft, Wasser, Boden und Bodenschätze, werden bei der Produktion verbraucht. Abfälle, Abwasser und Luftschadstoffe verschmutzen die Umwelt. Energievorräte von Rohöl, Erdgas und Kohle sind nicht erneuerbar.

Probleme der Nutzung des Produktionsfaktors Natur sind

- die Umweltzerstörung,
- die Verknappung der Ressourcen.

Umweltschutzpolitik hat die Aufgabe, das ökologische System zu schützen und für eine lebenswerte und lebensfähige Umwelt zu sorgen.

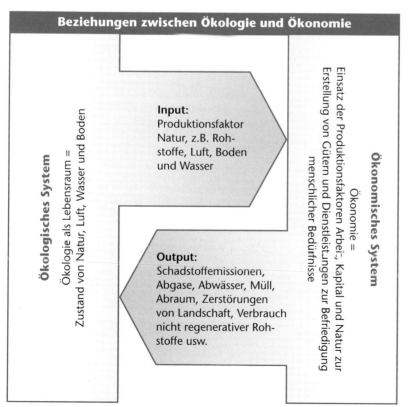

Beziehungen zwischen Ökologie und Ökonomie

Ökologisches System
Ökologie als Lebensraum = Zustand von Natur, Luft, Wasser und Boden

Input:
Produktionsfaktor Natur, z.B. Rohstoffe, Luft, Boden und Wasser

Output:
Schadstoffemissionen, Abgase, Abwässer, Müll, Abraum, Zerstörungen von Landschaft, Verbrauch nicht regenerativer Rohstoffe usw.

Ökonomisches System
Ökonomie = Einsatz der Produktionsfaktoren Arbeit, Kapital und Natur zur Erstellung von Gütern und Dienstleistungen zur Befriedigung menschlicher Bedürfnisse

LERNTIPP:

Führen Sie eine Debatte, ob Maßnahmen der Gesundheitspolitik einen Beitrag zum Wirtschaftswachstum leisten können.

BEISPIELE:

Ausbeutung
– der Rohölvorräte,
– der Trinkwasserreserven,
– der Stein- und Braunkohlelager,
– der Erzvorkommen.

BEISPIELE:

Umweltverschmutzungen durch
– Ausstoß von Schwefeldioxid und Stickoxiden beim Kraftwerksbetrieb,
– Emission von Kohlenmonoxiden, Kohlenwasserstoffen, Stickoxiden und Schwefeldioxiden bei der Verbrennung von Benzin in Kraftfahrzeugmotoren,
– Staubentwicklung bei der Zementproduktion,
– Freisetzung von Schadstoffen bei der Müllverbrennung.

LERNTIPP:

„Ökonomie und Ökologie sind unvereinbare Gegensätze." Führen Sie eine Debatte.

LERNTIPP:

Entwerfen Sie ein Szenario einer ökologischen Wirtschaft.

Strukturwissen

- Maßstab für das Wachstum einer Volkswirtschaft ist das **Wachstum des Bruttoinlandsprodukts.**

- Das **Bruttoinlandsprodukt** ist die Summe der im Inland produzierten Menge an Gütern und Dienstleistungen, bewertet zu Marktpreisen. Das **Bruttosozialprodukt** ergibt sich durch Hinzurechnung des Saldos der Erwerbs- und Vermögenseinkommen mit dem Ausland zum Bruttoinlandsprodukt.

- **Wirtschaftsschwankungen** können langfristige (strukturelle), mittelfristige (konjunkturelle) und kurzfristige (saisonale) Schwankungen sein.

- Der **Konjunkturzyklus** umfasst die Phasen Aufschwung, Boom, Rezession und Depression.

- **Konjunkturphasen** lassen sich anhand typischer Merkmale beschreiben, z.B. Arbeitslosenzahl, Zinsniveau, Zukunftserwartungen, Lohn- und Gehaltsentwicklung.

Ermittlung des Bruttoinlandsprodukts

Entstehungsrechnung	Verteilungsrechnung	Verwendungsrechnung
Die Entstehungsrechnung ermittelt auf der Grundlage der Wertschöpfung der Unternehmen das Bruttoinlandsprodukt.	Die Verteilungsrechnung gibt Auskunft über die Verteilung des Volkseinkommens auf die Produktionsfaktoren.	Die Verwendungsrechnung erfasst die Struktur des Verbrauchs.

Entstehungsrechnung

Bruttowertschöpfung der Wirtschaftsbereiche:
Land- und Forstwirtschaft, Fischerei
+ Produzierendes Gewerbe
+ Handel und Verkehr
+ Dienstleistungen
+ Staat
+ private Haushalte und private Organisationen ohne Erwerbscharakter
+ Umsatzsteueraufkommen und Einfuhrabgaben
= **Bruttowertschöpfung** der Volkswirtschaft = **Bruttoinlandsprodukt** zu Marktpreisen
+ ./. Saldo der Erwerbs- und Vermögenseinkommen mit dem Ausland
= **Bruttosozialprodukt** zu Marktpreisen

Verteilungsrechnung

Einkommen aus unselbstständiger Arbeit
+ Einkommen aus Unternehmertätigkeit und Vermögen
= **Volkseinkommen**

Verwendungsrechnung

Privater Verbrauch
+ Staatsverbrauch
+ Bruttoanlageinvestitionen
+ Vorratsinvestitionen
= Inländische Verwendung
+ ./. Außenbeitrag
= **Bruttoinlandsprodukt** zu Marktpreisen

Aufgaben

 1 Produktivität ist ein wichtiger Begriff in der gegenwärtigen wirtschaftspolitischen Diskussion.

a) Definieren Sie die Begriffe Produktivität und Arbeitsproduktivität.

b) Wie kann die Produktivität einzelbetrieblich gesteigert werden?

c) Stellen Sie den Zusammenhang zwischen Produktivität und Wirtschaftswachstum dar.

d) Stellen Sie den Zusammenhang zwischen Produktivität und Lohnkosten dar.

2 Aus der volkswirtschaftlichen Gesamtrechnung eines Staates sind folgende Daten bekannt (in Mrd. EUR):

Bruttoinlandsprodukt zu Marktpreisen	3 651,2
Bruttosozialprodukt zu Marktpreisen	3 526,7
Abschreibungen	478,3
Indirekte Steuern	461,5
Subventionen	79,1
Unternehmens- und Vermögenseinkommen	781,3
Privater Verbrauch	1 898,9
Bruttoanlageinvestitionen	753,8
Vorratsinvestitionen	19,5
Ausfuhr	869,4
Einfuhr	823,7

Ermitteln Sie

a) den Saldo des Erwerbs- und Vermögenseinkommens mit dem Ausland,

b) das Volkseinkommen,

c) das Bruttoeinkommen aus unselbstständiger Tätigkeit,

d) die Gewinnquote.

3 Aus der volkswirtschaftlichen Gesamtrechnung eines Staates sind für das Jahr 01 folgende Daten bekannt (in Mio. EUR):

• Bruttosozialprodukt zu Marktpreisen	1 750 000
• Abschreibungen	220 520
• Indirekte Steuern	225 730
• Subventionen	36 910

• Saldo des Erwerbs- und Vermögenseinkommens mit dem Ausland	+ 5 010

Ermitteln Sie:

a) das Bruttoinlandsprodukt zu Marktpreisen,

b) das Nettosozialprodukt zu Marktpreisen,

c) das Volkseinkommen.

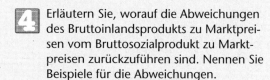 **4** Erläutern Sie, worauf die Abweichungen des Bruttoinlandsprodukts zu Marktpreisen vom Bruttosozialprodukt zu Marktpreisen zurückzuführen sind. Nennen Sie Beispiele für die Abweichungen.

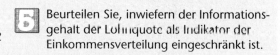 **5** Beurteilen Sie, inwiefern der Informationsgehalt der Lohnquote als Indikator der Einkommensverteilung eingeschränkt ist.

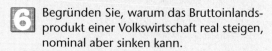 **6** Begründen Sie, warum das Bruttoinlandsprodukt einer Volkswirtschaft real steigen, nominal aber sinken kann.

7 Konjunkturindikatoren werden eingeteilt in Frühwarnindikatoren, Gleichlaufindikatoren und Spätindikatoren.

Ordnen Sie die folgenden Indikatoren den drei Gruppen zu:

a) Veränderung des Preisindex für die Lebenshaltung,

b) Arbeitslosenquote,

c) Zahl der offenen Stellen,

d) Auftragseingänge,

e) Zinsniveau.

Erläutern Sie Ihre Entscheidung.

8 Auf dem Devisenmarkt steigt der Wechselkurs für einen Euro von 1,1500 Dollar auf 1,1600 Dollar.

Ein VW-Sharan kostet in Deutschland 22 500 Euro. Zu welchem Dollar-Preis kann das Auto nach der Aufwertung des Euro in Amerika angeboten werden, wenn sich die Gewinnspanne des deutschen Unternehmens nicht ändern soll?

9 Konjunkturschwankungen kennzeichnen das Auf und Ab der Wirtschaft.
a) Grenzen Sie saisonale, konjunkturelle und langfristige Schwankungen nach dem Merkmal der Fristigkeit voneinander ab.
b) Erläutern Sie die Bedeutung des konjunkturellen Wachstums.

10 Erläutern Sie die Aufschwungphase anhand der Kriterien:
a) Auftragsbestände und Produktion,
b) Preis- und Lohnentwicklung,
c) Kapazitätsauslastung,
d) Sparneigung, Zinsen.

11 Die Produktivität misst das Verhältnis von Produktionsergebnis, z.B. Bruttowertschöpfung, zum eingesetzten Produktionsfaktor, z.B. Arbeitnehmer bzw. geleistete Arbeitsstunden.

Die Krise von 1993 zeichnete sich besonders durch einen drastischen Arbeitsplatzabbau aus. In den folgenden Jahren kam es trotz geringer Beschäftigtenzahlen zu einem Aufschwung.
a) Erläutern Sie, warum das Wirtschaftswachstum trotz rückläufiger Beschäftigtenzahl steigen konnte.
b) Erläutern Sie in diesem Zusammenhang die Begriffe *„entfesselte Produktivität"* und *„Entkoppelung von Wirtschaftswachstum und Arbeitsmarkt"*.

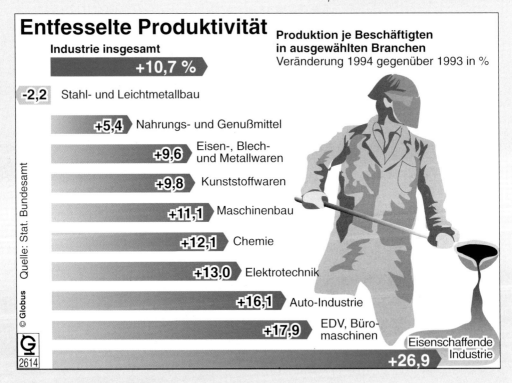

Entfesselte Produktivität

Industrie insgesamt
+10,7 %

Produktion je Beschäftigten in ausgewählten Branchen
Veränderung 1994 gegenüber 1993 in %

-2,2 Stahl- und Leichtmetallbau

+5,4 Nahrungs- und Genußmittel

+9,6 Eisen-, Blech- und Metallwaren

+9,8 Kunststoffwaren

+11,1 Maschinenbau

+12,1 Chemie

+13,0 Elektrotechnik

+16,1 Auto-Industrie

+17,9 EDV, Büromaschinen

+26,9 Eisenschaffende Industrie

Quelle: Stat. Bundesamt

© Globus
2614

2 Lebenswerte Umwelt

Zum Ausstieg aus der Kernenergie

Die Atomenergie ist in der Bundesrepublik Deutschland ein Auslaufmodell. Der Koalitionsvertrag der gegenwärtigen Bundesregierung sieht einen Ausstieg aus der Atomenergie vor. Im Informationsdienst der deutschen Wirtschaft heißt es dazu:

„Der von zahlreichen Politikern geforderte Verzicht auf Kernenergie nutzt weder der Umwelt noch macht er die Energieversorgung risikoärmer. Herkömmliche Kraftwerke würden, wenn sie den Part der Kernenergie übernähmen, 50 Prozent mehr vom Treibhausgas CO_2 ausstoßen. Außerdem wächst die Gefahr eines Blackouts.

Inzwischen kommt in deutschen Wohnzimmern jede dritte Kilowattstunde aus Kernkraftwerken.

Vor allem drei Gründe sprechen dafür, auch künftig daran nicht zu rütteln:

1. Technische Zuverlässigkeit: Der hohe Standard der deutschen Kernkraftwerke sowie das hoch qualifizierte Personal sichern einen störungsfreien Betrieb. So ist die Zahl der meldepflichtigen Ereignisse in deutschen Kernkraftwerken in den letzten zehn Jahren auf die Hälfte zurückgegangen

2. Umweltschutz: Wer etwas gegen Treibhauseffekt unternehmen will, kommt an der Kernenergie nicht vorbei: Durch den Betrieb der Kernkraftwerke konnten 1997 in Deutschland rund 150 Millionen Tonnen CO_2 vermieden werden.
Auf der anderen Seite gehen von den Kraftwerken weniger Gefahren aus als gemeinhin angenommen: Die Strahlenbelastungen lagen in den letzten zehn Jahren in unmittelbarer Nachbarschaft meist deutlich unter 0,01 Millisievert (mSv). Das ist weniger als ein Dreißigstel des strengen Jahresgrenzwertes.

3. Wirtschaftlichkeit: Deutschland verfügt neben der Braunkohle über keinen preiswerten Energieträger. Trotz hoher Investitionen für die Anlagetechnik sowie für die Entsorgung ist der in Kernkraftwerken erzeugte Strom kostengünstig – wegen der niedrigen Brennstoffkosten.

Eine weitere Konsequenz bei einem Ausstieg wäre der Verlust von 38.000 hoch qualifizierten Arbeitsplätzen in der Kerntechnik. Ökonomisch nachteilig wirkt sich der Wegfall des kostengünstigen Kernenergiestroms aus. Schon heute hat die deutsche Industrie europaweit die höchsten Stromkosten zu verkraften."

▶ Stellen Sie die Argumente für den Verzicht auf Kernenergie in einer Übersicht zusammen.

▶ Erörtern Sie die Argumente der Wirtschaft für den Erhalt der Kernenergie.

▶ Entscheiden Sie, ob Stromimporte in einem zusammenwachsenden Europa eine geeignete Alternative sein könnten. Begründen Sie Ihre Entscheidung.

Handlungsaufträge

1▶ Beschreiben Sie die Zusammenhänge zwischen Energieverbrauch und Umweltbelastung.

2▶ Untersuchen Sie, wieweit die Argumente für die Abschaffung der Kernenergie sich auf den Erhalt einer lebenswerten Umwelt beziehen.

3▶ Erläutern Sie die Gefahren, die wirtschaftliches Wachstum für die Umwelt auslöst.

4▶ Beschreiben Sie Maßnahmen zum Schutz der Umwelt.

5▶ Entwickeln Sie ein Szenario einer ökologisch gesteuerten Wirtschaft.

2.1 Lebenswerte Umwelt als Ziel der Wirtschaftspolitik

Das wirtschafts- und sozialpolitische Ziel, die Umwelt lebenswert zu erhalten und zu verbessern, ist im Grundgesetz verankert.

> **Art. 20 a Grundgesetz:**
> „Der Staat schützt auch in Verantwortung für die künftigen Generationen die natürlichen Lebensgrundlagen im Rahmen der verfassungsmäßigen Ordnung durch die Gesetzgebung und nach Maßgabe von Gesetz und Recht durch die vollziehende Gewalt und die Rechtsprechung."

Die **Ziele der Umweltpolitik** sind:

- **die Folgen von Umweltverschmutzungen zu beseitigen,**
- **Vorsorge gegen zukünftige Schäden zu treffen.**

Die Ziele der Umweltpolitik beziehen sich auf:

- Natur- und Landschaftsschutz,
- Abfallbeseitigung,
- Luftreinhaltung,
- Lärmschutz,
- Gewässerschutz.

2.2 Gefährdung der Umwelt

2.2.1 Ursachen

■ Bevölkerungswachstum

Die **schnell wachsende Weltbevölkerung** hat einschneidende Umweltbelastungen zur Folge. Die Vereinten Nationen schätzen, dass im Jahr 2050 rund 10 Milliarden Menschen auf der Erde leben werden. Das sind viermal so viel wie 1950 und doppelt so viel wie heute. Zwar ist die Wachstumsrate der Bevölkerung in den letzten Jahrzehnten zurückgegangen, dennoch ist ein Ende der globalen Bevölkerungsexplosion nicht abzusehen.

Wo viele Menschen leben, kommt es zu einer intensiven Nutzung aller natürlichen Ressourcen. Das Wachstum der Weltbevölkerung führt zu zunehmender **Urbanisierung**. Dabei konzentriert sich die Entwicklung in den meisten Ländern auf wenige Metropolen (Megastädte). Bevölkerungsexperten rechnen mit einem besonders schnellen Wachstum der Stadtbevölkerung in Asien und Afrika.

Randspalte:

BEISPIELE:

*Ausgewählte Teilziele
der Umweltpolitik:*

- *Sparsame Nutzung und Recycling nicht regenerativer Rohstoffe (Natur- und Landschaftsschutz)*
- *Reduzierung der Abfallmengen und Abfallvermeidung (Abfallbeseitigung)*
- *Bekämpfung der Luftverunreinigungen (Luftreinhaltung)*
- *Verminderung der Lärmbelästigungen (Lärmschutz)*
- *Wahrung des ökologischen Gleichgewichts der Seen und Flüsse (Gewässerschutz)*

ERLÄUTERUNG:

Umwelt ist der Zustand von Boden, Wasser und Luft.

▶ Aus welchen Gründen ist das Bevölkerungswachstum in Europa verhältnismäßig gering?

▶ Welche Ursachen lassen die Weltbevölkerungszuwächse sinken?

▶ Erläutern Sie die Aussage „Ohne Zuwanderungen aus dem Ausland wird die Bundesrepublik einen Bevölkerungsrückgang erfahren".

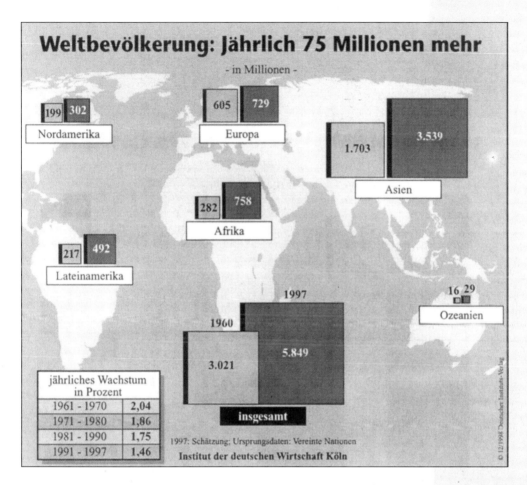

Weltbevölkerung: Jährlich 75 Millionen mehr

- in Millionen -

Nordamerika 199 | 302

Europa 605 | 729

Asien 1.703 | 3.539

Afrika 282 | 758

Lateinamerika 217 | 492

Ozeanien 16 | 29

1997 / 1960

insgesamt 5.849 / 3.021

jährliches Wachstum in Prozent	
1961 - 1970	2,04
1971 - 1980	1,86
1981 - 1990	1,75
1991 - 1997	1,46

1997: Schätzung; Ursprungsdaten: Vereinte Nationen

Institut der deutschen Wirtschaft Köln

© 12/1998 Deutscher Instituts-Verlag

Die Urbanisierung führt zu einer außergewöhnlich starken Nutzung aller natürlichen Ressourcen. Mangels umweltschonender Entsorgungssysteme entstehen riesige **Entsorgungsprobleme.** Die industrielle Produktion verursacht Emissionen[1], die die Luft verschmutzen und das Klima belasten. Folgen sind übermäßige Belastungen des Grundwassers, des Bodens und der Luft, die Menschen-, Tier- und Pflanzenwelt gefährden.

DEFINITION:

Urbanisierung =
Verstädterung

■ Wirtschaftswachstum

Wirtschaftswachstum dient als Maßstab für den Wohlstand und die Leistungsfähigkeit einer Volkswirtschaft.

Im Stabilitätsgesetz der Bundesrepublik Deutschland ist das Ziel eines stetigen und angemessenen Wirtschaftswachstums als eines der Hauptziele genannt. **Ökologisch orientierte Wachstumskritiker sehen zwischen Wachstum und Umweltbelastung einen bedrohlichen Zusammen-**

Lernfeld **12**

Abschnitt 1.2.2

---

[1] Emissionen sind in die Atmosphäre gelangende gasförmige, flüssige oder feste Stoffe, beispielsweise aus industriellen Anlagen, Kraftfahrzeugen oder Heizungsanlagen. Zu den Emissionen zählen auch Lärm, Erschütterungen, Wärme, Strahlen und Licht.

▶ Diskutieren Sie die Rangordnung der Ziele der Wachstumspolitik und der Umweltpolitik.

ERLÄUTERUNG:

Hinter diesem Ziel steht das Modell des nachhaltigen Wirtschaftswachstums (Sustainable Development) der UN-Umweltkonferenz in Rio de Janeiro 1992.

▶ Beschaffen Sie sich Material zum Konzept des Sustainable Development. Erarbeiten Sie die Kernaussagen, und stellen Sie sie in einem Kurzreferat dar.

LERNTIPP:

Informieren Sie sich darüber, welche Energiequellen für die Energieversorgung Ihrer Schule und Ihres Ausbildungsbetriebes genutzt werden.

hang. Hierbei spielt auch die Messlatte für das Wirtschaftswachstum, das Bruttoinlandsprodukt, eine Rolle. Es enthält eine Reihe von Aktivitäten, die nicht den Wohlstand einer Volkswirtschaft mehren, sondern die das Resultat einer Verschlechterung der Lebensbedingungen sind, die durch den Produktions- und Konsumstil der Gesellschaft hervorgerufen werden und die Umwelt belasten, z.B.

- Ausgaben für Umweltschutz,
- Kosten der Beseitigung von Umweltschäden,
- Folgekosten durch Umweltunfälle und Umweltkatastrophen,
- Kosten der Stilllegung von Atomkraftwerken,
- Mehrausgaben durch umweltbedingte Erkrankungen.

Statistisch belegbar ist, dass die positiven Wirkungen der industriellen Zivilisation und des Wirtschaftswachstums mit einschneidenden Umweltbelastungen verbunden sind. Eine Entkoppelung von Wirtschaftswachstum und Umweltbelastung ist bislang nicht ausreichend gelungen. Ziel muss es sein, ein Modell des menschlichen Wohlstands zu realisieren, das die wirtschaftliche und soziale Entwicklung der Länder mit der Erhaltung der Natur in Einklang bringt, auch dann, wenn die Erdbevölkerung Mitte des nächsten Jahrhunderts 10 Milliarden Menschen betragen wird.

2.2.2 Verursacher

Verursacher von Umweltschäden			
Energie-wirtschaft	Verkehr	Industrielle Produktion	Landwirtschaft

■ Energiewirtschaft

Für die Schaffung und Verbesserung des Lebensstandards ist der Einsatz moderner Energien unverzichtbar. **Energiequellen** sind

- fossile Energieträger (Braun- und Steinkohle, Öl, Gas),
- erneuerbare Energieträger (Wasser, Sonne, Wind, Biomasse),
- Kernenergie.

Die **Nutzung der Energieträger belastet die Natur** unterschiedlich. Besonders groß sind die ökologischen Lasten fossiler Energieträger. Mit neunzig Prozent des jährlichen Weltenergieverbrauchs gehen von ihr die größten Gefahren für Mensch und Tier aus. Die Verbrennung fossiler Energieträger führt über die Freisetzung von Schwefeldioxid zu Luftverschmutzungen, deren Folge saure Niederschläge sind, die zu Schädigungen von Wäldern, Seen und Bauwerken führen. Gleichzeitig begünstigt die Verbrennung die Entstehung von Kohlendioxid (CO_2). Unter den großen Industrieländern ist Deutschland mit einem Rückgang der CO_2-Emissionen von mehr als zehn Prozent führend.

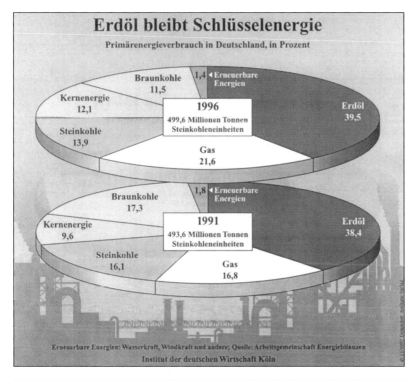

Erdöl bleibt Schlüsselenergie

Primärenergieverbrauch in Deutschland, in Prozent

1996
499,6 Millionen Tonnen
Steinkohleneinheiten

Braunkohle 11,5
1,4 ◄ Erneuerbare Energien
Kernenergie 12,1
Steinkohle 13,9
Erdöl 39,5
Gas 21,6

1991
493,6 Millionen Tonnen
Steinkohleneinheiten

Braunkohle 17,3
1,8 ◄ Erneuerbare Energien
Kernenergie 9,6
Steinkohle 16,1
Erdöl 38,4
Gas 16,8

Erneuerbare Energien: Wasserkraft, Windkraft und andere; Quelle: Arbeitsgemeinschaft Energiebilanzen

Institut der deutschen Wirtschaft Köln

▶ Stellen Sie zusammen, über welche Primärenergiequellen die Bundesrepublik Deutschland verfügt. Erläutern Sie ihre Nutzungsmöglichkeiten, und prüfen Sie ihre Nutzungsreserven.

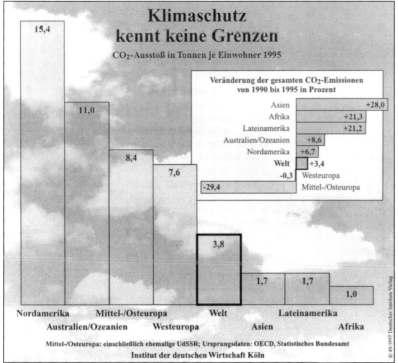

Klimaschutz kennt keine Grenzen

CO_2-Ausstoß in Tonnen je Einwohner 1995

15,4
11,0
8,4
7,6
3,8
1,7
1,7
1,0

Nordamerika   Mittel-/Osteuropa   Welt   Lateinamerika
Australien/Ozeanien   Westeuropa   Asien   Afrika

Veränderung der gesamten CO_2-Emissionen von 1990 bis 1995 in Prozent

Asien	+28,0
Afrika	+21,3
Lateinamerika	+21,2
Australien/Ozeanien	+8,6
Nordamerika	+6,7
Welt	+3,4
Westeuropa	-0,3
Mittel-/Osteuropa	-29,4

Mittel-/Osteuropa: einschließlich ehemalige UdSSR; Ursprungsdaten: OECD, Statistisches Bundesamt

Institut der deutschen Wirtschaft Köln

▶ Geben Sie Beispiele aus Ihrem Alltagsleben an, wie Sie oder Ihre Familie die Umwelt mit CO_2 belasten.

▶ Stellen Sie Pro- und Contra-Argumente zum Ausbau des Braunkohlewerks Garzweiler II zusammen. Führen Sie eine Pro- und Contra-Debatte.

▶ Erarbeiten Sie den Zusammenhang zwischen dem CO_2-Ausstoß und dem Treibhauseffekt bzw. dem Ozonloch. Stellen Sie den Zusammenhang in einem Kurzreferat dar.

▶ Entwickeln Sie ein Szenario, den Energiebedarf Europas nur aus regenerativen Energiequellen zu decken.

▶ Welche ökologischen und ökonomischen Probleme ergeben sich durch die Nutzung regenerativer Energien? Entwickeln Sie eine Übersicht.

▶ Welche Ziele verfolgt die Bundesregierung mit dem Programm der 100.000 Solardächer?

▶ Nach einer Studie der ESSO AG Hamburg wird in den kommenden zwei Jahrzehnten das Wirtschaftswachstum um voraussichtlich 65 Prozent zunehmen, der Mineralölverbrauch aber um 16 Prozent sinken.
Erläutern Sie, wie der Mineralölverbrauch gesenkt werden kann.

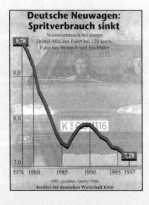

Ein preiswerter Energieträger ist die heimische Braunkohle. Die Gewinnung erfolgt im großflächigen Tagebau. Dabei werden gewachsene Landschaften zerstört. Nicht selten müssen ganze Ortschaften umgesiedelt werden. Im Fall von Garzweiler II sind es beispielsweise 11 Ortschaften. Hinzu kommt ein starkes Absinken des Grundwassers, was vor allem Naturschutzgebiete ökologisch belastet. Ein halbes Prozent der Gesamtfläche Deutschlands ist bereits Abbaugebiet für Braunkohle. Nach dem Abbau des Energieträgers werden die aufgerissenen Landschaften aufwendig renaturiert und rekultiviert, z.B. als land- und forstwirtschaftliche Nutzfläche, als Naherholungsgebiet und als Baugebiet für Wohnsiedlungen.

Die Ozonschicht, eine schützende Hülle um den Planeten Erde gegen harte ultraviolette Bestrahlung aus dem Weltraum, verliert durch einen übermäßigen CO_2-Ausstoß an Konzentration („Ozonloch", „Treibhauseffekt"). Denkbare Folgen sind eine Erwärmung der Atmosphäre, verbunden mit Verschiebungen der Klimazonen und einem Anstieg des Meeresspiegels.

Die **Bedeutung regenerativer Energieträger** für den Primärenergieverbrauch ist gering. Für Deutschland schätzen Experten das Potenzial für das Jahr 2000 auf sechs bis sieben Prozent. Wenn auch das theoretische Potenzial dieser Energiequellen sehr hoch ist, so ist die großtechnische Nutzung noch nicht ausgereift und die Technologie, vor allem die Solarenergie, noch relativ teuer.

Der umweltpolitisch umstrittenste Energieträger ist die **Kernenergie**:

• Bei der Kernspaltung entsteht radioaktive Strahlung.
• Abgebrannte Brennelemente, die radioaktiv verstrahlt sind, müssen entsorgt werden.
• Bauwerke und Betriebsmittel von Kernkraftwerken, z.B. Betonwände oder Kühlmittel, können radioaktiv werden.

■ Verkehr

Die **Verkehrsinfrastruktur** eines Landes ist ein **wichtiger Standortfaktor**. Andererseits gehen einige der stärksten Umweltbelastungen vom Straßenverkehr aus:

• Schadstoffemissionen,
• Energieverbrauch,
• Lärmbelästigungen,
• naturzerstörender Flächenverbrauch durch den Ausbau des Straßenverkehrsnetzes.

Die Hauptschadstoffkomponenten, die bei der Verbrennung von Benzin in Ottomotoren und Dieselmotoren entstehen, sind Kohlenmonoxid, Kohlenwasserstoff, Stickoxide und Schwefeldioxid.

Der private Pkw-Verkehr und der Lkw-Gütertransport verursachen etwa ein Viertel des gesamten Energieverbrauchs, öffentliche Einrichtungen wie Busse und Bahnen nur fünfzehn Prozent.

■ Industrielle Produktion

Industrielle Produktion belastet zwangsläufig die **Luft**, das **Wasser** und den **Boden** und nimmt somit Einfluss auf den Zustand von Menschen, Tieren und Pflanzen. Ökologische Belastungen durch zahlreiche Emissionen ergeben sich von der Rohstoffgewinnung bis hin zur Abfallentsorgung.

Ökobilanzen sind aussagekräftige Informationssysteme über die Auswirkungen der Produktion von Gütern auf die Umwelt. Sie geben Auskunft über die verwendeten Stoffe und Energieträger und die damit verbundenen Risiken. Bei den Ökobilanzen unterscheidet man Produktbilanzen und Produktionsbilanzen.

Produktbilanzen sind Ökobilanzen, die den Lebenszyklus eines Produkts und die damit verbundenen Emissionen und Materialeinsätze wie Rohstoffe und Energieträger beschreiben. So wurde beispielsweise 1991 erstmals vom Heidelberger Umwelt- und Prognoseinstitut eine Ökobilanz über das Leben eines Autos veröffentlicht. Die Wissenschaftler legten umfangreiches Datenmaterial vor. Aus ihren Hochrechnungen geht hervor, welche Energie- und Materialeinsätze für die fünf Phasen eines Autolebens (Rohstoffgewinnung, Rohstofftransport, Produktion, Betrieb und Entsorgung) notwendig sind.

Produktionsbilanzen durchleuchten das Herstellungsverfahren, indem sie den Input und den Output der Stoffe und Energien gegenüberstellen. Ein volkswirtschaftliches Umweltinformationssystem ist die **Ökologische Gesamtrechnung des Statistischen Bundesamtes**. Sie ist eine Ergänzungsrechnung zur Volkswirtschaftlichen Gesamtrechnung. Die Auswertung der Daten zeigt, dass der Prozess der Entkoppelung von Wirtschaftswachstum und Umweltverbrauch seit den Achtzigerjahren in Gang gekommen ist. Die eingesetzten Stoff- und Energiemengen gingen 1995 gegenüber 1980 um acht Prozent zurück. Bezogen auf die Produktionsleistung steckten im Jahr 1960 noch 833 kg Rohstoffe und Energieträger in 1 000 DM realem Bruttoinlandsprodukt, 1995 weniger als die Hälfte. Ähnliches gilt für den Wasserverbrauch der Industrie. Absolut betrachtet hat sich der Wassereinsatz nur wenig erhöht, relativ ist er, bezogen auf 1 000 DM Bruttoinlandsprodukt, um knapp 60 Prozent gesunken.

■ Landwirtschaft

Über die Hälfte des Bodens wird in Deutschland landwirtschaftlich genutzt. Das ökologische Grundproblem der Landwirtschaft ist die Belastung des Bodens durch **Überdüngung**. Die Düngung dient so nicht nur dem Ersatz der Nährstoffe. Dünge- und Pflanzenschutzmittel, die durch Regen aus dem Boden gewaschen werden, können zu einer Belastung der Gewässer führen. Nährstoffemissionen durch Stickstoff- und Phosphoreinträge wirken im Wasser wie Düngemittel und bewirken ein starkes Algenwachstum. In Sommermonaten kann das zu Sauerstoffmangel im Wasser und damit zu Fischsterben führen. Die meisten deutschen Seen und Flüsse sind so stark mit Schadstoffen belastet, dass sich ihr Wasser entweder gar nicht oder nur nach aufwendiger technischer Behandlung als Trinkwasser eignet.

BEISPIELE:

für Umweltbelastungen durch die industrielle Produktion:
- *Staubentwicklung bei der Zementproduktion,*
- *Ausstoß von Schwefeldioxid und Stickoxide beim Kraftwerksbetrieb,*
- *Erzeugung von Ammoniak bei der Farbstoffherstellung.*

für die Rohstoffverknappung:
- *Ausbeutung der Ölvorräte,*
- *Abbau von Eisenerzen und Bauxit (Aluminium).*

ERLÄUTERUNG:

Nach einem Beschluss des deutschen nationalen Normungsgremiums beim Deutschen Institut für Normung (DIN) soll der Begriff Ökobilanz ausschließlich für produktbezogene Ökobilanzen verwendet werden.

▶ Führen Sie ein Brainstorming durch, wie der Umweltverbrauch Ihrer Schule oder Ihres Ausbildungsbetriebes gesenkt werden kann. Entwickeln Sie Ihre Ergebnisse zu einem Vorschlag für Ihren Schulträger bzw. für Ihren Betrieb.

ERLÄUTERUNG:

Fruchtbarer Boden geht verloren durch:
- Schädliche Methoden im Ackerbau,
- Verseuchung durch Industrieabfälle,
- Ausbeutung der natürlichen Vegetation,
- Abholzen und Brandrodung,
- Bodenerosion und Versteppung.

In Ländern der Dritten Welt tritt zur Überdüngung des Bodens noch die **Überweidung** hinzu. Zu viele Tiere je Weidefläche zerstören die natürliche Fauna und Flora. Sie verursachen, z.B. am Rande der Sahara, **Bodenerosion und Versteppung.**

Ein weiteres ökologisches Problem ist das **Abholzen und Brandroden** von Wäldern. Die bäuerliche Brandrodung findet vor allem in der Dritten Welt statt. Die Vernichtung des Tropenwaldbestandes geht nicht wie gemeinhin angenommen auf die industrielle Nutzung des Holzes zurück, sondern beruht größtenteils auf dem Ernährungsproblem der Dritten Welt: Der Tropenwald wird gerodet, um landwirtschaftliche Nutzfläche zu schaffen.

2.3 Maßnahmen der Umweltpolitik

2.3.1 Nationale Aktivitäten

Der Staat setzt den ökologischen Ordnungsrahmen. Unternehmen tragen Verantwortung für den Schutz der Umwelt. Umweltschutz in Deutschland ist auch geprägt von dem umweltpolitischen Engagement der Bürger.

■ Staatliche Maßnahmen

Maßnahmen des Staates	
Ordnungspolitische Maßnahmen	**Steuerpolitische Maßnahmen**
• Gebote • Verbote • Umweltverträglichkeitsprüfungen • Umwelthaftungsregeln • Quotenregelungen • Herstellerrücknahmegarantien	• Steuern • Subventionen • Umweltzertifikate • Abgaben

Der ökologische Ordnungsrahmen wird durch den Staat gesetzt und von ihm kontrolliert. Das Spektrum umweltpolitischer Instrumente des Staates ist umfassend und reicht von der Beratung der Bürger bei umweltrelevanten Themen, z.B. Informationen der Bürger über das Duale System Deutschland, bis hin zu Ge- und Verboten, z.B. Verbot der Produktion von FCKW (Fluorchlorkohlenwasserstoff).

Ordnungspolitische Maßnahmen

Da Umweltpolitik auch immer Gefahrenabwehr beinhaltet, kann der Staat nicht auf ordnungspolitische Maßnahmen verzichten. Als Ge- und Verbote haben sie den Vorteil, dass sie schnell durchsetzbar sind und rasch wirksam werden. Sie sind immer dann sinnvoll, wenn die Gefährlichkeit eines Materialeinsatzes die Vorgabe von Emissionswerten rechtfertigt. In der Luftreinhaltung und dem Gewässerschutz sind ordnungspolitische

▶ Informieren Sie sich anhand der Entstehungsrechnung des Bruttoinlandsprodukts, welchen Beitrag die Landwirtschaft zur gesamtwirtschaftlichen Wertschöpfung leistet.

▶ Erarbeiten Sie über ein Brainstorming einen Maßnahmenkatalog zur Durchsetzung umweltpolitischer Ziele.

BEISPIELE:

– *Bundesimmissions-schutzgesetz,*
– *Bodenschutzgesetz,*
– *Wasserhaushaltsgesetz,*
– *Chemikalien- und Düngemittelgesetz,*
– *Strafgesetzbuch (Umweltstraftaten),*
– *Stromeinspeisungsgesetz.*

ERLÄUTERUNG:

Immissionen sind die Einwirkungen der Emissionen wie Luftverunreinigungen, Geräusche, Erschütterungen, Wärme, Strahlen und Licht auf die Umwelt.

Eingriffe des Staates die Regel. Durch Ge- und Verbote werden die im Gesetz definierten Zustände erzwungen und bei Nichteinhalten mit Ordnungsstrafen geahndet. Ordnungspolitische Maßnahmen bewirken, dass umweltbelastende Produktionsverfahren und Produkte aufgegeben und nach Möglichkeit durch umweltschonende Verfahren und Produkte ersetzt werden. Beispiele sind:

- **Verbot giftiger Stoffe:** Die Produktion von FCKW, Hauptschädiger der Ozonschicht, ist bereits seit 1995 verboten. FCKW-Treibmittel in Sprays und FCKW-Kühlmittel in Kühlschränken dürfen nicht mehr verwendet werden.

- **Umweltverträglichkeitsprüfungen:** Laut Chemiekaliengesetz (Gesetz zum Schutz vor gefährlichen Stoffen) müssen umweltrelevante Stoffe in Deutschland, bevor sie in den Verkehr gebracht werden, angemeldet und von einer amtlichen Stelle auf ihre Umweltverträglichkeit untersucht werden.

- **Umwelthaftung:** Das Umwelthaftungsgesetz regelt die unabhängig vom Verschulden entstandenen Schäden, die durch den Betrieb bestimmter im Gesetz genannter Anlagen für Personen und Menschen entstehen.

- **Quotenregelungen:** Das Kreislaufwirtschaftsgesetz und die dazugehörige Verpackungsordnung schreiben Recyclingquoten für bestimmte Verpackungen vor (Papier, Pappe, Karton, Weißblech, verbundene Kunststoffe und Aluminium).

- **Vorgabe von Immissionswerten:** Das Bundesimmissionsgesetz schreibt Grenzwerte für die Belastung der Luft, des Bodens und des Wassers vor.

- **Rücknahmegarantien der Hersteller für umweltrelevante Stoffe:** Hersteller von Batterien müssen Batterien nach dem Gebrauch zurücknehmen. Der Verbraucher ist verpflichtet, die Altbatterien über den Handel dem Hersteller zurückzugeben.

Steuerpolitische Maßnahmen
Steuerpolitische Maßnahmen beeinflussen das Verhalten der Wirtschaftssubjekte über die **Lenkungsfunktion des Preises** (ökologische Lenkungsfunktion). Beispiele sind:

- **Ökoenergiesteuern:** Im Jahr 1999 wurde die Mineralölsteuer für Treibstoffe um sechs Pfennig angehoben, Heizöl verteuerte sich um vier Pfennige je Liter, die Gassteuer wurde um 0,32 Pfennige je Kilowattstunde erhöht. Hinzu kam eine Stromsteuer von zwei Pfennigen je Kilowattstunde. Weitere Steuererhöhungen sind zwischen den Koalitionspartnern vereinbart.

- **Ökoproduktsteuer:** Eine Ökoproduktsteuer kann für Güter erhoben werden, die besonders stark mit umweltrelevanten Schadstoffen belastet sind oder deren Produktionsverfahren die Umwelt schädigt. Solche Güter sind z.B. Waschmittel mit einem hohen Phosphatanteil. Bisher sind Ökoproduktsteuern in der Bundesrepublik Deutschland nicht beschlossen.

▶ Nennen Sie Beispiele für ordnungsrechtliche Maßnahmen in der Umweltpolitik.

▶ Informieren Sie sich über das Duale System Deutschland. Fassen Sie die Kernaussagen in einem Kurzreferat zusammen.

▶ Informieren Sie sich über den Geltungsbereich und die wesentlichen Inhalte des Bundesimmissionsgesetzes.

LERNTIPP:
Informieren Sie sich im Methodenteil über die Debatte. Bilden Sie Pro- und Contragruppen, die die Rollen der Industrie, des Umweltministeriums, des Wirtschaftsministeriums, der Verbraucherverbände und der Arbeitnehmer repräsentieren. Führen Sie eine Debatte über die Erhöhung der Energiesteuern.

▶ Informieren Sie sich über den Stand der Energiebesteuerung.

▶ Die ökologische Steuerreform von 1999 wird von ihren Kritikern als ökologische Mogelpackung bezeichnet. Nehmen Sie zu dieser Aussage begründet Stellung.

▶ Informieren Sie sich über umweltpolitische Maßnahmen von Unternehmen in Ihrer Region. Fordern Sie dazu Umweltberichte bei den Abteilungen für Öffentlichkeitsarbeit an.

ERLÄUTERUNG:

Audit ist ein Managementinstrument für eine systematische, dokumentierte und objektive Ermittlung von Abweichungen des Ist-Zustandes eines auditierten Bereichs von definierten Sollvorgaben. Rechtsgrundlage für das Auditing im Bereich Umweltschutz ist die EG-Öko-Auditing-Verordnung über die freiwillige Beteiligung gewerblicher Unternehmen an einem Gemeinschaftssystem für das Umweltmanagement und die Umweltbetriebsprüfung.

ERLÄUTERUNG:

Umweltmanagement ist das freiwillige, eigenverantwortliche Handeln von Unternehmen, um verlässliche Daten über Produktionsverfahren und Produkte zu gewinnen. Adressaten sind die Eigentümer und Mitarbeiter des Unternehmens, der Staat und die Bürger.

- **Subventionierung:** Denkbar ist die Gewährung von Steuervorteilen an Hersteller umweltschonender Produkte oder Anwender schadstoffarmer Produktionsverfahren.

- **Umweltzertifikate:** Umweltzertifikate sind handelbare Rechte. Den Nutzern von umweltrelevanten Ressourcen wird eine zulässige Quote an Emissionen zugeteilt. Will der Betreiber mehr ausstoßen, muss er Lizenzen von anderen Betreibern erwerben. Ein weltweites „Emissionstrading" für CO_2-Emissionsrechte soll dazu führen, dass sich im Wechselspiel von Angebot und Nachfrage Marktpreise für die Nutzungskontingente bilden.

- **Umweltabgaben:** In Baden-Württemberg wird seit 1990 ein Mengenentgelt für die Entnahme von Sand, Kies und Steinen aus Kiesgruben und Steinbrüchen erhoben.

■ **Maßnahmen der Unternehmen**

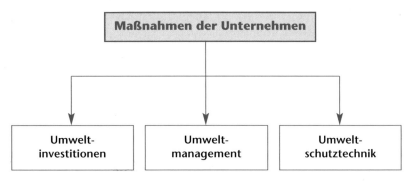

Umweltinvestitionen

Bei den betrieblichen Investitionen sind **nachsorgende und integrierte Umweltschutzmaßnahmen** zu unterscheiden.

Der nachsorgende Umweltschutz setzt am Ende des Produktionsprozesses an. Nachsorgende Umweltschutztechniken sind beispielsweise betriebseigene Luft- und Abwasserbehandlungsanlagen wie Klär- und Kühlanlagen.

Integrierte Umweltschutzmaßnahmen dienen der Vermeidung oder Reduzierung von Schadstoffemissionen, die durch Entwicklung, Konstruktion, Fertigung, Vertrieb und Entsorgung eines Produktes entstehen. Beispiele hierfür sind der Einsatz schadstoffarmer Lacke und Farben sowie die Wiederverwertung von Wasser durch entsprechende Aufbereitungsanlagen.

Umweltmanagement

Unternehmen, die sich freiwillig einer **Umweltverträglichkeitsprüfung** (Umwelt-Auditing) unterziehen, werden zertifiziert. Beim Auditing werden Daten über umweltbezogene Vorgänge in einem Unternehmen gesammelt und ausgewertet. Einer transparenten betrieblichen Umweltpolitik dienen auch **Ökobilanzen**.

Umweltschutztechnik

Die Umweltschutzindustrie lässt einen neuen Industriezweig mit neuen Arbeitsplätzen entstehen. Der Markt für Umwelttechnik ist expansiv. Experten schätzen ein Wachstumspotenzial von sechs bis acht Prozent pro Jahr. Von deutschen Unternehmen werden insbesondere Produkte für den Gewässer- und Abwasserschutz, zur Luftreinhaltung, für die Abfall- und Recyclingwirtschaft, die Lärmbekämpfung und die Altlastensanierung angeboten.

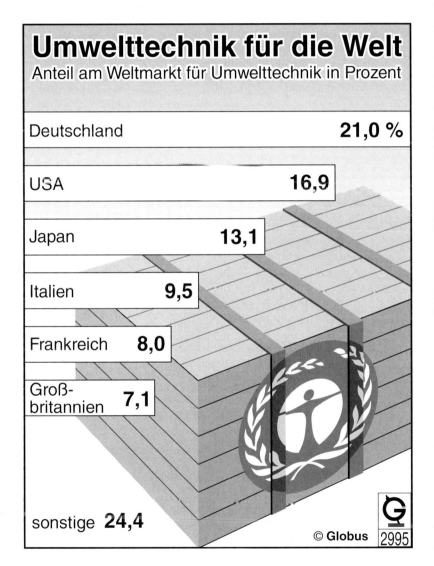

Umwelttechnik für die Welt
Anteil am Weltmarkt für Umwelttechnik in Prozent

Deutschland	**21,0 %**
USA	**16,9**
Japan	**13,1**
Italien	**9,5**
Frankreich	**8,0**
Groß-britannien	**7,1**
sonstige	**24,4**

© Globus 2995

▶ Erläutern Sie, welche Interessen Unternehmen, der Staat und die Bürger an umweltrelevanten Daten eines Unternehmens haben.

▶ Analysieren Sie die Umweltpolitik des Unternehmens.

■ Maßnahmen der privaten Haushalte

Erfolgreiche Umweltschutzpolitik funktioniert nur, wenn Unternehmen, staatliche Stellen und private Haushalte in Angelegenheiten des Umweltschutzes zusammenwirken (Kooperationsprinzip). Voraussetzung für einen erfolgreichen Umweltschutz ist die Veränderung des Bewusstseins der Bevölkerung. Der Druck auf die politisch Verantwortlichen, Entscheidungen herbeizuführen, ist umso größer, je stärker die Umweltpolitik im Bewusstsein der Bürger ausgeprägt ist.

Das gestiegene Umweltbewusstsein der Deutschen zeigt sich u.a. in

- der hohen Akzeptanz des Dualen Systems bei der Müllentsorgung,
- der verstärkten Nachfrage nach Bioprodukten,
- der sinkenden Nachfrage nach ozonbelastenden Sprays,
- einem verstärkten Engagement in Umweltschutzverbänden,
- einem erhöhten Spendenaufkommen bei Umweltorganisationen,
- dem Verzicht auf aufwendige Verpackungen,
- der Beachtung von Umweltschutzzeichen, z.B. blauer Engel.

▶ Das Verwaltungsgericht Oldenburg in Niedersachsen hat aufgrund einer Klage des Landesverbandes Bürgerinitiative Umweltschutz den Bau des Emssperrwerks gestoppt.
Informieren Sie sich über das Instrument der Verbandsklage.

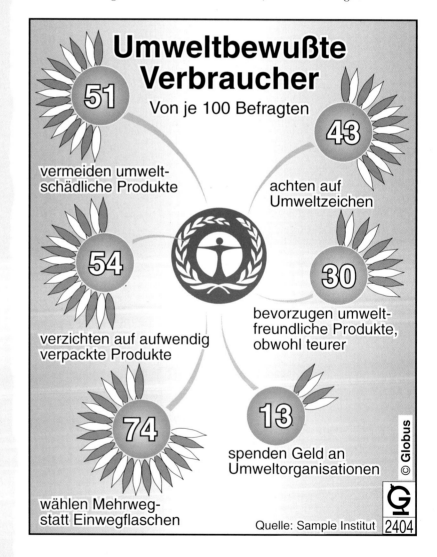

Umweltbewußte Verbraucher
Von je 100 Befragten

51 vermeiden umweltschädliche Produkte

43 achten auf Umweltzeichen

54 verzichten auf aufwendig verpackte Produkte

30 bevorzugen umweltfreundliche Produkte, obwohl teurer

74 wählen Mehrweg- statt Einwegflaschen

13 spenden Geld an Umweltorganisationen

© Globus

Quelle: Sample Institut 2404

2.3.2 Internationale Aktivitäten

Umweltprobleme wie der Treibhauseffekt und das Problem des Ozonlochs in der Atmosphäre zeigen die globale Dimension des Umweltschutzes. **Globale ökologische Probleme** müssen mithilfe von weltweiten **Umweltschutzkonventionen** auf der Ebene der internationalen Umweltpolitik gelöst werden. Jedes Land muss dabei seinen Beitrag zur Sicherung der Umwelt leisten. Die erste weltweite Initiative zur Schonung der Umwelt ist vom Umweltgipfel 1992 in Rio de Janeiro ausgegangen. Vertreter von 170 Industrie- und Entwicklungsländern haben sich dort auf das globale Ziel geeinigt, ein Gesellschaftsmodell des nachhaltigen, zukunftsverträglichen Wirtschaftswachstums zu erarbeiten. Als gleichberechtigte Säulen stehen im Modell die angemessene Entwicklung des Wirtschaftswachstums, die soziale Gerechtigkeit und der Umweltschutz nebeneinander.

Das Prinzip der Nachhaltigkeit

Das Prinzip der Nachhaltigkeit, das dem Leitbild des „Substainable Development" zugrunde liegt, ist in der Forstwirtschaft als eine physisch-naturale Regel entwickelt worden: Der Wald wird „nachhaltig" genutzt, wenn nur so viel Holz geschlagen wird, wie auch nachwächst. Allgemein formuliert bedeutet Nachhaltigkeit in diesem Sinne, natürliche Ressourcen, die der Mensch nutzt, so zu bewirtschaften, dass ihr Potenzial auf Dauer erhalten bleibt.

Sowohl in der Forstwirtschaft als auch in der allgemeinen wirtschafts- und umweltpolitischen Diskussion wird inzwischen der Nachhaltigkeitsbegriff umfassender verstanden. Neben der naturalen, ökologischen Komponente schließt er im heutigen Verständnis auch ökonomische und soziale Dimensionen ein.

Inhaltlich werden diese Dimensionen wie folgt abgegrenzt:

- Die ökonomische Dimension (Erhaltung und Zunahme des Wohlstandes durch wirtschaftliche Entwicklung): Aus der Zielsetzung, alle heute lebenden und künftigen Generationen ausreichend mit Gütern und Dienstleistungen zu versorgen, ergibt sich die Aufgabe, für angemessenes Wirtschaftswachstum zu sorgen. Das Konzept des „Sustainable Development" ist damit mit der allgemeinen Frage nach dem Sinn, dem Zweck und der Struktur des wirtschaftlichen Wachstums verknüpft.

- Die soziale Dimension (Schaffung gesellschaftlicher Werte und sozialer Sicherungssysteme): Die ungleiche Verteilung des Wohlstandes und des Wirtschaftswachstums zwischen den heute lebenden Menschen und den zukünftigen Generationen stellt die Frage nach der gerechten Verteilung der Güter auf der Erde.

- Die ökologische Dimension (Schutz der natürlichen Lebensgrundlagen): Das Nachhaltigkeitsprinzip setzt auf ein angemessenes und gerecht verteiltes Wirtschaftswachstum bei gleichzeitiger Sicherung der natürlichen Lebensgrundlagen.

Quelle: Gerhard Voss, Umweltpolitik fünf Jahre nach Rio, Institut der Deutschen Wirtschaft, 1997, S.1.

▶ Definieren Sie das Prinzip der Nachhaltigkeit.

LERNTIPP:

Informieren Sie sich beim Umweltamt Ihrer Stadtverwaltung/Gemeindeverwaltung , wie Ihre Kommune die AGENDA 2100 auf lokaler Ebene umzusetzen versucht.

ERLÄUTERUNG:

Vom 1. Juni bis 31. Oktober 2000 fand in Hannover die erste deutsche Weltausstellung statt.
Sie steht unter dem Motto Mensch-Natur-Technik und soll im Kern die AGENDA 21 thematisieren.

Das **Ziel des nachhaltigen Wirtschaftswachstums** wurde in Rio de Janeiro in einem Aktionskatalog erläutert und konkretisiert. Bis zum Jahr 2100 werden Industrie- und Entwicklungsländern umweltpolitische Pflichten auferlegt (AGENDA 21). Die wichtigsten Umweltfragen, wie Schutz der Atmosphäre, Schutz vor Entwaldung, Artenschutz und Bodenschutz werden beschrieben, Lösungen erarbeitet und die Aufgaben den beteiligten Staaten zugeordnet. Instrumente der Umsetzung, wie z.B. Fragen der Finanzierung und eines Technologietransfers zwischen den Industrie- und Entwicklungsländern, sind ebenfalls Bestandteil der AGENDA 21.

Die **Klimarahmenkonvention** und die **Artenschutzkonvention** sind völkerrechtlich verbindliche Konventionen, die für zwei wichtige Themengebiete der AGENDA 21, Klima- und Artenschutz, Verpflichtungen für die Staaten und Staatengemeinschaften formulieren. Allgemeines Ziel der Klimarahmenkonvention ist es, die Konzentration des Treibhausgases Kohlendioxid auch bei steigenden Bevölkerungszahlen konstant zu halten. Konkret bedeutet das, dass das Ziel der globalen Stoffreduktion auch national umgesetzt werden muss. Für einen nachhaltigen Klimaschutz sollen die CO_2-Emissionen in Deutschland bis zum Jahr 2005 um 25 Prozent gesenkt werden.

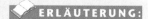

ERLÄUTERUNG:

Deutschland unterstützt ein Projekt zur Effizienzsteigerung von Kraftwerken in Jordanien und eine Windkraftanlage in Lettland.

Die **Walderklärung** der Umweltkonferenz von Rio besagt, dass allen Ländern das Recht auf soziale und ökonomische Entwicklung zugesprochen wird. Gleichzeitig werden die Länder aber auch verpflichtet, bei der Bewirtschaftung der Wälder deren Lebensfähigkeit zu bewahren. Die nachhaltige Nutzung der Wälder ist lediglich in einer Erklärung festgeschrieben und nicht wie die Ziele des Klima- und Artenschutzes in einer Konvention, die durch Ratifizierung der Staaten verbindliches Recht wird.

Die **Umweltökonomische Gesamtrechnung** des Statistischen Bundesamtes ist eine volkswirtschaftliche Ökobilanz. Sie ergänzt die volkswirtschaftliche Gesamtrechnung und beschreibt die Umweltbelastungen, die durch den Material- und Energieverbrauch, den Flächenverbrauch und die Maßnahmen des Umweltschutzes entstehen. Das Statistische Bundesamt versucht in diesem Zusammenhang auch ökologische Indikatoren zur Erfassung der Umweltzustände zu erarbeiten und die Kosten für die Vermeidung von Umweltschäden zu quantifizieren.

ERLÄUTERUNG:

Um nachzuprüfen, inwieweit die einzelnen Länder das Konzept eines nachhaltigen Wirtschaftswachstums verfolgen und umsetzen, sieht die AGENDA 21 den Aufbau eines Umweltinformationssystems für jedes Land vor.

Bestandteile der umweltökologischen Gesamtrechnung

- Material und Energieflussrechnungen: Rohstoffverbrauch, Emissionen

- Nutzung von Fläche und Raum

- Indikatoren des Umweltschutzes

- Maßnahmen des Umweltschutzes

- Kosten der Vermeidung von Umweltschäden

Strukturwissen

- **Umwelt** ist der Zustand der Natur (Luft, Wasser und Boden) in seiner Bedeutung für Menschen, Tiere und Pflanzen.

- **Ökologie** ist die Lehre von den Beziehungen der Lebewesen zu ihrer Umwelt.

- **Probleme des Einsatzes des Produktionsfaktors Natur** sind die Verknappung der Rohstoffe und die Umweltzerstörung.

Ökonomische Aspekte der Umwelt

Umwelt ist ein Konsumgut.	Umwelt ist ein Produktionsgut.	Umwelt ist ein knappes Gut.	Umwelt ist ein öffentliches Gut.	Umwelt verursacht Kosten.
Umwelt wird verbraucht, z.B. durch den Abbau von Bodenschätzen, die Urbarmachung von Flussauen, die Nutzung als Erholungsgebiet.	Boden und Bodenschätze werden im Produktionsprozess eingesetzt und verbraucht, z. B. Braunkohle bei der Elektrizitätserzeugung.	Bestimmte Ressourcen sind nicht erneuerbar, z.B. Rohöl, Kohle, Urwälder.	Für die Inanspruchnahme von Umwelt wird kein marktgerechter Preis gezahlt, da Umwelt noch weitgehend als öffentliches Gut betrachtet wird, z.B. Luft, teilweise auch Wasser.	Die Vermeidung und Beseitigung von Umweltschäden verursacht Kosten, z.B. der Einbau von Filtern in Verbrennungsanlagen, der Rückbau eines Braunkohletagebaus, die Behandlung von Umweltallergien.

Ursachen der Umweltgefährdung

Wirtschaftswachstum	Bevölkerungswachstum

Verursacher von Umweltgefahren

Landwirtschaft	Verkehr	Industrielle Produktion	Energiewirtschaft

Maßnahmen der Umweltpolitik

Ordnungsrechtliche Maßnahmen

- Gebote
- Verbote
- Umweltverträglichkeitsprüfungen
- Umwelthaftung
- Quotenregelungen
- Herstellerrücknahmegarantien

Wirtschaftliche Maßnahmen

- Steuern
- Subventionen
- Abgaben
- Umweltzertifikate

Wirtschaftliche Folgen der Umweltpoltik

Positive Folgen

- Durch den Aufbau bzw. Ausbau einer Umweltschutzinfrastruktur wird der Umweltschutz zum Wirtschaftsfaktor und erlangt gesamtwirtschaftliche Bedeutung, z.B. Produktion von Klär-, Recycling- und Rauchgasreinigungsanlagen (Umweltschutzanlagen).
- In Betrieben der Umweltschutzgüterproduktion und Umweltleistungen entstehen neue Arbeitsplätze.
- Durch Umweltschutz entstehen neue Berufsbilder, z.B. Umweltschutzbeauftragte, Umweltingenieure.
- Intakte Umwelt ist ein positiver Standortfaktor. Qualifizierte Mitarbeiter sind leichter zu gewinnen als in ökologischen Problemregionen.
- Umweltschutz ist Voraussetzung für den Erhalt und die Sicherung der Rohstoffe. Die Internalisierung (Verrechnung) der Kosten in der Kostenrechnung der Verursacher motiviert zum sparsamen Verbrauch des Produktionsfaktors Natur.

Negative Folgen

- In energieintensiven Branchen, wie z.B. der Grundstoffproduktion und der chemischen Industrie, gehen Arbeitsplätze verloren, da hohe Umweltauflagen einen Kostenfaktor darstellen und die Konkurrenzfähigkeit deutscher Unternehmen beeinflussen.
- Unternehmen verlagern Arbeitsplätze ins weniger stark reglementierte Ausland.
- Wenn die Kosten für die teurere Produktion auf den Endverbraucher überwälzt werden bzw. dieser mit Ökoabgaben belastet wird, kann der Lebensstandard sinken.
- Vorsprünge im technologischen Know-how können bei Verzicht auf bestimmte Technologien verloren gehen, z.B. Kernkrafttechnologie.

Prinzipien der Umweltpolitik

Kooperationsprinzip

Umweltschutz kann nur im Zusammenwirken aller Beteiligten erfolgreich sein. Daher sind Kooperationen auf allen Ebenen erforderlich, auch international, z.B. beim Klimaschutz.

Verursacherprinzip

Grundsätzlich hat der Verursacher von Umweltbelastungen die Kosten für deren Beseitigung bzw. Vermeidung zu tragen. Über die Lenkungsfunktion des Preises soll der Verursacher zu einem sparsamen Gebrauch des knappen Gutes Umwelt angehalten werden.

Vorsorgeprinzip

Vorsorgende Maßnahmen müssen Vorrang vor nachsorgenden Umweltschutzmaßnahmen haben. Umweltrisiken sollen abgebaut (präventiver Umweltschutz), Belastungen bei umweltrelevanten Aktivitäten minimiert werden (integrierter Umweltschutz).

Gemeinlastprinzip

Der Staat kommt für die Beseitigung von Umweltschäden auf, wenn der Verursacher nicht zu identifizieren ist oder die konsequente Anwendung des Verursacherprinzips den Betroffenen finanziell überfordert.

Aufgaben

1 Erläutern Sie die Begriffe Verursacherprinzip und Gemeinlastprinzip.

2 Für die Entsorgung von Verkaufsverpackungen wurde das Duale System Deutschland (DSD) gegründet.
a) Wie funktioniert das Duale System?
b) Nennen Sie die Kritikpunkte an diesem System.

3 Ziele der Umweltpolitik sind u.a. Natur- und Landschaftsschutz, Abfallvermeidung, Luftreinhaltung, Lärmschutz und Gewässerschutz. Beschreiben Sie Maßnahmen für die Durchsetzung der Ziele.

4 Vergleichen Sie die Begriffe Sozialprodukt und Ökosozialprodukt.

5 Das gestiegene Umweltbewusstsein der Deutschen zeigt sich in entsprechendem Umweltverhalten und auch im Kaufverhalten der Bürger.
a) Führen Sie Interviews durch und erfragen Sie, was die Bürger konkret für eine lebenswerte Umwelt tun.
b) Werten Sie die Ergebnisse in einer Rangfolge aus.

6 Führen Sie ein Brainstorming durch, wie der Umweltverbrauch in Ihren Ausbildungsbetrieben gesenkt werden kann.

7 Das Verursacherprinzip ist die oberste Leitlinie der Umweltpolitik.
a) Erläutern Sie das Verursacherprinzip.
b) Begründen Sie am Beispiel des Verkehrswesens, warum es schwierig ist, das Verursacherprinzip umweltpolitisch durchzusetzen.

8 Hauptgrund für zunehmende Umweltbelastungen ist das Wirtschaftswachstum. Beschreiben Sie die positiven und die nachteiligen Folgen, die der technische Fortschritt gebracht hat.

9 Das Umweltengagement der Unternehmen läßt sich am besten durch Betriebserkundungen erforschen. Besuchen Sie ein gewerbliches Unternehmen in Ihrer Region und lassen Sie sich über Umweltschutzmaßnahmen auf betrieblicher Ebene informieren. Diskutieren Sie auch über die Mehrkosten, die diese Maßnahmen verursachen.

10 Umweltschutz macht vor den Landesgrenzen nicht halt. Warum haben die Industrieländer eine besondere Verantwortung für den Umweltschutz auf internationaler Ebene?

3 Hoher Beschäftigungsstand

... mehr als 10 Prozent Arbeitslose

Jahr	Bundesrepublik Deutschland		Bundesgebiet Ost		Bundesgebiet West	
	Arbeitslose	Quote in %	Arbeitslose	Quote in %	Arbeitslose	Quote in %
1990					1 883 147	7,2
1991					1 689 365	6,3
1992	2 978 570	8,5	1 170 261	14,8	1 808 310	6,6
1993	3 419 141	9,8	1 148 792	15,8	2 270 349	8,2
1994	3 698 057	10,6	1 142 090	16,0	2 555 967	9,2
1995	3 611 921	10,4	1 047 015	14,9	2 564 906	9,3
1996	3 965 064	11,5	1 168 821	16,7	2 796 243	10,1
1997	4 384 456	12,7	1 363 556	19,5	3 020 900	11,0
1998	4 279 287	12,4	1 374 948	19,7	2 904 339	10,8

Quelle: Bundesanstalt für Arbeit

▶ Vergleichen und beurteilen Sie die Entwicklung der Arbeitslosigkeit im Bundesgebiet West, im Bundesgebiet Ost und im gesamten Bundesgebiet von 1992 bis 1998.

Handlungsaufträge

1 Begründen Sie das wirtschaftspolitische Ziel eines dauerhaft hohen Beschäftigungsstandes (Vollbeschäftigung) aus ökonomischer und politischer Sicht.

2 Beschreiben Sie Arten und Ursachen der Arbeitslosigkeit.

3 Untersuchen Sie, warum besonders gering qualifizierte und ältere Arbeitnehmer überdurchschnittlich von Arbeitslosigkeit betroffen sind.

4 Stellen Sie Maßnahmen der Beschäftigungspolitik dar, und beurteilen Sie deren Wirkungen.

3.1 Hoher Beschäftigungsstand als Ziel der Wirtschaftspolitik

3.1.1 Beschreibung und Begründung des Vollbeschäftigungsziels

In § 1 des Stabilitätsgesetzes wird unter anderem das Ziel eines hohen Beschäftigungsstandes angestrebt. Diese Zielsetzung ist jedoch unscharf, da sie keine Bezugsgröße nennt und „hoch" nicht zahlenmäßig festgelegt wird.

Aus diesem Grunde gibt es zwei unterschiedliche Definitionen des Ziels eines hohen Beschäftigungsstandes (Vollbeschäftigung):

1. **Hohe Beschäftigung ist gegeben, wenn das Produktionspotenzial einer Volkswirtschaft ausgelastet ist.** Das Produktionspotenzial besteht aus den Produktionsfaktoren Sachkapital und Arbeitskräfte. Es

▶ Stellen Sie die Beziehungen zwischen Wirtschaftswachstum und hohem Beschäftigungsstand dar.
Beschaffen Sie sich die erforderlichen Zahlen aus dem Statistischen Jahrbuch oder aus den Monatsberichten der Deutschen Bundesbank bzw. der EZB.

findet seinen Ausdruck im Bruttoinlandsprodukt. Vollbeschäftigung besteht gemäß Sachverständigenrat, wenn 96,5% des maximalen Produktionspotenzials ausgelastet sind.

2. **Hohe Beschäftigung ist gegeben, wenn die Arbeitslosenquote gering ist.** Diese Definition bezieht sich nur auf den Produktionsfaktor Arbeit.

Die Bundesanstalt für Arbeit definiert Vollbeschäftigung:
„Vollbeschäftigung herrscht, wenn alle arbeitswilligen und arbeitsfähigen Personen (Arbeitskräfteangebot bzw. Erwerbspersonenpotenzial) eine Erwerbstätigkeit ausüben, die im gewünschten zeitlichen Umfang ihren persönlichen Voraussetzungen entspricht".

Vollbeschäftigung wird aus mehreren **Gründen** angestrebt:

- **Gesamtwirtschaftlich** bedeutet Arbeitslosigkeit, dass der Produktionsfaktor Arbeit nicht voll genutzt wird. Damit wird einerseits auf eine mögliche Mehrproduktion von Gütern und Dienstleistungen verzichtet.
  Andererseits verursacht Arbeitslosigkeit hohe Kosten (Arbeitslosengeld, Arbeitslosenhilfe usw.) und Mindereinnahmen (geringere Steuereinnahmen und Sozialversicherungsbeiträge).

▶ Informieren Sie sich bei einem Arbeitslosen aus Ihrem Bekanntenkreis, welche persönlichen Änderungen sich für ihn durch die Arbeitslosigkeit ergeben haben.

- **Für die Betroffenen** führt Arbeitslosigkeit zu einer Verschlechterung der materiellen Situation, zu einem Abbau sozialer Kontakte und zu gemindertem Selbstwertgefühl.

▶ Beschreiben Sie, welche politischen Folgen die hohe Arbeitslosigkeit 1929 bis 1934 für Deutschland hatte.

- **Politische Folge** einer hohen Arbeitslosigkeit kann eine Veränderung des gesellschaftlichen Klimas sein. Hohe Arbeitslosigkeit führt dazu, dass die Ausgaben der sozialen Sicherungssysteme stark ansteigen und die im Arbeitsprozess stehende Bevölkerung mit steigenden Steuern und Sozialabgaben an der Finanzierung der Sozialausgaben beteiligt wird.
  Wenn die Belastung der Erwerbstätigen mit Sozialabgaben zu hoch wird, muss über einen Rückbau des sozialen Netzes nachgedacht werden. Dies kann erhebliche soziale Spannungen zur Folge haben, die auch zu einer politischen Radikalisierung bestimmter Wählerschichten führen kann.

▶ Stellen Sie fest, welche finanziellen Ansprüche ein Arbeitsloser gegen die Bundesanstalt für Arbeit hat.

3.1.2 Arbeitslosigkeit

Arbeitslosigkeit wird im Sozialgesetzbuch III wie folgt definiert:

> „Arbeitslos ist ein Arbeitnehmer, der vorübergehend nicht in einem Beschäftigungsverhältnis steht und eine versicherungspflichtige, mindestens 15 Stunden wöchentlich umfassende Beschäftigung sucht (Beschäftigungssuche) (§ 118 Abs. 1 SGB III)."

Eine Beschäftigung sucht, wer der Arbeitsvermittlung zur Verfügung steht, d.h.

- eine zumutbare Beschäftigung ausüben kann und darf,
- bereit ist, eine zumutbare Beschäftigung auszuüben (vgl. § 119 SGB III).

Einem Arbeitslosen zumutbar sind alle Beschäftigungen, die seiner Arbeitsfähigkeit entsprechen, soweit allgemeine oder personenbezogene Gründe der Zumutbarkeit nicht entgegenstehen (§ 121 SGB III).

Messgröße (Indikator) für die Arbeitslosigkeit ist die **Arbeitslosenquote.** Die Arbeitslosenquote wird üblicherweise auf zwei Arten definiert:

1. $\text{Arbeitslosenquote (in \%)} = \dfrac{\text{Registrierte Arbeitslose x 100}}{\text{Abhängige Erwerbspersonen}}$

2. $\text{Arbeitslosenquote (in \%)} = \dfrac{\text{Registrierte Arbeitslose x 100}}{\text{Erwerbspersonen}}$

Auf europäischer Ebene wird aus Gründen der besseren Vergleichbarkeit seit längerer Zeit die zweite Messgröße verwendet.

Zwischen den Begriffen Erwerbspersonen, Selbstständige, abhängige Erwerbspersonen, abhängig Beschäftigte und Arbeitslose besteht folgender Zusammenhang:

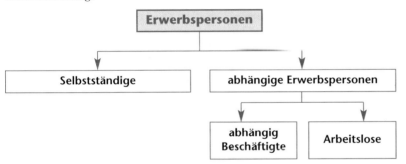

3.2 Die Lage auf dem Arbeitsmarkt

3.2.1 Arbeitsmarkt

Auf dem Arbeitsmarkt bieten private Haushalte Arbeitsleistungen an, die von privaten und öffentlichen Unternehmen und vom Staat nachgefragt werden. Die Tatsache der Arbeitslosigkeit zeigt, dass auf dem Arbeitsmarkt nicht die für Güter- und sonstige Faktormärkte typische freie Marktpreisbildung gilt; denn sonst müsste bei einem Überangebot an Arbeitskräften der Preis (Lohn) sinken.

Bestimmte Fehlentwicklungen im 19. Jahrhundert (Manchester-Kapitalismus) haben dazu geführt, dass Löhne nicht frei zwischen Anbietern und Nachfragern vereinbart werden, sondern in Tarifverhandlungen zwischen Gewerkschaften und Arbeitgeberverbänden festgelegt werden.

Der zwischen den Tarifpartnern vereinbarte Tariflohn hat den Charakter eines Mindestlohns, der nach den geltenden tarifvertraglichen Bestimmungen nicht unterschritten werden darf. Eine Übernachfrage nach Arbeitskräften in Aufschwungphasen führt in der Regel zu Lohnsteigerungen. In Rezessionsphasen ist dagegen das Marktprinzip faktisch außer

BEISPIELE:

Unzumutbare Beschäftigung:
– Verstoß gegen gesetzliche oder tarifliche Bestimmungen,
– Arbeitseinkommen, das erheblich niedriger ist als das der Bemessung des Arbeitslosengeldes zugrunde liegende Arbeitsentgelt.

▶ Beurteilen Sie die Eignung der Arbeitslosenquote als Messgröße der Arbeitslosigkeit.

▶ Beschaffen Sie sich die Arbeitslosenzahlen Ihres zuständigen Arbeitsamts und werten Sie sie aus. Vergleichen Sie sie mit den Zahlen für das Bundesgebiet. Erläutern Sie Ihre Ergebnisse.

LERNTIPP:

Führen Sie ein Brainstorming durch, warum weder Arbeitnehmer noch Arbeitgeber für eine völlige Freigabe der Preisbildung auf dem Arbeitsmarkt sind.

ERLÄUTERUNG:

Mit dem Begriff Manchester-Kapitalismus bezeichnet man den Frühbeginn der Industrialisierung, der durch Kinderarbeit, überlange Arbeitszeiten und Hungerlöhne geprägt war.

Kraft. Eine rückläufige Nachfrage nach Arbeitskräften und die damit verbundene zunehmende Arbeitslosigkeit führen zwar bei den folgenden Tarifverhandlungen dazu, dass geringere Lohnsteigerungen als in wirtschaftlich guten Zeiten vereinbart werden, nicht jedoch Lohnsenkungen. Die derzeitige Situation auf dem Arbeitsmarkt, d.h. hohe Arbeitslosigkeit, ist auch eine Folge der eingeschränkten Funktionsfähigkeit des Arbeitsmarktes.

3.2.2 Arten und Ursachen der Arbeitslosigkeit

Konjunkturelle Arbeitslosigkeit wird **durch zyklische Schwankungen der Gesamtnachfrage** (privater Konsum, private Investitionen, Staatsnachfrage, Auslandsnachfrage) hervorgerufen. In der Rezession sinkt die Gesamtnachfrage und damit der Auslastungsgrad des gesamtwirtschaftlichen Produktionspotenzials. Die Zahl der Arbeitslosen steigt. Die konjunkturelle Arbeitslosigkeit erfasst im Regelfall alle Wirtschaftsbereiche.

Friktionelle Arbeitslosigkeit entsteht durch die übliche Fluktuation auf dem Arbeitsmarkt. Die Aufgabe bzw. der Verlust eines Arbeitsplatzes durch Kündigung führt häufig zu einer vorübergehenden Arbeitslosigkeit. Die Aufnahme einer neuen Tätigkeit schließt oft zeitlich nicht reibungslos an die bisherige Tätigkeit an. Gründe dafür können sein:

- mangelnde Information über offene Stellen oder geeignete Bewerber,
- zeitliche Diskrepanzen zwischen Entlassungs- und Einstellungsterminen.

Saisonale Arbeitslosigkeit entsteht durch jahreszeitlich bedingte Schwankungen, die nur einzelne Wirtschaftsbereiche betreffen.

Strukturelle Arbeitslosigkeit ist die langfristigste und am schwierigsten zu bekämpfende Form der Arbeitslosigkeit. Sie wird ausgelöst durch den Strukturwandel in der Volkswirtschaft. Im Laufe des wirtschaftlichen Wachstumsprozesses verlieren bestimmte Branchen, Produkte, Berufe und Regionen an beschäftigungspolitischer Bedeutung, während andere Branchen, Produkte, Berufe und Regionen überdurchschnittlich am Wachstumsprozess beteiligt sind.

Man kann deshalb **bei struktureller Arbeitslosigkeit** zwischen **sektoraler, regionaler, qualifikationsbedingter und personenspezifischer Arbeitslosigkeit** unterscheiden:

Die **sektorale Arbeitslosigkeit** betrifft entweder einzelne Branchen, deren Güter oder Dienstleistungen nicht mehr abgesetzt werden können, oder Branchen, die aufgrund der technologischen Entwicklung eine so hohe Arbeitsproduktivität aufweisen, dass der Arbeitskräfteeinsatz sinkt (**technologische Arbeitslosigkeit**).

Regionale Arbeitslosigkeit betrifft strukturschwache Gebiete, in denen ein Angebotsüberhang auf dem Arbeitsmarkt besteht. Die Strukturschwäche kann entweder dauerhaft oder vorübergehend, z.B. wirtschaftliche Umstrukturierung, begründet sein.

Nachfragewirksame Auslandsnachfrage ergibt sich als Differenz zwischen Exporten und Importen.

▶ Überprüfen Sie diese Aussage anhand der Situation bei Schulentlassungsterminen.

▶ Welche Wirtschaftsbereiche sind besonders anfällig für saisonale Arbeitslosigkeit?

Sektorale Arbeitslosigkeit:
– Eisen- und Stahlindustrie,
– Schiffsbau,
– Textilindustrie.

Regionale Arbeitslosigkeit:
– Ostfriesland,
– neue Bundesländer.

Bei **qualifikationsbedingter Arbeitslosigkeit** entsprechen die individuellen Fähigkeiten der Arbeitsuchenden nicht den Anforderungen der Unternehmen. Die Arbeitsplatzanforderungen sind aufgrund der technologischen Entwicklung in den letzten Jahren stark gestiegen, sodass verstärkt ungelernte oder angelernte Arbeitskräfte aus dem Arbeitsprozess freigesetzt wurden.

Ältere Arbeitsuchende finden aufgrund ihres Alters oder ihres Gesundheitszustandes keinen neuen Arbeitsplatz. Junge Menschen finden nach Abschluss ihrer Schulzeit bzw. ihres Studiums keinen Ausbildungs- oder Arbeitsplatz. Überdurchschnittlich häufig von Arbeitslosigkeit betroffen sind Frauen gegenüber Männern und Ausländer im Vergleich zu Inländern (**personenspezifische Arbeitslosigkeit**).

▶ Überprüfen Sie diese Aussagen anhand der veröffentlichten Zahlen Ihres zuständigen Arbeitsamtes.

3.3 Maßnahmen der Beschäftigungs- und Arbeitsmarktpolitik

3.3.1 Beschäftigungspolitik und Arbeitsmarktpolitik

Zur **Arbeitsmarktpolitik** gehören **alle wirtschaftspolitischen Aktivitäten, die das Angebot und die Nachfrage auf dem Arbeitsmarkt direkt beeinflussen.**

Der Begriff der Beschäftigungspolitik ist umfassender. Zur Beschäftigungspolitik gehören alle wirtschaftspolitischen Aktivitäten, die auf die Beeinflussung der Beschäftigungslage des Produktionsfaktors Arbeit (abhängige Erwerbspersonen) abzielen. Zur Beschäftigungspolitik gehören deshalb auch konjunktur-, wachstums- und strukturpolitische Maßnahmen.

3.3.2 Konzepte der Beschäftigungspolitik

■ Das Konzept der nachfrageorientierten Beschäftigungspolitik

 Lernfeld 12 Kapitel 8

Nach dem Konzept der nachfrageorientierten Beschäftigungspolitik übernimmt die Finanzpolitik (fiscal policy) eine aktive Rolle. Um Konjunkturschwankungen zu glätten, variiert der Staat seine Einnahmen und Ausgaben. Im Boom drosselt der Staat beispielsweise seine Ausgaben, um konjunkturelle Erhitzungserscheinungen nicht unnötig zu verstärken. Im Konjunkturabschwung soll der Staat dagegen die sich abschwächende private Nachfrage durch zusätzliche staatliche Nachfrage ergänzen.

 **LERNTIPP:**

Führen Sie eine Debatte, ob antizyklische Wirtschaftspolitik auch in der Hochkonjunktur politisch durchsetzbar ist.

Sofern der Staat nicht auf Rücklagen zurückgreifen kann, muss er seine zusätzliche Nachfrage durch Kreditaufnahme (deficit spending) finanzieren. Außerdem sind in das Steuer- und Sozialversicherungssystem automatisch wirkende Stabilisatoren (built-in-stability) eingebaut, die zur Konjunkturglättung beitragen. Im Boom beispielsweise steigen aufgrund eines progressiv gestalteten Steuertarifs die Steuereinnahmen überproportional, sodass private Kaufkraft abgeschöpft wird. Der Staat soll die höheren Steuereinnahmen zur Schuldentilgung bzw. zum Aufbau einer Konjunkturausgleichsrücklage verwenden.

▶ Prüfen Sie diese Aussage anhand des Steuertarifaufbaus in Deutschland.

Ebenso nehmen bei geringer Arbeitslosigkeit die Beitragseinnahmen der Bundesanstalt für Arbeit zu, während sich die Ausgaben verringern. In der Rezession tragen dagegen vermehrte Zahlungen von Arbeitslosenunterstützung dazu bei, die private Konsumnachfrage zu stabilisieren.

■ Das Konzept der angebotsorientierten Beschäftigungspolitik

Kapitel 8

Angebotsorientierte Wirtschaftspolitik setzt vor allem auf den Markt. Der Staat soll sich darauf konzentrieren, die Angebotsbedingungen der Wirtschaft so zu verbessern, dass die „Peitsche des Wettbewerbs" Unternehmer ständig zu Produkt- und Prozessinnovationen zwingt. Dies bedeutet z. B., dass

BEISPIELE:

Beispiele für Wettbewerbsgesetze:
– *Kartellgesetz,*
– *Wertpapierhandelsgesetz.*

- wettbewerbsbeschränkendes Verhalten durch eine wirksame Wettbewerbsgesetzgebung unterbunden wird,
- das dichte Netz staatlicher Regulierungen abgebaut wird,
- sozialpolitische Fehlsteuerungen abgebaut werden und der Einzelne mehr Selbstverantwortung übernimmt. Ein zu weitgehender sozialer Schutz kann sich nach Auffassung der Befürworter dieser Politik negativ auf die Bereitschaft auswirken, Erwerbsmöglichkeiten zu nutzen.

▶ Diskutieren Sie das Für und Wider längerer Ladenöffnungszeiten aus Käufer- und Verkäufersicht.

Löhne und Gehälter in einer Volkswirtschaft dürfen langfristig nicht über den gesamtwirtschaftlichen Produktivitätsanstieg hinaus erhöht werden. Dies bedeutet, dass

LERNTIPP:

Führen Sie Rollenspiele zwischen Käufern und Verkäufern über die völlige Freigabe der Öffnungszeiten durch.

- Arbeitnehmer und Selbständige anteilig an der wirtschaftlichen Entwicklung teilhaben (**verteilungsneutrale Lohnpolitik**),
- Lohnstückkosten weitgehend unverändert bleiben (**kostenneutrale Lohnpolitik**),
- Lohnerhöhungen nicht zu einem Anstieg des gesamtwirtschaftlichen Preisniveaus führen (**inflationsneutrale Lohnpolitik**),
- Lohnsteigerungen nicht dazu führen, dass der Faktor Arbeit durch den Faktor Kapital ersetzt wird (**beschäftigungsneutrale Lohnpolitik**).

▶ Stellen Sie Vorschläge zum Abbau kollektiver Sicherungen zusammen, die Ihnen in der letzten Zeit aufgefallen sind.

Steigen die Löhne und Gehälter schneller als die gesamtwirtschaftliche Arbeitsproduktivität, erhöhen sich die Lohnstückkosten. Gelingt es den Unternehmern, die erhöhten Kosten in die Preise einzukalkulieren und am Markt durchzusetzen, so erhöht sich das Preisniveau. Es kommt zu einer lohnkosteninduzierten Inflation. Gelingt es den Unternehmern nicht, die erhöhten Kosten auf die Angebotspreise ihrer Produkte zu überwälzen, führt ein Anstieg der Lohnstückkosten zu preisbedingten Absatzverlusten oder kostenbedingten Produktionseinstellungen und damit zum Abbau von Arbeitsplätzen.

Hohe Lohnsteigerungen bedeuten, dass die Kosten des Produktionsfaktors Kapital relativ sinken. Es wird für Unternehmen kostengünstiger, Maschinen statt vergleichsweise teurer Arbeitskräfte einzusetzen. Je höher die Lohnsteigerungen in der Volkswirtschaft sind, desto schärfer wird das Rationalisierungstempo. Dabei werden zunächst Arbeitsplätze abgebaut, die eine vergleichsweise geringe Qualifikation erfordern.

3.3.3 Maßnahmen und Wirkungen der Beschäftigungspolitik

Ziel beschäftigungspolitischer Maßnahmen ist es, das Ungleichgewicht zwischen Angebot und Nachfrage auf dem Arbeitsmarkt auszugleichen.

■ Maßnahmen zur Beeinflussung des Angebots auf dem Arbeitsmarkt

Beschäftigungspolitische Maßnahmen, die auf der Angebotsseite des Arbeitsmarktes ansetzen, haben zum Ziel, entweder das angebotene Arbeitsvolumen zu verringern oder durch Erhöhung des Qualifikationsniveaus bzw. Reduzierung der Lohnforderungen die Beschäftigungschancen von gering qualifizierten Arbeitnehmern zu verbessern.

Maßnahmen zur Verringerung des angebotenen Arbeitsvolumens sind entweder

• **Maßnahmen zur Verringerung der Zahl der Erwerbstätigen** oder
• **Maßnahmen zur Reduzierung der Arbeitszeit.**

Maßnahmen zur Verringerung der Zahl der Erwerbstätigen können sein:

• Verkürzung der Lebensarbeitszeit,
• Senkung der Erwerbsquote,
• Begrenzung der Zuwanderung.

Eine **Verkürzung der Lebensarbeitszeit** kann grundsätzlich durch eine Verlängerung der Schul- und Ausbildungszeiten sowie durch eine Senkung der Altersgrenzen für den Bezug von Altersruhegeld geschehen. Angesichts der Tatsache, dass deutsche Schul- und Hochschulabsolventen im internationalen Vergleich überdurchschnittlich alt sind, wird eher über eine Verkürzung von Schul- und Studienzeiten nachgedacht. Eine Senkung der Altersgrenzen für den Bezug von Altersruhegeld kommt gegenwärtig als beschäftigungspolitische Strategie nicht in Betracht, weil dies die Arbeitnehmer und Arbeitgeber noch stärker als bisher mit Beiträgen zur gesetzlichen Rentenversicherung belasten würde.

Eine **Senkung der Erwerbsquote** durch beschäftigungspolitische Maßnahmen ist schon deswegen problematisch, weil Artikel 12 des Grundgesetzes allen Bürgern Berufsfreiheit garantiert. Außerdem wird das Erwerbsverhalten der Bevölkerung von langfristigen gesellschaftlichen Entwicklungen beeinflusst. Von 1988 bis 1996 stieg das Arbeitskräfteangebot der Frauen um rund 950.000 Personen, während das Arbeitskräfteangebot der Männer im gleichen Zeitraum um 600.000 Personen zurückging. Das Arbeitskräfteangebot erhöhte sich somit in diesem Zeitraum um 350.000 Personen.

Eine **Begrenzung der Zahl der Zuwanderer** ist schwierig. Von 1988 bis 1996 erhöhte sich die Zahl der Arbeitssuchenden durch Zuwanderungen vor allem aus den osteuropäischen Staaten um 2,8 Millionen Arbeitskräfte. Zwar hat in den letzten Jahren der so genannte Migrationsdruck nach-

▶ Beurteilen Sie das Für und Wider einer Verkürzung der Schulzeit auf 12 Jahre (Abitur nach Klasse 12) oder einer Verkürzung der Studienzeiten.

▶ Welche Folgen hätte eine allgemeine Vorruhestandsregelung ab dem 55. Lebensjahr für die Beitragszahler?

ERLÄUTERUNG:

„Alle Deutschen haben das Recht, Beruf, Arbeitsplatz und Ausbildungsstätte frei zu wählen. Die Berufsausübung kann durch Gesetz oder aufgrund eines Gesetzes geregelt werden" (Art. 12 Abs. 1 GG)

ERLÄUTERUNG:

Unter Migration versteht man eine Bevölkerungszuwanderung aus anderen Ländern ins Inland.

gelassen, jedoch ist aufgrund der wirtschaftlichen und sozialen Attraktivität der Bundesrepublik Deutschland nicht damit zu rechnen, dass sich ein negativer Wanderungssaldo ergibt. Die Möglichkeit, eine Zuwanderung zu begrenzen, wird politisch äußerst kontrovers diskutiert. Zu beachten ist in diesem Zusammenhang auch, dass für EU-Bürger innerhalb der Europäischen Union Freizügigkeit besteht.

Maßnahmen zur Reduzierung der Arbeitszeit können sein:

- **tarifvertragliche Vereinbarungen zur Kürzung der Arbeitszeiten,**
- **individuelle Flexibilisierung von Arbeitszeiten,**
- **vermehrtes Angebot von Teilzeitarbeitsplätzen.**

Ob **tarifvertragliche Vereinbarungen**, die eine **Reduzierung der Arbeitszeit** vorsehen, den Arbeitsmarkt entlasten, ist umstritten. Dies gilt insbesondere dann, wenn die Arbeitszeitverkürzung mit einem vollen Lohnausgleich einhergeht. Wenn ein Lohnausgleich ganz oder zumindest teilweise erfolgt, erhöhen sich im Regelfall die Lohnkosten und damit die Gesamtkosten des Unternehmens. Verstärkte Rationalisierungsbemühungen und damit Abbau von Arbeitsplätzen sind dann die Folge.

In jüngster Zeit ist vor allem versucht worden, über **individuelle Arbeitszeitflexibilisierung** (flexible Wochenarbeitszeitregelungen, gleitende Arbeitszeitkonten) eine bessere Auslastung der Produktionsanlagen durch vermehrten Schichtbetrieb, Sonn- und Feiertagsarbeit zu erreichen.

Ob eine **vermehrte Einführung von Teilzeitarbeitsplätzen** die Beschäftigungssituation verbessert, wird kontrovers diskutiert. Neben der generellen Frage, welche Arbeitsplätze überhaupt teilbar sind, spielen auch Fragen der Arbeitsorganisation und des Anstiegs von Personalzusatzkosten eine Rolle. In jüngster Zeit mehren sich allerdings Anzeichen dafür, dass größere Unternehmen mit Blick auf die veränderten Bedürfnisse ihrer Mitarbeiter verstärkt über Teilzeitarbeitsplätze nachdenken, um qualifizierte Mitarbeiter an das Unternehmen zu binden.

Eine **Erhöhung des Qualifikationsniveaus arbeitsloser Arbeitnehmer** lässt sich über zusätzliche Qualifizierungsmaßnahmen erreichen. Unter den arbeitslos Gemeldeten ist der Anteil der Arbeitnehmer mit geringer Qualifikation am höchsten. Ungelernte und angelernte Arbeitskräfte gehören häufig zu den ersten, die den Arbeitsplatz in einer Rezession verlieren und dauerhaft arbeitslos bleiben. In der letzten Zeit werden Routinetätigkeiten in der Produktion und Verwaltung verstärkt automatisiert. Zugleich verkürzen sich die Produktlebenszyklen aufgrund der zunehmenden internationalen Konkurrenz. Daraus ergibt sich, dass in bisher nicht gewohnter Weise die Anforderungen hinsichtlich der Mitarbeiterqualifikation steigen.

Eine **Reduzierung der Lohnforderungen** für gering qualifizierte Arbeitnehmer kann zusätzliche Einstellungschancen eröffnen. Die Tarifpolitik hat durch eine überdurchschnittliche Erhöhung unterer Lohngruppen dazu beigetragen, dass Arbeitsplätze für weniger qualifizierte Mitarbeiter verloren gegangen sind. Niedriglöhne können gering qualifizierten Ar-

---

BEISPIELE:

Seit 1994 gelten in der Westdeutschen Metall- und Elektro-Industrie Tarifvereinbarungen, nach denen die Unternehmen auf der Basis freiwilliger Betriebsvereinbarungen die Arbeitszeit befristet auf bis zu 30 Arbeitsstunden verringern können. Gegenleistung: Verzicht auf betriebsbedingte Kündigungen.

▶ Ermitteln Sie, welche Qualifikationsanforderungen in Ihrem Unternehmen an zukünftige Mitarbeiter gestellt werden.

▶ Begründen Sie, warum so genannte Sockelbeträge überproportionale Lohnsteigerungen bei unteren Lohngruppen verursachen.

beitnehmern die Chance eröffnen, überhaupt einen Arbeitsplatz zu finden. Um Arbeitsplätze für einfache Tätigkeiten zu schaffen, müsste die Entlohnung deutlich gesenkt werden. Das Problem ist jedoch, dass das unter Umständen vom Arbeitgeber gezahlte Gehalt häufig unter dem geltenden Sozialhilfeanspruch liegen würde.

■ Maßnahmen zur Beeinflussung der Nachfrage auf dem Arbeitsmarkt

Beschäftigungspolitische Maßnahmen, die auf der Nachfrageseite des Arbeitsmarktes ansetzen, haben das Ziel, die Nachfrage nach Arbeitskräften zu erhöhen. Es sind

* konjunkturpolitische Maßnahmen,
* strukturpolitische Maßnahmen und
* wachstumspolitische Maßnahmen.

Sofern die Arbeitslosigkeit Folge einer gesamtwirtschaftlichen Nachfrageschwäche ist (**konjunkturelle Arbeitslosigkeit**), kann die Nachfrage nach Inlandsgütern durch **konjunkturpolitische Maßnahmen**, d. h. durch expansive geld- und finanzpolitische Maßnahmen erhöht werden. Beispielsweise kann durch eine Erhöhung öffentlicher Investitionsaufträge der Ausfall privater Konsum- und Investitionsgüternachfrage kompensiert werden. Aber auch durch eine Verbesserung der Abschreibungsbedingungen für betriebliches abnutzbares Anlagevermögen kann der Staat versuchen, die private Investitionsgüternachfrage anzuregen. In die gleiche Richtung könnte eine expansiv eingesetzte Geldpolitik zielen. Die Senkung des Zinsniveaus kann die Investitionstätigkeit privater Unternehmen anregen.

Im Laufe des wirtschaftlichen Wachstumsprozesses verlieren einige Wirtschaftssektoren an beschäftigungspolitischer Bedeutung, z. B. Landwirtschaft, Textilindustrie und Stahlindustrie. Andere dagegen gewinnen an beschäftigungspolitischer Bedeutung, z. B. Telekommunikation, Elektronik. In diesem Fall können **strukturpolitische Maßnahmen** die Arbeitsmarktlage entlasten. Durch Zahlung von Anpassungshilfen (Kredithilfen, Bürgschaften, steuerliche Erleichterungen) kann die notwendige Anpassung an veränderte Marktdaten erleichtert werden. Es besteht jedoch stets die Gefahr, dass aus Anpassungssubventionen Erhaltungssubventionen werden. Erhaltungssubventionen führen zu einer Konservierung bisheriger Produktionsstrukturen, da sie es den Empfängern ermöglichen, weiterhin am Marktgeschehen teilzunehmen, ohne an sich notwendige Produktionsumstellungen vornehmen zu müssen. Erhaltungssubventionen sind gesamtwirtschaftlich vor allem deswegen bedenklich, weil die notwendigen finanziellen Ressourcen in anderen Wirtschaftsbereichen erwirtschaftet werden müssen. Über höhere Steuerzahlungen belasten sie andere, gesunde Unternehmen und gefährden dadurch noch rentable Arbeitsplätze.

Wachstumspolitische Maßnahmen sollen wirtschaftliches Wachstum auslösen und fördern. Zu ihnen gehören z. B.

* Deregulierungsmaßnahmen,
* Maßnahmen zur Senkung der Lohnstückkosten.

▶ Informieren Sie sich über die Idee des Kombilohns. Erarbeiten Sie in der Gruppe seine Vor- und Nachteile.

🔍 **DEFINITION:**

Konjunkturpolitische Maßnahmen sind Maßnahmen der Geld- und Finanzpolitik zur Beeinflussung kurzfristiger Wirtschaftsschwankungen.

▶ Stellen Sie in einer Übersicht die aktuellen steuerrechtlichen Abschreibungsregelungen für Anlagegüter dar.

🔍 **DEFINITION:**

Strukturpolitische Maßnahmen sind Maßnahmen zur Beeinflussung längerfristiger Veränderungen von Unternehmen, Branchen, Technologien und Märkte.

▶ Stellen Sie am Beispiel der Steinkohlesubventionen in Deutschland dar, welche Folgen sich für Elektrizitätserzeuger und private Haushalte langfristig ergeben.

▶ Vergleichen Sie die
Lohnstückkosten der
führenden Industrie-
nationen miteinander.

▶ Ermitteln Sie für die
letzten fünf Jahre die
Entwicklung der Lohn-
quote in Deutschland.
Beurteilen Sie, ob die
Lohnquote ein geeig-
neter Maßstab für eine
gerechte Einkommens-
verteilung ist.

BEISPIELE:

*Umverteilungen zugunsten
unterer Lohn- und Gehaltsgruppen:*
– *Überproportionale Lohnsteigerungen für untere
Lohngruppen,*
– *Lohnausgleich nur für untere
Lohngruppen bei Vereinba-
rungen über Arbeitszeitverkürzungen.*

Zu weit gehende staatliche Regelungen hemmen die unternehmerische Initiative und das Wirtschaftswachstum, beeinträchtigen die Wettbewerbsfähigkeit und kosten Arbeitsplätze. In den letzten Jahren ist eine Reihe von **Deregulierungsmaßnahmen** ergriffen worden, um den Wettbewerb zu stärken.

Von 1989 bis 1996 sind die **Lohnstückkosten** in Deutschland im Vergleich zu den wichtigsten internationalen Wettbewerbsländern überproportional um 18% gestiegen. Unter den Lohnstückkosten versteht man gesamtwirtschaftlich die Bruttolohnsumme bezogen auf das Bruttoinlandsprodukt oder betriebswirtschaftlich das Verhältnis von Bruttolohnsumme zum betrieblichem Produktionsergebnis. Ursächlich für den starken Anstieg der Lohnstückkosten gegenüber der internationalen Konkurrenz sind die kräftige Aufwertung der DM in der ersten Hälfte der 90er-Jahre und vor allem der starke Anstieg der Lohnkosten, insbesondere der Lohnzusatzkosten. Dadurch verschlechterte sich die Wettbewerbsfähigkeit der deutschen Industrie. Sie nahm am Wachstum des internationalen Handels nur unterproportional teil. Schwache Investitionen und Arbeitsplatzverluste waren die Folge. 1997 trug die Abwertung der DM zu einer entsprechenden Verbesserung der Wettbewerbsposition bei. Die unverändert hohen Personalzusatzkosten sorgen jedoch – trotz zurückhaltender Lohnabschlüsse – für insgesamt hohe Lohnkosten. Deshalb sind die Lohnstückkosten höher als die der internationalen Konkurrenz.

3.3.4 Maßnahmen und Wirkungen der Lohn- und Arbeitsmarktpolitik

■ Maßnahmen und Wirkungen der Lohnpolitik

Ziel der Tarifpartner in Tarifverhandlungen ist es, ihre jeweilige Verteilungsposition zu verbessern.

Die Gewerkschaften versuchen, langfristig die Lohnquote zu erhöhen.

$$\text{Lohnquote (in \%)} = \frac{\text{Einkommen aus unselbstständiger Tätigkeit x 100}}{\text{Volkseinkommen}}$$

Arbeitgeber und Arbeitgeberverbände versuchen, langfristig die funktionale Verteilung des Volkseinkommens zu ihren Gunsten zu verändern. Sie streben eine Erhöhung der Gewinnquote an.

$$\text{Gewinnquote (in \%)} = \frac{\text{Einkommen aus Unternehmertätigkeit und Vermögen x 100}}{\text{Volkseinkommen}}$$

Daneben haben die Gewerkschaften in den bisherigen Tarifverhandlungen auch das Ziel verfolgt, eine Umverteilungspolitik zugunsten unterer Lohn- und Gehaltsgruppen zu betreiben.

In den jährlich stattfindenden Tarifverhandlungen haben die Gewerkschaften über Jahrzehnte die so genannte **Kaufkrafttheorie** vertreten. Danach führen höhere Löhne zu höheren Einkommen, die wiederum in Form von Konsumausgaben zu höherer Nachfrage führen. Eine höhere

Nachfrage bedeutet mehr Aufträge für die Wirtschaft, damit eine höhere Kapazitätsauslastung und mehr Beschäftigung. Höhere Löhne bedeuten jedoch nicht nur steigende Einkommen, sondern für die Unternehmen steigende Lohnstückkosten, sofern die Lohnkosten stärker als die Arbeitsproduktivität steigen.

Auf die Erhöhung der Lohnkosten können die Arbeitgeber unterschiedlich reagieren.

ERLÄUTERUNG:

$$\text{Arbeitsproduktivität je Stunde} = \frac{\text{Ausbringungsmenge}}{\text{Eingesetzte Arbeitsstunden}}$$

▶ Entwickeln Sie eine entsprechende Wirkungskette für den Fall, dass die Lohn- und Lohnzusatzkostensteigerungen geringer sind als der Produktivitätszuwachs.

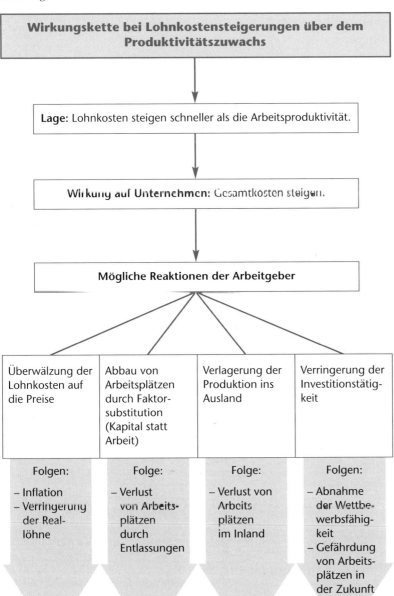

Wirkungskette bei Lohnkostensteigerungen über dem Produktivitätszuwachs

Lage: Lohnkosten steigen schneller als die Arbeitsproduktivität.

Wirkung auf Unternehmen: Gesamtkosten steigen.

Mögliche Reaktionen der Arbeitgeber

Überwälzung der Lohnkosten auf die Preise	Abbau von Arbeitsplätzen durch Faktorsubstitution (Kapital statt Arbeit)	Verlagerung der Produktion ins Ausland	Verringerung der Investitionstätigkeit
Folgen: – Inflation – Verringerung der Reallöhne	**Folge:** – Verlust von Arbeitsplätzen durch Entlassungen	**Folge:** – Verlust von Arbeitsplätzen im Inland	**Folgen:** – Abnahme der Wettbewerbsfähigkeit – Gefährdung von Arbeitsplätzen in der Zukunft

LERNTIPP:

Ein Staat mit einer Arbeitslosenquote von zehn Prozent
verpflichtet durch Gesetz alle
Unternehmen und die öffentliche Hand, die Zahl der
Arbeitsplätze um zehn Prozent
zu erhöhen. Entwickeln Sie
ein Szenario, oder führen Sie
ein Brainstorming zu den
Wirkungen dieser Maßnahme
auf die Märkte durch.

Abschnitt 3.3.2

■ Maßnahmen und Wirkungen der Arbeitsmarktpolitik

§ 1 des Sozialgesetzbuches (SGB III - Arbeitsförderung) lautet: „Durch die Leistungen der Arbeitsförderung soll vor allem der Ausgleich am Arbeitsmarkt unterstützt werden, indem Ausbildungs- und Arbeitssuchende über Lage und Entwicklung des Arbeitsmarktes und der Berufe beraten, offene Stellen zügig besetzt und die Möglichkeiten von benachteiligten Ausbildungs- und Arbeitssuchenden für eine Erwerbstätigkeit verbessert und dadurch Zeiten der Arbeitslosigkeit sowie des Bezugs von Arbeitslosengeld, Teilarbeitslosengeld und Arbeitslosenhilfe vermieden oder verkürzt werden."

Die Formulierung des § 1 SGB III zeigt eine stark angebotsorientierte Sichtweise. Dies kommt darin zum Ausdruck, dass zu den bisherigen arbeitsmarktpolitischen Instrumenten wie Kurzarbeitergeld, Fortbildung oder Umschulung, Arbeitsbeschaffungsmaßnahmen neue Instrumente wie Einstellungszuschüsse bei Neugründungen, Eingliederungsvertrag und Trainingsmaßnahmen hinzugekommen sind.

Träger der Arbeitsmarktpolitik ist die Bundesanstalt für Arbeit (Sitz: Nürnberg). Sie kann mit den im Sozialgesetzbuch festgelegten Maßnahmen eine aktive oder eine passive Arbeitsmarktpolitik betreiben. Eine **aktive Arbeitsmarktpolitik** zielt auf einen Ausgleich zwischen Arbeitskräfteangebot und -nachfrage. Durch aktive Arbeitsmarktpolitik soll Arbeitslosigkeit möglichst vermieden, zumindest aber begrenzt werden. Der Staat agiert mit den ihm zur Verfügung stehenden arbeitsmarktpolitischen Instrumenten auf dem Arbeitsmarkt. Eine **passive Arbeitsmarktpolitik** besteht darin, dass der Staat mit finanziellen Ausgleichszahlungen auf Entwicklungen des Arbeitsmarktes reagiert.

Übersicht über die arbeitsmarktpolitischen Instrumente des SGB III	
Qualifizierungsmaßnahmen	• Berufliche Ausbildung • Berufliche Fortbildung • Berufliche Umschulung
Maßnahmen zur Erhaltung von Arbeitsplätzen	• Zahlung von Kurzarbeitergeld • Förderung der ganzjährigen Beschäftigung in der Bauwirtschaft
Maßnahmen zur Schaffung von Arbeitsplätzen	• Förderung von Arbeitsbeschaffungsmaßnahmen • Förderung von Strukturanpassungsmaßnahmen
Maßnahmen zur beruflichen Wiedereingliederung einzelner Personengruppen	• Eingliederungsvertrag • Förderung der Aufnahme einer Beschäftigung • Eingliederungszuschüsse • Überbrückungsgeld für Existenzgründer • Einstellungszuschuss bei Neugründungen

Ziele und Wirkungen aktiver und passiver Arbeitsmarktpolitik

Aktive Arbeitsmarktpolitik

Maßnahme	Ziel	Wirkung
• Qualifizierungsmaßnahmen	Verbesserung der Qualifikation der Arbeitnehmer und dadurch stärkere Anpassung des Arbeitskräfteangebots an die Arbeitsnachfrage	Qualitativ höherwertiges Angebot an Arbeitskräften
• Arbeitsbeschaffungsmaßnahmen öffentlicher Arbeitgeber	Förderung von Arbeiten, die im öffentlichen Interesse liegen, jedoch keine staatlichen Pflichtaufgaben darstellen	Erhöhung der Nachfrage nach Arbeitskräften
• Maßnahmen zur beruflichen Wiedereingliederung einzelner Personengruppen	Integration von Problemgruppen in den Arbeitsmarkt	Abstimmung der Qualifikation auf die Bedürfnisse des Arbeitsmarktes

Passive Arbeitsmarktpolitik

Maßnahme	Ziel	Wirkung
• Maßnahmen zur Erhaltung von Arbeitsplätzen	Stabilisierung von Beschäftigungsverhältnissen, die von einem konjunkturbedingten Nachfrageausfall betroffen sind.	Erhaltung von Arbeitsplätzen

▶ Erläutern Sie, wie Qualifizierungsmaßnahmen zur Überwindung von Arbeitslosigkeit beitragen können.

▶ Untersuchen Sie, ob Arbeitsbeschaffungsmaßnahmen öffentlicher Arbeitgeber einen nachhaltigen Beitrag zur Überwindung von Arbeitslosigkeit darstellen können. Begründen Sie Ihre Aussagen.

Strukturwissen

- Das **Ziel** eines hohen Beschäftigungsstandes ist Beschäftigung aller Arbeitssuchenden einer Volkswirtschaft. Der Grad der Zielerreichung kann entweder über die Auslastung des Produktionspotenzials einer Volkswirtschaft oder über die Arbeitslosenquote gemessen werden.

- **Arbeitslosigkeit** liegt vor, wenn ein Arbeitnehmer vorübergehend nicht in einem Beschäftigungsverhältnis steht und eine sozialversicherungspflichtige Beschäftigung von mindestens 15 Wochenstunden sucht (§ 118 Abs. 1 SGB III) .

- Die **Arbeitslosenquote** ergibt sich aus der Zahl der registrierten Arbeitslosen in Beziehung zur Zahl der abhängig beschäftigten Erwerbspersonen oder zur Zahl aller Erwerbspersonen (Definition der Bundesanstalt für Arbeit).

Gründe für das Vollbeschäftigungsziel

Gesamtwirtschaftliche Gründe	Individuelle Gründe	Politische Gründe
– hohe Kosten der Arbeitslosigkeit für die Allgemeinheit – Ausfälle im Bruttosozialprodukt	– materielle Benachteiligung der Arbeitslosen – Verlust sozialer Kontakte – Verlust von Selbstwertgefühl	– Gefahr der Beeinträchtigung des sozialen Klimas – Gefahr der Radikalisierung – Gefahr der Diskriminierung

Arten der Arbeitslosigkeit

Konjunkturelle Arbeitslosigkeit	Strukturelle Arbeitslosigkeit	Friktionelle Arbeitslosigkeit	Saisonale Arbeitslosigkeit
Ursache: Rückgang der gesamtwirtschaftlichen Nachfrage	Ursache: branchen-, berufs- oder personenspezifische Beschäftigungsprobleme und regionale Strukturschwächen	Ursache: mangelnde Transparenz des Arbeitsmarktes	Ursache: jahreszeitlich bedingte Produktions- und Nachfrageschwankungen

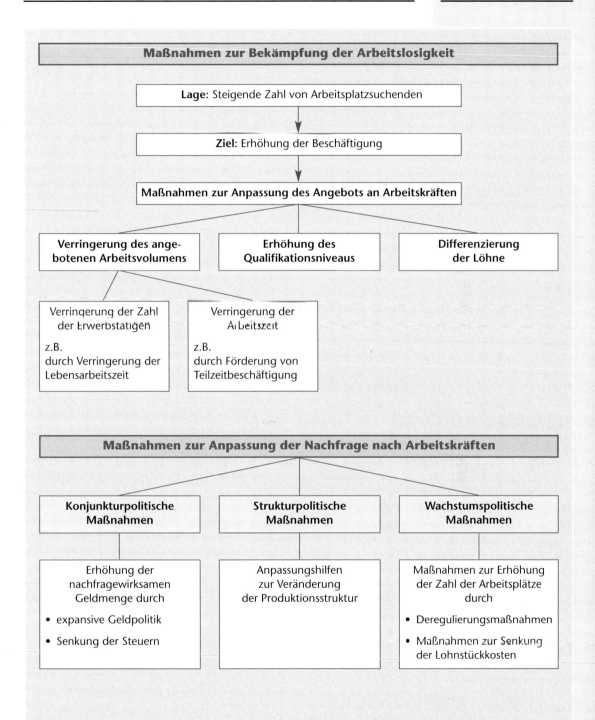

Maßnahmen zur Bekämpfung der Arbeitslosigkeit

Lage: Steigende Zahl von Arbeitsplatzsuchenden

Ziel: Erhöhung der Beschäftigung

Maßnahmen zur Anpassung des Angebots an Arbeitskräften

- Verringerung des angebotenen Arbeitsvolumens
- Erhöhung des Qualifikationsniveaus
- Differenzierung der Löhne

Verringerung der Zahl der Erwerbstätigen

z.B.
durch Verringerung der Lebensarbeitszeit

Verringerung der Arbeitszeit

z.B.
durch Förderung von Teilzeitbeschäftigung

Maßnahmen zur Anpassung der Nachfrage nach Arbeitskräften

- Konjunkturpolitische Maßnahmen
- Strukturpolitische Maßnahmen
- Wachstumspolitische Maßnahmen

Erhöhung der nachfragewirksamen Geldmenge durch

- expansive Geldpolitik
- Senkung der Steuern

Anpassungshilfen zur Veränderung der Produktionsstruktur

Maßnahmen zur Erhöhung der Zahl der Arbeitsplätze durch

- Deregulierungsmaßnahmen
- Maßnahmen zur Senkung der Lohnstückkosten

Aufgaben

1 Beschaffen Sie sich die Arbeitslosenzahlen der Mitgliedsländer der EU für das letzte Jahr. Vergleichen Sie die zum Teil stark voneinander abweichenden Arbeitsmarktsituationen.

2 *„Globalisierung und Tertiarisierung (Trend zur Dienstleistungsgesellschaft) sind Megatrends, die sich ergänzen. Globalisierung führt nicht zu Arbeitslosigkeit, wenn sich die Gesellschaft zur Dienstleistungsgesellschaft entwickelt"* (Otto Schlecht, ehemaliger Staatssekretär im Bundeswirtschaftsministerium).
   a) Was versteht man unter Globalisierung?
   b) Nehmen Sie zu der These von Otto Schlecht Stellung.

3 Welche finanzpolitischen Maßnahmen können in Betracht gezogen werden, um eine konjunkturelle Arbeitslosigkeit zu bekämpfen?

4 Wie lässt sich eine strukturelle Arbeitslosigkeit wirksam bekämpfen?

5 Begründen Sie, inwiefern demographische Veränderungen und Änderungen des Erwerbsverhaltens das Arbeitskräfteangebot erhöhen können.

6 Lohnerhöhungen, die über den Produktivitätsfortschritt hinausgehen, führen zu einer Erhöhung der Lohnstückkosten.
   a) Welche gesamtwirtschaftlichen Folgen können sich ergeben?
   b) Wie können Unternehmen auf eine solche Entwicklung reagieren?

7 Die Regelungen von Flächentarifverträgen werden von vielen Unternehmen als zu starr und zu teuer empfunden. In den letzten Jahren haben die Tarifvertragsparteien deshalb Öffnungsklauseln vereinbart.
   a) Was sind Öffnungsklauseln?
   b) Auf welche Weise können Öffnungsklauseln zur Beschäftigungssicherung beitragen?

8 Wodurch unterscheiden sich aktive und passive Arbeitsmarktpolitik?

9 Beurteilen Sie die Möglichkeiten der Arbeitsmarktpolitik, Arbeitslosigkeit zu beseitigen bzw. zu verhindern.

10 In einer wirtschaftspolitischen Diskussion macht ein Vertreter einer Volkspartei folgenden Vorschlag:
„Bei einer entsprechenden Arbeitszeitverkürzung ohne Lohnausgleich kann die dann eingesparte Bruttolohnsumme der Beschäftigten verwendet werden, um alle bisher Arbeitslosen in ein Beschäftigungsverhältnis zu bringen, ohne dass sich die Kostenbelastung der Wirtschaft ändert."

Beurteilen Sie diesen Vorschlag hinsichtlich seiner beschäftigungspolitischen Wirksamkeit.

4 Stabilität des Preisniveaus

Wertbeständiges Geld hat hohen Rang

„Die Vorteile der Preisstabilität:

- Preisstabilität verbessert die Transparenz des relativen Preismechanismus, vermeidet dadurch Verzerrungen und hilft sicherzustellen, dass der Markt die realen Ressourcen in allen Anwendungsbereichen und zu jeder Zeit effizient verteilt.
- Stabile Preise minimieren die in den langfristigen Zinssätzen enthaltenen Inflationsrisikoprämien, führen so zu einer Senkung des langfristigen Zinsniveaus und wirken sich stimulierend auf Investitionen und Wachstum aus.
- Ist das zukünftige Preisniveau mit Unsicherheiten behaftet, werden die realen Ressourcen eher zur Absicherung gegen die Inflation oder Deflation eingesetzt, anstatt produktiv genutzt zu werden.
- Mit der Gewährleistung der Preisstabilität wird eine in einem inflatorischen oder deflatorischen Umfeld entstehende große und willkürliche Umverteilung des Vermögens und der Einkommen vermieden und so zur Aufrechterhaltung des sozialen Zusammenhalts und der Stabilität beigetragen."

Quelle: Monatsbericht der Europäischen Zentralbank, Januar 1999, S. 44

Handlungsaufträge

1 Erläutern Sie, dass dauerhaft wertbeständiges Geld einen wichtigen Beitrag zur Förderung von sozialem Frieden und Wohlstand leistet.

2 Untersuchen Sie, wie sich Geldwertstabilität messen lässt.

3 Erläutern Sie Ursachen von Inflation und Deflation.

4 Beschreiben Sie geldpolitische Strategien zur Beeinflussung des Preisniveaus.

5 Begründen Sie, warum Zentralbanken bei ihren Entscheidungen unabhängig von Weisungen der jeweiligen Regierung sein sollen.

▶ In früheren Zeiten galt Gold als besonders wertbeständig. Die Mark war vor dem ersten Weltkrieg lange Zeit an das Gold gebunden. Sie hieß Goldmark. Untersuchen Sie, ob es sinnvoll wäre, zur Sicherung der Preisstabilität einen Goldeuro einzuführen.

▶ Begründen Sie die Aussage, dass durch eine Inflation eine „große und willkürliche Umverteilung des Vermögens und der Einkommen" stattfinden kann.

LERNTIPP:

Diskutieren Sie, ob das „deutsche Wirtschaftswunder" ab 1948 ohne die Einführung der Deutschen Mark möglich gewesen wäre.

4.1 Preisstabilität als Ziel der Wirtschaftspolitik

4.1.1 Definition der Preisstabilität

Preisstabilität liegt vor, wenn sich das Preisniveau nicht oder höchstens in einer Spannbreite von 1 bis 2% ändert. Als **Preisniveau** wird ein gewichteter Durchschnitt mehrerer Güterpreise verstanden. Da einzelne Preissteigerungen oder Preissenkungen nichts über die Entwicklung des Preisniveaus aussagen, müssen mehrere Produkte in die Betrachtung einbezogen werden.

4.1.2 Messung der Preisstabilität in der Bundesrepublik Deutschland

Preisstabilität wird über die **Stabilität der Kaufkraft** gemessen. Kaufkraft definiert den Tauschwert des Geldes. Sie gibt an, welche Menge an Sachgütern und Dienstleistungen für eine bestimmte Geldmenge erworben werden können.

▶ Warum spielt das verfügbare Einkommen bei der Abfrage der Haushaltsausgaben eine wichtige Rolle?

Geldwertstabilität wird in den meisten Staaten anhand des **Preisindex für den Verbrauch der privaten Haushalte** gemessen. Damit der Index ein realistisches Verbrauchsverhalten der privaten Haushalte abbildet, befragt das Statistische Bundesamt in regelmäßigen Zeitabständen repräsentativ ausgesuchte private Haushalte nach ihrem verfügbaren Einkommen und nach ihrem Verbrauchsverhalten. Kaufkraftänderungen werden gemessen, indem ein über einen längeren Zeitraum konstanter Warenkorb mit den aktuellen Preisen bewertet wird.

▶ Erklären Sie
– den sinkenden Anteil der Nahrungsmittel am Warenkorb,
– die steigende Gewichtung von Wohnungs- und Garagennutzung.

Gewichtung der Warengruppen im Preisindex für die Lebenshaltung in der Bundesrepublik Deutschland (in Prozent)				
		Basisjahr		
Warengruppen	1980	1985	1991	1995
• Nahrungsmittel	14,5	13,4	13,2	11,3
• Gewerbliche Waren	36,5	32,9	36,0	34,4
• Energie	9,9	10,4	8,2	9,1
• Wohnungs- und Garagennutzung	15,4	18,4	19,9	20,4
• Dienstleistungen und Reparaturen	23,7	25,0	22,8	24,8

Quelle: Monatsbericht der Deutschen Bundesbank, Mai 1998, S. 57

Durch die Bewertung der einzelnen Posten des Warenkorbs mit ihren statistisch ermittelten Preisen wird der ursprünglich ermittelte Mengen-Warenkorb zu einem in Geldeinheiten bewerteten Warenkorb. Der Warenkorb hat also eine Mengen- und eine Preiskomponente. Der Wert des Warenkorbs in Geldeinheiten wird im Basisjahr gleich 100% gesetzt.

▶ Stellen Sie die Entwicklung des Preisindex der Lebenshaltung grafisch dar.

▶ Begründen Sie die unterschiedliche Entwicklung des Preisindex für Ost- und Westdeutschland.

Entwicklung des Preisindex für die Lebenshaltung aller privaten Haushalte						
Jahr	Deutschland insgesamt:	Änderung gegen Vorjahr in %	Westdeutschland	Änderung gegen Vorjahr in %	Ostdeutschland	Änderung gegen Vorjahr in %
1991	100,0		100,0		100,0	
1992	105,1	+5,1	104,0	+4,0	113,5	+13,5
1993	109,8	+4,5	107,7	+3,6	125,4	+10,5
1994	112,8	+2,7	110,6	+2,7	130,0	+ 3,7
1995	114,8	+1,8	112,5	+1,7	132,7	+ 2,1
1996	116,5	+1,5	114,1	+1,4	135,6	+ 2,2
1997	118,6	+1,8	116,1	+1,8	138,5	+ 2,1
1998	119,7	+0,9	117,1	+0,9	140,0	+ 1,2

Quelle: Monatsbericht der Deutschen Bundesbank, Dez. 1997, S. 66* und Februar 1999, S. 66*

4.1.3 Messung der Preisstabilität im Euro-Währungsgebiet

Jedes Land der Europäischen Union ermittelt einen Preisindex, der das spezifische Verbrauchsverhalten seiner Bürger abbildet.

Eine erfolgreiche Geldpolitik in Europa setzt aber eine harmonisierte Preisstatistik voraus. Daher werden seit März 1997 für die Mitgliedstaaten der Europäischen Union sowie Island und Norwegen so genannte national **harmonisierte Verbraucherpreisindizes (HVPI)** ermittelt. Aus den nationalen HVPI wird der HVPI für das Euro-Währungsgebiet ermittelt.

Jahr	gesamt 1996 =100 %	Änderung gegen Vorjahr gesamt	verarbei-tete Nah-rungs-mittel	unver-arbeitete Nahrungs-mittel	Industrie-erzeugnisse (einschl. Energie)	Dienst-leis-tungen
\multicolumn{7}{c}{**Entwicklung des HVPI im Euro-Währungsgebiet (Veränderung gegen Vorjahr in %)**}
1995	97,9	–	–	–	–	–
1996	100,0	+2,2	+2,0	+1,9	+1,7	+3,1
1997	101,6	+1,6	+1,5	+1,5	+0,9	+2,4
1998	102,7	+1,1	+1,4	+2,0	+0,1	+2,0
1999						
Q1	103,1	+0,8	+1,2	+1,4	−0,2	+1,7

Quelle: Monatsbericht der Europäischen Zentralbank, Mai 1999, S. 21*

4.2 Störungen der Preisstabilität

Störungen der Preisstabilität ergeben sich durch **Ungleichgewichte zwischen der gesamtwirtschaftlichen Nachfrage (Geldseite) und dem gesamtwirtschaftlichen Angebot (Güterseite)**. Ist die gesamtwirtschaftliche Nachfrage größer als das gesamtwirtschaftliche Angebot, besteht ein Nachfrageüberhang, der zu einem Anstieg des Preisniveaus führt (Inflation). Ist dagegen das gesamtwirtschaftliche Angebot größer als die gesamtwirtschaftliche Nachfrage, besteht ein Angebotsüberhang, der entweder zu einem sinkenden Preisniveau oder zu einem Beschäftigungsrückgang führt (Deflation).

4.2.1 Inflation

Von **Inflation** spricht man bei einem **Prozess anhaltender Preisniveausteigerungen** von mehr als 2 %. Inflation liegt vor, wenn die nachfragewirksame Geldmenge überproportional zum Güterangebot zugenommen hat.

ERLÄUTERUNG:

Gewichtung der Waren-gruppen im Euro-Währungs-gebiet (in Prozent)

Warengruppen	Basisjahr 1996
– Verarbeitete Nahrungsmittel	13,5
– Unverarbeitete Nahrungsmittel	9,4
– Industrieerzeugn. (ohne Energie)	33,7
– Energie	8,8
– Dienstleistungen	34,6

Quelle: Monatsbericht der Europäischen Zentralbank, Jan. 1999, S. 18*

In der Bundesrepublik Deutschland ermittelt das Statistische Bundesamt in Wiesbaden den Preisindex für die Lebenshaltung.

▶ Warum spricht man im Euro-Währungsgebiet von einem harmonisierten Verbraucherpreis-index?

ERLÄUTERUNG:

Rückläufige, aber positive Inflationsraten kennzeichnen eine Disinflation.

DEFINITION:

Treten zur Inflation mangelndes Wachstum und Arbeitslosigkeit hinzu, liegt Stagflation vor.

▶ Stellen Sie die Ursachen einer nachfrageinduzierten Inflation dar.

BEISPIELE:

Weitere Ursachen einer angebotsinduzierten Inflation können gestiegene Lohn- und/oder Zinskosten sein.

DEFINITION:

Quantitätsgleichung:
$G \times U = H \times P$

▶ Stellen Sie die Arten der Inflation in einer strukturierten Übersicht zusammen.

▶ Diskutieren Sie, ob eine offene Inflation ehrlicher ist als eine verdeckte.

▶ Arbeiten Sie mit der Quantitätsgleichung: Was kann geschehen, wenn

a) die Geldmenge steigt,

b) das Handelsvolumen sinkt,

c) die Umlaufgeschwindigkeit des Geldes sich ändert?

ERLÄUTERUNG:

Ein Prozent Inflation bedeutet zur Zeit einen Kaufkraftverlust von ca. 10 Mrd. Euro.

▶ Überlegen Sie, ob die Wirkungen sinkender Realeinkommen von den privaten Haushalten zeitweise aufgefangen werden können.

■ Ursachen und Arten der Inflation

Inflation kann entweder durch zu hohe Nachfrage, zu starke Kostensteigerungen, zu stark gestiegene Gewinnmargen oder durch eine zu starke Ausweitung der Geldmenge entstehen.

Wenn Preissteigerungen die Folge einer über dem Güterangebot liegenden Güternachfrage sind, spricht man von einer **nachfrageinduzierten Inflation**. Steigen die Preise infolge gestiegener Rohstoff- oder Herstellungskosten oder wegen gestiegener Gewinnmargen der Unternehmen, spricht man von einer **angebotsinduzierten Inflation**.

Bei der **monetär induzierten Inflation** wird unterstellt, dass zwischen der Geldmenge und der Höhe des Preisniveaus ein proportionaler Zusammenhang besteht. Ein Anstieg der Geldmenge führt bei fehlendem entsprechenden Güterangebot zu steigenden Preisen. Diese Beziehung findet ihren Ausdruck in der Quantitätsgleichung. Sie besagt, dass das Produkt aus Geldmenge (G) und Umlaufgeschwindigkeit (U) gleich dem Produkt aus Handelsvolumen (H) und Preisniveau (P) ist.

Hinsichtlich der Erkennbarkeit von Inflation unterscheidet man die **offene und die verdeckte Inflation**. Bei der **offenen Inflation** wird die Geldentwertung durch offene Preissteigerungen sichtbar. Werden Preissteigerungen durch einen Preisstopp unterbunden, liegt eine **verdeckte Inflation** vor. Sind die Preissteigerungen ständig geringfügig und vollzieht sich der Geldentwertungsprozess über mehrere Jahre, liegt eine **schleichende Inflation** vor. Eine **galoppierende Inflation** ist bei relativ großen Preissprüngen in kurzem Zeitraum gegeben.

■ Wirkungen der Inflation

Die Wirkungen einer Inflation treffen sowohl die privaten Haushalte als auch die Unternehmen und den Staat.

Bei den **privaten Haushalten** führt Inflation zu einem **Kaufkraftverlust**. Obwohl die Nominaleinkommen konstant bleiben, sinken die Realeinkommen. Das nominale Einkommen ist die Gegenleistung des Arbeitgebers an den Arbeitnehmer für die zur Verfügung gestellte Arbeitsleistung. Das reale Einkommen spiegelt die Kaufkraft des Geldes wieder. Steigen z.B. bei unveränderten Nominaleinkommen die Preise, so sinkt das reale Einkommen, weil weniger reale Werte gekauft werden können. Wenn die realen Einkommen zurückgehen, dann verringert sich auch auf Dauer die reale Nachfrage, was bei den Unternehmen Folgen für die Beschäftigung haben kann.

Unternehmen haben kurz- und mittelfristig die Möglichkeit, gestiegene Kosten durch Preiserhöhungen auf die Verbraucher abzuwälzen. Auf längere Sicht aber werden gestiegene Preise zu einem Nachfragerückgang führen. Ein anhaltender Nachfrageausfall beeinflusst die Erlös- und Gewinnsituation der Unternehmen. Im Extremfall kann es dazu führen, dass Unternehmen nicht mehr investieren und in einem weiteren Schritt Arbeitskräfte entlassen müssen. Da Arbeitslose geringere Einkünfte haben und damit über eine geminderte Kaufkraft verfügen, verstärken Entlassungen den Nachfragerückgang.

Der **Staat** spürt Inflation in zweierlei Hinsicht. Er erzielt einerseits höhere Umsatzsteuereinnahmen, wenn die Preise steigen, und höhere Ertragsteuereinnahmen, wenn die Gewinne steigen. Andererseits führen die Inflationsfolgen, z.B. zunehmende Arbeitslosigkeit, u.a. zu steigenden Sozialausgaben.

Inflation führt zu Wohlstandseinbußen. Aufgrund der zunehmenden Arbeitslosigkeit und der Einbußen der Realeinkommen kann Inflation zu einer Störung des sozialen Friedens führen. Verantwortlich für die Sicherung der Preisstabilität war bis zum 31. Dezember 1998 die Deutsche Bundesbank. Mit dem Übergang in die 3. Stufe der Wirtschafts- und Währungsunion ist die Geldpolitik auf das Europäische System der Zentralbanken übergegangen. Die nationalen Zentralbanken handeln nun im Auftrag der Europäischen Zentralbank.

4.2.2 Deflation

Von **Deflation** spricht man, wenn ein **Prozess anhaltender Rückgänge des Preisniveaus** festgestellt wird. Deflation liegt vor, wenn die Geldmenge, die ursprünglich einem konstanten Güterangebot gegenüberstand, abgenommen hat.

■ Ursachen und Arten der Deflation

Auch bei der Deflation kann zwischen nachfrage- und angebotsinduzierten Ursachen unterschieden werden. Ermäßigt sich das Preisniveau, weil die gesamtwirtschaftliche Nachfrage kleiner ist als das gesamtwirtschaftliche Angebot, so spricht man von einer **nachfrageinduzierten Deflation**. Sinkt das Preisniveau infolge einer Kapazitätsausweitung der Unternehmen, spricht man von einer **angebotsinduzierten Deflation**.

Deflationsursachen	
nachfrageinduzierte Deflation	**angebotsinduzierte Deflation**
• Kürzungen von Staatsausgaben • verringerte Konsumausgaben der privaten Haushalte • verringerte Investitionen der Unternehmen • Exportrückgänge	• konjunkturbelebende Investitionsausgaben • Lohnzuwächse unter dem Produktivitätszuwachs • sinkende Zinsen

■ Wirkungen der Deflation

Die **privaten Haushalte** halten ihre Nachfrage zunehmend zurück, weil sie weiter sinkende Preise erwarten. Darüber hinaus schränken private Haushalte, die durch Arbeitslosigkeit betroffen sind, ihre Nachfrage ein.

Bei den **Unternehmen** führt eine rückläufige Nachfrage zu unausgelasteten Kapazitäten. Die Gewinne sinken. Die Unternehmen versuchen, ihre

▶ Überlegen Sie, wie sich eine Inflation auf Besitzer und auf Schuldner von Geldvermögen auswirkt.

▶ Begründen Sie die Aussage, Inflation führt zu Wohlstandseinbußen.

▶ Führen Sie eine Debatte, ob eine Deflation einer Inflation vorzuziehen ist.

▶ Stellen Sie eine vergleichbare Übersicht für Inflationsursachen zusammen.

▶ Beschreiben Sie, wie sich eine Deflation auf Besitzer und auf Schuldner von Geldvermögen auswirkt.

Kosten zu senken, u.a. durch Freisetzung von Mitarbeitern und Einschränkung von Investitionen.

Deflation belastet den **Staat**, weil er weniger Steuereinnahmen erzielt und weil die Auswirkungen der Deflation, wie z.B. zunehmende Arbeitslosigkeit, die Sozialausgaben steigen lässt.

4.3 Mechanismen der Geldschöpfung

4.3.1 Wesen und Aufgaben des Geldes

Geld ist ein Gut, das im Wirtschaftsverkehr regelmäßig als Tauschmittel verwendet wird. Geld verkörpert Verfügungsmacht über Waren und Dienstleistungen.

In der Bundesrepublik Deutschland sind bis zum 31. Dezember 2001 auf Deutsche Mark lautende Banknoten und Münzen gesetzliche Zahlungsmittel, ab 1. Januar 2002 werden sie durch Banknoten und Münzen, die auf Euro und Cent lauten, ersetzt.

Aufgaben des Geldes	
Allgemeines Tauschmittel	Geld dient als einheitliches Tauschmittel.
Wertmaßstab und Recheneinheit	Geld macht unterschiedliche Waren und Dienstleistungen vergleichbar und in einer Summe erfassbar.
Wertaufbewahrungsmittel	Geld ist haltbar und bei entsprechend konstantem Preisniveau auch wertbeständig.
Wertübertragungsmittel	Da Geld Tauschmittel und Wertaufbewahrungsmittel ist, kann es zur Übertragung von Werten verwendet werden.
gesetzliches Zahlungsmittel	Banknoten über Deutsche Mark müssen in der Bundesrepublik Deutschland von jedermann als Zahlungsmittel angenommen werden (uneingeschränkter Annahmezwang).

4.3.2 Arten des Geldes

Zahlungsmittel			
Bargeld	**Buchgeld**	**Elektronisches Geld**	**Geldersatzmittel**
• Banknoten • Münzen	• Sichteinlagen • von Kreditinstituten durch Kreditgewährung bereitgestellte Mittel	• Kartengeld • Netzgeld	• Scheck • Wechsel

Randspalte

DEFINITION:

Münzen und Banknoten = Bargeld

▶ Stellen Sie fest, wer in Deutschland Banknoten und Münzen ausgibt und in den Umlauf bringt.

ERLÄUTERUNG:

Ein eingeschränkter Annahmezwang gilt bei Münzen für Personen des privaten Rechts.

▶ Wie entsteht elektronisches Geld?

▶ Warum sind Schecks Geldersatzmittel und keine selbstständigen Zahlungsmittel?

4.3.3 Entstehung des Geldes

■ Geldschöpfung und Geldvernichtung durch die Zentralbank

Bargeldschöpfung

In der Bundesrepublik Deutschland hat die Deutsche Bundesbank das alleinige Recht zur Ausgabe von Banknoten. Allerdings benötigt sie dazu seit dem Inkrafttreten der 3. Stufe der Wirtschafts- und Währungsunion die vorherige Zustimmung des Rates der Europäischen Zentralbank.

Damit Banknoten zu Zahlungsmitteln werden, müssen sie in Umlauf gebracht werden. Dies geschieht, indem die Zentralbank Aktiva, z. B. Zahlungsmittel fremder Länder (Devisen), Schuldverschreibungen, Forderungen, erwirbt und mit Banknoten bezahlt.

ERLÄUTERUNG:

Banknoten sind im Umlauf, wenn sie auf der Passivseite der Zentralbankbilanz ausgewiesen werden.

Aktiva	vereinfachte Bilanz 01 der Zentralbank		Passiva
Devisen	40 GE	Banknotenumlauf	60 GE
Schuldverschreibungen	20 GE		
	60 GE		60 GE

ERLÄUTERUNG:

GE steht für Geldeinheiten.

Giralgeldschöpfung

Bezahlt die Zentralbank die Käufe von Aktiva nicht mit Banknoten, sondern mit einer Gutschrift auf dem Konto des Verkäufers, so schafft sie Giralgeld.

▶ Durch welche Geschäfte kann die Zentralbank Giralgeld schaffen?

Aktiva	vereinfachte Bilanz 02 der Zentralbank		Passiva
Devisen	40 GE	Banknotenumlauf	60 GE
Schuldverschreibungen	20 GE	Einlagen von KI	50 GE
Forderungen an Kreditinstitute	50 GE		
	110 GE		110 GE

DEFINITION:

Zentralbankgeld ist von der Zentralbank geschaffenes Geld (Bar- und Giralgeld).

Geldvernichtung

Zahlen Kreditinstitute von der Zentralbank gewährte Kredite zurück, kommt es zu einer Vernichtung von Zentralbankgeld.

Aktiva	vereinfachte Bilanz 03 der Zentralbank		Passiva
Devisen	40 GE	Banknotenumlauf	30 GE
Schuldverschreibungen	20 GE	Einlagen von KI	50 GE
Forderungen an Kreditinstitute	20 GE		
	80 GE		80 GE

■ Geldschöpfung der Kreditinstitute

Passive Giralgeldschöpfung

Bei Kreditinstituten entsteht Giralgeld, wenn ihre Kunden Bargeld zur Gutschrift auf Girokonten einzahlen.

Beispiel: Ein Kunde zahlt 50 GE zugunsten seines Girokontos bar ein.

Aktiva	Bilanz des Kreditinstitutes **vor** der Einzahlung		Passiva
andere Aktiva	500 GE	Eigenkapital	45 GE
		Einlagen von Kunden	455 GE
	500 GE		500 GE

Aktiva	Bilanz des Kreditinstitutes **nach** der Einzahlung		Passiva
Kasse	50 GE	Eigenkapital	45 GE
andere Aktiva	500 GE	Einlagen von Kunden	505 GE
	550 GE		550 GE

Aktive Giralgeldschöpfung

Aktive Giralgeldschöpfung liegt vor, wenn Kreditinstitute zusätzliches Buchgeld schaffen. Dies ist möglich, weil über einen Teil der Kundeneinlagen bargeldlos verfügt wird und die Kassenbestände bei den Kreditinstituten ungenutzt bleiben.

Das Kreditinstitut kann davon ausgehen, dass nur über einen Teil der Kundeneinlagen bar verfügt wird. In dieser Höhe muss es Kassenreserven halten. Außerdem muss das Kreditinstitut einen bestimmten Prozentsatz der Einlagen als Mindestreserve bei der Notenbank hinterlegen. Der verbleibende Betrag, die Überschussreserve, kann als Kredit ausgeliehen werden.

Liquiditätsreserve				
Vorgang	Einzahlung	Barreserve 8%	Mindest- reserve 2%	Überschussreserve = Kreditausleihpotenzial
1.	50,00 GE	4,00 GE	1,00 GE	45,00 GE

Aktiva	Bilanz des Kreditinstitutes **nach** der Kreditvergabe		Passiva
Kasse	4 GE	Eigenkapital	45 GE
Forderungen an Zentralbank	1 GE	Einlagen von Kunden	505 GE
Forderungen an Kunden	45 GE		
andere Aktiva	500 GE		
	550 GE		550 GE

Wenn der Kreditnehmer mit seinem Kredit z.B. Rechnungen seiner Lieferanten bezahlt und über die Gutschriften in gleicher Weise überwiegend
bargeldlos verfügt wird, ergibt sich Folgendes:

Liquiditätsreserve				
Vorgang	Einzahlung	Barreserve 8%	Mindest- reserve 2%	Überschussreserve = Kreditausleihpotenzial
1.	50,00 GE	4,00 GE	1,00 GE	45,00 GE
2.	45,00 GE	3,60 GE	0,90GE	40,50 GE
3.	40,50 GE	3,24 GE	0,81GE	36,45 GE
4.	36,45 GE	2,92 GE	0,73GE	32,81 GE
5.	32,81 GE	2,62 GE	0,66GE	29,53 GE
6.	29,53 GE	2,36 GE	0,59GE	26,58 GE
...	...	...	...	...
Summe	500,00 GE	40,00 GE	10,00 GE	450,00 GE

Die **maximale Giralgeld- bzw. Kreditschöpfung** lässt sich über die Sum-
menformel einer geometrischen Reihe oder – vereinfachend – über den
Geldschöpfungsmultiplikator berechnen.

Für das Beispiel ergibt sich folgende Giralgeld- bzw. Kreditschöpfungs-
möglichkeit:

Anfängliche Überschussreserve	45 GE
x Geldschöpfungsmultiplikator	10 GE
= maximale Giralgeld- bzw. Kreditschöpfungsmöglichkeit	**450 GE**

Aus einer ursprünglichen Einzahlung von 50 GE können bei einem Geldschöpfungsmultiplikator von 10 zusätzliche Kredite in Höhe von 450 GE
entstehen.

Bilanz des Kreditinstitutes

Aktiva **nach** Ausschöpfung des gesamten Kreditausleihpotentials Passiva

Aktiva		Passiva	
Kasse	40 GE	Eigenkapital	45 GE
Forderungen an Zentralbank	10 GE	Einlagen von Kunden	955 GE
Forderungen an Kunden	450 GE		
andere Aktiva	500 GE		
	1000 GE		1000 GE

DEFINITION:

Wenn an der Geldschöpfung
mehrere Kreditinstitute
beteiligt sind, so spricht man
von einer **multiplen Giral-
geld- bzw. Kreditschöpfung.**

DEFINITION:

Geldschöpfungsmultiplikator

$$= \frac{100}{\text{Liquiditätsreservesatz (\%)}}$$

▶ Untersuchen Sie, von
welchen Vorausset-
zungen es abhängt, ob
das maximal mögliche
Kreditvolumen auch
erreicht wird.

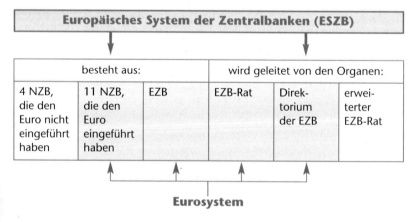
4.4 Träger, Instrumente, Maßnahmen und Wirkungen der Geldpolitik

▶ Stellen Sie fest, welche Aufgaben die Deutsche Bundesbank wahrnimmt.

Seit dem 1. Januar 1999 ist die geldpolitische Verantwortung der Deutschen Bundesbank auf das Eurosystem übertragen worden. Die nationalen Zentralbanken, die am Eurosystem beteiligt sind, haben seit diesem Zeitpunkt die Aufgabe, die Politik des Eurosystems zu unterstützen und in ihrem nationalen Bereich umzusetzen.

4.4.1 Träger und Steuerungsgrößen der Geldpolitik

■ Das Europäische System der Zentralbanken

Aufbau des ESZB

ERLÄUTERUNG:

Sitz der EZB ist Frankfurt am Main. Das Grundkapital beträgt 5 Mrd. Euro.

Das Europäische System der Zentralbanken (ESZB) besteht aus der Europäischen Zentralbank (EZB) sowie den 15 nationalen Zentralbanken (NZB) der Europäischen Union (EU).

Da zu Beginn der 3. Stufe der Wirtschafts- und Währungsunion (WWU) nur elf Mitgliedstaaten dem Euro-Währungsgebiet angehören, unterscheidet die EZB diese Gruppe als **Eurosystem**. Diese Unterscheidung fällt weg, sobald die vier weiteren Mitglieder den Euro eingeführt haben.
Die EZB stellt sicher, dass die dem ESZB/Eurosystem übertragenen Aufgaben entweder durch ihre eigene Tätigkeit oder durch die NZB erfüllt werden.

ERLÄUTERUNG:

Teilnehmer am Eurosystem sind:
– Belgien
– Deutschland
– Finnland
– Frankreich
– Irland
– Italien
– Luxemburg
– Niederlande
– Portugal
– Österreich
– Spanien

Die NZB sind integraler Bestandteil des ESZB. In ihrem nationalen Zuständigkeitsbereich handeln sie gemäß den Leitlinien und Weisungen der EZB. Sie werden im EZB-Rat durch ihren jeweiligen Präsidenten vertreten, für den eine Amtszeit von mindestens fünf Jahren vereinbart sein muss.

Europäisches System der Zentralbanken (ESZB)					
besteht aus:			wird geleitet von den Organen:		
4 NZB, die den Euro nicht eingeführt haben	11 NZB, die den Euro eingeführt haben	EZB	EZB-Rat	Direktorium der EZB	erweiterter EZB-Rat

Eurosystem

ERLÄUTERUNG:

Mitglieder des ESZB, die noch nicht am Eurosystem teilnehmen sind:
– Dänemark
– Griechenland
– Großbritannien
– Schweden

Ziele und Aufgaben des ESZB/Eurosystems

Vorrangiges Ziel des ESZB/Eurosystems ist die Sicherung und Gewährleistung der Preisstabilität im Euro-Währungsgebiet. Darüber hinaus unterstützt das ESZB/Eurosystem die allgemeine Wirtschaftspolitik

der am Eurosystem teilnehmenden Länder, soweit das Ziel der Preisstabilität nicht beeinträchtigt wird. Das ESZB/Eurosystem hat

- die Geldpolitik der WWU so festzulegen und auszuführen, dass Preisstabilität gewährleistet ist,
- Devisengeschäfte im Einklang mit Artikel 109 des Vertrages zur Gründung der Europäischen Gemeinschaft durchzuführen,
- die offiziellen Währungsreserven der Mitgliedstaaten zu halten und zu verwalten,
- das reibungslose Funktionieren der Zahlungssysteme zu fördern.

Außerdem trägt das ESZB zur reibungslosen Durchführung der von den zuständigen Behörden ergriffenen Maßnahmen auf dem Gebiet der Aufsicht über die Kreditinstitute und der Stabilität des Finanzsystems bei.

Geldpolitische Beschlüsse können nur von den elf Mitgliedern des Eurosystems getroffen werden. Sie gelten nicht für die übrigen vier Mitglieder des Europäischen Systems der Zentralbanken.

Die Organe der EZB

Die Organe und ihre Zusammensetzung		
Direktorium der EZB (Eurosystem)	**EZB-Rat (Eurosystem)**	**erweiterter EZB-Rat (ESZB)**
– Präsident der EZB, – Vizepräsident der EZB, – vier weitere Mitglieder aus Ländern, die den Euro eingeführt haben	– Direktorium der EZB, – Präsidenten der 11 NZB, die den Euro eingeführt haben	– Präsident der EZB, – Vizepräsident der EZB, – Präsidenten aller 15 NZB der EU

Die Aufgaben der Organe	
Direktorium der EZB	• führt die laufenden Geschäfte der EZB, • führt die Geldpolitik entsprechend den Leitlinien und Entscheidungen des EZB-Rats aus, • erteilt den nationalen Zentralbanken die entsprechenden Weisungen dazu, • bereitet die Sitzungen des EZB-Rats vor.
EZB-Rat	• legt die Geldpolitik für das Eurosystem fest, • übernimmt eine beratende Funktion zu Vorschlägen für Rechtsakte der Gemeinschaft und zu Entwürfen für Rechtsvorschriften im Zuständigkeitsbereich der EZB, • entscheidet über die Vertretung des ESZB/Eurosystems in Bereichen der internationalen Zusammenarbeit, • erlässt Leitlinien und Entscheidungen zur Aufgabenerfüllung des ESZB/Eurosystems.
Erweiterter EZB-Rat	• nimmt die Aufgaben wahr, die die EZB vom Europäischen Währungsinstitut (EWI) übernommen hat.

DEFINITION:

Preisstabilität liegt vor, wenn der Anstieg des Harmonisierten Verbraucherpreisindex (HVPI) für das Euro-Währungsgebiet unter 2% gegenüber dem Vorjahr liegt. Preisstabilität muss mittelfristig beibehalten werden.

ERLÄUTERUNG:

Beschlussfassungen
Jedes Mitglied hat grundsätzlich eine Stimme. Soweit nichts anderes bestimmt ist, beschließen die Organe mit der einfachen Mehrheit der abgegebenen Stimmen. Bei Stimmengleichheit gibt die Stimme des Präsidenten den Ausschlag.

Das Direktorium kann dem EZB-Rat Vorschläge unterbreiten. Der EZB-Rat ist das Entscheidungsgremium der EZB.

ERLÄUTERUNG:

Die Mitglieder des Direktoriums werden von den Staats- und Regierungschefs ausgewählt und ernannt. Die Amtszeit beträgt acht Jahre. Eine Wiederernennung ist nicht möglich.

Der MFI-Sektor (Sektor der Monetären Finanzinstitute) umfasst diejenigen Institute, deren Verbindlichkeiten monetärer Natur sein können. Institute, die im Euro-Währungsgebiet ansässig sind, bezeichnet die EZB als Geldschöpfungssektor. Dazu zählen: NZB, EZB, Kreditinstitute und andere Finanzinstitute.

▶ Ermitteln Sie die aktuellen Werte für M3.

Repo-Geschäfte sind Offenmarktgeschäfte mit Rückkaufsvereinbarung.

▶ Untersuchen Sie, warum der Bargeldanteil an M3 in Deutschland höher ist als im übrigen Euro-Währungsgebiet.

■ Die Geldmenge M3 als Steuerungsgröße der Geldpolitik

Die Zusammensetzung der Geldmenge M3

Da das Preisniveau von der EZB nicht direkt beeinflusst werden kann, steuert die EZB die Preisstabilität über die Geldmenge M3.

Geldmenge M3	Stand: 31.01.1999 in Mrd. EUR
Bargeldumlauf	313,7
+ täglich fällige Einlagen	1 479,8
= **Geldmenge M1**	**1 793,5**
+ Einlagen mit vereinbarter Laufzeit bis zu zwei Jahren	883,4
+ Einlagen mit vereinbarter Kündigungsfrist bis zu drei Monaten	1 245,1
= **Geldmenge M2**	**3 922,0**
+ marktfähige Verbindlichkeiten des MFI-Sektors	579,9
= **Geldmenge M3**	**4 501,9**

Marktfähige Verbindlichkeiten des MFI-Sektors	Stand: 31.01.1999 in Mrd. EUR
Repogeschäfte	175,4
+ Geldmarktfondsanteile und -papiere	351,9
+ ausgegebene Schuldverschreibungen mit einer Ursprungslaufzeit von weniger als zwei Jahren	52,6
= **marktfähige Verbindlichkeiten**	**579,9**

Quelle: Monatsbericht der EZB März 1999, S. 12*

Anteil der Komponenten an M3 im Vergleich (Prozent)	Euro-Währungsgebiet	Bundesrepublik Deutschland
Bargeldumlauf	7,0	9,3
täglich fällige Einlagen	32,9	29,6
Einlagen mit vereinbarter Laufzeit bis zu zwei Jahren	19,6	18,9
Einlagen mit vereinbarter Kündigungsfrist bis zu drei Monaten	27,7	38,9
Repogeschäfte	3,9	0,1
Geldmarktfondsanteile und -papiere	7,8	2,7
ausgegebene Schuldverschreibungen mit einer Ursprungslaufzeit von weniger als zwei Jahren	1,2	0,6

Quelle: Monatsbericht Deutsche Bundesbank, März 1999, S. 26

Das Wachstum der Geldmenge M3

„Der EZB-Rat beschloss am 1. Dezember 1998, den ersten Referenzwert für das jährliche Wachstum des breiten Geldmengenaggregates M 3 im Euro-Währungsgebiet auf 4 1/2% festzusetzen."

Quelle: EZB Monatsbericht Januar 1999, S. 21

Ableitung des Referenzwertes	
Ausweitung des realen Bruttoinlandprodukts (BIP)	2,0 bis 2,5 %
+ normative Preiskomponente	bis 2,0 %
+ Zuschlag für den Rückgang der Umlaufgeschwindigkeit	0,5 bis 1,0 %
= Wachstumsrate	4,5 bis 5,5 %
daraus abgeleiteter Referenzwert	**4,5 %**

Das Konzept des Referenzwertes verpflichtet das Eurosystem nicht, kurzfristige Abweichungen des Geldmengenwachstums zu korrigieren. Das Eurosystem nimmt daher, bevor es versucht das Geldmengenwachstum zu korrigieren, eine breit fundierte Beurteilung der Aussichten für die künftige Preisentwicklung und der Risiken für die Preisstabilität im Euro-Währungsgebiet insgesamt vor.

■ Die Geschäftspartner des Eurosystems

Die Umsetzung der geldpolitischen Operationen des Eurosystems erfolgt über die Geschäftspartner des Eurosystems. Grundsätzlich sind dies alle Institute, die der Mindestreservepflicht nach Art. 19.1 der ESZB/EZB-Satzung unterliegen.

Im Falle von Feinsteuerungsoperationen wird der Kreis der Geschäftspartner mit Rücksicht auf die höheren operativ-technischen Anforderungen beschränkt. Dabei dient den nationalen Zentralbanken als Auswahlkriterium primär der Umfang der Geldmarkt- bzw. Devisenmarktaktivitäten.

4.4.2 Die Instrumente der Geldpolitik

Dem Eurosystem steht eine Auswahl an geldpolitischen Instrumenten zur Verfügung, durch deren Einsatz über die Zwischengröße Geldmenge das Preisniveau beeinflusst werden soll.

Geldpolitische Instrumente	
Offenmarktgeschäfte	• Hauptrefinanzierungsinstrument • Längerfristige Refinanzierungsgeschäfte • Feinsteuerungsoperationen • Strukturelle Operationen
Ständige Fazilitäten	• Spitzenrefinanzierungsfazilität zur Beschaffung von Liquidität • Einlagenfazilität zur Anlage überschüssiger Gelder
Mindestreserve	

▶ Erläutern Sie, warum sich die EZB für einen Referenzwert und nicht für einen Referenzkorridor als Richtwert für das gewünschte Geldmengenwachstum entschieden hat.

ERLÄUTERUNG:

Zur Zeit sind ca. 8250 Institute im Euro-Währungsgebiet mindestreservepflichtig. Mit ca. 2700 (davon ca. 1550 deutsche Institute) dieser Institute werden Offenmarktgeschäfte abgewickelt.

Von den ca. 250 Feinsteuerungspartnern sind ca. 50 deutsche Institute.

■ Offenmarktgeschäfte

Offenmarktgeschäfte sind Käufe und Verkäufe von Wertpapieren von der EZB bzw. den NZB **am offenen Markt.** Sie dienen der Beeinflussung der Zinssätze und der Liquidität am Geldmarkt. **Hauptrefinanzierungsinstrument und längerfristige Refinanzierungsgeschäfte** dienen der **Liquiditätsbereitstellung. Feinsteuerungsoperationen und strukturelle Operationen** können **sowohl** zur **Liquiditätsbereitstellung als auch zur Liquiditätsabschöpfung** eingesetzt werden.

Instrumente

DEFINITION:

Befristet ist eine Transaktion, wenn eine Rückabwicklung vorgesehen ist. Die Kreditinstitute können nach Rückzahlung des fälligen Betrages wieder über ihre Sicherheiten verfügen.

Beim **Hauptrefinanzierungsinstrument** handelt es sich um liquiditätszuführende, befristete Transaktionen, die wöchentlich über Standardtender durchgeführt werden und eine Laufzeit von zwei Wochen haben. Das Hauptrefinanzierungsinstrument ist das wichtigste Instrument zur Beeinflussung der Liquidität und der Zinsen. Über das Hauptrefinanzierunginstrument wird dem Finanzsektor der größte Teil des Refinanzierungsvolumens zur Verfügung gestellt.

Längerfristige Refinanzierungsgeschäfte sind liquiditätszuführende, befristete Transaktionen, die monatlich über Standardtender durchgeführt werden und eine Laufzeit von drei Monaten haben. Über sie werden dem Finanzsektor über die Geschäftspartner zusätzliche längerfristige Refinanzierungsmittel zur Verfügung gestellt.

Feinsteuerungsoperationen sind liquiditätszuführende oder liquiditätsabschöpfende Geschäfte. Sie werden unregelmäßig angeboten. Ihre Laufzeit ist nicht standardisiert. Liquiditätszuführende Geschäfte werden als befristete Transaktionen über Standardtender oder bilateral als Devisenswapgeschäfte bzw. über definitive Käufe von Schuldverschreibungen durchgeführt. Liquiditätsabschöpfende Geschäfte können bilateral als Devisenswapgeschäfte, als definitive Verkäufe oder über die Hereinnahme von Termineinlagen abgewickelt werden. Feinsteuerungsoperation werden zur Steuerung der Marktliquidität und der Zinssätze eingesetzt.

Strukturelle Operationen sind ebenfalls liquiditätszuführende oder liquiditätsabschöpfende Geschäfte. Sie können regelmäßig oder unregelmäßig stattfinden. Ihre Laufzeit ist nicht standardisiert. Liquiditätszuführende Geschäfte werden als befristete Transaktionen über Standardtender oder bilateral über definitive Käufe von Schuldverschreibungen durchgeführt. Liquiditätsabschöpfende Transaktionen bestehen in der Emission von Schuldverschreibungen oder in definitiven Verkäufen von Wertpapieren. Strukturelle Operationen werden eingesetzt, wenn die EZB die strukturelle Liquiditätsposition des Finanzsektors gegenüber dem Eurosystem anpassen will.

Verfahren

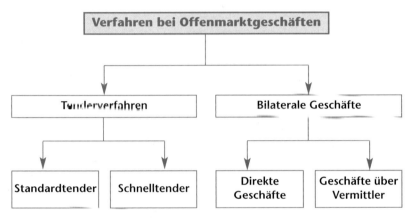

Tenderverfahren

Arten von Tendern		
	Standardtender	**Schnelltender**
Zeitraum von Tenderankündigung bis zur Bestätigung der Zuteilungsergebnisse	• 24 Stunden	• eine Stunde
Anwendung	• Hauptrefinanzierungsinstrument • längerfristige Refinanzierungsgeschäfte • strukturelle Operationen	• Feinsteuerungsoperationen
Geschäftspartner	• alle Geschäftspartner	• nur Feinsteuerungspartner

Die **Abgabe der Gebote** für einen **Standard- oder einen Schnelltender kann als Mengen- oder Zinstender** gefordert werden.

ERLÄUTERUNG:

Kauft oder verkauft das Eurosystem endgültig refinanzierungsfähige Aktiva über den Markt, so spricht man von definitiven Transaktionen.

DEFINITION:

Tender ist ein Verfahren, bei dem die Zentralbank über eine Ausschreibung Gebote der Geschäftspartner einholt und anschließend die Zuteilung vornimmt.

ERLÄUTERUNG:

Die Abgabe der Gebote soll grundsätzlich per E-Mail erfolgen.

LERNTIPP:

Beschaffen Sie sich bei Ihrer zuständigen Landeszentralbank Informationen über aktuelle Tender.

Bei einem **Mengentender** gibt die EZB den Zinssatz vor, zu dem es Geschäfte abschließen möchte. Die Teilnehmer müssen nur den Betrag angeben, den sie zu diesem Festzinssatz kaufen bzw. verkaufen wollen. Bei einem **Zinstender** nennt die EZB keinen Zinssatz. Die Teilnehmer müssen Gebote über Beträge und Zinssätze abgeben.

Bilaterale Geschäfte

Bilaterale Geschäfte finden zwischen nationalen Zentralbanken und Geschäftspartnern bzw. Vermittlern statt.

Formen bilateraler Geschäfte		
	Direkte Geschäfte mit Geschäftspartnern	**Geschäfte über Börsen- und Marktvermittler**
Kreis der Partner	• nur Geschäftspartner für Feinsteuerungsmaßnahmen	• offen
Art der Transaktionen	• befristete Transaktionen (Pensionsgeschäfte oder Pfandkredite) • definitive Käufe bzw. Verkäufe • Devisenswapgeschäfte • Hereinnahme von Termineinlagen	• definitive Käufe und Verkäufe zu Feinsteuerungszwecken

Sicherheiten

Die Geschäftspartner müssen für alle liquiditätszuführenden Operationen Sicherheiten stellen, die entweder als Eigentum übertragen (definitiv oder mit Rückkaufsvereinbarung) oder als Pfand hinterlegt werden müssen. Pfänder werden einem Pfandkonto zum Beleihungswert gutgeschrieben und zu einem Pfand-Pool zusammengeführt. Dieser Pfand-Pool dient „en bloc" der Besicherung aller Notenbankkredite eines Kreditinstituts.

Das Eurosystem unterscheidet zwei **Kategorien von Sicherheiten:**

• **Kategorie-1-Sicherheiten** umfassen marktfähige Schuldtitel, die **von der EZB festgelegte und im gesamten Euro-Währungsraum** einheitlich geltende Zulassungskriterien erfüllen.

• **Kategorie-2-Sicherheiten** bestehen aus marktfähigen und nicht marktfähigen Sicherheiten, die **für die nationalen Finanzmärkte und Bankensysteme** von besonderer Bedeutung sind. Nicht marktfähige Sicherheiten sind **in Deutschland Handelswechsel und Kreditforderungen an Handel und Industrie.**

Handelswechsel und Kreditforderungen als Kategorie-2-Sicherheiten		
	Handelswechsel	Kreditforderungen
Mindestrestlaufzeit	ein Monat	ein Monat
maximale Restlaufzeit	sechs Monate	zwei Monate
Mindestbetrag	kein Mindestbetrag	10 000 EUR
Währung	EUR oder DM	EUR oder DM
Sitz des Schuldners	Deutschland	Deutschland
Bonitätsbeurteilung des Unternehmens	Mindestens ein Wechselschuldner muß von der Deutschen Bundesbank als notenbankfähig eingestuft sein.	Schuldner der Kreditforderung muß von der Deutschen Bundesbank als notenbankfähig eingestuft sein.
Bewertung	Abzinsung mit 3-Monats-Euribor	Nennwert
Bewertungsabschlag	2%	20%
Sonstige Bedingungen	Inkasso durch die Deutsche Bundesbank	Die Kreditforderung muss nach deutschem Recht und vor einem deutschen Gericht einklagbar sein und darf keine Kontokorrentforderung sein.

■ Ständige Fazilitäten

Die Geschäftspartner können aus eigener Initiative die **Spitzenrefinanzierungsfazilität** nutzen, um sich von den nationalen Zentralbanken Übernachtliquidität zu einem vorgegebenen Zinssatz zu beschaffen. Die Spitzenrefinanzierungsfazilität dient der Deckung eines kurzfristigen Liquiditätsbedarfs der Geschäftspartner. Voraussetzung für die Inanspruchnahme sind bei der NZB hinterlegte refinanzierungsfähige Sicherheiten.

Ebenfalls aus eigener Initiative können die Geschäftspartner die **Einlagefazilität** nutzen, um bei der NZB überschüssige Liquidität bis zum nächsten Geschäftstag verzinslich anzulegen.

■ Mindestreserve

Die EZB verlangt von den Kreditinstituten, dass sie **Mindestreserven in Form von Sichteinlagen auf den Konten bei den nationalen Zentralbanken** unterhalten. Die Mindestreservehaltung dient zur Stabilisierung der Geldmarktsätze und zu einer Herbeiführung oder Vergrößerung einer strukturellen Liquiditätsknappheit.

ERLÄUTERUNG:

Strukturelle Liquiditätsknappheit kann die EZB bei den Kreditinstituten erzeugen, indem sie sie über die Mindestreserve zur Stilllegung von Liquidität zwingt.

 ERLÄUTERUNG:

Von der Mindestreserve ausgenommen sind u.a. Verbindlichkeiten gegenüber Instituten, die selbst den Mindestreservevorschriften des Eurosystems unterliegen, sowie Verbindlichkeiten gegenüber der EZB und den NZB der Mitgliedsländer des Eurosystems.

 ERLÄUTERUNG:

Die Mindestreservesätze dürfen 10% nicht übersteigen.

▶ Stellen Sie die Nachteile der Mindestreservehaltung für die Kreditinstitute den Vorteilen für die Stabilität des Preisniveaus gegenüber.

▶ Wie wirkt sich eine Erhöhung der Mindestreservesätze von 2% auf 5% auf das Ausleihverhalten und die Konditionengestaltung der Kreditinstitute aus?

Die **Mindestreservebasis** eines Kreditinstituts wird auf der Grundlage bestimmter einzelner Bilanzpositionen (Passiva) ermittelt. Zur Bestimmung der Reservebasis werden die Monatsendbestände der betreffenden Bilanzpositionen des jeweiligen Kalendermonats herangezogen. Die Mindestreserveerfüllungsperiode beträgt einen Monat. Sie beginnt am 24. Kalendertag eines jeden Monats und endet am 23. Kalendertag des Folgemonats.

Das **Mindestreserve-Soll** jedes einzelnen Kreditinstituts wird errechnet, indem der Reservesatz auf den Betrag der reservepflichtigen Verbindlichkeiten angewendet wird.

In die Mindestreservebasis einbezogene Verbindlichkeiten	
Mindestreservesatz 2%	**Mindestreservesatz 0%**
Einlagen: • täglich fällige Einlagen • Einlagen mit vereinbarter Laufzeit oder vereinbarter Kündigungsfrist von bis zu zwei Jahren **Ausgegebene Schuldverschreibungen:** • mit vereinbarter Laufzeit von bis zu zwei Jahren **Geldmarktpapiere**	**Einlagen:** • Einlagen mit vereinbarter Laufzeit oder vereinbarter Kündigungsfrist von mehr als zwei Jahren • Repogeschäfte **Ausgegebene Schuldverschreibungen:** • mit vereinbarter Laufzeit von mehr als zwei Jahren

Das durchschnittliche Mindestreserveguthaben während der Erfüllungsperiode wird zum Durchschnittszinssatz der wöchentlichen Hauptrefinanzierungsgeschäfte der Erfüllungsperiode verzinst. Guthaben, die die erforderlichen Mindestreserven übersteigen, werden nicht verzinst.

Bei **Nichterfüllung der Reservepflicht** ist die EZB u.a. befugt, eine Zahlung von bis zu fünf Prozentpunkten über dem Satz für die Spitzenrefinanzierungsfazilität auf den Mindestreservefehlbetrag zu verlangen.

 BEISPIEL: *Berechnung der Mindestreserve eines Kreditinstituts*

Art der Verbindlichkeit	Monatsend-stand in Mio. EUR	Mindest-reserve-satz in %	Mindest-reserve in Mio. EUR
täglich fällige Einlagen	200	2	4,0
• Einlagen mit vereinbarter Laufzeit oder vereinbarter Kündigungsfrist:			
– von bis zu zwei Jahren	360	2	7,2
– von mehr als zwei Jahren	250	0	0
• Ausgegebene Schuldverschreibungen mit vereinbarter Laufzeit:			
– von bis zu zwei Jahren	190	2	3,8
– von mehr als zwei Jahren	150	0	0
Geldmarktpapiere	90	2	1,8
Mindestreserve-Soll (Brutto)			16,8
abzüglich Freibetrag			0,1
= Mindestreserve-Soll (Netto)			16,7

4.4.3 Maßnahmen der Geldpolitik und ihre Wirkungen

Mit ihrem geldpolitischen Instrumentarium hat die EZB die Möglichkeit, einer unerwünschten Entwicklung der Geldmenge entgegenzuwirken. Mittelfristig anzustrebendes Ziel ist in allen Fällen die Preisstabilität. Um dieses zu erreichen, beobachtet die EZB ständig das monetäre Umfeld. Ihr Instrumentarium ist so gestaltet, dass sie auch auf überraschende Entwicklungen kurzfristig reagieren kann:

- Über **Offenmarktgeschäfte** steuert die EZB die Zinssätze und die Liquidität am Geldmarkt.
- Mit den **ständigen Fazilitäten** bestimmt die EZB Ober- und Untergrenzen der Geldmarktsätze für Tagesgelder.
- Die **Mindestreserve** dient in erster Linie zur Beeinflussung der strukturellen Liquidität.

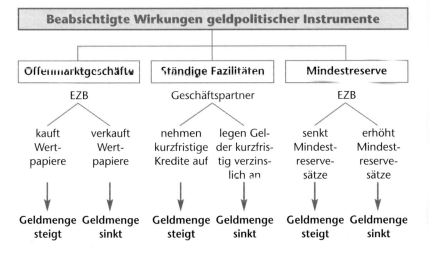

Bei der Entscheidung über den Einsatz des geldpolitischen Instrumentariums folgt die EZB dem wirtschaftspolitischen Standardschema:

- **Zielbeschreibung**
  Als Oberziel gilt dabei stets die Stabilität des Preisniveaus. Die Preisniveaustabilität wird über Zwischenziele, z.B. Verminderung oder Erhöhung der Geldmenge, angesteuert.

- **Lagebeurteilung**
  Einsätze geldpolitischer Instrumente erfolgen stets in einer bestimmten Situation.

- **Maßnahmen**
  Die Wahl der Maßnahme ist vom Ziel, der Lage und der beabsichtigten Wirkung abhängig.

- **Wirkungsanalyse**
  Die Wirkung der geldpolitischen Maßnahme auf die Geld- und Kapitalmärkte, die Kreditinstitute, die Unternehmen, die privaten Haushalte und den Staat ist im Hinblick auf die Zielbeschreibung und die Veränderung der Ausgangslage zu analysieren.

LERNTIPP:

Wenden Sie die konstitutiven Elemente
→ Zielbeschreibung
→ Lagebeurteilung
→ Maßnahme
→ Wirkungsanalyse
auch auf andere konkrete wirtschaftpolitische Probleme an, z.B.
1. Steigende Jugendarbeitslosigkeit,
2. Unerwünschte Preissteigerungen für Konsumgüter,
3. Belastung der Rentenkassen durch Frühverrentungen,
4. Überproportionale Mietsteigerungen.

▶ Entscheiden Sie, ob die Änderung des Zinssatzes oder das veränderte Zuteilungsvolumen das geldpolitische Signal der EZB ist. Begründen Sie Ihre Entscheidung.

▶ Aus welchen Gründen könnten die Einkommen der privaten Haushalte zunehmen?

ERLÄUTERUNG:

1% Lohnzuwachs steigert die Einnahmen der Rentenversicherung um ca. 3 Mrd. DM. 100.000 neue Arbeitsplätze bringen rund 1 Mrd. DM Beitragseinnahmen.

ERLÄUTERUNG:

Konsumquote ist der Anteil am verfügbaren Einkommen, der zur Finanzierung des Konsums verwendet wird. Nicht für den Konsum verwendete Einkommensteile bilden die Sparquote.

▶ Untersuchen Sie, ob die EZB direkten oder indirekten Einfluss auf die Konsumquote oder die Sparquote nehmen kann. Stellen Sie das Ergebnis Ihrer Untersuchung in einer Präsentation dar.

Unerwünschter Zinsanstieg	
Lage:	**Steigende Geldmarktzinsen** Ein erhöhter Liquiditätsbedarf der Kreditinstitute hat zu steigenden Zinsen auf dem Geldmarkt geführt. Die EZB rechnet damit, dass die Zinssteigerungen zu einer Verteuerung der Kredite führen.
Maß-nahme:	**Einsatz der Offenmarktpolitik** Durch die Bereitstellung von Zentralbankgeld über Offenmarktge-schäfte will die EZB die Zinssätze und die Bankenliquidität beein-flussen. Sie beschließt daher, beim nächsten Offenmarktgeschäft die Zinsen zu senken und das Zuteilungsvolumen zu erhöhen.
Wirkung:	**Erhöhung der Geldmenge** **Im Bankensystem** führen sinkende Refinanzierungskosten zu einer günstigen Refinanzierungsmöglichkeit. Ein erhöhtes Zutei-lungsvolumen läßt die Liquidität steigen. Die Nachfrage auf dem Geldmarkt geht zurück. Die Zinssteigerung kann sich nicht mehr fortsetzen. **Unternehmen** können Kredite zu gleich bleibenden oder sogar verbesserten Konditionen aufnehmen. Sie können kreditfinanzier-te Warengeschäfte, Dienstleistungen und Investitionen durch-führen und Lagerbestände halten oder aufbauen. Die gesamtwirt-schaftliche Nachfrage nach Investitionsgütern steigt. Es kann zu einer Beschäftigungsausweitung kommen. **Die privaten Haushalte** profitieren von einer Beschäftigungsaus-weitung. Die gesamtwirtschaftliche Nachfrage nach Konsumgü-tern steigt, zunehmende Einkommen führen tendenziell zu einer Konsumausweitung. Betrachten die privaten Haushalte ihre Ein-kommenssituation als stabil, sind sie zudem bereit, sich zusätzlich zu verschulden und kreditfinanzierte Konsumgüter zu beschaffen. **Beim Staat** wirkt sich eine stabile bzw. wachsende Wirtschaft posi-tiv auf die Einnahmen- und Ausgabenseite aus. Ausgaben können sinken, weil z.B. bei steigender Beschäftigtenzahl geringere Sozial-ausgaben und geringere Zuschüsse zum Haushalt der Bundesan-stalt für Arbeit notwendig sind. Ehemals Beschäftigungslose zahlen wieder Steuern und Abgaben, so dass sich auch die Einnahmen ver-bessern. Steigende Investitions- und Konsumneigung erhöht das Umsatzsteueraufkommen. Darüber hinaus entlastet ein sinkendes Zinsniveau den Staat, wenn er sich verschulden muss.
Voraus-setzun-gen für den Erfolg der Maß-nahme:	**Banken** müssen die Zinssenkung weitergeben. **Unternehmen** müssen das Zinssignal nutzen, indem sie kredit-finanzierte Investitionen vornehmen. Der Bedarf an Arbeitkräften muss zunehmen. **Die privaten Haushalte** müssen ihre Nachfrage erhöhen. Steigen-de Einkommen dürfen nicht zu einer steigenden Sparquote führen. Sinkende Zinsen müssen eine kreditfinanzierte Konsumneigung auslösen. **Der Staat** darf die beabsichtigte Wirkung nicht durch steuerpoliti-sche und haushaltspolitische Entscheidungen aufheben.

Unerwünschtes Geldmengenwachstum	
Lage:	**Ausweitung der Geldmenge M3** Außenhandelsüberschüsse führen zu einem unerwünschten Wachstum der Geldmenge M3. Die EZB sieht aufgrund einer stark laufenden Konjunktur weitere Gefahren für die Preisstabilität.
Maß-nahme:	**Einsatz der Offenmarktpolitik** Über Offenmarktgeschäfte will die EZB die Zinssätze und die Bankenliquidität beeinflussen. Sie beschließt daher, beim nächsten Offenmarktgeschäft die Zinsen zu erhöhen und das Zuteilungs-volumen zu senken.
Wirkung:	**Verringerung des Wachstums von M3** **Im Bankensystem** führen steigende Geldmarktzinsen zu einer Ver-teuerung der Refinanzierung. Ein sinkendes Zuteilungsvolumen bei Offenmarktgeschäften führt zu einer sinkenden Bankenliqui-dität. Dadurch sinkt der Kreditvergabespielraum der Banken. **Unternehmen** können Kredite nur noch zu verschlechterten Kon-ditionen aufnehmen, da die Kreditinstitute ihre Sollzinsen er-höhen. Kreditfinanzierte Warengeschäfte, Dienstleistungen und Investitionen werden zurückgestellt und Lagerbestände nicht mehr aufgestockt, sondern eher abgebaut. Die Investitionsgüter-nachfrage sinkt. Auch die Zahl der Beschäftigten kann abnehmen. Die gesamtwirtschaftliche Nachfrage geht zurück. **Die privaten Haushalte** haben weniger Einkommen zur Verfügung. Abnehmende oder auch ganz ausfallende Einkommen führen ten-denziell zu einer Konsumeinschränkung. Betrachten die privaten Haushalte ihre Einkommenssituation als instabil, erhöhen sie die Sparquote. Die Nachfrage nach Konsumgütern stagniert oder sinkt. **Beim Staat** wirkt sich eine instabile bzw. rückläufige Wirtschafts-entwicklung negativ auf die Einnahmen- und Ausgabenseite aus. Ausgaben können steigen, weil z.B. durch eine zunehmende Zahl an Erwerbslosen zusätzliche Sozialleistungen übernommen wer-den müssen und der Zuschuss zum Haushalt der Bundesanstalt für Arbeit erhöht werden muss. Da Beschäftigungslose keine bzw. we-niger Steuern und Abgaben zahlen, ermäßigen sich die Einnah-men. Eine sinkende Investitions- und Konsumneigung lässt das Umsatzsteueraufkommen sinken. Darüber hinaus belastet ein stei-gendes Zinsniveau den Staat bei der Aufnahme von Krediten bzw. bei der Umschuldung.
Voraus-setzun-gen für den Erfolg der Maß-nahme:	**Die Banken** müssen ihre Kreditzinsen erhöhen. **Unternehmen** müssen von Investitionen absehen und bereits geplante Investitionsvorhaben zurückstellen. **Die privaten Haushalte** dürfen ihre Nachfrage nicht ausweiten. Da sie über weniger Einkommen verfügen, sollte die Konsumquote abnehmen. **Der Staat** darf die beabsichtigte Wirkung nicht durch steuerpoliti-sche oder haushaltspolitische Entscheidungen zunichte machen.

▶ Warum können Außen-handelsüberschüsse eine Gefahr für die Preisstabilität dar-stellen?

▶ Welche anderen Instru-mente hätte die EZB in diesem Fall einsetzen können, um eine Ausweitung der Geld-menge M3 zu ver-hindern?

▶ Der Zinssatz für Investitionskredite ist eine Bestimmungs-größe für Investitions-entscheidungen. Welche weiteren Bestimmungsgrößen be-einflussen Investitions-entscheidungen?

Strukturwissen

- **Ziel der Geldpolitik** ist **Preisstabilität**. Preisstabilität liegt vor, wenn sich das Preisniveau nicht oder höchstens bis zu 2 % ändert.

- **Preisstabilität** wird über die **Stabilität der Kaufkraft** gemessen. Maßstab der EZB ist der Harmonisierte Verbraucherpreisindex (HVPI) für das Euro-Währungsgebiet.

- **Störungen der Preisstabilität** ergeben sich durch **Ungleichgewichte zwischen gesamtwirtschaftlicher Nachfrage und gesamtwirtschaftlichem Angebot.**

- **Träger der Geldpolitik** sind die **Europäische Zentralbank (EZB) und das Europäische System der Zentralbanken (ESZB).** Solange noch nicht alle 15 Teilnehmerländer der Europäischen Wirtschafts- und Währungsunion (WWU) den Euro eingeführt haben, bilden die nationalen Zentralbanken der 11 Euroteilnehmer das **Eurosystem.** Geldpolitische Beschlüsse gelten jeweils nur für die Mitglieder des Eurosystems.

- **Steuerungsgröße der Geldpolitik ist die Geldmenge M3.**

- **Die Umsetzung der geldpolitischen Operationen** des Eurosystems erfolgt über die Geschäftspartner des Eurosystems. Hierzu gehören alle Institutionen, die der EZB-Mindestreservepflicht unterliegen.

Berechnung der Geldmenge M3 im Euro-Währungsgebiet

Bargeldumlauf
+ Sichteinlagen, Termineinlagen mit vereinbarter Laufzeit bis zu 2 Jahren sowie Spareinlagen mit vereinbarter Kündigungsfrist von 3 Monaten
+ Repogeschäfte
+ Geldmarktfondsanteile und -papiere
+ von monetären Finanzinstituten ausgegebene Schuldverschreibungen mit einer Ursprungslaufzeit von weniger als 2 Jahren

---

Störungen der Preisstabilität

Inflation

- Die nachfragewirksame Geldmenge übersteigt das gesamtwirtschaftliche Angebot an Gütern und Dienstleistungen.
- Ursachen der Inflation können sein
  → überproportional steigende Nachfrage (nachfrageinduzierte Inflation),
  → überproportional steigende Kosten oder Gewinne (angebotsinduzierte Inflation),
  → überproportionale Ausweitung der Geldmenge (monetär induzierte Inflation).
- Folgen der Inflation sind Kaufkraftverluste, Wohlstandseinbußen, Arbeitslosigkeit.

Deflation

- Das gesamtwirtschaftliche Angebot an Gütern und Dienstleistungen übersteigt die nachfragewirksame Geldmenge.
- Ursachen der Deflation können sein
  → überproportionale Kürzungen von Konsum- und Investitionsausgaben, Verluste von Auslandsmärkten (nachfrageinduzierte Deflation),
  → überproportionale Kapazitätsausweitungen der Unternehmen, Lohnzuwächse unter dem Produktivitätszuwachs (angebotsinduzierte Deflation),
- Folgen der Deflation sind Kaufkraftgewinne, Arbeitslosigkeit, Wohlstandseinbußen.

Arten der Inflation

nach der Erscheinungsform

offene Inflation

Merkmal:
• offene Preissteigerungen

verdeckte Inflation

Merkmale:
• Preisstopp
• Zuteilung/Rationierung
• Schwarzmärkte

nach der Entstehung

nachfrageinduzierte Inflation

Merkmal:
Preissteigerungen durch
– überhöhte Konsumnachfrage finanziert aus Entsparen oder Konsumkreditaufnahme (Konsuminflation)
– überhöhte Investitionsgüternachfrage finanziert durch Kreditaufnahme (Kreditinflation)
– überhöhte Staatsnachfrage (Ausgabeninflation)

angebotsinduzierte Inflation

Merkmal:
Preissteigerungen durch
– übermäßige Lohnkostenerhöhungen (Lohnkosteninflation) übermäßige Steuererhöhungen (Steuerkosteninflation)
– übermäßige Preissteigerungen für Importgüter (importierte Inflation)
– übermäßige Erhöhung von Gewinnmargen auf oligopolistischen oder monopolistischen Märkten (Gewinninflation)

nach der Geschwindigkeit der Geldentwertung

schleichende Inflation

Merkmal:
• stetige jährliche Preisniveausteigerungen zwischen 2 und 5 Prozent

galoppierende Inflation

Merkmal:
• sprunghafte Preissteigerungen

Instrumente der Geldpolitik

Offenmarktgeschäfte

Käufe und Verkäufe von Wertpapieren durch die EZB bzw. NZB am offenen Markt

EZB kauft Wertpapiere
↓
Wirkung Geldmenge steigt

EZB verkauft Wertpapiere
↓
Wirkung Geldmenge sinkt

Ständige Fazilitäten

Kurzfristkredite (Refinanzierungsfazilität) oder verzinsliche Kurzfristeinlagen (Einlagefazilität) für Geschäftspartner bei den nationalen Zentralbanken

Geschäftspartner nehmen kurzfristige Kredite auf
↓
Wirkung Geldmenge steigt

Geschäftspartner legen Gelder kurzfristig verzinslich an
↓
Wirkung Geldmenge sinkt

Mindestreserven

Guthaben, die Kreditinstitute bei den nationalen Zentralbanken als Pflichteinlagen unterhalten müssen.

EZB senkt Mindestreservesätze
↓
Wirkung Geldmenge steigt

EZB erhöht Mindestreservesätze
↓
Wirkung Geldmenge sinkt

Geldpolitische Operationen des Eurosystems					
Geldpolitische Geschäfte	**Maßnahmen zur**		**Laufzeit**	**Rhythmus**	**Verfahren**
	Liquiditäts-bereitstellung	**Liquiditäts-abschöpfung**			
Offenmarktgeschäfte					
Hauptrefinan-zierungs-instrument	Befristete Transaktion	–	Zwei Wochen	Wöchentlich	Standard-tender
Längerfristige Refinanzie-rungs-geschäfte	Befristete Transaktion	–	Drei Monate	Monatlich	Standard-tender
Feinsteue-rungs-operationen	Befristete Transaktionen, Devisenswaps	Devisenswaps, Hereinnahme von Termin-einlagen Befristete Transaktion	Nicht standardisiert	Unregelmäßig	Schnelltender, Bilaterale Geschäfte
	Definitive Käufe	Definitive Verkäufe	–	Unregelmäßig	Bilaterale Geschäfte
Strukturelle Operationen	Befristete Transaktionen	Emission von Schuldver-schreibungen	Standardisiert/ nicht standardisiert	Regelmäßig und Unregelmäßig	Standard-tender
	Definitive Käufe	Definitive Verkäufe	–	Unregelmäßig	Bilaterale Geschäfte
Ständige Fazilitäten					
Spitzenrefi-nanzierungs-fazilität	Befristete Transaktionen	–	Über Nacht	Inanspruchnahme auf Initiative der Geschäftspartner	
Einlage-fazilität	–	Einlagen-annahme	Über Nacht	Inanspruchnahme auf Initiative der Geschäftspartner	

Quelle: Europäische Zentralbank, Die einheitliche Geldpolitik in Stufe 3 – Allgemeine Regelungen für die geldpolitischen Instrumente und Verfahren des ESZB, September 1998.

Aufgaben

1 Warum spricht man im Euro-Währungsgebiet von einem harmonisierten Verbraucherpreisindex?

2 Von welchen Faktoren hängt die Genauigkeit der Inflationsmessung ab?

3 Wie wird Preisstabilität im Eurosystem definiert?

4 Der Staat kann Preissteigerungen durch den Erlass eines Preisstopps unterdrücken. Welche Folgen können sich hieraus für das Warenangebot ergeben?

5 Ein Kreditinstitut nimmt eine Bareinzahlung von 1000 Euro entgegen.
   a) Ermitteln Sie den Geldschöpfungsmultiplikator, wenn der Liquiditätsreservesatz 8 % beträgt.
   b) Wie hoch ist die maximale Giralgeldschöpfungsmöglichkeit in diesem Fall?

6 Beschreiben Sie, wie eine abnehmende Barzahlungsbereitschaft auf die Möglichkeit der Giralgeldschöpfung wirkt.

7 Begründen Sie, warum die EZB sich zur Festsetzung eines Referenz*wertes* anstatt eines Referenz*korridors* für das Geldmengenwachstum entschlossen hat.

8 Beschreiben Sie Fälle, in denen die EZB eine strukturelle Liquiditätsverknappung anstrebt.

9 Begründen Sie, warum die Mindestreserve zu einer Stabilisierung der Geldmarktsätze führt.

10 Das Mindestreservesystem der EZB ermöglicht den Kreditinstituten die Durchschnittserfüllung, d. h. das Mindestreserve-Soll muß erst zum Ende der Erfüllungsperiode im Durchschnitt erfüllt sein.

Begründen Sie, warum die Volatilität des Tagesgeldsatzes in der Regel am letzten Tag der Erfüllungsperiode höher sein wird, als im Durchschnitt der Erfüllungsperiode.

11 Betrachten Sie die folgende Marktsituation:

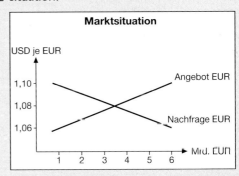

   a) Was bedeutet es, wenn sich der Kurs des Euro gegen US-Dollar im Vergleich zum Gleichgewichtskurs dauerhaft nach oben bzw. nach unten entwickelt?
   b) Erläutern Sie, welche Kurssituation für ein exportorientiertes Mitgliedsland des Eurosystems vorteilhaft ist.
   c) Stellen Sie dar, wie sich eine verstärkte Fakturierung der Warenexporte in Dollar auswirkt.
   d) Welche Maßnahmen müsste die EZB ergreifen, wenn sie die Entwicklung des Euro gegen US-Dollar als negativ für die Preisstabilität ansieht?

12 Die Europäische Kommission hat zur Erreichung von Haushaltsdisziplin ein Regelwerk erlassen, das auch Sanktionsmaßnahmen zulässt.
   a) Welche Referenzwerte wurden zur Beurteilung einer nachlassenden Haushaltsdisziplin vereinbart?
   b) Welche Sanktionsmaßnahmen können gegen Mitgliedsstaaten erlassen werden, die gegen die Haushaltsdisziplin verstoßen?

5 Ausgeglichener Staatshaushalt

Steigende Verschuldung der Gebietskörperschaften

Finanzielle Entwicklung der Gebietskörperschaften (Bund, Länder, Gemeinden) und der Sozialversicherungen (Zahlen in Mrd. DM)

Position		1995	1996	1997	1998
GEBIETSKÖRPERSCHAFTEN					
Ausgaben	• Personalausgaben	370,3	372	372,5	374
	• Laufender Sachaufwand	158,4	160	159	106,5
	• Transferausgaben	360,7	353,5	347,5	366
	• Zinsausgaben	129,1	130	132,5	134
	• Sachinvestitionen	96,9	92	89	86,5
	• Finanzierungshilfen	82	75,5	73	74,5
Insgesamt		1 201,1	1 186	1 174,5	1 199
Einnahmen	• Steuereinnahmen	814,4	799,5	797	833
	• Sonstige Einnahmen	280,3	271,5	289	315
Insgesamt		1 090,8	1 066	1 078,5	1 141,5
Defizit (-)		– 110,3	– 120,5	– 96	– 57,5
SOZIALVERSICHERUNGEN					
Ausgaben		753,3	797	807,5	821,5
Einnahmen		744,4	786,5	812,5	826
Überschuss (+) bzw. Defizit (-)		– 8,9	– 10,5	+ 5,5	+ 5
Verschuldung der Gebietskörperschaften am Jahresende		1 999	2 130	2 221	2 282,5
Bruttoinlandsprodukt in jeweiligen Preisen		3 459,6	3 541,5	3 641,8	3 758,1

Quellen: Geschäftsberichte und Monatsberichte der Deutschen Bundesbank

Handlungsaufträge

1 ► Erläutern Sie die Entwicklung der Staatausgaben und Staatseinnahmen in den Jahren 1995 bis 1998.

2 ► Wie werden die Steuereinnahmen auf Bund, Länder und Gemeinden verteilt?

3 ► Der Finanzwissenschaftler A. Wagner hat das „Gesetz der wachsenden Staatsausgaben" formuliert. Worin liegen die Ursachen dafür, dass in Deutschland die Staatsquote (Anteil der Staatsausgaben am Bruttoinlandsprodukt) derzeit rund 50% beträgt?

4 ► Beschreiben Sie die Wirkungen einer Einkommensteuerheraufsetzung
a) auf die Steuerzahler,
b) auf die Märkte für Konsumgüter,
c) auf die öffentlichen Haushalte.

5 ► Das Grundgesetz verbietet eine übermäßige Schuldenaufnahme durch den Staat. Begründen Sie diese Vorgabe.

6 ► Welche negativen Auswirkungen können mit einer hohen Staatsverschuldung verbunden sein?

7 ► Voraussetzung für die Teilnahme an der Einführung des Euro war eine Staatsverschuldung von höchstens 60% des Bruttoinlandsprodukts. Wie lässt sich diese Messzahl begründen?

5.1 Haushaltsgleichgewicht als Ziel der Wirtschaftspolitik

Art. 110 GG schreibt einen ausgeglichenen Staatshaushalt vor. Da die Staatsausgaben nicht nur mit Steuern, Beiträgen und Erwerbseinkünften, sondern auch durch Kreditaufnahmen finanziert werden, ist bei der jährlichen Aufstellung des Haushaltes ein Gleichgewicht zwischen Einnahmen und Ausgaben gegeben.

Bund, Länder und Gemeinden nehmen Jahr für Jahr Kredite auf, um den Haushalt auszugleichen. Dies hat dazu geführt, dass die Staatsverschuldung in den letzten Jahrzehnten ständig zugenommen hat.

▶ Beurteilen Sie, ob man die Verschuldung des Staates mit der Verschuldung von Unternehmen vergleichen kann.

5.2 Staatliche Aktivität in der sozialen Marktwirtschaft

Staatliche Aufgaben in der sozialen Marktwirtschaft	
• Stabilisierungsaufgabe	Erreichung der gesamtwirtschaftlichen Ziele Vollbeschäftigung, Preisniveaustabilität, stetiges und angemessenes Wirtschaftswachstum und außenwirtschaftliches Gleichgewicht durch finanzpolitische Maßnahmen
• Verteilungsaufgabe	Korrektur der im Marktprozess erzielten Einkommen und Vermögen durch Maßnahmen der Verteilungspolitik, um sozialpolitisch unerwünschte Fehlentwicklungen zu vermeiden
• Lenkungsaufgabe	Lenkung der Produktionsfaktoren in die Produktion privater Güter (Markt) und öffentlicher Güter (Staat) durch steuerpolitische Maßnahmen

▶ Durch welche sozial- und steuerpolitischen Maßnahmen wird in Deutschland eine Umverteilung von Einkommen und Vermögen vorgenommen?

Die Tätigkeiten des Staates haben seit Beginn der Industrialisierung erheblich zugenommen. Der deutsche Nationalökonom Wagner sprach in diesem Zusammenhang vom „Gesetz wachsender Staatstätigkeit und Staatsausgaben".

LERNTIPP:

Führen Sie eine Pro- und Contra-Diskussion, ob das Gesetz wachsender Staatsausgaben durchbrochen werden kann.

5.3 Aufgabenverteilung zwischen den Gebietskörperschaften

Zu den Gebietskörperschaften zählen Bund, Länder und Gemeinden sowie die Sozialversicherungen (Rentenversicherung, Arbeitslosenversicherung, Krankenversicherung, Pflegeversicherung, Unfallversicherung). Die Sozialversicherungen gehören allerdings nicht zum Staatshaushalt, da sie einen eigenen Etat verwalten und nur in bestimmten Fällen Zuschüsse aus dem Bundeshaushalt erhalten. Die Aufgabenverteilung zwischen Bund, Ländern und Gemeinden ergibt sich aus dem Grundgesetz:

• Gemäß Art. 28 GG muss den **Gemeinden** das Recht gegeben sein, alle Angelegenheiten der örtlichen Gemeinschaft in eigener Verantwortung zu regeln.

• Nach Art. 30 GG sind die **Länder** grundsätzlich für alle staatlichen Aufgaben zuständig, die nicht ausdrücklich dem Bund eingeräumt wurden.

• Der **Bund** ist für Aufgaben zuständig, die das gesamte Staatsgebiet betreffen.

5.4 Staatshaushalt

5.4.1 Haushaltsplan

▶ Welches ist die größte Ausgabenposition des Bundeshaushalts?

Bund, Länder und Gemeinden stellen Haushaltspläne auf, in denen die geplanten Ausgaben und Einnahmen einander gegenübergestellt werden. **Ein Haushaltsplan gliedert systematisch die geplanten Ausgaben und die zu ihrer Deckung erforderlichen Einnahmen.**

▶ Welche Aufgaben des Bundes lassen sich aus dem Haushaltsplan ablesen?

Ausgaben und Einnahmen des Bundes gemäß Haushaltsplan 1998	
Ausgaben	**in Mio.DM**
• Bundespräsidialamt	42,4
• Deutscher Bundestag	977,1
• Bundesrat	26,6
• Bundeskanzleramt	996,2
• Auswärtiges Amt	3 532,3
• Inneres	8 700,7
• Justiz	691,3
• Finanzen	7 888,7
• Wirtschaft	16 145,7
• Ernährung, Landwirtschaft und Forsten	11 537,4
• Arbeit und Sozialordnung	150 379,6
• Verkehr	42 590,5
• Verteidigung	46 679,5
• Gesundheit	718,2
• Umwelt, Naturschutz und Reaktorsicherheit	1 212,4
• Familie, Senioren, Frauen und Jugend	11 720,3
• Bundesverfassungsgericht	29,0
• Bundesrechnungshof	116,0
• Wirtschaftliche Zusammenarbeit und Entwicklung	7 665,6
• Raumordnung, Bauwesen und Städtebau	11 249,1
• Bildung, Wissenschaft, Forschung und Technologie	14 928,4
• Bundesschuld	82 094,7
• Versorgung	16 204,6
• Allgemeine Finanzverwaltung	20 674,0
Gesamtsumme der Ausgaben	**456 800,0**
Einnahmen	
• Steuern	331 800,0
• Sonstige Einnahmen	68 600,0
• Nettokreditaufnahme	56 400,0
Gesamteinnahmen	**456 800,0**

▶ Was verbirgt sich hinter der Position Bundesschuld?

▶ Beschaffen Sie sich die Haushaltspläne der letzten drei Jahre Ihrer Gemeinde, und vergleichen Sie die Entwicklung der Einnahmen und Ausgaben.

Quelle: Der Bundeshaushalt, hrsg. vom Bundesministerium der Finanzen, Bonn 1998

5.4.2 Haushaltsgrundsätze

Bei der Aufstellung und beim Vollzug des Haushalts sind bestimmte Grundsätze zu beachten, die nach dem Haushaltsgrundsätzegesetz für Bund, Länder und Gemeinden gelten, zum Beispiel

- **Öffentlichkeit:** Jeder Bürger hat das Recht, in den Haushaltsplan Einblick zu nehmen. Dadurch soll sichergestellt werden, dass alle Phasen des Haushaltskreislaufs öffentlich vollzogen werden.

- **Sparsamkeit und Wirtschaftlichkeit:** Sparsamkeit bedeutet, dass immer zunächst geprüft werden muß, ob die Ausgaben notwendig sind. Wirtschaftlichkeit stellt auf ein möglichst günstiges Verhältnis zwischen Zweck und Mitteleinsatz ab.

- **Vollständigkeit:** Alle voraussichtlichen Einnahmen und Ausgaben sind im Haushaltsplan auszuweisen.

- **Jährlichkeit:** Für jedes Haushaltsjahr (= Kalenderjahr) ist ein Haushaltsplan aufzustellen.

- **Ausgleich:** Es darf keine Deckungslücken bei der Finanzierung der veranschlagten Ausgaben geben.

ERLÄUTERUNG:

Als Phasen des Haushaltskreislaufs werden Aufstellung, Vollzug, Kontrolle und Entlastung unterschieden.

5.4.3 Mittelfristige Finanzplanung

Gemäß § 9 des Stabilitätsgesetzes ist dem Bundeshaushalt eine fünfjährige Finanzplanung zugrunde zu legen. In dieser mittelfristigen Finanzplanung sind die voraussichtlichen Ausgaben und ihre Deckungsmöglichkeiten darzustellen. Dabei sind gesamtwirtschaftliche Daten wie Konjunkturentwicklung, Lohnentwicklung, Preisentwicklung usw. zu berücksichtigen. Der Finanzplan wird jährlich überprüft und im Hinblick auf die Entwicklung der volkswirtschaftlichen Rahmendaten aktualisiert.

§ 50 Haushaltsgrundsätzegesetz: Verfahren bei der Finanzplanung:

(1) Bund und Länder legen ihrer Haushaltswirtschaft je für sich eine fünfjährige Finanzplanung zugrunde (§ 9 Abs. 1 und § 14 Stabilitätsgesetz).

(2) Das erste Planungsjahr der Finanzplanung ist das laufende Haushaltsjahr.

(3) Der Finanzplan (§ 9 Abs. 2 Stabilitätsgesetz) ist den gesetzgebenden Körperschaften spätestens im Zusammenhang mit dem Entwurf des Haushaltsgesetzes für das nächste Haushaltsjahr vorzulegen. Die gesetzgebenden Körperschaften können die Vorlage von Alternativrechnungen verlangen.

(4) Im Finanzplan sind die vorgesehenen Investitionsschwerpunkte zu erläutern und zu begründen.

(5) Den gesetzgebenden Körperschaften sind die auf der Grundlage der Finanzplanung überarbeiteten mehrjährigen Investitionsprogramme vorzulegen (§ 10 Stabilitätsgesetz).

(6) Die Planung nach § 11 Satz 1 des Stabilitätsgesetzes ist für Investitionsvorhaben des dritten Planungsjahres in ausreichendem Umfang so vorzubereiten, dass mit ihrer Durchführung kurzfristig begonnen werden kann.

(7) Die Regierung soll rechtzeitig geeignete Maßnahmen treffen, die nach der Finanzplanung erforderlich sind, um eine geordnete Haushaltsentwicklung unter Berücksichtigung des voraussichtlichen gesamtwirtschaftlichen Leistungsvermögens in den einzelnen Planungsjahren zu sichern.

▶ Der Bund der Steuerzahler untersucht ständig die Verschwendung von öffentlichen Geldern. Welche Beispiele öffentlicher Verschwendung können Sie nennen?

▶ Vergleichen Sie die Finanzplanung des Bundes mit der Finanzplanung von Unternehmen.

▶ Erläutern Sie kurz den Ablauf der Finanzplanung.

▶ Begründen Sie, warum es sinnvoll ist, dass die gesetzgebenden Körperschaften Alternativrechnungen verlangen können.

▶ Beurteilen Sie, inwiefern die Haushaltsentwicklung von der gesamtwirtschaftlichen Entwicklung beeinflusst wird.

5.5 Staatseinnahmen

5.5.1 Steuern

Steuern sind einmalige oder laufende Zwangsabgaben, die vom Staat ohne direkte Gegenleistung erhoben werden.

■ Einteilung der Steuern

▶ Beschreiben Sie den Unterschied zwischen direkten und indirekten Steuern am Beispiel von Einkommersteuer und Umsatzsteuer.

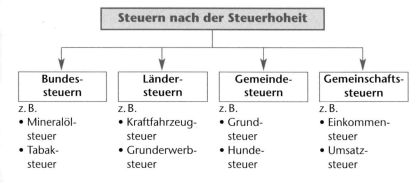

```
                    Steuern nach der Steuerhoheit

    Bundes-          Länder-          Gemeinde-        Gemeinschafts-
    steuern          steuern          steuern          steuern
    z. B.            z. B.            z. B.            z. B.
    • Mineralöl-     • Kraftfahrzeug- • Grund-         • Einkommen-
      steuer           steuer           steuer          steuer
    • Tabak-         • Grunderwerb-   • Hunde-         • Umsatz-
      steuer           steuer           steuer          steuer
```

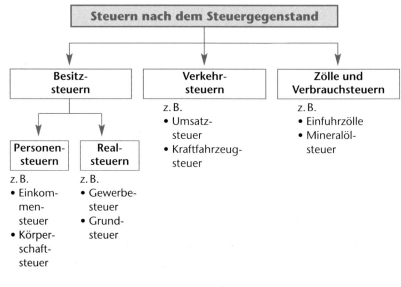

```
                    Steuern nach dem Steuergegenstand

    Besitz-                          Verkehr-          Zölle und
    steuern                          steuern           Verbrauchsteuern
                                     z. B.            z. B.
                                     • Umsatz-        • Einfuhrzölle
    Personen-        Real-             steuer          • Mineralöl-
    steuern          steuern         • Kraftfahrzeug-   steuer
    z. B.            z. B.             steuer
    • Einkom-        • Gewerbe-
      men-             steuer
      steuer         • Grund-
    • Körper-          steuer
      schaft-
      steuer
```

• *für abzugsfähige Steuern:*
 – *Gewerbesteuer*
 – *Kraftfahrzeugsteuer*
• *für nicht abzugsfähige Steuern:*
 – *Körperschaftsteuer*
 – *Einkommensteuer*

Betriebswirtschaftlich wichtig ist die Frage der Abzugsfähigkeit der gezahlten Steuern bei der Gewinnermittlung.

Abzugsfähige Steuern sind gewinnmindernde Ausgaben (Betriebsausgaben). Sie sind im Allgemeinen in die Verkaufspreise mit einkalkuliert.

Nicht abzugsfähige Steuern sind aus dem Gewinn zu zahlen. Sie können steuerlich nicht als Betriebsausgaben von den Erlösen abgesetzt werden.

■ Verteilung der Steuern auf die Gebietskörperschaften

Die Steuereinnahmen werden auf Bund, Länder und Gemeinden verteilt. In Art. 106 GG ist genau geregelt, welche Steuern Bund, Länder und Gemeinden erhalten (Trennsystem). Zusätzlich findet ein **Finanzausgleich** bei den Gemeinschaftssteuern zwischen Bund, Ländern und Gemeinden statt (Verbundsystem). Überdies beteiligen die Länder ihre Gemeinden und Gemeindeverbände über den kommunalen Finanzausgleich an ihren Steuereinnahmen (**vertikaler Finanzausgleich**). Lediglich bei der Aufteilung der Einkommensteuer kann der Bund als zuständiger Gesetzgeber den Gemeindeanteil festlegen.

▶ Informieren Sie sich in Art. 106 GG. Erstellen Sie eine strukturierte Übersicht.

Der **horizontale Finanzausgleich** bezieht sich auf den finanziellen Ausgleich zwischen gleichgeordneten Gebietskörperschaften. Er findet zwischen den Ländern und auch zwischen den Gemeinden eines Gemeindeverbandes statt. Art. 107 Abs. 2 GG sieht die Aufgabe des horizontalen Länderfinanzausgleichs darin, die Steuerverteilung unter den Ländern durch angemessene Ausgleichszahlungen der finanzstarken und finanzschwachen Länder zu korrigieren.

▶ Stellen Sie fest, welche Länder Leistungen aus dem horizontalen Finanzausgleich erhalten.

Ziel des horizontalen Finanzausgleichs zwischen den Ländern ist eine Angleichung der Lebensverhältnisse im gesamten Bundesgebiet.

5.5.2 Andere Staatseinnahmen

Andere Staatseinnahmen sind

* **Beiträge**
  Beiträge sind Abgaben, die von jedem erhoben werden, dem ein dauernder Vorteil aus einer öffenlichen Einrichtung geboten wird, unabhängig davon, wie intensiv dieser Vorteil in Anspruch genommen wird.

Beiträge:
– Straßenanliegerbeiträge
– Fehlbelegungsabgabe

* **Gebühren**
  Gebühren werden für besondere Einzelleistungen der öffentlichen Hand erhoben.

Gebühren:
– Parkgebühren
– Müllabfuhrgebühren

* **Erwerbseinkünfte der öffentlichen Hand**
  Erwerbseinkünfte der öffentlichen Hand sind Erträge, die in Unternehmen erzielt werden, an denen der Staat beteiligt ist oder die sich vollständig in seinem Besitz befinden.

* **Kreditaufnahmen**
  Wenn die Staatsausgaben größer als die Staatseinnahmen sind, muss der Staat zum Haushaltsausgleich Kredite aufnehmen.

5.6 Staatsausgaben

Aus den Einnahmen, die Bund, Ländern und Gemeinden zufließen, werden die Staatsausgaben bestritten. Bund, Ländern und Gemeinden sind nach dem Grundgesetz bestimmte Aufgaben zugewiesen.

ERLÄUTERUNG:

Art. 104a GG: Der Bund und die Länder tragen gesondert die Ausgaben, die sich aus der Wahrnehmung ihrer Aufgaben ergeben, soweit dieses Grundgesetz nichts anderes bestimmt.

Zu den Staatsausgaben gehören:

Transformationsausgaben, d.h. Zahlungen für Güter und Dienstleistungen, z. B.
- Lohn- und Gehaltszahlungen,
- Sachausgaben für Büroleistungen,
- Ausgaben für öffentliche Investitionen, z. B. Straßen, Schulen.

Transferausgaben, d.h. Zahlungen, die ohne Gegenleistung erfolgen, z. B.
- Kindergeld,
- Wohngeld.

5.7 Staatsverschuldung

1995 hatte die Verschuldung der Gebietskörperschaften bereits zwei Billionen DM überschritten, wovon der Bund einschließlich des Fonds Deutsche Einheit, des Kreditabwicklungsfonds (Übernahme von Schulden aus dem früheren DDR-Staatshaushalt sowie von Verbindlichkeiten gegenüber dem Ausgleichsfonds „Währungsumstellung") sowie des ERP-Sondervermögens einen Anteil von rund einer Billion DM hatte.

Der Kreditaufnahme des Bundes sind rechtliche Grenzen gesetzt. **Gemäß Art. 115 GG darf die Kreditaufnahme des Bundes die Summe der im Haushaltsplan veranschlagten Investitionen nicht überschreiten.** Durch diese Vorschrift soll dem Missbrauch von staatlicher Verschuldung entgegengewirkt werden. Ausnahmen sind zulässig, wenn das gesamtwirtschaftliche Gleichgewicht bedroht ist. Zudem ist im Gesetz zur Förderung der Stabilität und des Wachstums der Wirtschaft eine Ermächtigung zur zusätzlichen Kreditaufnahme enthalten, um eine antizyklische Finanzpolitik zu ermöglichen.

Eine wachsende Verschuldung durch Nettokreditaufnahmen birgt u.a. folgende **Gefahren**:

- Ein immer größerer Teil der Staatseinnahmen wird für den Kapitaldienst, d.h. für Zins- und Tilgungsleistungen verwendet. Damit nimmt der finanzpolitische Gestaltungsspielraum des Staates ab.

- Zukünftige Generationen werden mit Zins- und Tilgungsleistungen belastet. Staatliche Konsumausgaben der Gegenwart werden mit Krediten finanziert, die später zur Rückzahlung fällig werden. Vor allem investive Maßnahmen (Bau von Schulen, Universitäten und Verkehrswegen) und Zukunftsaufwendungen (Forschungszuschüsse) können nicht mehr finanziert werden.

- Eine hohe Beanspruchung des Kapitalmarkts durch den Staat kann zu steigenden Zinsen führen. Dies kann zur Folge haben, dass die private Kreditnachfrage verdrängt wird (so genannter Crowding-out-Effekt) und damit die private Investitionstätigkeit rückläufig wird.

- Eine wachsende Staatsverschuldung gefährdet den Ruf der Bundesrepublik Deutschland als erstklassiger Schuldner.

Begründen Sie, warum das Grundgesetz die Kreditaufnahme des Bundes auf die Finanzierung von Investitionen begrenzt.

ERP = European Recovery Program
Es handelt sich um die Mittel des ehemaligen Marshallplans, die durch die Kreditanstalt für Wiederaufbau in Frankfurt verwaltet werden.

Bruttokreditaufnahme minus Tilgung
= Nettokreditaufnahme

Alter Schuldenstand plus Nettokreditaufnahme
= Neuer Schuldenstand

Prüfen Sie anhand der letzten drei Haushaltspläne Ihrer Gemeinde, welchen Anteil Zins- und Tilgungsleistungen an den Gesamtausgaben haben.

Welche Kriterien hinsichtlich des Schuldenstandes und der jährlichen Neuverschuldung mussten die Länder, die an der Europäischen Währungsunion teilnehmen, erfüllen?

5.8 Finanzpolitik

5.8.1 Unterschied zwischen Fiskalpolitik und Finanzpolitik

Aufgabe der Fiskalpolitik ist es, den Staatshaushalt durch Einnahmen und Ausgaben auszugleichen. Die Finanzpolitik hat die Aufgabe, zur gesamtwirtschaftlichen Steuerung des Wirtschaftsprozesses beizutragen. So dient beispielsweise die Erhöhung der Umsatzsteuer der Verbesserung der Einnahmen des Staatshaushalts, ist also Fiskalpolitik. Aus Sicht der Finanzpolitik ist eine solche Steuererhöhung problematisch, da die konjunkturellen Abschwungkräfte durch diese Schwächung der privaten Konsumnachfrage noch verstärkt werden.

Die Finanzpolitik verfolgt das Ziel der gesamtwirtschaftlichen Steuerung und Gestaltung des Wirtschaftsprozesses, während die Fiskal- oder Haushaltspolitik ausschließlich dem Ziel des Budgetausgleichs dient. Der Begriff der Finanzpolitik ist damit weitgehender als der Begriff der Fiskalpolitik. In der Literatur werden Finanz- und Fiskalpolitik häufig als synonyme Begriffe verwendet. Dies liegt daran, dass der englische Begriff „fiscal policy", der als Finanzpolitik zu interpretieren ist, falsch übersetzt wird.

▶ Beschreiben Sie eine Situation, in der eine fiskalpolitische Maßnahme zugleich auch finanzpolitischen Zielen dient.

5.8.2 Ziele der Finanzpolitik

Ziele der Finanzpolitik sind

- **Einnahmenerzielung**
  Bund, Länder und Gemeinden benötigen Einnahmen, um ihren Finanzbedarf zu decken. Steuern stellen dabei den größten Teil der Staatseinnahmen dar.

- **Förderung des Wirtschaftswachstums**
  Sofern die Produktionsfaktoren einer Volkswirtschaft ausgelastet sind, ist eine wachsende Produktion von Gütern und Dienstleistungen nur möglich, wenn die Produktionskapazitäten wachsen. Die Finanzpolitik kann z.B. durch Verbesserung der Abschreibungsmöglichkeiten privater Unternehmer dazu beitragen, dass die Investitionsnachfrage steigt und damit die Produktionsmöglichkeiten wachsen. Auch Investitionszulagen, die den wirtschaftlichen Strukturwandel in den neuen Bundesländern fördern, dienen wachstumspolitischen Zielsetzungen.

- **Einkommensumverteilung**
  Die gegebene Einkommensverteilung soll aus Gründen der sozialen Gerechtigkeit korrigiert werden. Dies geschieht durch einen progressiv gestalteten Einkommensteuertarif, Steuervergünstigungen (Freibeträge) und staatliche Transferzahlungen.

- **Sicherung der Stabilität der Wirtschaft**
  Das Stabilisierungsziel ist eng mit dem keynesianisch beeinflussten Gesetz zur Förderung der Stabilität und des Wachstums der Wirtschaft verbunden. Das Stabilitätsgesetz sieht einen antizyklischen Einsatz der Finanzpolitik vor. Dies bedeutet u.a., dass Einnahmen und Ausgaben im Hinblick auf die aktuelle Konjunkturlage variiert werden.

LERNTIPP:

Informieren Sie sich über die Szenariomethode im Methodenteil dieses Buches. Entwerfen Sie das Szenario eines schlanken Staates.

▶ Diskutieren Sie, wie ein gerechtes Steuersystem gestaltet sein müsste.

▶ Erläutern Sie den Aufbau des aktuellen Einkommensteuertarifs.

5.8.3 Instrumente der Finanzpolitik nach dem Stabilitätsgesetz

Maßnahmen des Stabilitätsgesetzes und ihr Einsatz		
Maßnahmen	**Hochkonjunktur**	**Rezession**
Steuern	Heraufsetzen der Einkommen- und Körperschaftsteuer um maximal 10 % für ein Jahr	Herabsetzen der Einkommen- und Körperschaftsteuer um maximal 10 % für ein Jahr
Abschreibungen und Investitionszulagen	Zeitweise Aussetzung der degressiven Abschreibung oder Fortfall von Sonderabschreibungen	Gewährung einer Investitionsprämie in Höhe von 7,5 % der Anschaffungs- oder Herstellungskosten eines Investitionsgutes
Konjunkturausgleichsrücklage	Zuführung von Finanzmitteln in die Konjunkturausgleichsrücklage	Entnahme von Finanzmitteln aus der Konjunkturausgleichsrücklage
Kreditaufnahme des Staates	Beschränkungen der Kreditaufnahme der öffentlichen Hand	Finanzierung zusätzlicher öffentlicher Ausgaben durch Kreditaufnahme
Investitionen des Staates	Verschiebung oder Zurückstellung öffentlicher Investitionen	Vorziehen geeigneter Investitionen (Investitions- und Beschäftigungsprogramme)

▶ Informieren Sie sich über die Brüning´sche Notverordnung im Jahr 1931. Es wird behauptet, dass diese Notverordnung die Rezession verschärft habe und damit Wegbereiter des Nationalsozialismus war. Stützen oder widerlegen Sie diese Behauptung.

5.8.4 Maßnahmen und Wirkungen der Finanzpolitik

■ Nachfrageorientierte Finanzpolitik

Die Konzeption der nachfrageorientierten Finanzpolitik ist wesentlich von den Erfahrungen mit der Weltwirtschaftskrise Anfang der 30er-Jahre des 20. Jahrhunderts beeinflusst worden. Wichtigster Grundsatz der öffentlichen Finanzpolitik bis zu diesem Zeitpunkt war, dass Einnahmen (Steuern, Beiträge, Gebühren) und Ausgaben des Staatshaushalts stets ausgeglichen sein müssen. Die als Folge der Weltwirtschaftskrise rückläufigen Steuereinnahmen zwangen deshalb den Staat, seine Ausgaben entsprechend zu kürzen. Dadurch wurde die bereits bestehende Massenarbeitslosigkeit noch verstärkt.

Der britische Nationalökonom John Maynard Keynes entwickelte aus der Erfahrung mit der Weltwirtschaftskrise seine makroökonomische Theorie. In der Rezession, so die Analyse Keynes, fehlt es an privater Konsum- und Investitionsnachfrage. Angesichts nicht ausgelasteter Kapazitäten werden

Unternehmen kaum investieren. Dieses Verhalten ist aus betriebswirtschaftlicher Sicht vernünftig; gesamtwirtschaftlich wirkt es jedoch verhängnisvoll, da die konjunkturellen Abschwungkräfte sich verstärken. Aus dieser so genannten „Rationalitätsfalle" kann nur der Staat herausführen. Er kann, ohne wie ein Unternehmer auf Rentabilität achten zu müssen, seine Nachfrage erhöhen, um fehlende private Nachfrage zu ersetzen. Reichen seine finanziellen Mittel nicht aus, muss er sich vorübergehend am Kapitalmarkt verschulden. Umgekehrt soll sich dagegen der Staat im Boom zurückhalten. Steigende Steuereinnahmen sollen für einen Abbau der Staatsschulden benutzt werden. Haushaltsüberschüsse sollen in eine Konjunkturausgleichsrücklage überführt werden.

Die antizyklische Finanzpolitik wurde in Deutschland von 1967 bis Ende der 70er-Jahre praktiziert. Sie basierte auf dem im Stabilitätsgesetz vorgesehenen Instrumentarium. 1967 reichte der Einsatz dieser Instrumente aus, um die erste Rezession der Bundesrepublik Deutschland mit 500.000 Arbeitslosen zu überwinden. Karl Schiller, der damalige Bundeswirtschaftsminister und Initiator der antizyklischen Finanzpolitik, sprach von einem „Aufschwung nach Maß". Bei weiteren Konjunkturkrisen in den 70er-Jahren zeigte es sich, dass die nachfrageorientierte (antizyklische) Finanzpolitik viele Schwachstellen aufweist. In der durch den so genannten Ölpreisschock ausgelösten weltweiten Rezession 1974 stellte sich heraus, dass staatliche Ausgabenprogramme nicht geeignet waren, um aus einer durch Arbeitslosigkeit und Inflation geprägten Konjunkturkrise herauszuführen.

■ Angebotsorientierte Finanzpolitik

Im Unterschied zur antizyklischen Finanzpolitik geht die angebotsorientierte Finanzpolitik davon aus, dass durch die Marktkräfte eine langfristig stabile Entwicklung zu erreichen ist. Voraussetzung ist, dass der Staat sich weitgehend aus dem Marktprozess heraushält und stattdessen die Angebotskräfte durch Verbesserung der Rahmenbedingungen stärkt. Dies setzt eine Rückführung der Staatsquote und der hohen öffentlichen Verschuldung voraus. Dem Staat wird dabei lediglich die Aufgabe zugewiesen, durch Einsatz von finanzpolitischen Instrumenten die Investitionstätigkeit anzuregen, sodass Beschäftigung und Wachstum zunehmen. Als finanzpolitische Instrumente kommen z.B. Abschreibungserleichterungen und Innovationsförderung in Betracht.

Nachdem die Staatsquote zu Beginn der 80er Jahre in Deutschland bei rund 50 % gelegen hatte, konnte sie in den Folgejahren um einige Punkte gesenkt werden. Der nach der Wiedervereinigung für den Aufbau Ost notwendige finanzielle Ressourcentransfer hat dazu geführt, dass die Staatsquote in den 90er Jahren wieder anstieg und jetzt einen Anteil von über 50 % erreicht hat. Die Bedingungen des globalisierten Wettbewerbs zwingen jedoch den Staat, die Staatsquote zu senken. Die Globalisierung hat nicht nur den Wettbewerb zwischen international agierenden Unternehmen, sondern auch zwischen den Staaten verschärft, die bemüht sind, attraktive Standortbedingungen für global agierende Investoren zu bieten. Dies bedeutet, dass nicht nur Lohnzusatzkosten, sondern auch Unternehmenssteuern gesenkt werden müssen.

▶ Am Ende des Jahres 1998 betrug die Zahl der Arbeitslosen in Deutschland vier Millionen.

1. Stellen Sie anhand statistischer Daten fest, ob 1998 eine Rezession vorlag.
2. Auf welche Ursachen führen Sie die hohe Arbeitslosigkeit zurück?

LERNTIPP:

Informieren Sie sich in Kapitel 8 über die Probleme nachfrageorientierter Wirtschaftspolitik.

BEISPIELE:

– *Verminderung der Steuer- und Abgabenbelastung,*
– *Abbau gesetzlicher Reglementierungen,*
– *Abschreibungs- erleichterungen.*

Strukturwissen

- Zur **Fiskalpolitik** zählen alle staatlichen Maßnahmen zum Ausgleich des Staatshaushalts durch Einnahmen und Ausgaben, zur **Finanzpolitik** alle fiskalischen Maßnahmen, die darüber hinaus zur Förderung des Wirtschaftswachstums im Rahmen des gesamtwirtschaftlichen Gleichgewichts beitragen.

- Der **Unterschied zwischen Fiskal- und Finanzpolitik** besteht darin, dass Finanzpolitik das Ziel der gesamtwirtschaftlichen Steuerung und Gestaltung des Wirtschaftsprozesses verfolgt, während die Fiskal- oder Haushaltspolitik ausschließlich dem Ziel des Budgetausgleichs dient. Der Begriff der Finanzpolitik ist damit weitgehender als der Begriff der Fiskalpolitik.

- **Ziel der Fiskalpolitik** ist ein **ausgeglichener Staatshaushalt**, mit dem die Finanzierung der staatlichen Aufgaben sichergestellt werden kann. Staatsausgaben und -einnahmen sind im **Haushaltsplan** zu veranschlagen.

- **Haupteinnahmequelle des Staates sind Steuern.** Weitere Einnahmequellen sind Abgaben und Zölle, Gebühren und Erwerbseinkünfte, z.B. Gewinne aus staatlichen Beteiligungen an Unternehmen. Haushaltsrechtlich zählen auch Mittelzuflüsse aus Kreditaufnahmen zu den Einnahmen.

- **Die Kreditaufnahme** des Bundes darf die Summe der im Haushaltsplan veranschlagten **Investitionen nicht überschreiten**.

Aufgaben der Finanzpolitik		
Lenkungsaufgabe	**Verteilungsaufgabe**	**Stabilisierungsaufgabe**
• Erzielung von Einnahmen zur Finanzierung der staatlichen Aufgaben und zum Ausgleich des Staatshaushalts • Lenkung der Produktionsfaktoren in die Erzeugung öffentlicher und privater Güter	• Korrektur der am Markt erworbenen Einkommen und Vermögen aus sozialpolitischen Gründen • Erfüllung des Sozialstaatsauftrags	• Förderung und Unterstützung des Wirtschaftswachstums • Förderung und Unterstützung der Beschäftigung • Förderung strukturpolitischer Maßnahmen

Aufgaben und Steuern der Gebietskörperschaften		
Bund	**Länder**	**Gemeinden**
Aufgaben (Beispiele) • Soziale Sicherung • Verteidigung • Auswärtige Angelegenheiten • Verkehrswesen • Großforschung	• Kultur • Bildung (Schulen und Universitäten) • Gerichtsbarkeit • Polizei • Gesundheitswesen	• Sozialhilfe • Energie- und Wasserversorgung • Müll- und Abwasserentsorgung • Meldewesen
Steuern: (Beispiele) • Bundesanteil an Lohn-, Einkommen- und Körperschaftsteuer • Bundesanteil an Umsatzsteuer • Mineralölsteuer • Tabak- und Branntweinsteuer • Versicherungssteuer	• Länderanteil an Lohn-, Einkommen- und Körperschaftsteuer • Länderanteil an Umsatzsteuer • Erbschaftsteuer • Kraftfahrzeugsteuer • Grunderwerbsteuer	• Gemeindeanteil an Lohn- und Einkommensteuer • Gewerbesteuer • Getränkesteuer • Hundesteuer • Vergnügungssteuer

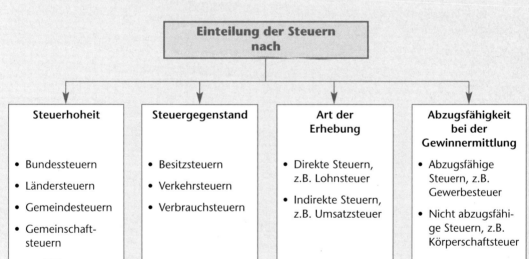

Einteilung der Steuern nach			
Steuerhoheit	**Steuergegenstand**	**Art der Erhebung**	**Abzugsfähigkeit bei der Gewinnermittlung**
• Bundessteuern • Ländersteuern • Gemeindesteuern • Gemeinschaftsteuern	• Besitzsteuern • Verkehrsteuern • Verbrauchsteuern	• Direkte Steuern, z.B. Lohnsteuer • Indirekte Steuern, z.B. Umsatzsteuer	• Abzugsfähige Steuern, z.B. Gewerbesteuer • Nicht abzugsfähige Steuern, z.B. Körperschaftsteuer

Aufgaben

1 Erläutern Sie, wie der Bundeshaushalt entsteht.

2 Vom Staat werden so genannte öffentliche Güter bereitgestellt. Beschreiben Sie, was unter öffentlichen Gütern – in Abgrenzung zu privaten Gütern – zu verstehen ist.

3 Für die Finanzierung seiner Aufgaben stehen dem Staat unter anderem zur Verfügung:
• Steuereinnahmen,
• Sozialabgaben,
• Zinseinnahmen,
• Mieten,
• Mittel aus der Aufnahme von Krediten.

Erläutern Sie, in welcher Rechtsposition der Staat seinen Bürgern jeweils gegenübertritt.

4 Diskutieren Sie das Für und Wider einer Benzinpreiserhöhung auf 5,00 DM je Liter.

5 Beschreiben Sie den Prozess der Entstehung des Finanzplans des Bundes.

6 Die wachsende Staatsverschuldung beruht vor allem darauf, dass längerfristig die Mittelabflüsse nicht durch entsprechende Mittelzuflüsse gedeckt werden können. Worin liegen die Ursachen dieser strukturellen Verschuldung?

7 Erläutern Sie den Unterschied zwischen Brutto- und Nettokreditaufnahme.

8 Die Privatisierung von Bundesunternehmen wird von Kritikern mit dem *„Verkauf des Tafelsilbers"* gleichgesetzt. Beurteilen Sie, ob diese Kritik berechtigt ist.

9 In letzter Zeit verlangen die so genannten Geberländer, vor allem Baden-Württemberg und Bayern, eine Änderung des bisherigen Länderfinanzausgleichs.

a) Erläutern Sie, wie der bisherige horizontale Finanzausgleich zwischen den Ländern stattfindet.
b) Welche Gründe nennen die Geberländer für eine Änderung?

10 Der Einsatz der Finanzpolitik für den Aufbau Ost zielte in den 90er-Jahren in starkem Maße darauf ab, die Versorgung der neuen Bundesländer mit Wohn- und Geschäftsräumen zu verbessern.
Zu diesem Zweck wurden den Investoren hohe Sonderabschreibungen eingeräumt. Beurteilen und begründen Sie, ob diese Maßnahme geeignet war, das angestrebte Ziel zu erreichen.

6 Außenwirtschaftliches Gleichgewicht

Überschüsse und Defizite in den Außenbilanzen

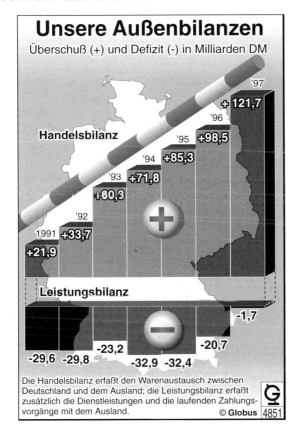

Unsere Außenbilanzen
Überschuß (+) und Defizit (-) in Milliarden DM

Handelsbilanz

'97 +121,7
'96
'95 +98,5
'94 +85,3
'93 +71,8
+60,3
'92
1991 +33,7
+21,9

Leistungsbilanz

-1,7
-23,2 -20,7
-29,6 -29,8 -32,9 -32,4

Die Handelsbilanz erfaßt den Warenaustausch zwischen Deutschland und dem Ausland; die Leistungsbilanz erfaßt zusätzlich die Dienstleistungen und die laufenden Zahlungsvorgänge mit dem Ausland.
© Globus 4851

Handlungsaufträge

1 Erläutern Sie die Entwicklung der Außenbilanzen.

2 Welche Auswirkungen hat ein starker Euro auf die Handelsbilanz der Bundesrepublik Deutschland?

3 Welche Folgen können chronische Außenhandelsdefizite für die Wirtschaft eines Landes haben?

4 Wie kann Störungen des außenwirtschaftlichen Gleichgewichts begegnet werden?

5 Untersuchen Sie die Vorzüge und die Gefahren
a) fester Wechselkurssysteme,
b) offener Floating-Systeme.

LERNTIPP:

Beschaffen Sie sich aktuelle Monatsberichte der Deutschen Bundesbank und der Europäischen Zentralbank.

Die Berichte enthalten stets umfangreiches statistisches Material zur außenwirtschaftlichen Situation und häufig auch Berichte zu Währungsfragen.

6.1 Außenwirtschaftliches Gleichgewicht als Ziel der Wirtschaftspolitik

▶ Erläutern Sie die Vorteile der internationalen Arbeitsteilung für die Bundesrepublik Deutschland.

▶ Beschreiben Sie mögliche Zielkonflikte mit anderen Zielen der Wirtschaftspolitik.

Das Stabilitäts- und Wachstumsgesetz fordert im Wirtschaftsverkehr mit dem Ausland ein Gleichgewicht zwischen den Zahlungseingängen und den Zahlungsausgängen. Als **Indikator** für das außenwirtschaftliche Gleichgewicht dient der **Außenbeitrag**, d.h. der Saldo aus Exporteinnahmen und Importausgaben im Güter- und Dienstleistungsverkehr.

Ist der Außenbeitrag positiv, erhöht er das Sozialprodukt, ist er negativ, vermindert er das Sozialprodukt. Mit den im Export verdienten Devisen müssen die Importe und gegebenenfalls die Übertragungen finanziert werden. Die Bundesregierung strebt daher einen ständigen positiven Außenbeitrag von durchschnittlich ein bis drei Prozent gemessen am **nominalen Bruttosozialprodukt** an.

 **ERLÄUTERUNG:**

Eine **zielorientierte Wirtschaftspolitik** benötigt neben Daten über die inländischen Güter- und Geldströme auch Daten über grenzüberschreitende Wirtschaftsvorgänge.

6.2 Die Erfassung des Wirtschaftsverkehrs mit dem Ausland

Alle Transaktionen des Waren-, Dienstleistungs- und Kapitalverkehrs zwischen In- und Ausländern innerhalb einer Wirtschaftsperiode werden **in der Zahlungsbilanz** bzw. in ihren Teilbilanzen erfasst.

▶ Warum ist es konjunkturpolitisch wichtig, dass sich die außenwirtschaftlichen Beziehungen eines Landes „gleichgewichtig" entwickeln?

Wichtige Posten der Zahlungsbilanz
I. Leistungsbilanz
II. Vermögensübertragungen
III. Kapitalbilanz
IV. Veränderung der Währungsreserven der Deutschen Bundesbank zu Transaktionswerten
V. Saldo der statistisch nicht aufgliederbaren Transaktionen (Restposten)

6.2.1 Die Teilbilanzen der Zahlungsbilanz

■ Die Leistungsbilanz

Die Leistungsbilanz gliedert sich in vier Teilbilanzen:

- **Handelsbilanz (Außenhandel)**,

- **Dienstleistungsbilanz**,

- **Bilanz der Erwerbs- und Vermögenseinkommen**,

- **Übertragungsbilanz (laufende Übertragungen)**.

Die Handelsbilanz

Der **Warenverkehr zwischen In- und Ausländern** wird in der Handelsbilanz erfasst. Sie stellt Warenexporte und Warenimporte einer Volkswirtschaft gegenüber. Sie umfasst:

- Ausfuhr (FOB),
- Einfuhr (CIF),
- Lohnveredelungsgeschäfte (als Ergänzungen zum Warenverkehr ausgewiesen).

Die Dienstleistungsbilanz

Einnahmen aus und Ausgaben für Dienstleistungen werden in der Dienstleistungsbilanz erfasst. Diese Bilanz wird auch als „**Bilanz der unsichtbaren Ein- und Ausfuhren**" bezeichnet. Sie umfasst:

- Dienstleistungen im Reiseverkehr,
- Transportleistungen,
- Versicherungsleistungen,
- Dienstleistungen von Finanzinstituten,
- Patente und Lizenzen,
- Bauleistungen, Montageleistungen, Ausbesserungsleistungen.

Reist ein Inländer in das Ausland, nutzt er z.B. die Dienste von ausländischen Hotels, Restaurants und Einzelhändlern. Er importiert Dienstleistungen. Import von Dienstleistungen bedeutet, dass Inländer Teile eines ausländischen Bruttoinlandsprodukts in Anspruch nehmen. Da die Bundesbürger sehr reisefreudig sind, waren die vom Ausland empfangenen Dienste in den letzten Jahrzehnten stets größer als Dienste, die Inländer in Deutschland Ausländern geleistet haben.

Die Bilanz der Erwerbs- und Vermögenseinkommen

Erwerbs- und Vermögenseinkommen sind **Entgelte aus der Bereitstellung des Produktionsfaktors Arbeit und des Produktionsfaktors Kapital**. Sie fließen Gebietsansässigen aus dem Ausland bzw. Gebietsfremden aus dem Inland zu, z.B. als Kapitalerträge (Zinsen, Gewinnanteile, Pachten und Mieten) oder als Arbeitseinkommen.

Ist der Saldo der Bilanz der Erwerbs- und Vermögenseinkommen positiv, bedeutet das, dass Inländer im Ausland mehr Erwerbs- und Vermögenseinkommen erzielt haben als Ausländer in der Bundesrepublik Deutschland.

Die Deutsche Bundesbank bezeichnet die Vorgänge in den Teilbilanzen Dienstleistungen, Erwerbs- und Vermögenseinkommen und laufende Übertragungen auch als „**unsichtbare Leistungstransaktionen**".

ERLÄUTERUNG:

Die Bedeutung des Außenhandels für eine Volkswirtschaft wird an der Exportquote gemessen. Exportquote ist der prozentuale Anteil des Exports am Bruttosozialprodukt zu Marktpreisen.

▶ Warum wird die Ausfuhr mit fob-Werten und die Einfuhr mit cif-Werten erfasst?

DEFINITION:

Lohnveredelung liegt vor, wenn Rohstoffe oder Halbfabrikate zur Bearbeitung in ein anderes Land verbracht und anschließend wieder zurückgebracht werden.

▶ Welche Gefahren ergeben sich für die Bundesrepublik Deutschland aus ihrer starken Welthandelsverflechtung?

▶ Nennen Sie Beispiele für den Import von Dienstleistungen im Reiseverkehr und im Finanzdienstleistungsverkehr.

ERLÄUTERUNG:

Erhalten Inländer Kapitalerträge für ihr Auslandsvermögen und tauschen sie die Erträge in Inlandswährung um, wird der Vorgang in der Bilanz der Erwerbs- und Vermögenseinkommen und in der Bilanz der Veränderung der Netto-Auslandsaktiva der Deutschen Bundesbank erfasst.

BEISPIELE:

Die Bundesrepublik Deutschland schenkt dem Sudan eine mobile Krankenstation.

Die Übertragungsbilanz

In der Übertragungsbilanz werden alle Zahlungen zusammengefasst, denen keine direkten Leistungen gegenüberstehen. Es handelt sich dabei um **laufende Transferzahlungen**. Diese Teilbilanz wird auch als **Bilanz der unentgeltlichen Leistungen** oder als **Schenkungs- und Transferbilanz** bezeichnet. Sie nimmt Übertragungen an das Ausland und aus dem Ausland auf, z.B.

- laufende Zahlungen an und von internationalen Organisationen (z.B. EU, NATO, UNO, OECD),
- Leistungen an Entwicklungsländer,
- Überweisungen der Gastarbeiter an ihre Familien in ihren Heimatländern,
- Renten- und Pensionszahlungen an im Ausland lebende Deutsche.

ERLÄUTERUNG:

Vermögensübertragungen sind einmalige Transfers. Das unterscheidet sie von den laufenden Übertragungen in der Leistungsbilanz.

■ Die Bilanz der Vermögensübertragungen

Diese Teilbilanz erfaßt Vermögenstransfers, z.B.

- Schuldenerlasse,
- Erbschaften und Schenkungen,
- Investitionszuschüsse,
- Vermögensmitnahmen von Ein- und Auswanderern.

ERLÄUTERUNG:

Die internationale Verflechtung der deutschen Wirtschaft zeigt sich nicht nur in einem steigenden grenzüberschreitenden Güteraustausch, sondern auch in einem zunehmenden Beteiligungserwerb im Ausland (Direktinvestitionen). Gleichzeitig verharren die Direktinvestitionen des Auslands in Deutschland auf einem niedrigen Niveau.

► Welche Auswirkungen hat ein Passivsaldo bei den Direktinvestitionen auf die inländische Wirtschaft?

■ Die Kapitalbilanz

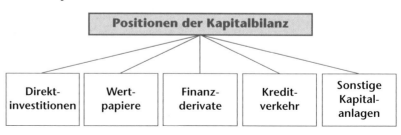

Zu den **Direktinvestitionen** zählen u.a.

- Beteiligungen durch Erwerb von Kapitalanteilen an Unternehmen im Ausland, z.B. Erwerb von Aktien oder GmbH-Anteilen,
- Erwerb von Immobilien im Ausland,
- Kreditbeziehungen mit verbundenen ausländischen Unternehmen,
- die Errichtung von ausländischen Betriebsstätten.

Gründe für Direktinvestitionen im Ausland sind:

- kostengünstigere Produktionsmöglichkeiten,
- größere Kundennähe,
- Vorteile im Vertrieb und Service.

In der Position **Wertpapiere** werden grenzüberschreitende Wertpapier-transaktionen erfasst, sofern sie keine Direktinvestitionen sind. Als Wertpapiertransaktionen werden z. B. Käufe und Verkäufe von Aktien, Schuldverschreibungen, Investmentzertifikaten und Geldmarktpapieren erfasst.

Finanzderivate sind Swap-, Options- und Futuregeschäfte.

Als **Kreditverkehr** werden Kreditbeziehungen von Kreditinstituten, Unternehmungen, privaten Personen und öffentlichen Haushalten mit dem Ausland erfasst.

Die wichtigste Teilgruppe der Position **Sonstige Kapitalanlagen** sind die Beteiligungen der Bundesrepublik Deutschland an internationalen Organisationen.

■ Veränderung der Währungsreserven der Deutschen Bundesbank

Veränderungen der **Währungsreserven** werden in einer gesonderten Teilbilanz statistisch ermittelt. Mit dem Eintritt in die 3. Stufe der Wirtschafts- und Währungsunion (WWU) wurde die Deutsche Bundesbank Bestandteil des Europäischen Systems der Zentralbanken. Die Deutsche Mark ging im Euro auf.

Gemäß dem „Vertrag über die Europäische Union" (Maastrichter Vertrag) hat die Bundesbank einen Teil ihrer Währungsreserven gegen Euro-Gutschrift auf die Europäische Zentralbank (EZB) übertragen. Die übrigen Währungsreserven bleiben im nationalen Besitz. Die Bundesbank verfügt damit auch in der Währungsunion über eigene Währungsreserven, denen jedoch eine andere Bedeutung zukommt als unter den Bedingungen nationaler Währungssouveränität.

■ Saldo der statistisch nicht aufgliederbaren Transaktionen (Restposten)

Die in der Zahlungsbilanz enthaltenen Transaktionen werden von unterschiedlichen Stellen auf statistisch voneinander unabhängigen Wegen erhoben. Die bedeutendste Fehlerquelle liegt jedoch nicht in einer fehlenden einheitlichen Erhebungsinstanz, sondern in einer **unvollständigen Erfassung** der Transaktionen. Die statistischen Meldungen der Importeure enthalten z.B. keine Angaben darüber, wann und in welcher Weise die mit dem Warenverkehr verbundenen finanziellen Transaktionen vorgenommen werden.

6.2.2 Zahlungsbilanzgleichungen

Während die einzelnen Teilbilanzen im Normalfall nicht ausgeglichen sind und entweder einen Überschuss oder ein Defizit ausweisen, ist die Zahlungsbilanz als Zusammenfassung aller Teilbilanzen stets ausgeglichen.

▶ Nennen Sie Gründe für den Erwerb ausländischer Wertpapiere.

BEISPIELE:

Kredite sind z.B.
– *im Ausland aufgenommene Kredite inländischer Unternehmen,*
– *Kredite an Entwicklungsländer,*
– *Kreditaufnahmen der öffentlichen Hand am Eurogeld- und Eurokapitalmarkt.*

BEISPIELE:

Einnahmen der Deutschen Bundesbank sind z.B.
– *transaktionsbedingte Devisenzuflüsse aus Exportgeschäften,*
– *Rückflüsse aus dem EU-Haushalt.*

Ausgaben der Deutschen Bundesbank sind z.B.
– *Ankauf von Devisen aus dem Reiseverkehr durch Kreditinstitute,*
– *transaktionsbedingter Mittelabfluss bei der Bezahlung von Importverbindlichkeiten.*

ERLÄUTERUNG:

Die Zahlen des Warenhandels werden z.B. vom Statistischen Bundesamt, die Zahlen des Dienstleistungs- und Kapitalverkehrs von der Deutschen Bundesbank erhoben.

BEISPIELE:

Die folgenden Transaktionen sind in den Teilbilanzen zu verbuchen. Anschließend sind die Salden zu ermitteln und in die Zahlungsbilanz zu übernehmen. Die Veränderung der Währungsreserven ergibt sich als Saldo aus Einnahmen und Ausgaben der Zentralbank (Deutsche Bundesbank bzw. Europäische Zentralbank).

ERLÄUTERUNG:

Die Zahlungsbilanz ist eine Flussrechnung
(Einnahmen aus dem Ausland, Ausgaben an das Ausland).
Sie ist keine Bestandsrechnung.

Transaktionen:

1. *Warenexporte 52 Mrd. Euro,*
2. *Umtausch von Exporterlösen bei der Zentralbank in Inlandswährung 38 Mrd. Euro,*
3. *Import von Dienstleistungen 4 Mrd. Euro,*
4. *Warenimporte 41 Mrd. Euro,*
5. *Kauf von Devisen bei der Notenbank 33 Mrd. Euro,*
6. *Reiseausgaben von Inländern im Ausland 5 Mrd. Euro,*
7. *Ausgaben ausländischer Touristen im Inland 3 Mrd. Euro,*
8. *Direktinvestitionen von Inländern im Ausland 6 Mrd. Euro,*
9. *Wertpapierkäufe von Inländern im Ausland 4 Mrd. Euro,*
10. *Wertpapierverkäufe von Inländern an Ausländer 8 Mrd. Euro,*
11. *Überweisungen ausländischer Arbeitnehmer in ihre Heimatländer 4 Mrd. Euro,*
12. *Kapitalerträge inländischer Anleger aus dem Ausland 3 Mrd. Euro,*
13. *Dienstleistungsexporte 3 Mrd. Euro.*

ERLÄUTERUNG:

Die Summe der Salden aus Handels- und Dienstleistungsbilanz wird als Außenbeitrag bezeichnet.

Einnahmen	Handelsbilanz		Ausgaben
1. Warenexporte	52	4. Warenimporte	41
		SALDO	11

Einnahmen	Dienstleistungsbilanz		Ausgaben
7. Tourismuseinnahmen	3	3. Import von Dienstleistungen	4
13. Dienstleistungsexporte	3	6. Reiseausgaben	5
SALDO	3		

Einnahmen	Bilanz der Erwerbs- und Vermögenseinkommen		Ausgaben
12. Kapitalerträge	3	11. Transfers ins Ausland	4
SALDO	1		

Einnahmen	Kapitalbilanz		Ausgaben
10. Wertpapierverkäufe	8	8. Direktinvestitionen im Ausland	6
		9. Wertpapierkäufe	4
SALDO	2		

Abflüsse	Veränderung der Währungsreserven		Zuflüsse
5. Devisenverkäufe bei der Zentralbank	33	2. „Umtausch von Exporterlösen"	38
SALDO	5		

Zahlungsbilanz			
Handelsbilanz	11	Dienstleistungsbilanz	3
		Erwerbs- u. Vermögenseinkommen	1
		Kapitalbilanz	2
		SALDO = Veränderung der Währungsreserven	5
	11		11

▶ Entscheiden Sie, ob die abgedruckte Zahlungsbilanz aktiv oder passiv ist. Begründen Sie Ihre Entscheidung.

Wichtige Posten der Zahlungsbilanz				
Bundesrepublik Deutschland				**Europäische Währungsunion**
Mrd Euro				Mrd Euro
	1998	1999		1999
Position	April	März	April	März
I. Leistungsbilanz				
1. Außenhandel				
Ausfuhr (fob)	42,6	43,0	41,4	66,8
Einfuhr (cif)	37,2	37,1	35,6	58,9
Saldo	+ 5,5	+ 5,9	+ 5,8	+ 7,8 a)
2. Ergänzungen zum Warenverkehr[1]	– 0,2	– 0,0	– 0,1	—
3. Dienstleistungen				
Einnahmen	5,6	5,7	5,6	17,4
Ausgaben	8,5	8,6	8,8	18,6
Saldo	– 2,9	– 2,9	– 3,2	– 1,2
4. Erwerb- und Vermögenseinkommen (Saldo)	+ 0,5	+ 0,2	+ 2,2	+ 0,3
5. Laufende Übertragungen				
Fremde Leistungen	0,9	0,8	1,2	4,5
Eigene Leistungen	2,9	2,3	3,1	5,9
Saldo	– 2,0	– 1,4	– 1,9	– 1,4
Saldo der Leistungsbilanz	+ 0,8	+ 1,7	+ 2,8	+ 5,5
II. Vermögensübertragungen (Saldo)	+ 0,1	+ 0,1	+ 0,1	+ 0,2
III. Kapitalbilanz (Nettokapitalexport: –)				
Direktinvestitionen	– 7,8	– 3,3	– 4,7	– 2,6
Deutsche Anlagen im Ausland	– 8,0	– 9,5	– 8,4	– 11,1 b)
Ausländische Anlagen im Inland	+ 0,2	+ 6,1	+ 3,7	+ 8,5 c)
Wertpapiere	3,6	– 27,8	+ 4,7	– 33,2
Deutsche Anlagen im Ausland	– 11,6	– 23,0	– 13,9	– 27,6 b)
darunter				
Aktien	– 5,2	– 5,8	– 1,7	– 5,8
Rentenwerte	– 5,0	– 13,8	– 10,5	– 21,9
Ausländische Anlagen im Inland	+ 8,0	– 4,8	+ 18,6	– 5,6 c)
darunter				
Aktien	+ 2,6	– 16,8	– 1,8	– 22,3
Rentenwerte	+ 6,1	+ 11,9	+ 18,7	+ 15,5
Finanzderivate	– 0,9	+ 1,6	+ 2,2	+ 0,8
Kreditverkehr	+ 1,4	+ 8,7	+ 3,7	– 7,0 d)
Kreditinstitute	+ 3,5	+ 6,2	+ 2,7	– 14,0
darunter kurzfristig	+ 1,3	+ 4,6	+ 4,5	– 23,9
Unternehmen und Privatpersonen	– 3,4	+ 6,3	– 0,5	+ 6,8
Staat	+ 1,2	+ 0,3	+ 1,5	+ 0,5
Bundesbank	– 0,0	– 4,1	– 0,0	– 0,3 e)
Sonstige Kapitalanlagen	– 0,2	+ 0,0	– 0,2	—
Saldo der gesamten Kapitalbilanz	– 11,0	– 20,8	+ 5,8	– 40,2
IV. Veränderung der Währungsreserven zu Transaktionswerten (Zunahme: –)[2]	– 0,5	– 0,1	– 0,1	+ 1,8 e)
V. Saldo der statistisch nicht aufgliederbaren Transaktionen (Restposten)	+ 10,6	+ 19,3	– 8,5	+ 34,9

Differenzen in den Summen durch Runden
[1] Hauptsächlich Lagerverkehr auf inländische Rechnung und Absetzung der Rückwaren.
[2] Ohne SZR-Zuteilung und bewertungsbedingte Veränderungen.

Quelle: Deutsche Bundesbank

a) einschl. Ergänzungen
b) Anlagen außerhalb des Euro-Währungsgebietes
c) Ausländische Anlagen im Euro-Währungsgebiet
d) einschl. sonstige Kapitaleinlagen
e) Eurosystem

Quelle: Europäische Zentralbank

6.3 Zahlungsbilanzungleichgewichte

6.3.1 Arten und Ursachen von Zahlungsbilanzungleichgewichten

▶ Informieren Sie sich über die Entwicklung der Leistungsbllanz der Bundesrepublik Deutschland im letzten Jahrzehnt.

▶ Warum sind Zahlungsbilanzüberschüsse leichter abzubauen als Zahlungsbilanzdefizite?

▶ Warum bevorzugen Regierungen eher eine aktive als eine passive Leistungsbilanz?

▶ Bis zur Wiedervereinigung wies die Zahlungsbilanz der Bundesrepublik stets einen Überschuss aus, der bei den EU-Partnern auf teilweise heftige Kritik stieß. Erläutern Sie aus der Sicht eines Landes mit einer defizitären Zahlungsbilanz die damit einhergehenden Wirkungen auf:
– Geldmenge,
– Zinsniveau,
– Beschäftigung,
– Preisniveau.

Arten

Zahlungsbilanzüberschüsse	Zahlungsbilanzdefizite
z.B. durch • aktive Handelsbilanz (Exporte > Importe) • aktive Kapitalbilanz (Kapitalimporte > Kapitalexporte)	z.B. durch • passive Handelsbilanz (Exporte < Importe) • passive Kapitalbilanz (Kapitalimporte < Kapitalexporte)

Im Allgemeinen wird von einem Zahlungsbilanzungleichgewicht gesprochen, wenn die Leistungsbilanz negativ oder positiv ist.

Ursachen

Zahlungsbilanzüberschüsse	Zahlungsbilanzdefizite
z.B. durch • Kostenvorteile bei Exporten, daher Exportsteigerungen, • erhöhte Kaufkraft der ausländischen Währung im Inland, daher zunehmende Ferienreisen von Ausländern in Deutschland, • steigende Einkommen von Inländern durch Auslandstätigkeit.	z.B. durch • niedrige Einkaufspreise für Importwaren, daher hohe Importzuwächse, • steigende Kaufkraft der Inlandswährung im Ausland, daher zunehmende Urlaubsreisen ins Ausland, • hohe Vermögenseinkünfte von Ausländern im Inland.

6.3.2 Wirkungen von Zahlungsbilanzungleichgewichten

■ Zahlungsbilanzüberschüsse

Übersteigen die Exporte von Gütern und Dienstleistungen die Importe, entsteht kurzfristig ein **Devisenüberschuss**. Nettodevisenzuflüsse bewirken eine **Erhöhung der inländischen Geldmenge**, weil die Zentralbank den Ankauf der Devisen mit Inlandswährung bezahlt und dadurch die umlaufende Geldmenge erhöht. Die steigende Geldmenge wirkt tendenziell beschäftigungsfördernd. Bei bestehender Vollbeschäftigung kann es zu **Preissteigerungen** kommen (**importierte Inflation**).

Bei freien Wechselkursen wird der **Zahlungsbilanzausgleich automatisch** herbeigeführt. Auf dem Devisenmarkt übersteigt das Angebot an

Abschnitt 4.3.3

ausländischer Währung die Nachfrage. Der Wechselkurs für die ausländische Währung fällt. Der Außenwert der inländischen Währung steigt. Die inländische Währung erfährt eine **Aufwertung**, da weniger Inlandswährung für eine bestimmte Menge Auslandswährung gezahlt werden muss. Gleichzeitig wird die ausländische Währung abgewertet. Der Anstieg des Außenwertes der heimischen Währung hat zur Folge, dass inländische Waren im Ausland teurer werden. Dadurch verringert sich die internationale Wettbewerbsfähigkeit, die Exporte gehen zurück, das inländische Wachstum wird gehemmt. Gleichzeitig werden die Einfuhren billiger. Niedrige Einfuhrpreise dämpfen einerseits die inländische Preissteigerungsrate, andererseits führen sie zu einem Arbeitsplatzabbau in den durch die Konkurrenz der ausländischen Produkte und Dienstleistungen betroffenen Branchen.

Theoretisch sichert der Wechselkursmechanismus bei flexiblen Wechselkursen das außenwirtschaftliche Gleichgewicht. Der theoretische Zusammenhang gilt nur, wenn die Exporte und Importe sofort bezahlt werden. Dann entspricht dem wertmäßigen Export das Devisenangebot und dem wertmäßigen Import die Devisennachfrage. Tatsächlich

- wird nur ein Teil der Exporte und Importe bar bezahlt. Der größte Teil wird gegen Kredit geliefert,

- hängt nur ein Teil der Umsätze an den Devisenmärkten mit dem Warenhandel zusammen. Währungsspekulationen haben einen weit stärkeren Einfluss auf die Kursbildung,

- brauchen Anpassungsprozesse auf dem Gütermarkt Zeit,

- schlagen Wechselkursänderungen nicht immer auf die Import- und Exportpreise durch,

- gibt es außerökonomische Faktoren, die Devisenangebot und Devisennachfrage beeinflussen, z.B. Transferzahlungen.

▶ Stellen Sie den automatischen Zahlungsbilanzausgleich in Form einer Wirkungskette dar.

▶ Erläutern Sie, warum es wirtschaftspolitisch sinnvoll ist, in Zeiten der Unterbeschäftigung eine aktive Leistungsbilanz anzustreben, und warum in Zeiten der Hochkonjunktur ein Leistungsbilanzdefizit von Nutzen sein kann.

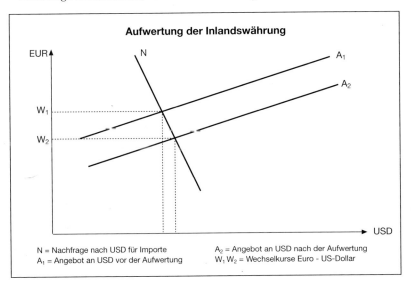

Aufwertung der Inlandswährung

EUR

N

A_1

A_2

W_1

W_2

USD

N = Nachfrage nach USD für Importe
A_1 = Angebot an USD vor der Aufwertung

A_2 = Angebot an USD nach der Aufwertung
W_1, W_2 = Wechselkurse Euro – US-Dollar

ERLÄUTERUNG:

Bei den güterwirtschaftlichen Eingriffen wird der Preis bzw. die Menge der Ware beeinflusst. Preispolitische Maßnahmen wirken direkt auf die Import- und Exportpreise, mengenpolitische Maßnahmen wirken indirekt auf die Preise.

ERLÄUTERUNG:

GATT (General Agreement of Tariffs and Trade) wurde 1947 gegründet. Seit 1995 ist das GATT in die WTO (World Trade Organization) integriert. Ihr gehören 125 Mitgliedstaaten an.
Aufgabe des GATT ist es, bestehende Handelsschranken (Protektionismus) zu beseitigen. Dazu gehören
– Abbau von Zöllen,
– Abschaffung von Einfuhr- und Ausfuhrkontingenten,
– Durchsetzung der Meistbegünstigungsklausel,
– Abschaffung von Diskriminierungen.

ERLÄUTERUNG:

Der Aufbau von künstlichen Handelsschranken im güterwirtschaftlichen Bereich wird als Protektionismus bezeichnet

▶ Argumente für den Protektionismus sind
  – das Schutz-Argument,
  – das Wettbewerbs-Argument,
  – das Autarkie-Argument.
  a) Beschreiben Sie die Argumente.
  b) Widerlegen Sie die Argumente.

Wirkungen von Zahlungsbilanzüberschüssen
1. Ansteigen der inländischen Geldmenge
2. Fallen des Zinsniveaus
3. Anstieg der Beschäftigung
4. Bei Vollbeschäftigung: Preisanstieg
5. Folge: Aufwertung der Inlandswährung

■ Zahlungsbilanzdefizite

Negative Salden im Außenhandel und in den Dienstleistungen führen zu einem **Devisenmangel**. Da die Devisenabgänge die Devisenzugänge übersteigen, kommt es zu einem Nettodevisenabfluss. Kurzfristig verringert sich die inländische Geldmenge, weil die Zentralbank Devisen gegen Inlandswährung verkauft und dadurch Zentralbankgeld stillgelegt wird. Die sinkende Geldmenge bewirkt ein Sinken der gesamtwirtschaftlichen Nachfrage und führt zu einem Abbau von Arbeitsplätzen.

Durch den Wechselkursmechanismus wird der Ausgleich der Zahlungsbilanz herbeigeführt. Auf dem Devisenmarkt übersteigt die Nachfrage nach der ausländischen Währung das Angebot. Der Wechselkurs der ausländischen Währung steigt. Der **Außenwert der inländischen Währung sinkt**, da mehr Inlandswährung für eine bestimmte Menge Auslandswährung gezahlt werden muß (**Abwertung**). Als Folge werden die inländischen Güter für das Ausland billiger. Das stimuliert mittelfristig bis langfristig die inländische Konjunktur und wirkt beschäftigungsfördernd.

Wirkungen von Zahlungsbilanzdefiziten
1. Fallen der inländischen Geldmenge
2. Steigen des Zinsniveaus
3. Rückgang der Beschäftigung
4. Rückgang der Preissteigerungsrate bzw. Preisrückgänge
5. Folge: Abwertung der Inlandswährung

6.3.3 Maßnahmen zur Beseitigung von Zahlungsbilanzungleichgewichten

Träger der Außenwirtschaftspolitik sind die **Bundesregierung und die Zentralbank**. Entsprechend wird bei den Instrumenten der Außenwirtschaftspolitik zwischen güterwirtschaftlichen und monetären Maßnahmen unterschieden.

Außenwirtschaftlich sind Zahlungsbilanzüberschüsse leichter zu korrigieren als Zahlungsbilanzdefizite. **Zahlungsbilanzdefizite** führen zu Devisenmangel. Importe können bei Devisenmangel nur mit Auslandskrediten finanziert werden. Diese Kredite müssen verzinst und getilgt werden, sodass ein anhaltendes, **kreditfinanziertes Zahlungsbilanzdefizit** entsteht, das bei Kreditfälligkeiten zu massiven Rückzahlungsproblemen führen kann.

Neben dem finanziellen Aspekt beeinflussen Zahlungsbilanzdefizite die Beschäftigung im Inland. Importüberschüsse bedeuten, dass mehr inländische Nachfrage auf das Ausland gerichtet ist als ausländische Nachfrage auf das Inland. Es ist tendenziell zu erwarten, dass inländische Produzenten bei nicht ausgelasteten Kapazitäten Arbeitsplätze abbauen. Es besteht die **Gefahr der Unterbeschäftigung**.

Aber auch Zahlungsbilanzüberschüsse sind mit Gefahren verbunden. Im Export verdiente Devisen führen im Inland zu einer Geldmengenerhöhung. Gleichzeitig besteht im Inland eine Güterlücke, da Teile des Inlandsprodukts exportiert werden. Beides fördert die inflationären Tendenzen im Inland.

Maßnahmen zur Beseitigung anhaltender Zahlungsbilanzdefizite

1. Güterwirtschaftliche Maßnahmen

Beispiele für Exportförderungen
- Aufhebung von Ausfuhrkontingenten und Ausfuhrembargos (Mengenpolitik)
- Ausfuhrsubventionen, z.B. Steuererleichterungen, Exportprämien, Zinsvergünstigungen für Exportkredite, Frachtzuschüsse (Preispolitik)
- Staatliche Exportbürgschaften und –garantien

Beispiele für Importbeschränkungen
- Einführung oder Anhebung von Importzöllen (Preispolitik)
- Einführung von Importkontingenten (Mengenpolitik)
- Devisenbewirtschaftung

2. Monetäre Maßnahmen

Eine Heraufsetzung des Wechselkurses erleichtert Exporte und erschwert Importe, weil eine Einheit der Inlandswährung weniger Einheiten fremder Währungen entspricht (Wechselkurspolitik).

Maßnahmen zur Beseitigung anhaltender Zahlungsbilanzüberschüsse

1. Güterwirtschaftliche Maßnahmen

Beispiele für Exportdrosselungen
- Einführung von Exportkontingenten und Exportembargos (Mengenpolitik)
- Abschaffung von Steuererleichterungen, Subventionen und Zinsvergünstigungen bei Exportfinanzierungen (Preispolitik)

Beispiele für Importförderungsmaßnahmen
- Abschaffung oder Senkung von Importzöllen (Preispolitik)
- Aufhebung von Importkontingenten (Mengenpolitik)

2. Monetäre Maßnahmen

Ein Sinken des Wechselkurses fördert Importe und erschwert Exporte, weil eine Einheit der Inlandswährung mehr Einheiten fremder Währungen entspricht (Wechselkurspolitik).

ERLÄUTERUNG:

Zölle sind das geschichtlich älteste außenwirtschaftliche Lenkungsinstrument.
Zu unterscheiden sind:
- Schutzzölle,
- Erziehungszölle,
- Finanzzölle.

Schutzzölle werden aus zahlungsbilanzpolitischen Gründen eingeführt bzw. erhöht. Sie verteuern die importierten Waren. Schutzzölle, die das Ziel haben, die heimische Wirtschaft vorübergehend vor der ausländischen Konkurrenz zu schützen, heißen Erziehungszölle. Zölle, die die Funktion haben, die Staatseinnahmen zu erhöhen, sind Finanzzölle.

ERLÄUTERUNG:

Bei freien Wechselkursen kann die Zentralbank auf dem Devisenmarkt Stützungkäufe und -verkäufe vornehmen.

DEFINITION:

Embargo = Export- oder Importverbot

ERLÄUTERUNG:

Devisenbewirtschaftung führt zu einer Einschränkung der Konvertibilität (Austauschbarkeit) der Währung.
Im Export verdiente Devisen müssen bei einer staatlichen Devisenbehörde abgeliefert werden. Benötigte Devisen für Importe und Auslandsreisen werden staatlich zugeteilt.

6.4 Internationale Währungsordnungen

6.4.1 Entwicklung der internationalen Wechselkurssysteme

Im Interesse des Außenhandels wurde nach dem Zweiten Weltkrieg eine **internationale Währungsordnung** geschaffen. Auf der Grundlage der **Internationalen Währungskonferenz von Bretton Woods** im Jahre 1944 wurde 1945 der Internationale Währungsfonds (IWF) geschaffen, dem die Bundesrepublik Deutschland 1952 beitrat.

Ziel des Abkommens von Bretton Woods war,

- die internationale währungspolitische Zusammenarbeit zu fördern,
- das Wachstum des internationalen Handels zu erleichtern,
- die Stabilität der Währungen zu sichern,
- Mitgliedern bei Zahlungsbilanzschwierigkeiten Kredite zu gewähren.

Das Abkommen sah vor, dass bei grundsätzlich freier Austauschbarkeit der Währungen (Konvertibilität) ein System relativ fester Wechselkurse eingeführt wurde. Der Dollar übernahm die Funktion der Leitwährung.

Teilnehmer der Weltwährungsordnung waren etwa 140 Länder. Die Staaten des Ostblocks und China nahmen nicht teil. Das Weltwährungssystem mit relativ festen Wechselkursen brach 1971 zusammen, weil die Vereinigten Staaten die Einlösungspflicht des Dollars aufhoben und der US-Dollar als Leitwährung abgesetzt wurde. Bis 1973 gaben alle größeren Industrieländer ihre Währungen frei (**Floating**).

1973 gingen die europäischen Staaten dazu über, einen eigenen europäischen Währungsverbund zu errichten. Wesentliches Kennzeichen dieses Verbundes war die Übertragung der Elemente von Bretton Woods, vor allem das System relativ fester Wechselkurse, auf den geographisch begrenzten Raum bestimmter europäischer Länder. Diese Länder vereinbarten untereinander feste Wechselkurse mit einer Schwankungsbreite von +/– 2,5 Prozent (relativ feste Wechselkurse). Gegenüber den anderen Ländern bestanden flexible Wechselkurse. Dieses System wurde als „Blockfloating" bezeichnet, da eine Gruppe (Block) von Ländern gegenüber allen anderen Ländern die Wechselkursbildung dem freien Markt überließ. Dem Währungsblock gehörten bis zur Gründung des Europäischen Währungssystems (EWS) im Jahre 1979 Belgien, Dänemark, Deutschland, Frankreich, Luxemburg, die Niederlande und Norwegen an.

1979 wurde zur Förderung des europäischen Integrationsprozesses das Europäische Währungssystem (EWS) errichtet. Das EWS ließ zuletzt Schwankungen innerhalb einer Bandbreite von +/– 15 % gegenüber der gemeinsamen Bezugsgröße European Currency Unit (ECU) zu. 1998 gehörten dem EWS noch zehn europäische Staaten an: Belgien, Dänemark, Deutschland, Frankreich, Irland, Luxemburg, die Niederlande, Portugal, Spanien und – nach Beitritt 1995 – Österreich. Italien und Großbritannien waren 1992 wegen instabiler Währungen ausgeschieden.

6.4.2 Die Europäische Wirtschafts- und Währungsunion (WWU)

Am 1. Januar 1999 startete die Europäische **Wirtschafts- und Währungsunion (WWU)**. Ihre Merkmale sind:

- Gemeinsame und alleinige Währung ist der Euro.
- Die Umrechnung der Landeswährungen der Teilnehmerländer in Euro erfolgt in der Übergangsphase zu unwiderruflich festgesetzten Paritäten.
- Gemeinsame Notenbank ist die Europäische Zentralbank (EZB). Sie ist allein verantwortlich für die Geldpolitik.
- Die Geldpolitik wird in Euro ausgeführt.
- Buchgeld kann während der Übergangsphase in Euro oder bisheriger Landeswährung gehalten werden. Alle Guthaben und Schulden in Landeswährung werden spätestens zum Ende der Übergangsphase auf Euro umgestellt.
- Banknoten und Münzen in Euro werden ab 1. Januar 2002 ausgegeben.
- Vollendet wird die WWU spätestens am 30. Juni 2002. Nationale Banknoten und Münzen verlieren ihre Gültigkeit als gesetzliches Zahlungsmittel.

Die Umrechnungskurse des Euro zu den nationalen Währungen der Teilnehmerländer traten am 1. Januar 1999 um 0:00 Uhr in Kraft.

Ein Euro entspricht folgenden nationalen Währungen:

- 40,3399 Belgische Franken
- 1,95583 Deutsche Mark
- 166,386 Spanische Peseten
- 6,55957 Französische Francs
- 1936,27 Italienische Lire
- 40,3399 Luxemb. Franken
- 2,20371 Niederländ. Gulden
- 13,7603 Österreich. Schilling
- 200,482 Portugies. Escudos
- 5,94573 Finnmark

Teilnehmerländer der WWU sind: Belgien, Deutschland, Finnland, Frankreich, Irland, Italien, Luxemburg, die Niederlande, Portugal, Österreich und Spanien. Griechenland darf nicht teilnehmen, weil es die Voraussetzungen für die Teilnahme nach dem Maastricht-Vertrag nicht erfüllt. Dänemark, Großbritannien und Schweden haben noch keine Teilnahmeerklärung abgegeben. Beitrittsverhandlungen werden mit Estland, Polen, Slowenien, Tschechien, Ungarn und Zypern (Beitrittskandidaten) geführt. Von diesen Ländern wird erwartet, dass sie die notwendigen Beitrittsvoraussetzungen in absehbarer Zeit erfüllen könnten.

Seit dem 1. Januar 1999 sind die Wechselkurse der teilnehmenden Währungen zum Euro unwiderruflich festgelegt. Für die Deutsche Mark lautet das Umtauschverhältnis 1,95583 Mark für einen Euro. Bei allen Umrechnungsvorgängen muss seit dem 1. Januar 1999 mit dem 5-stelligen Umtauschkurs gerechnet werden. Dabei sind Kursrundungen nicht zulässig. Direkte Umtauschkurse zwischen den Teilnehmerländern gibt es nicht mehr. Eine Umrechnung während der Übergangsphase erfolgt stets über den Euro.

Für die noch nicht an der gemeinsamen Währungspolitik beteiligten Mitgliedstaaten Dänemark, Griechenland, Großbritannien und Schweden,

◆ **ERLÄUTERUNG:**

Beitrittsvoraussetzung ist die Erfüllung der Konvergenzkriterien

– hoher Grad an Preisstabilität (WWU-Referenzwert: 2,7 %),

– auf Dauer tragbare Finanzlage der öffentlichen Hand (WWU-Referenzwerte: Haushaltsdefizit max. 3 % des Bruttoinlandsprodukts; Verhältnis öffentliche Schulden zum Bruttoinlandsprodukt max. 60 % oder nachweislich schnelle Annäherung an den Referenzwert),

– keine Abwertung seit mindestens 2 Jahren,

– Dauerhaftigkeit der erreichten Konvergenz und der Teilnahme am Wechselkursmechanismus, die im Niveau der langfristigen Zinsen zum Ausdruck kommt (WWU-Referenzwert: 7,8 %).

 **ERLÄUTERUNG:**

Griechenland und Dänemark nehmen am WKM II teil. Euro-Leitkurse und Interventionspunkte für die dänische Krone und die griechische Drachme sind seit dem 1. Januar 1999 festgelegt.

 **ERLÄUTERUNG:**

Die EZB veröffentlicht zur Zeit Referenzwechselkurse für 17 Währungen:
– AUD Australischer Dollar
– CAD Kanadischer Dollar
– CHF Schweizer Franken
– CYP Zypern-Pfund
– CZK Tschechische Krone
– DKK Dänische Krone
– EEK Estnische Krone
– GBP Pfund Sterling
– GRD Griechische Drachme
– HUF Ungarische Forint
– JPY Japanischer Yen
– NOK Norwegische Krone
– NZD Neuseeland-Dollar
– PLN Polnischer Zloty
– SEK Schwedische Krone
– SIT Slowenischer Tolar
– USD US-Dollar

BEISPIELE:

Die Deutsche Bundesbank hat sich bei der täglichen Marktabfrage auf den polnischen Zloty spezialisiert.

die den Euro zunächst noch nicht eingeführt haben, besteht die Möglichkeit, am Wechselkursmechanismus II (WKM II) teilzunehmen. Die Teilnahme ist freiwillig. Sie ist aber ohnehin Voraussetzung für eine spätere Einführung des Euro.

Im Gegensatz zum früheren EWS, wo für alle teilnehmenden Länder wechselseitige Leit- und Interventionskurse vorgesehen waren, ist der Euro Leitwährung und fungiert als Bezugsgröße für die Festlegung der Leit- und Interventionskurse. Die Standardbandbreite beträgt +/– 15 Prozent.

Einseitige und koordinierte Interventionen an den Interventionspunkten erfolgen automatisch und unbegrenzt. Die EZB kann im WKM II die Interventionen aussetzen, wenn die Geldwertstabilität im Wirtschafts- und Währungsraum gefährdet ist.

Seit dem 1. Januar 1999 werden **Devisenkurse als Mengennotiz** veröffentlicht. Bis zum 31. Dezember 1998 informierten die Banken ihre Kunden darüber, wieviel Deutsche Mark ein Dollar kostet. Seit 1. Januar 1999 wird notiert, wie viel Dollar ein Euro kostet. Bezugspunkt ist der Euro. Sein Preis wird in ausländischer Währung angegeben, z. B. 1,0915 Dollar. Ein offizielles Börsen-Fixing wird für den Euro nicht durchgeführt. Stattdessen veröffentlicht die EZB täglich **Referenzwechselkurse.**

Das Verfahren zur Erfassung der Referenzkurse ist zwischen den nationalen Zentralbanken arbeitsteilig geregelt. Die nationalen Zentralbanken des Wirtschafts- und Währungsraums rufen in Form einer Marktabfrage täglich die wichtigsten Währungen bei den so genannten „Marktmachern", z.B. Großbanken und Kapitalsammelstellen, ab. Bei der täglichen Konzertation, die normalerweise um 14:15 Uhr (MEZ) stattfindet, wird ein Mittelkurs (Referenzkurs) errechnet. Anschließend wird er über die Börseninformationssysteme veröffentlicht.

Für einen dauerhaften Erfolg der Europäischen Wirtschafts- und Währungsunion sind stabile Rahmenbedingungen notwendig. Sie können nicht allein von der Geldpolitik gewährleistet werden, sondern erfordern die Unterstützung durch eine stabilitätsorientierte Haushaltspolitik. Während die Geldpolitik von der unabhängigen Europäischen Zentralbank entschieden und vorrangig auf die Sicherung der Preisstabilität ausgerichtet sein wird, verbleibt die nationale Haushaltspolitik in der Verantwortung der Mitgliedstaaten der WWU. Damit stabilitätspolitische Konflikte nach Möglichkeit vermieden werden, sieht der Maastricht-Vertrag Verfahren zur Koordinierung und Überwachung der Wirtschafts- und Finanzpolitik vor. Bei einem übermäßigen Defizit kann ein Verfahren zur Verhängung von Sanktionen eingeleitet werden.

Sanktionen sind in der Regel die Verpflichtung zu einer unverzinslichen Einlage, die bei Fortbestehen des übermäßigen Defizits nach zwei Jahren in eine Geldbuße umgewandelt werden kann.

Der Betrag setzt sich bei der ersten Sanktion aus einer Festkomponente von 0,2 % des BIP und einer veränderlichen Komponente von 1/10 der Prozentpunkte zusammen, um die das Defizit den Referenzwert von 3 % des BIP übersteigt.

Strukturwissen

- Das **außenwirtschaftliche Gleichgewicht** ist eines der vier **Ziele des Stabilitäts- und Wachstumsgesetzes.**

- Indikator für das **Erreichen des Ziels** ist der **Außenbeitrag**, d.h. der Saldo aus Einnahmen und Ausgaben im Güter- und Dienstleistungsverkehr mit dem Ausland (= Summe der Salden aus Handels- und Dienstleistungsbilanz).

- Ein **positiver Außenbeitrag erhöht** das **Bruttoinlandsprodukt**, ein **negativer Außenbeitrag vermindert** das **Bruttoinlandsprodukt.**

- **Zahlungseingänge und Zahlungsausgänge im Außenwirtschaftsverkehr** werden in **der Zahlungsbilanz bzw. ihren Teilbilanzen** erfasst.

- **Formal** ist die **Zahlungsbilanz immer ausgeglichen** (Aktivseite = Passivseite). Eine **unausgeglichene** Zahlungsbilanz liegt vor, wenn die Leistungsbilanz aktiv oder passiv ist.

- **Aufgabe der Außenwirtschaftspolitik** ist der Ausgleich der Zahlungsbilanz.

- Maßnahmen der Außenwirtschaftspolitik beeinflussen direkt oder indirekt die Zahlungsbilanz. Sie können **güterwirtschaftliche oder monetäre Maßnahmen** sein.

Aufbau und Inhalte der Zahlungsbilanz		
Teilbilanzen	**Zahlungsbilanzzuflüsse**	**Zahlungsbilanzabflüsse**

I. Leistungsbilanz
1. Handelsbilanz
2. Dienstleistungs-
   bilanz
3. Bilanz der
   Erwerbs- und
   Vermögens-
   einkommen
 	
4. Laufende
   Übertragungen
	Warenexporte
	Dienstleistungsexporte (deutsche
	   Dienstleistungen für das Ausland)
	Arbeitseinkommen und Kapitalerträge,
	   die Deutschen aus dem Ausland
	   zufließen
	
	Ausländische Leistungen für Deutsche
	   ohne direkte Gegenleistung
		Warenimporte
		Dienstleistungsimporte (ausländische
		   Dienstleistungen für Deutsche)
		Arbeitseinkommen und Kapitalerträge,
		   die Ausländern aus Deutschland
		   zufließen
		
		Deutsche Leistungen für das Ausland
		   ohne direkte Gegenleistung

II. Bilanz der Vermögens-übertragungen	Einmalige Zahlungstransfers des Auslands an Deutschland	Einmalige Zahlungstransfers Deutschlands an das Ausland
III. Kapitalbilanz	Einnahmen aus ausländischen Direkt-investitionen im Inland, Kredite aus dem Ausland und Wertpapierverkäufe an das Ausland	Ausgaben für Direktinvestitionen im Ausland, Kredite an das Ausland und Wertpapierkäufe im Ausland
IV. Veränderungen der Währungs-reserven	Ausgleichsposten Abgänge an Gold und Devisen	Ausgleichsposten Zugänge an Gold und Devisen
V. Saldo der statistisch nicht aufgliederbaren Transaktionen (Restposten)	Restposten (ungeklärte Beträge)	

Zahlungsbilanzungleichgewichte

Zahlungsbilanzüberschüsse

- eher inflationsfördernd
- beschäftigungsfördernd

Zahlungsbilanzdefizite

- eher inflationsdämpfend und deflationsfördernd
- beschäftigungshemmend

Maßnahmen zur Beeinflussung der Zahlungsbilanz

Maßnahmen der Zentralbank
(monetäre Maßnahmen)

bei

Maßnahmen des Staates
(güterwirtschaftliche Maßnahmen)

bei

Zahlungsbilanzüberschüssen

Ziel:
Zahlungsbilanz ausgleichen

Maßnahme:
- Aufwertung

Zahlungsbilanzdefiziten

Ziel:
Zahlungsbilanz ausgleichen

Maßnahme:
- Abwertung

Zahlungsbilanzüberschüssen

Ziele:
Exportdrosselung und/oder Importförderung

Maßnahmen zur:
- Exportdrosselung
  - Exportkontingente
  - Exportembargos
  - Abschaffung von Ausfuhrsubventionen

- Importförderung
  - Aufhebung von Zöllen
  - Abschaffung von Einfuhrkontingenten

Zahlungsbilanzdefiziten

Ziele:
Exportförderung und/oder Importdrosselung

Maßnahmen zur:
- Exportförderung
  - Abbau von Exportkontingenten
  - Einführung oder Erhöhung der Exportsubventionen
  - Staatliche Exportgarantien und -bürgschaften

- Importdrosselung
  - Importkontingente
  - Importembargos
  - Einführung und/oder Erhöhung von Importzöllen

Aufgaben

 1 In welchen Teilbilanzen werden die folgenden Transaktionen erfasst?
a) Ein deutsches Unternehmen exportiert Waren nach Südafrika.
b) Deutsche Bürger erzielen Kapitaleinkünfte im Ausland.
c) Deutschland erhält Strukturhilfen für die neuen Bundesländer von der EU in Brüssel.
d) Ein Amerikaner macht eine Rundreise durch Deutschland.
e) Deutschland überweist Entwicklungshilfe in den Sudan.

2 Welche Vorteile bringt der Außenhandel?

3 Welche Nachteile birgt eine starke außenwirtschaftliche Verflechtung für die inländische Wirtschaft?

4 Der US-Dollar ist die wichtigste internationale Währung. Wechselkursänderungen haben Auswirkungen auf die einheimische Konjunktur. Auf den europäischen Devisenmarkt strömen bei gleich bleibender Nachfrage umfangreiche Dollarbeträge. Welche Folgen ergeben sich
a) für den Wert des Euro gegenüber dem Dollar?
b) für Exporte- und Importe nach „Euroland"?
c) für das Wirtschaftswachstum im europäischen Wirtschaftsraum?

5 Welche Einflüsse haben die folgenden Instrumente der Außenwirtschaftspolitik auf die Zahlungsbilanz?
a) Exportsubventionen,
b) Aufhebung von Exportverboten,
c) Aufwertung des Euro,
d) Abwertung des Euro.

6 Erläutern Sie, welche Maßnahmen der Außenwirtschaftspolitik konjunkturbelebend und welche konjunkturhemmend sein können, und begründen Sie Ihre Auffassung.
a) Importförderungsmaßnahmen,
b) Aufhebung von Exportkontingenten,
c) Wegfall von Exportsubventionen,
d) Abwertung des Euro.

7 Wie wirkt sich ein negativer Außenbeitrag auf das Bruttoinlandsprodukt (BIP) aus?

8 Welche Auswirkungen hat ein starker Außenwert des Euro für eine exportabhängige Nation wie die Bundesrepublik Deutschland?
Gehen Sie insbesondere auf die volkswirtschaftlichen Größen
→ gesamtwirtschaftliche Nachfrage,
→ Beschäftigung und
→ Einkommen ein.

9 Erläutern Sie die Aussage, dass die Leistungsbilanz der Vereinigten Staaten ein Konjunkturprogramm für das Ausland sei.

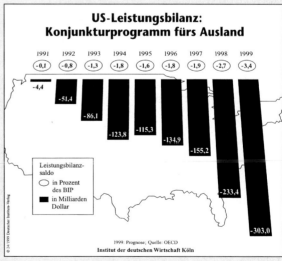

US-Leistungsbilanz: Konjunkturprogramm fürs Ausland

1991	1992	1993	1994	1995	1996	1997	1998	1999
-0,1	-0,8	-1,3	-1,8	-1,6	-1,8	-1,9	-2,7	-3,4
-4,4	-51,4	-86,1	-123,8	-115,3	-134,9	-155,2	-233,4	-303,0

Leistungsbilanzsaldo
○ in Prozent des BIP
■ in Milliarden Dollar

1999: Prognose; Quelle: OECD
Institut der deutschen Wirtschaft Köln

© 24/1999 Deutscher Instituts-Verlag

7 Gerechte Einkommens- und Vermögensverteilung

Die Lohnquote sinkt, das Vermögen wächst. Stimmen die Relationen?

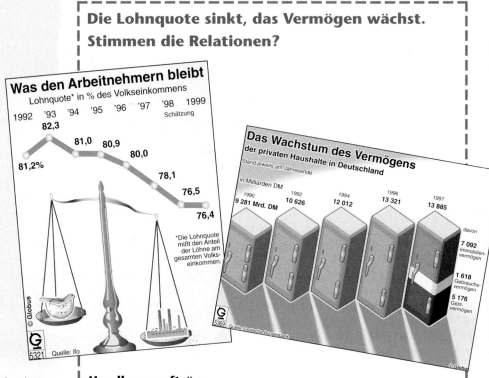

▶ Wann ist eine bestimmte Einkommens- und Vermögensverteilung gerecht?
Stellen Sie verschiedene Auffassungen von Gerechtigkeit zusammen. Nutzen Sie die Methode des Brainstorming.

▶ Diskutieren Sie, wie man Gerechtigkeit messen kann.

Handlungsaufträge

1▶ Warum ist eine gerechte Einkommens- und Vermögensverteilung ein Ziel der Wirtschaftspolitik?

2▶ Diskutieren Sie, wie eine gerechte Einkommens- und Vermögensverteilung aussehen sollte.

3▶ Untersuchen Sie, welche Maßnahmen die Bundesregierung zur Erreichung des Gerechtigkeitsziels einsetzt.

7.1 Gerechte Einkommens- und Vermögensverteilung als Ziel der Wirtschaftspolitik

Ziel der Wirtschaftspolitik ist es, zwischen den Unternehmen und den privaten Haushalten sowie unter den privaten Haushalten selbst eine gerechte Einkommens- und Vermögensverteilung herzustellen, um soziale Gerechtigkeit, soziale Sicherheit und sozialen Frieden für alle Wirtschaftsteilnehmer zu erreichen. Eine gerechte Einkommens- und Vermögensverteilung ist ein durch die Wirtschaftspolitik langfristig anzustrebendes Ziel.

Unter Einkommens- und Verteilungspolitik werden alle Maßnahmen des Staates zusammengefasst, die Verteilung der Einkommen und des Vermögens in einer Volkswirtschaft zu beeinflussen.

7.2 Die Einkommens- und Vermögensverteilung in der Bundesrepublik Deutschland

7.2.1 Die Einkommensverteilung

Die **funktionale Einkommensverteilung** zeigt die Aufteilung des Einkommens auf die Produktionsfaktoren Arbeit und Kapital und lässt daher keine Rückschlüsse auf die Verteilung des Volkseinkommens auf die privaten Haushalte oder Personen zu. Setzt man das Arbeitseinkommen ins Verhältnis zum Volkseinkommen, erhält man die **Arbeitseinkommensquote**.

Die **personelle Einkommensverteilung** gibt Auskünfte über die Einkommen der privaten Haushalte. Sie erlaubt eine Unterscheidung des Einkommens in das Primäreinkommen (Markteinkommen) und das Sekundäreinkommen (verfügbares Einkommen).

ERLÄUTERUNG:

Das verfügbare Einkommen kann in einen Konsum- und einen Sparanteil aufgeteilt werden.

▶ Von welchen Faktoren hängt das Markteinkommen ab?

▶ Wer erzielt Primäreinkommen und wer Sekundäreinkommen?

Der Einkommensbegriff eines Haushaltes aus einzelwirtschaftlicher Sicht	
Summe aller zufließenden Faktoreinkommen, z. B. Löhne, Zinsen und Pachten usw.	Faktoreinkommen/ Primäreinkommen
= Bruttoeinkommen + Arbeitgeberanteil zur Sozialversicherung	Umverteilung
= Bruttoeinkommen im weiteren Sinne ./. Arbeitgeberanteil zur Sozialversicherung	
= Bruttoeinkommen im engeren Sinne ./. direkte Steuern ./. Arbeitnehmeranteil zur Sozialversicherung + vom Staat erhaltene Transferzahlungen	Umverteilung
= Nettoeinkommen = verfügbares Einkommen	Sekundäreinkommen

Orientierungsgröße der Einkommensverteilung ist das Verhältnis von Einkommen aus unselbstständiger Arbeit (**Lohnquote**) und Einkommen aus Unternehmertätigkeit und Vermögen (**Gewinnquote**). Die Lohnquote ergibt sich, wenn man die Summe der Bruttoeinkommen in Beziehung zum Volkseinkommen setzt. Um vergleichbare Zahlen zu erhalten, wird die Lohnquote auf ein Basisjahr bezogen (sog. bereinigte Lohnquote). Die bereinigte Lohnquote geht davon aus, dass sich die Zusammensetzung der Zahl der Erwerbstätigen aus selbstständig und unselbstständig Tätigen nicht verändert hat.

ERLÄUTERUNG:

Das Arbeitseinkommen berücksichtigt auch die Einkommen der Unternehmer, Freiberufler, Selbstständigen und Landwirte. Diese Einkommen können allerdings nur geschätzt werden.

Entwicklung der Arbeitseinkommens und der Lohnquote			
Jahr	Arbeits-einkommens-quote	unbereinigte Lohnquote	bereinigte Lohnquote (Basisjahr 1960)
1975	86,18	74,15	66,51
1980	85,84	75,18	66,25
1985	82,35	72,96	63,56
1990	77,88	69,81	60,11
1995	79,12	70,50	61,06

7.2.2 Die Vermögensverteilung

▷ Warum gibt es nicht eine der Berechnung des Sozialprodukts entsprechende Berechnung des Volksvermögens?

Das Vermögen der privaten Haushalte stammt zum einen aus Erbschaften und zum anderen aus der Verwendung von Einkommensteilen für die Vermögensbildung.

Volksvermögen	
Geldvermögen	Sachvermögen
• Bargeld, Sichteinlagen • Termingelder • Spareinlagen • Geldmarktpapiere • Verzinsliche Wertpapiere • Aktien • Investmentzertifikate • Anlagen bei Versicherungen • Anlagen bei Bausparkassen • Pensionszusagen	• Grundstücke und Gebäude der privaten Haushalte • Gebrauchsvermögen der privaten Haushalte • Produktivvermögen der Unternehmen und des Staates (Gebäude, Maschinen, Anlagen, Lagerbestände usw.)

▷ Welcher Anteil des Vermögens der privaten Haushalte ist in Produktivvermögen angelegt?

▷ Woraus entstehen Vermögenszuwächse der privaten Haushalte?

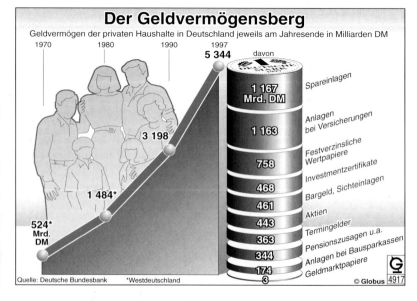

Der Geldvermögensberg

Geldvermögen der privaten Haushalte in Deutschland jeweils am Jahresende in Milliarden DM

1970 — 1980 — 1990 — 1997

5 344   davon

1 167 Mrd. DM   Spareinlagen

1 163   Anlagen bei Versicherungen

758   Festverzinsliche Wertpapiere

468   Investmentzertifikate

461   Bargeld, Sichteinlagen

443   Aktien

363   Termingelder

344   Pensionszusagen u.a.

174   Anlagen bei Bausparkassen

3   Geldmarktpapiere

3 198

1 484*

524* Mrd. DM

Quelle: Deutsche Bundesbank   *Westdeutschland   © Globus 4917

7.3 Maßnahmen der Einkommens- und Vermögenspolitik

Eine Veränderung der Einkommens- und Vermögensverteilung kann entweder

- durch Änderung der Aufteilung der Primäreinkommen an der Quelle (Primärverteilung) oder

- durch nachträgliche Umverteilung von Teilen der Primäreinkommen und der bestehenden Vermögen (Sekundärverteilung) geschehen.

7.3.1 Maßnahmen der Einkommenspolitik

■ Veränderungen der Lohnquote

Die Politik der Veränderung der Lohnquote zielt auf einen wachsenden Anteil der Einkommen aus unselbstständiger Arbeit am Volkseinkommen.

Volkseinkommen1997 2.674,22 Mrd. DM (= 100%)	
Bruttoeinkommen aus unselbstständiger Arbeit 1.902,68 Mrd. DM	Bruttoeinkommen aus Unternehmertätigkeit und Vermögen 771,54 Mrd.DM
Lohnquote 71,15%	Gewinnquote 28,85%

Quelle: Statistisches Jahrbuch 1998, S. 669

Die Lohnquote kann verändert werden

- durch staatliche Maßnahmen,

- durch die Tarifparteien.

Der Staat kann aufgrund der in der Bundesrepublik Deutschland herrschenden Tarifautonomie kaum Einfluss auf die Veränderung der Lohnquote nehmen. Er ist aber auch Arbeitgeber. Als solcher bestimmt er im Rahmen der Lohnverhandlungen für die Beschäftigten des öffentlichen Dienstes die Löhne und Gehälter für diese Arbeitnehmergruppe. Darüber hinaus kann der Staat durch bildungs- und arbeitsmarktpolitische Maßnahmen Voraussetzungen für eine Erhöhung der Lohnquote schaffen.

Die Gewerkschaften argumentieren bei Lohnverhandlungen häufig mit der Entwicklung der Lohnquote und fordern höhere Löhne. Höhere Löhne bewirken bei sonst gleichen Bedingungen eine wachsende Lohnquote. Andererseits stellen Löhne und Gehälter in den meisten Branchen den Hauptkostenblock dar. Unternehmen achten daher darauf, ob Lohnsteigerungen im Einklang zur Erhöhung der Arbeitsproduktivität stehen. Gehen die Lohnsteigerungen über die Arbeitsproduktivität hinaus, kommt es auf längere Sicht dazu, dass die Unternehmen Kosten über Rationalisierung und / oder durch Entlassung von Arbeitskräften einsparen. In diesem Fall würde sich die Lohnquote nicht verändern, da das durch

ERLÄUTERUNG:

Zur Gewinnquote zählen auch die Vermögenseinnahmen der privaten Haushalte.

ERLÄUTERUNG:

Das Bruttoeinkommen bildet sich grundsätzlich aus den Größen Faktormengen (z.B. Arbeitseinsatz in Stunden) und Faktorpreisen (Lohn pro Arbeitsstunde).

▶ Erläutern Sie, auf welche Weise die Lohnquote über bildungs- und arbeitsmarktpolitische Maßnahmen erhöht werden könnte.

▶ Diskutieren Sie, ob das Argument der gesamtwirtschaftlichen Lohnquote ein schlagkräftiges Argument für Tarifverhandlungen sein kann.

▶ Untersuchen Sie, welche Folgen Tariflohnerhöhungen
a) für hoch technisierte Produktionsbetriebe,
b) für Einzelhandels- und Dienstleistungs- unternehmen haben.

die Gewerkschaften verhandelte gestiegene Lohnniveau nun auf weniger Arbeitnehmer zutrifft, während andere Arbeitnehmer arbeitslos werden.

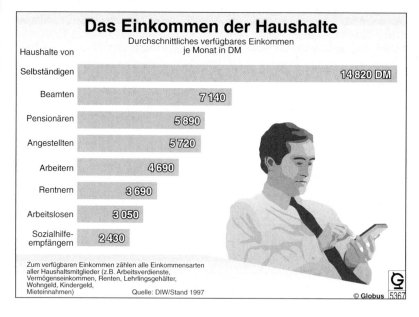

Das Einkommen der Haushalte
Durchschnittliches verfügbares Einkommen je Monat in DM

Haushalte von

Selbständigen	14 820 DM
Beamten	7 140
Pensionären	5 890
Angestellten	5 720
Arbeitern	4 690
Rentnern	3 690
Arbeitslosen	3 050
Sozialhilfe- empfängern	2 430

Zum verfügbaren Einkommen zählen alle Einkommensarten aller Haushaltsmitglieder (z.B. Arbeitsverdienste, Vermögenseinkommen, Renten, Lehrlingsgehälter, Wohngeld, Kindergeld, Mieteinnahmen) Quelle: DIW/Stand 1997
© Globus 5367

▶ Erläutern Sie die nebenstehende Grafik.

▶ Wodurch kommt das hohe Einkommen je Haushaltsmitglied bei Pensionären zustande?

▶ Stellen Sie eine Liste aller Abgaben zusammen, die Sie direkt und indirekt an den Staat leisten.

▶ Ermitteln Sie durch eine Umfrage bei Ihren Eltern und bei Bekannten und Freunden, welche Aufwendungen Kinder verursachen, und vergleichen Sie diese Aufwendungen mit dem Kindergeld für das 1., 2. und 3. Kind.

▶ Mutterschaftsgeld wird nur an berufstätige Mütter gezahlt, Erziehungsgeld ist dagegen nicht an ein Arbeits- verhältnis geknüpft. Diskutieren Sie diese Regelung unter dem Gesichtspunkt der Forderung nach Ein- kommensgerechtigkeit.

■ Transferzahlungen und Subventionen

Eine Umverteilung durch den Staat setzt voraus, dass sich der Staat zunächst die erforderlichen Mittel beschafft. Dies geschieht über direkte und indirekte Steuern, durch Abgaben und durch Beiträge zu den Sozial-versicherungssystemen.

Transferzahlungen, z.B. Kindergeld, Mutterschaftsgeld, Erziehungsgeld, Ausbildungsförderung (Bafög), Sozialversicherungsleistungen, Sozialhilfe-zahlungen, sind Ausgleichszahlungen an private Haushalte für besondere Belastungen. Mithilfe dieser Zahlungen werden

• private Haushalte bei außergewöhnlichen Belastungen unterstützt,

• eine Grundversorgung privater Personen gesichert,

• bildungs- und familienpolitische Ziele gefördert.

Subventionen, z.B. Eigenheimzulagen, sind Leistungen an private Haus-halte oder Unternehmen zur Förderung bestimmter Vorhaben. Durch die Gewährung von Subventionen werden **Investitionsvorhaben** und die Entwicklung und Anwendung **neuer Technologien** gefördert. Der Staat stellt außerdem **öffentliche Güter**, die der Markt sonst nicht oder nur zu hohen Preisen anbieten würde, z.B. Bildungseinrichtungen, Krankenhäu-ser, Museen, bereit oder unterstützt ihre Bereitstellung. Dadurch kommen auch gering Verdienende in den Genuss von Gütern, die sie sich sonst nicht leisten könnten. Dies trägt zur Erhöhung der Lebensqualität unmit-telbar und mittelbar bei.

■ Maßnahmen der Steuerpolitik

Die Steuerpolitik führt u.a. durch

- die unterschiedliche Behandlung der verschiedenen Einkunftsarten,
- die Einräumung von Sonderabschreibungsmöglichkeiten,
- die Definition von steuerwirksamen und steuerunwirksamen Vorgängen,
- die Definition des Werbungskosten- und des Sonderausgabenbegriffs,
- den progressiven Einkommensteuertarif und
- die Erhebung indirekter Steuern

zu einer ungleichen Behandlung der Einkommensempfänger.

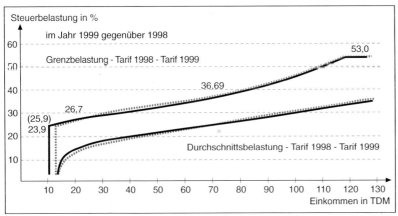

1999 erfolgt für unterste Einkommen eine geringe Entlastung. Im Bereich von ca. 40.000 DM bis 70.000 DM liegt der Grenzsteuersatz dann geringfügig höher als bisher. Eine Reduzierung des Spitzensteuersatzes (53 % plus Kirchensteuer plus Solidaritätszuschlag) erfolgt nicht.

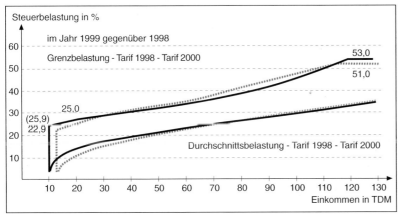

In den Jahren 2000 und 2001 erfolgt eine spürbare Entlastung der untersten Einkommen. Im Bereich von ca. 40.000 DM bis 90.000 DM liegt der Grenzsteuersatz jedoch höher als bisher. Der Spitzensteuersatz wird minimal um zwei Prozentpunkte von 53 % auf 51 % gesenkt.

▶ Führen Sie eine Debatte, ob Subventionen marktwirtschaftlich vertretbar sind.

▶ Einkommensschwache werden durch die Umsatzsteuer stärker belastet als Einkommensstarke. Beurteilen Sie diese Aussage.

▶ Die Körperschaftsteuer ist die Einkommensteuer der Unternehmen in der Rechtsform der Kapitalgesellschaft oder Genossenschaft. Diskutieren Sie die unterschiedlichen Steuersätze für die Gewinnbesteuerung bei einbehaltenen und bei auszuschüttenden Gewinnanteilen.

▶ Untersuchen und begründen Sie, ob der progressive Einkommensteuertarif ein Beitrag zur Einkommensgerechtigkeit ist.

▶ Der Staat gibt mit seinem Instrumentarium zur Vermögensbildung den privaten Haushalten einen Anreiz zur Ersparnisbildung. Diskutieren Sie, ob es sinnvoll wäre, die privaten Haushalte zur Vermögensbildung zu verpflichten.

ERLÄUTERUNG:

Anfang 1999 wurden die Einkommensgrenzen für den Erhalt der Arbeitnehmer-Sparzulage von 27000 auf 35000 DM (Alleinstehende) und von 54000 auf 70000 DM (Verheiratete) erhöht. Dadurch können rund zwei Drittel aller Arbeitnehmer die Sparförderung in Anspruch nehmen.

Kapitel 1 und 3

▶ Entwickeln Sie das Szenario einer Gesellschaft ohne Einkommens- und Vermögensunterschiede, und beurteilen Sie die Effizienz dieser Gesellschaft.

▶ Stellen Sie dar, wie in Ihrem Unternehmen der Beteiligungserwerb gefördert wird.

▶ Wie kann der Einzelne zu seiner Vermögensbildung beitragen? Nutzen Sie die Methode des Brainstorming.

7.3.2 Maßnahmen der Vermögenspolitik

■ Staatliche Maßnahmen

Der **Staat fördert die private Vermögensbildung**, um

- den Einzelnen wirtschaftlich abzusichern,
- dem Einzelnen eine größere persönliche Freiheit zu geben.

Wer zum Beispiel Grundvermögen besitzt, ist in späteren Jahren unabhängig von der Wohnungsmarktsituation. Darüber hinaus ermöglicht ihm das mietfreie Wohnen in den eigenen vier Wänden auch im Alter einen angemessenen Lebensstandard. Damit trägt die Vermögensbildung auch zu mehr sozialer Gerechtigkeit und zum sozialen Frieden bei.

Nach dem 5. **Vermögensbildungsgesetz** werden **vermögenswirksame Leistungen**, die in

- **Bausparverträgen** und
- **Produktivkapitalbeteiligungen**

angelegt werden, im Rahmen bestimmter Höchstbeträge durch Arbeitnehmer-Sparzulagen gefördert.

Nach § 19a EStG bleibt der geldwerte Vorteil unentgeltlicher oder verbilligter Überlassungen von **Vermögensbeteiligungen an Arbeitnehmer** in bestimmtem Umfang steuerfrei.

Zur **Förderung des Eigenheimbaus** bzw. des Erwerbs von Wohneigentum gewährt der Staat **Eigenheimzulagen**.

Mit dem **Wohnungsbau-Prämiengesetz** fördert der Staat **Bauspareinlagen**.

Mit der **Erbschaft- und Schenkungsteuer** greift der Staat bei der Vermögensübertragung des Erblassers auf die Erben und bei Schenkungen unter Lebenden verteilungspolitisch zu.

■ Private und tarifpolitische Maßnahmen

Viele **Tarifverträge** sehen die **Zahlung vermögenswirksamer Leistungen** vor.

Beim **Investivlohnkonzept** werden Lohnerhöhungen in Belegschaftsaktien oder anderen Vermögensbeteiligungen angelegt. Solche Vereinbarungen dienen auch der Inflationsvermeidung.

Viele **Unternehmen** bieten ihren Mitarbeitern **Belegschaftsaktien** mit Abschlägen gegenüber dem Börsenkurs, **Unternehmensbeteiligungen** oder **Direktversicherungen** an. In vielen Unternehmen gibt es **Pensionsfonds** für die Mitarbeiter.

Kreditinstitute bieten ihren Kunden **Altersvorsorge- und Alterssparpläne** an.

Strukturwissen

- Gerechte **Einkommens- und Vermögensverteilung** ist ein **Langfristziel** der Wirtschaftspolitik. Was gerecht ist, wird nirgendwo definiert.

- **Einkommens- und Vermögenspolitik** sind alle **Maßnahmen des Staates, mit denen die Verteilung der Einkommen und die Verteilung der Vermögen beeinflusst werden soll.**

- **Einkommenspolitik** ist in Deutschland **vorrangig Aufgabe der Tarifpartner.**

Maßnahmen der Einkommens- und Vermögenspolitik des Staates

Maßnahmen der Steuerpolitik

- Einkommensteuer
  Beispiele für die Förderung der Gerechtigkeit der Einkommensverteilung:
  → progressiver Steuertarif
  → Steuerfreiheit des Existenzminimums
- Beispiele für die Förderung der Vermögensbildung:
  → Abzugsfähigkeit von Vorsorgeaufwendungen,
  → Steuerbefreiung von Zinsen auf langlaufende Lebensversicherungen,
  → Sparerfreibeträge

- Erbschaft- und Schenkungsteuer

Ausgleichs- und Transferzahlungen

- Beispiele für die Förderung der Gerechtigkeit der Einkommensverteilung:
  → Tarifvertragliche Mindestlöhne
  → Kindergeld, Erziehungsgeld
  → Wohngeld
  → Sozialhilfe

- Beispiele für die Förderung der Vermögensbildung:
  → Eigenheimzulagen
  → Wohnungsbau-Prämien
  → Arbeitnehmer-Sparzulagen

Aufgaben

1 „Durch Transferzahlungen an bestimmte Gesellschaftsgruppen verhindert der Staat die Eigenverantwortung."
a) Führen Sie eine Pro- und Kontra-Diskussion zu dieser These.
b) Stellen Sie die Hauptargumente in einer Übersicht zusammen.

2 Überlegen Sie, warum es sinnvoll sein kann, Investitionen über Kredite zu finanzieren.

3 Gewerkschaften betreiben bei Lohnverhandlungen ebenfalls Einkommenspolitik.
a) Erläutern Sie den Zusammenhang zwischen Lohnsteigerungen und Arbeitsproduktivität.
b) Beurteilen Sie die möglichen Auswirkungen der von den Gewerkschaften vertretenen Positionen auf das Volkseinkommen.

4 „Vermögensbildende Maßnahmen sind vor allem für Bezieher geringer Einkommen erforderlich."
a) Begründen Sie diese These anhand der für Bezieher geringer Einkommen feststellbaren Konsum- und Sparquote.
b) Kommen Sie zu einer abschließenden Bewertung dieser These.

5 Erläutern Sie an einem konkreten Beispiel, wie das Ziel einer gerechten Einkommens- und Vermögensverteilung mit anderen wirtschaftspolitischen Zielen in Konflikt geraten kann.

6 Begründen Sie, warum vermögenswirksame Leistungen für die Arbeitgeber Kosten darstellen.

7 In jedem Bundesland bestehen eigene Förderprogramme z.B. für Existenzgründer und für junge Familien.
Stellen Sie die für Ihr Bundesland spezifischen Förderprogramme übersichtlich nach Förderzweck, Fördervoraussetzungen, Fördermaßnahmen und Förderungsdauer zusammen.

8 Ermitteln Sie, wie viele Arbeitnehmer der Staat (Bund, Länder und Gemeinden) aktuell beschäftigt (Tipp: www.statistik-bund.de).
Überlegen Sie, inwieweit diese Zahl bei der Beurteilung der Entwicklung der Lohnquote von Bedeutung ist.

9 Überlegen Sie, wie sich Arbeitszeitverkürzungen auf die Lohnquote auswirken werden.

10 Das Volkseinkommen teilt sich auf in:

	1996	1997
Einkommen aus unselbstständiger Arbeit (Bruttolohn- und -gehaltssumme)	1.883,44	1.902,68
	(1.515,5)	(1.526,6)
+ Einkommen aus Unternehmertätigkeit und Vermögen	731,64	771,54
= Volkseinkommen	2.615,08	2.674,22

Angaben in jeweiligen Preisen und Mrd. DM
Quelle: Statistisches Jahrbuch 1998, S. 669

Beurteilen Sie das Wachstum der einzelnen Bestandteile des Volkseinkommens.

In der Tarifrunde 1999 hat die IG Metall für Lohnerhöhungen mit den folgenden Plakaten geworben.
Beurteilen Sie die Aussagen auf Schlagkraft und auf Stichhaltigkeit
a) aus der Sicht der Arbeitnehmer,
b) aus der Sicht der Arbeitgeber,
c) aus der Sicht staatlicher Einkommens- und Vermögenspolitik.

 Diskutieren Sie die Grenzen staatlicher Einkommens- und Vermögenspolitik.

Führen Sie eine Debatte zur These:
„*Leistung muss sich wieder lohnen. Wir fordern die Einführung eines Einheitssteuersatzes von 25% auf Einkommen von mehr als 20 000 DM pro Kopf.*"

8 Wirtschaftspolitische Grundkonzepte

Neuorientierung der Wirtschaftspolitik?

„Die neue Bundesregierung läßt keinen Zweifel an ihrer Absicht, stärker als bisher vom Instrumentarium der Nachfragepolitik Gebrauch zu machen. Sie beabsichtigt, die Nachfrage über die Finanzpolitik zu stimulieren und verlangt, daß auch die Geldpolitik stärker expansiv werden soll. Zugleich wird den Tarifvertragsparteien nahegelegt, im Interesse der Schaffung von mehr Kaufkraft den bisherigen Kurs der Lohnmäßigung aufzugeben. Mit dieser nachfragepolitischen Orientierung verbindet die Bundesregierung jedoch nicht die grundsätzliche Ablehnung angebotspolitischer Ansätze. [...] Eine Politik, die angebotspolitische und nachfragepolitische Ansätze miteinander zu verbinden sucht, steht vor dem Problem, wie sich beide miteinander in einer konsistenten Strategie vereinbaren lassen. [...]

Angebotsorientierte Politik setzt bei den Voraussetzungen für die Schaffung von Arbeitsplätzen an. Dabei muss der dynamische Charakter des Prozesses gesehen werden, in dem durch Wettbewerb und Strukturwandel ständig neue Arbeitsplätze entstehen, aber auch immer wieder aufgegeben werden müssen. [...] Soll mehr Beschäftigung geschaffen und damit die Arbeitslosigkeit abgebaut werden, so müssen in bestehenden und neugegründeten Unternehmen mehr neue Arbeitsplätze gewonnen werden, als an anderer Stelle verlorengehen. [...]

Die Wirtschaftspolitik beeinflußt die Angebotsbedingungen unmittelbar von der Kostenseite her, über die Finanzpolitik die Steuerbelastung, über den institutionellen Rahmen der Lohnfindung und über die Sozialpolitik die Arbeitskosten. Für die Erfolgsaussichten unternehmerischer Aktivität, vor allem für die Wettbewerbsfähigkeit auf internationalen Märkten, sind nicht nur die Kosten von Bedeutung, sondern ebenso Produktivität und Innovationsfähigkeit. [...]

Nachfragepolitik ist ursprünglich als Stabilisierungspolitik konzipiert worden. Durch Unstetigkeiten der gesamtwirtschaftlichen Nachfrage bedingte Schwankungen im Wachstumsprozeß sollen ausgeglichen werden, in erster Linie durch die Geldpolitik und durch die Finanzpolitik. Folgt man dieser Konzeption, so geht es nicht nur darum, bei schwacher Nachfrage durch niedrige Zinsen und Haushaltsdefizite positive Impulse zu vermitteln; vielmehr muß das Instrumentarium auch zur Dämpfung der Nachfrage bei konjunktureller Überhitzung eingesetzt werden. [...] Die herkömmlichen Instrumente der Nachfragestimulierung, expansive Geld- und Finanzpolitik, sind unter den derzeit gegebenen Bedingungen für die deutsche Wirtschaftspolitik nicht verfügbar."

(Quelle: Jahresgutachten 1998/99 des Sachverständigenrats zur Begutachtung der gesamtwirtschaftlichen Entwicklung, S. 205 – 206)

Handlungsaufträge

1 Beurteilen Sie, ob bei lohnpolitischer Zurückhaltung der Gewerkschaften eine gesamtwirtschaftliche Nachfragelücke entsteht.

2 Zeigen Sie anhand von Beispielen, wie durch wirtschaftlichen Strukturwandel einerseits Arbeitsplätze verloren gehen und andererseits neu entstehen.

3 Erarbeiten Sie einen Katalog wirtschaftspolitischer Maßnahmen, mit denen Produktivität und Innovationsfähigkeit einer Volkswirtschaft erhöht werden können.

4 Beschreiben Sie wirtschaftspolitische Maßnahmen, mit denen die private Konsum- und Investitionsnachfrage bei ausgelasteten Kapazitäten abgeschwächt werden kann.

5 Begründen Sie die Auffassung des Sachverständigenrats, dass die herkömmlichen Instrumente der Nachfragepolitik unter den derzeit gegebenen Bedingungen für die deutsche Wirtschaftspolitik nicht verfügbar sind.

8.1 Nachfrageorientierte Strategien der Wirtschaftspolitik

8.1.1 Grundannahmen nachfrageorientierter Wirtschaftspolitik

Die **nachfrageorientierten Strategien der Wirtschaftpolitik** basieren auf den Gedanken des britischen Nationalökonomen John Maynard Keynes (1883-1946). Die Anhänger dieser Theorie werden deshalb auch als Neokeynesianer oder Postkeynesianer bezeichnet. Nach ihrer Auffassung entscheidet die **gesamtwirtschaftliche Nachfrage** über die Höhe der Produktion und damit über die Höhe der Beschäftigung. Die Nachfrage entwickelt sich – dem Konjunkturverlauf folgend – zyklisch, sodass deswegen in der Rezession Arbeitslosigkeit auftritt. Aufgabe des Staates ist es, die Gesamtnachfrage durch eine **antizyklische Wirtschaftspolitik** zu stabilisieren.

Das **Konzept der antizyklischen Beeinflussung der Gesamtnachfrage** steht im scharfen Gegensatz zur klassischen Theorie, nach der die Selbstheilungskräfte des Marktes Störungen des gesamtwirtschaftlichen Gleichgewichts beseitigen und es deswegen keiner staatlichen Eingriffe in den Wirtschaftsablauf bedarf. Die klassische Theorie beruhte im Wesentlichen auf dem Say'schen Theorem und der Annahme flexibler Löhne. Steigt die Zahl der Arbeitskräfte einer Volkswirtschaft, sorgt die Konkurrenz der Arbeitswilligen dafür, dass über sinkende Lohnsätze zusätzliche Arbeitskräfte in den Arbeitsprozess integriert werden. Keynes wies dagegen nach, dass es auch ein Gleichgewicht bei Unterbeschäftigung geben kann. Unter einem tarifvertraglich festgelegten Lohniveau ist kein Arbeitnehmer bereit, seine Arbeitsleistung anzubieten. Wenn zum festgelegten Tariflohn die gesamtwirtschaftliche Nachfrage geringer ist als das bei diesem Lohnsatz unelastische Arbeitskräfteangebot, entsteht unfreiwillige Arbeitslosigkeit. Somit entsteht ein Gleichgewicht bei Unterbeschäftigung. Nach Auffassung von Keynes gilt:

- Das marktwirtschaftliche System neigt zur Instabilität.
- Vorrangiges Ziel der Wirtschaftspolitik muss Vollbeschäftigung sein.
- Die Höhe der Produktion und des Volkseinkommens und damit die Höhe der Beschäftigung wird durch die gesamtwirtschaftliche Nachfrage bestimmt.
- Zur Überwindung von Krisen, insbesondere von Unterbeschäftigung, muss der Staat eingreifen.

▶ Nachfrageorientierte Wirtschaftspolitik wird auch antizyklische Wirtschaftspolitik genannt. Begründen Sie diese Bezeichnung.

▶ Beschreiben Sie die Merkmale einer Rezession.

ERLÄUTERUNG:
Vertreter der klassischen Theorie waren Adam Smith, David Ricardo, Robert Thomas Malthus.

ERLÄUTERUNG:
Das Say'sche Theorem lautet: Jedes Angebot schafft sich seine notwendige Nachfrage. Ist das Angebot im Verhältnis zur Nachfrage zu hoch, sorgt der Preismechanismus für ein neues Gleichgewicht bei niedrigeren Preisen.

8.1.2 Instrumente nachfrageorientierter Wirtschaftspolitik

■ Finanzpolitik

Die Finanzpolitik übernimmt im Rahmen der antizyklischen Wirtschaftspolitik eine Schlüsselrolle, um aus einer Konjunktur- und Beschäftigungskrise herauszuführen. Konjunkturstörungen entstehen, wenn die gesamtwirtschaftliche Nachfrage größer oder kleiner als das volkswirtschaftliche Produktionspotenzial ist. Eine konjunkturelle Arbeitslosigkeit führen Keynesianer auf einen Rückgang der Gesamtnachfrage zurück. Beispielsweise

 Kapitel 3 und 5

Die gesamtwirtschaftliche Nachfrage setzt sich aus der Konsumgüter- und der Investitionsgüternachfrage der Haushalte und Unternehmen, der Staatsnachfrage und dem Außenbeitrag zusammen.

▶ Stellen Sie den kumulativen Prozess des Nachfragerückgangs und der damit verbundenen Verluste an Arbeitsplätzen durch eine Wirkungskette dar.

Multiplikator
= Beschleuniger, Vervielfacher

Auch die Einkommensverteilung, das bisher angesammelte Vermögen und die Kreditbedingungen beeinflussen die Konsumnachfrage.

Die marginale Konsumquote gibt an, wie viel von jeder zusätzlich verdienten Geldeinheit für den Konsum ausgegeben wird.

▶ Erläutern Sie, von welchen Einflussgrößen unternehmerische Investitionen abhängen.

könnte der Rückgang auf verringerte Nachfrage aus dem Ausland zurückzuführen sein. Durch den Rückgang der Beschäftigung (zunächst nur in der Exportwirtschaft) geht die Nachfrage privater Haushalte zurück, weil die Einkommen der betroffenen Arbeitnehmer sinken und weil andere Arbeitnehmer aus Angst vor Arbeitsplatzverlust verstärkt sparen. Aber auch die Investitionstätigkeit der Unternehmen nimmt ab, wenn aufgrund fehlender Konsumnachfrage die Kapazitäten schwächer ausgelastet sind. Auf diese Weise verstärken sich die konjunkturellen Abschwungkräfte kumulativ, denn nun gehen auch Arbeitsplätze in der inlandsorientierten Konsum- und Investitionsgüterindustrie verloren. In dieser Situation kann der Staat durch Kreditaufnahme (deficit spending) fehlende private Nachfrage durch entsprechende Staatsnachfrage ersetzen, da er nicht wie ein privater Unternehmer auf Rentabilität achten muss. Dadurch wird nach keynesianischer Auffassung ein so genannter **Multiplikatorprozess** in Gang gesetzt.

Multiplikationsprozess

Ausgangslage: Geschlossene Volkswirtschaft ohne staatliche Aktivität. Die Gesamtnachfrage (Y) setzt sich aus der privaten Konsumnachfrage (C) und der privaten Investitionsnachfrage (I) zusammen:

$$Y = C + I$$

Erweiterung der Ausgangslage:
Die private Konsumgüternachfrage wird durch das verfügbare Einkommen bestimmt. Andere Einflussgrößen sollen an dieser Stelle nicht betrachtet werden. Es wird unterstellt, dass der autonome Konsum (C_a) 500 Geldeinheiten (GE) beträgt. Auch bei einem Volkseinkommen von 0 würde diese Summe konsumiert. Sie entspricht in etwa dem Existenzminimum (z. B. Sozialhilfesatz), das einem Konsumenten unbedingt zugestanden werden muss, damit er seine dringendsten materiellen Grundbedürfnisse befriedigen kann. Außerdem wird eine marginale Konsumquote (c) von 0,8 angenommen.

Unter diesen Annahmen gilt folgende Konsumfunktion:

$$C = c \times Y + C_a$$

Es wird außerdem angenommen, dass eine autonome Nettoinvestition (I_a) in Höhe von 500 GE getätigt wird. Autonome, d. h. von anderen wirtschaftlichen Einflüssen unabhängige Investitionen, wird in der Realität nur der Staat tätigen. Ein privater Unternehmer richtet sich bei seinen Investitionsentscheidungen vor allem nach den Gewinnerwartungen. Autonome Investitionen wird er nur dann vornehmen, wenn bahnbrechende technische Neuerungen zu erwarten sind. Unter den gegebenen Bedingungen setzt sich die volkswirtschaftliche Gesamtnachfrage folgendermaßen zusammen:

$$Y = c \times Y + Ca + I_a$$

Der nicht in den Konsum fließende Teil des Einkommens wird gespart und steht für Investitionszwecke zur Verfügung. Im Beispiel werden von jeder zusätzlich verdienten Geldeinheit 0,2 GE für Investitionszwecke zur Verfügung gestellt. Die marginale Sparquote (s) beträgt somit 0,2. Die marginale Konsumquote und die marginale Sparquote ergänzen sich stets zu 1.

Die folgende Tabelle zeigt bei einer angenommenen Konsumquote von 0,8 und einem autonomen Konsum von 500 GE die Aufteilung des Volkseinkommens auf Konsum und Ersparnis.

Verteilung des Volkseinkommens auf Konsum und Sparen				
Volksein- kommen Y in GE	Konsum C In GE	Marginale Konsumquote c	Marginale Sparquote s	Ersparnis S in GE
0	500	0,8	0,2	– 500
1000	1300	0,8	0,2	– 300
2000	2100	0,8	0,2	– 100
3000	2900	0,8	0,2	+ 100
4000	3700	0,8	0,2	+ 300
5000	4500	0,8	0,2	+ 500
6000	5300	0,8	0,2	ı 700

Bei den Volkseinkommen 0, 1000 und 2000 GE übersteigt der Konsum das Volkseinkommen um 500, 300 und 100 GE. Dies ist nur möglich, wenn früher angesammelte Ersparnisse für den Konsum verwendet werden. Bei Volkseinkommen von 3000 und 4000 GE ist die Ersparnis niedriger als die geplante Investition. Nur bei einem Volkseinkommen von 5000 GE entspricht die geplante Ersparnis den geplanten Investitionen in Höhe von 500 GE. Bei diesem Einkommen gilt für die gesamtwirtschaftliche Nachfrage

$$Y = c \times Y + C_a + I_a$$

Das Gleichgewichtseinkommen läßt sich auch rechnerisch ermitteln:

$$Y = c \times Y + C_a + I_a$$

$$Y(1-c) = C_a + I_a$$

$$Y = \frac{1}{1-c} (C_a + I_a)$$

$$Y = \frac{1}{1-0,8} (500 + 500)$$

$$Y = 5000$$

Den Ausdruck $\frac{1}{1-c}$ bezeichnet man als Multiplikator. Er gibt an, dass das Gleichgewichtseinkommen ein Mehrfaches der Summe aus autonomem Konsum und autonomer Investition beträgt. Würde die autonome Investition um 400 auf 900 GE erhöht, ergäbe sich das folgende Gleichgewichtseinkommen:

$$Y = \frac{1}{1-0,8} (500 + 900)$$

$$Y = 7000$$

Eine zusätzliche Investition von 400 GE führt zu einem um 2000 GE vergrößerten Volkseinkommen (Multiplikator = 5)

ERLÄUTERUNG:

Die marginale Sparquote gibt an, wie viel von jeder zusätzlich verdienten Geldeinheit gespart wird.

▶ Erläutern Sie, wie sich das verfügbare Einkommen vom monatlichen Bruttogehalt unterscheidet.

▶ Erläutern Sie den Multiplikatorprozess, indem Sie von einer anfänglichen autonomen Investition in der Bauwirtschaft ausgehen (Konsumquote = 0,8).

▶ Erläutern Sie, wie die EZB mithilfe von Offenmarktgeschäften die Konjunktur ankurbeln und abbremsen kann.

▶ Ende 1998 haben die Bundesregierung und Vertreter von Gewerkschaften und Arbeitgeberverbänden ein Bündnis für Arbeit, Ausbildung und Wettbewerbsfähigkeit vereinbart.

1. Erläutern Sie die wesentlichen Zielsetzungen dieses Bündnisses.

2. Erörtern Sie mögliche Probleme eines solchen Bündnisses.

3. Untersuchen Sie, inwieweit „Bündnisse für Arbeit" und „Bündnisse für Ausbildung" dem Charakter der Konzertierten Aktion entsprechen.

Durch den Multiplikator werden die Einkommenswirkungen einer zusätzlichen Ausgabe (Investition) vervielfacht. Die auf diese Weise gestiegenen Einkommen regen wiederum zu neuen Investitionen an, da die bisherigen Kapazitäten nicht mehr ausreichen, um die höhere Konsumnachfrage zu befriedigen. Diesen Effekt bezeichnet man als Akzelerator-Prinzip.

■ Geldpolitik

Die Geldpolitik hat die Finanzpolitik zu unterstützen. In der Rezession muss folglich die Bankenliquidität erhöht werden, damit über sinkende Zinssätze die private Investitionstätigkeit angeregt wird. Im Boom soll dagegen eine Politik des teuren Geldes betrieben werden, um die private Investitionstätigkeit zu bremsen. Die Wirkungen der Geldpolitik auf die Investitionstätigkeit privater Unternehmen sind jedoch nach keynesianischer Auffassung gering (geringe Zinselastizität privater Investitionen); zudem ist mit langen zeitlichen Wirkungsverzögerungen zu rechnen.

■ Einkommenspolitik

Die Konjunkturpolitik nach keynesianischem Muster wird nicht nur durch die Finanz- und Geldpolitik, sondern auch durch eine staatliche Einkommenspolitik gestützt.

Ein entsprechendes Instrument war zum Beispiel die so genannte **Konzertierte Aktion**, die 1967 von Karl Schiller, dem damaligen Wirtschaftsminister der Bundesrepublik Deutschland, ins Leben gerufen wurde. Ziel der **Konzertierten Aktion** war es, dass sich die Tarifpartner (Arbeitgeberverbände und Gewerkschaften) sowie Vertreter der Gebietskörperschaften und des Bundeswirtschaftsministeriums am runden Tisch über eine gesamtwirtschaftliche Zielprojektion verständigten und dass die Tarifpartner ihre Tarifverhandlungen an den gesamtwirtschaftlichen Eckwerten ausrichteten. § 3 des Stabilitätsgesetzes sieht vor, dass im Fall der Gefährdung eines der in § 1 des Gesetzes genannten Zielsetzungen (Stabilität des Preisniveaus, hoher Beschäftigungsstand und außenwirtschaftliches Gleichgewicht bei stetigem und angemessenem Wirtschaftswachstum) die Bundesregierung Orientierungsdaten für ein gleichzeitiges, aufeinander abgestimmtes Verhalten der oben genannten Gruppen zur Verfügung stellt. Der Versuch, mithilfe der **Konzertierten Aktion** eine Globalsteuerung der Wirtschaft im Sinne Keynes voranzutreiben, scheiterte an der stark voneinander abweichenden Interessenstruktur der Gesprächspartner.

8.1.3 Probleme nachfrageorientierter Wirtschaftspolitik

Probleme nachfrageorientierter Wirtschaftspolitik sind:

- Mit dem Einsatz des keynesianischen Instrumentariums lassen sich **Stagflationsprobleme (stagnierendes Wachstum in Kombination mit Inflation und Arbeitslosigkeit) nicht lösen.**

- Die zunehmende internationale Verflechtung begrenzt die Möglichkeiten für nationale konjunkturbeeinflussende Maßnahmen. Im Europäischen Währungssystem wird die Geldpolitik von der Europäischen Zentralbank zentral für alle Mitgliedstaaten gesteuert und verantwortet. **Der nationalen Finanzpolitik sind** durch die im Maastrichter Vertrag definierten Stabilitätskriterien **enge Grenzen gesetzt.**

- Das keynesianische Instrumentarium lässt sich allenfalls im kurzfristigen konjunkturellen Bereich einsetzen. **Längerfristige Wirtschaftsprobleme, z.B. Strukturprobleme, lassen sich** damit **nicht lösen.** Eine Strukturkrise liegt vor, wenn eine Branche, z. B. Textilindustrie oder Stahlindustrie, aufgrund zunehmender internationaler Konkurrenz und/oder einer zurückgehenden Nachfrage an beschäftigungspolitischer Bedeutung verliert.

- **Antizyklische Maßnahmen sind** im Regelfall **mit langen Wirkungsverzögerungen** verknüpft. Es kann deshalb geschehen, dass getroffene wirtschaftspolitische Maßnahmen erst so spät wirken, dass sie einen Konjunkturzyklus verstärken, statt ihn – wie beabsichtigt – zu dämpfen.

- Durch das „Stop and Go" der Wirtschaftspolitik werden knappe Ressourcen vergeudet, weil es den Wirtschaftssubjekten an längerfristig planbaren Wirtschaftsdaten fehlt.

- Aufgrund der hohen strukturellen Verschuldung der Bundesrepublik Deutschland bieten die öffentlichen Haushalte kaum Spielraum für zusätzliche Staatsausgaben, um die Konjunktur anzukurbeln.

- Politisch sind kontraktive Maßnahmen im Aufschwung oder im Boom nur schwer durchzusetzen.

▶ Beurteilen Sie, welche wirtschaftspolitischen Gefahren mit einer hohen strukturellen Verschuldung verbunden sind.

▶ Begründen Sie die Aussage, dass eine antizyklische Finanzpolitik in Boomphasen versagen muss.

8.2 Angebotsorientierte Strategien der Wirtschaftspolitik

8.2.1 Grundannahmen angebotsorientierter Wirtschaftspolitik

Die mit der nachfrageorientierten Wirtschaftspolitik verbundenen Probleme haben den Glauben an die Mach- und Planbarkeit der Konjunktur zerstört. Bei einer **angebotsorientierten Wirtschaftspolitik** soll der Staat keine aktive Rolle im Wirtschaftsprozess übernehmen, sondern vor allem die Angebotsbedingungen verbessern. Einer der wichtigsten Vertreter dieser Konzeption ist Milton Friedman, der vor allem die Geldpolitik als wichtiges stabilisierungspolitisches Mittel herausstellt. Die Vertreter der angebotsorientierten Wirtschaftspolitik gehen von folgenden Grundannahmen aus:

- Die Verantwortung für wirtschaftspolitisches Handeln muss eindeutig geregelt und zugeordnet sein.
- Das marktwirtschaftliche System ist grundsätzlich stabil.
  Die Funktionsfähigkeit des Marktes wird aber eingeschränkt durch
  - antizyklische staatliche Eingriffe,
  - Subventionen,
  - reglementierende staatliche Vorschriften.

 **ERLÄUTERUNG:**

Die angebotsorientierte Wirtschaftspolitik wird auch als Monetarismus bezeichnet.

▶ Geben Sie Beispiele für Innovationen der letzten Jahre, die besonders wichtig für Wachstum und Beschäftigung waren.

- Angebot schafft Nachfrage, denn bei der Produktion entstehen Einkommen.
  Durch Einkommen entsteht kaufkräftige Nachfrage.
- Innovative Unternehmer sind Träger des Fortschritts- und Wachstumsprozesses.
- Steuersenkungen fördern und erhöhen die Leistungsbereitschaft.

8.2.2 Instrumente angebotsorientierter Wirtschaftspolitik

■ Potenzialorientierte Geldpolitik

Für die Angebotstheoretiker bzw. Monetaristen ist Ausgangspunkt der Überlegungen, dass Inflation Folge einer zu starken Ausweitung der Geldmenge ist. Deshalb fordern die Monetaristen, dass die Geldmenge stetig mit einer konstanten Rate wächst. Das Wachstum der Geldmenge hat sich dabei an drei Größen zu orientieren:

- Geschätztes Wachstum des Produktionspotenzials,
- trendmäßige Veränderung der Umlaufgeschwindigkeit,
- unvermeidlicher Preisanstieg.

Abschnitt 4.2.1

▶ Erläutern Sie die Quantitätstheorie.

Die Überlegungen der Monetaristen beruhen auf der so genannten **Quantitätstheorie**. Die Bundesbank folgte seit 1974 bei ihrer Geldmengensteuerung dem monetaristischen Konzept. Auch die Europäische Zentralbank folgt dieser Theorie. Unter dem **Produktionspotenzial** versteht man die gesamtwirtschaftliche Produktionsleistung (Bruttoinlandsprodukt). Um ein wachsendes Produktionspotenzial nachfragen zu können, bedarf es zusätzlichen Geldes. Daher bildet das Wachstum des Produktionspotenzials die zentrale Ausgangsgröße für die Ableitung des Geldmengenziels eines Jahres.

■ Potenzialorientierte Finanzpolitik

▶ Entwickeln Sie Elemente einer auf Wachstum ausgerichteten Steuerpolitik.

Potenzialorientierte Finanzpolitik bedeutet, dass die Staatsausgaben, die Steuereinnahmen und die Neuverschuldung nicht stärker wachsen dürfen als das Produktionspotenzial (Bruttoinlandsprodukt). Dabei ist eine als unvermeidbar anzusehende Preissteigerungsrate zu berücksichtigen. Da das Steueraufkommen aufgrund eines progressiv gestalteten Steuertarifs bei der Lohn- und Einkommensteuer schneller als das Produktionspotenzial bzw. Bruttoinlandsprodukt wächst, sind von Zeit zu Zeit Steuerreformen notwendig.

▶ Machen Sie Streichungsvorschläge für Subventionen. Beachten Sie die Wirkung auf die Beschäftigung.

Die Öffentlichen Haushalte müssen möglichst wachstumsfreundlich gestaltet werden. Dies bedeutet einerseits steuerliche Entlastungen, z.B. durch Abflachung der Steuerprogression, andererseits eine Überprüfung der staatlichen Ausgaben. Ausgaben für Subventionen und staatliche Sozialleistungen sind zu reduzieren, staatliche Investitionsausgaben für den Ausbau der Infrastruktur, für Forschung und Entwicklung sowie für Bildung sind zu erhöhen.

■ Produktivitätsorientierte Lohnpolitik

Die durchschnittliche Lohn- und Gehaltsentwicklung sollte sich nach monetaristischer Auffassung am gesamtwirtschaftlichen Produktivitätsanstieg orientieren. Eine produktivitätsorientierte Lohnpolitik ist kostenneutral, weil die Lohnstückkosten konstant bleiben. Aufgrund der unterschiedlichen Produktivitätsentwicklung in den einzelnen Branchen und Unternehmen sollte die jeweilige Lohnerhöhung dementsprechend differenziert werden. Dies erfordert eine Abkehr von Flächentarifverträgen, die für alle Betriebe einer Branche eines Tarifbezirks einheitliche Tarifnormen vorsehen. Steigen die Lohnkosten stärker als die Arbeitsproduktivität, erhöhen sich die Lohnstückkosten. Wenn die Unternehmen die höheren Lohnkosten durch Preiserhöhungen für ihre Produkte auffangen, steigt im Regelfall das Preisniveau. Gelingt es den Unternehmen nicht, die höheren Lohnkosten in die Absatzpreise ihrer Produkte einzukalkulieren, wird die Produktion aus Kostengründen eingeschränkt. Damit werden Arbeitsplätze abgebaut.

▶ Erläutern Sie die so genannte Lohn-Preis-Spirale.

■ Wettbewerbspolitik

Ziel der angebotsorientierten Wettbewerbspolitik ist es vor allem, die Marktkräfte zu stärken. Aus diesem Grunde sollen staatliche Eingriffe in den Wettbewerb abgebaut werden. Beispiele solcher Deregulierungsmaßnahmen sind unter anderem:
- Neustrukturierung des Post- und Fernmeldewesens,
- Novellierung des Ladenschlussgesetzes,
- Reform des Arbeitsförderungsgesetzes.

■ Sozialpolitik

Die Angebotstheoretiker plädieren dafür, dass der einzelne Bürger mehr Selbstverantwortung übernimmt und der Umfang des kollektiven sozialen Sicherungssystems abgebaut wird. Ein zu weitgehender sozialer Schutz könne sich negativ auf die Bereitschaft, Erwerbsmöglichkeiten zu nutzen, auswirken.

▶ Stellen Sie fest, wie hoch die Aufwendungen des Staates für Sozialleistungen sind.

8.2.3 Probleme angebotsorientierter Wirtschaftspolitik

Probleme angebotsorientierter Wirtschaftspolitik sind:
- Angebotsorientierte Wirtschaftspolitik wird vielfach als ungerecht empfunden, weil
  - die Steuerentlastungen in der Lohn- und Einkommensteuer besonders Spitzenverdiener begünstigen,
  - die Kompensation von Steuerausfällen bei den direkten Steuern durch eine Anhebung indirekter Steuern vor allem Arbeitnehmer mit kleineren und mittleren Einkommen belastet.
- Das Konzept angebotsorientierter Wirtschaftspolitik erfordert langfristige Kontinuität. Wirtschaftspolitiker der politischen Parteien denken in relativ kurzen Zeiträumen. Sie ergreifen wirtschaftspolitische Maßnahmen nicht nur aus sachrationalen Erwägungen, sondern auch unter dem Blickwinkel der „Wählerstimmen-Maximierung".
- Bestehende Strukturen und Berechtigungen (z.B. Sozialhilfe, Subventionen an Unternehmen) sind nur gegen den starken Widerstand der Nutznießer abzubauen.

Strukturwissen

- Ziel nachfrageorientierter Wirtschaftspolitik ist die **Stabilisierung der gesamtwirtschaftlichen Nachfrage**. Die **Schlüsselrolle** der nachfrageorientierten Wirtschaftspolitik liegt **bei der Finanzpolitik.**

- Ziel angebotsorientierter Wirtschaftspolitik ist die **Förderung des Wirtschaftswachstums und der Beschäftigung** durch Veränderung der Rahmenbedingungen. Die **Schlüsselrolle** der angebotsorientierten Wirtschaftspolitik liegt **bei der Geldpolitik.**

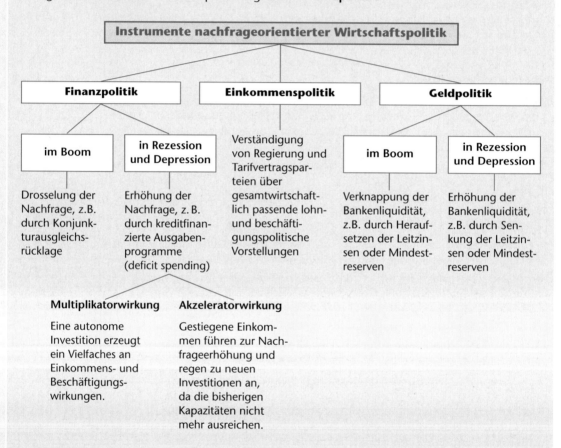

Probleme nachfrageorientierter Wirtschaftspolitik

Stagnations-probleme lassen sich nicht lösen.	Die internationale Verflechtung begrenzt Möglichkeit nationaler Konjunktur-politik.	Die Wirkung staatlicher Maßnahmen entfaltet sich erst mit erheblicher zeitlicher Verzögerung.	Die Politik ist abhängig von expansiven Staatshaus-halten. Sie kann zu struktureller Verschuldung führen.	Kontraktive Maßnahmen im Aufschwung oder Boom sind politisch schwer durchsetzbar.

Instrumente angebotsorientierter Wirtschaftspolitik

Potenzialorientierte Geldpolitik

Die Geldmenge soll stetig mit einer kon-stanten Rate wachsen.

Orientierungsgrößen sind:
- geschätztes Wachs-tum des Produk-tionspotenzials
- Veränderung der Umlaufgeschwindig-keit des Geldes
- unvermeidlicher Preisanstieg

Potenzialorientierte Finanzpolitik

Staatsausgaben, Steuereinnahmen und Neuverschuldung sol-len mit der Rate des realen (preisbereinig-ten) Produktionspoten-zials wachsen.

Merkmale:
- Konsolidierung von Haushaltsdefiziten
- Senkung der Steuer-lastquote und der Staatsausgaben

Produktivitätsorien-tierte Lohnpolitik

Die Lohnpolitik sollte sich am Produktivitäts-fortschritt orientieren. Die Lohnkosten sollen im Durchschnitt nicht stärker steigen als die Arbeitsproduktivität (unveränderte Lohn-stückkosten).

Wettbewerbs-politik

Die Wettbewerbspolitik soll die dynamischen Kräfte des Marktes fördern.

Merkmale:
- Unterbindung wettbewerbsbeschrä nkenden Verhaltens (strenge Marktpolitik)
- Deregulierung und Stärkung der Selbst-verantwortung

Probleme angebotsorientierter Wirtschaftspolitik

Das Konzept angebots-orientierter Wirtschafts-politik erfordert langfristige Kontinuität. Politik dagegen setzt meist auf kurzfristige Erfolge.	Bestehende Strukturen und Berechtigungen, z.B. Sozialhilfe oder Subventionen an Unter-nehmen, sind nur schwer abzubauen.	Steuerentlastungen (bei den direkten Steuern) und Steuerumschichtungen (bei den indirekten Steuern), die Leistungsanreize schaffen sollen, werden viel-fach als sozial ungerecht empfunden.

Aufgaben

1 Wie unterscheidet sich die Rolle der Geldpolitik im Rahmen der nachfrage- und der angebotsorientierten Wirtschaftspolitik?

2 Eine Volkswirtschaft mit der Konsumfunktion C = 500 + 0,75Y weist in den zwei aufeinander folgenden Jahren 01 und 02 steigende Einkommen auf:

Jahr	Einkommen (Y)
01	2200
02	2500

a) Berechnen Sie für die Jahre 01 und 02 den Konsum und die durchschnittliche Konsumquote.
b) Interpretieren Sie kurz die von Ihnen ermittelten Zahlen.
c) Wie unterscheidet sich die durchschnittliche von der marginalen Konsumquote?
d) Nach der Auffassung von Milton Friedman ist für den Konsum das Einkommen entscheidend, das die Haushalte dauerhaft erwarten. Danach verhält sich die Konsumgüternachfrage proportional zum dauerhaften Einkommen. Erläutern Sie diese Aussage.

3 Gegeben ist die Konsumfunktion C = 20 + 0,75Y.
a) Ermitteln Sie die Sparfunktion.
b) Die autonomen Nettoinvestitionen betragen pro Periode 30 Geldeinheiten. Ermitteln Sie das Gleichgewichtseinkommen.
c) Nehmen Sie an, dass der Staat ein zusätzliches Ausgabenprogramm von 20 Geldeinheiten pro Periode beschließt, um damit Investitionen zu finanzieren. Ermitteln Sie das neue Gleichgewichtseinkommen.

4 Um die Beschäftigungssituation zu verbessern, fordert der Sachverständigenrat seit Jahren eine Deregulierung des Arbeitsmarktes. Zu diesem Zweck schlägt er eine Differenzierung der Lohnstruktur, eine Flexibilisierung des Arbeitsmarktes und eine Individualisierung der Arbeitsverhältnisse vor.
a) Erläutern Sie diese Instrumente.
b) Beurteilen Sie, welche Probleme eine Deregulierung des Arbeitsmarktes zur Folge haben könnte und wie sie sich gegebenenfalls lösen lassen.

5 Der Sachverständigenrat schlägt vor, den Produktivitätsspielraum, der sich aufgrund der Steigerung der Arbeitsproduktivität ergibt, nur teilweise für Lohnerhöhungen zu nutzen. Dagegen wenden die Gewerkschaften ein, dass sich auf diese Weise die gesamtwirtschaftliche Nachfrage abschwäche.
Beurteilen Sie, ob eine Lohnerhöhung, die unterhalb der Steigerung der Arbeitsproduktivität bleibt, zwingend zu einer Abschwächung der gesamtwirtschaftlichen Nachfrage führt.

6 Durch den verschärften internationalen Wettbewerb haben sich die Rahmenbedingungen für Unternehmen und Arbeitnehmer grundlegend verändert.
a) Erläutern Sie, welche Anforderungen sich aus der zunehmenden Globalisierung für das Güterangebot von Unternehmen ergeben.
b) Beschreiben Sie die Konsequenzen für die am Arbeitsmarkt nachgefragten Qualifikationen.

Sachwortverzeichnis